SAMBIA
Lusaka
MALAVI
Blantyre-Limbe
Tete
Maramba
Harare
(Salisbury)
SIMBABWE
(RHODESIEN)
Nova Sofala
Bulawayo
Francistown
Selebi-
pikwe
VANA
Serowe
Palapye
Soutpans-
berg
VENDA
Thohoyandu
MOZAMBIQUE
Kruger Nat.-Park
Potgietersrus
Gaborone
Ramoutsa
Ohrigstad
Lydenburg
BOPHUTHATSWANA
Pretoria
Middelburg
Rustenburg
Mafeking
Johannesburg
Maputo
Mbabane
Lichtenburg
Vryburg
Vereeniging
Manzini
SWASI
LAND
Kosi
Potchefstroom
BOPHUTHA-
TSWANA
Vaal
Newcastle
Vryheid
Dundee
St. Lucia Estuary
Ladysmith
Kimberley
Estcourt
Greytown
Richards Bay
Bloemfontein
BOPHUTHA-
TSWANA
Maseru
LESOTHO
Stanger
Pietermaritzburg
Durban
TRANSKEI
Oranje
Kokstad
Drakens-Berge
TRANSKEI
Queenstown
Umtata
aff-
net
Kei
Stutterheim
Butterworth
Somerset-East
East London
CISKEI
King Williams Town
Uitenhage
Grahamstown
Port Elizabeth

Piper Panoramen der Welt

Harald R. Bilger · 111mal Südafrika

Liebe Susanne,

ein Buch über Südafrika wo Deine Schwester ist. Lies es, dann weißt Du es in was für einen Durcheinander sich Birne gewagt hat.

Weihnachten 84

Dein Vater

Harald R. Bilger

111mal Südafrika

Mit 35 Abbildungen

R. Piper & Co. Verlag
München Zürich

Bildnachweis

Bilger, Harald S. 31, 101 (aus dem Buch »*Südafrika in Geschichte und Gegenwart*«, Konstanzer Universitätsverlag), 121, 145, 173, 189, 217, 257, 311 unten, 375

South African Tourist Corporation S. 49, 167, 245 oben links, 311 oben, 327, 343, 351, 363

Südafrikanische Botschaft S. 137, 245 oben rechts, unten

Süddeutscher Bilderdienst S. 267

Transvaal Archives Depot S. 71

ISBN 3-492-02739-3

Gesetzt aus der Aldus-Antiqua
Vorsatzkarten: Jutta Winter
Gesamtherstellung: Hieronymus Mühlberger, Augsburg
Printed in Germany

Inhalt

Einleitung: Erste Eindrücke

1. Gedanken über Südafrika

Jung verheiratet, hatten meine Frau und ich die Idee, nach Südafrika auszuwandern. Dort, so meinten wir, würden wir noch ein Leben als Pioniere führen können – anders als in der fest geregelten Welt, die um uns herum undurchbrechbar zu herrschen schien. Doch bald kam der Krieg und die Zeit danach. Um Pionierleistungen vollbringen zu können, brauchte man nicht mehr in eine romantisch gedachte Ferne zu schweifen. Hier – zu Hause – wurde nun sehr viel weniger romantische, nüchterne Arbeit gefordert.

Auf Geschäftsreisen in den USA und auf Reisen in Afrika, die durch entwicklungspolitische Aufgaben bestimmt waren, trat mir immer mehr die Bedeutung der Gegensätze zwischen den Welten des »weißen« Europäertums und des »schwarzen« Afrikanertums vor Augen. Im Laufe der Zeit wurde es mir immer deutlicher, daß diese Gegensätze in einer die Gesamtheit dieser Beziehungen bestimmenden Weise in Südafrika ausgetragen würden. Nirgends sonst, weder in den USA mit ihrer weit überwiegenden weißen Bevölkerung noch in einem der »schwarzen« afrikanischen Staaten mit ihrer nahezu ausschließlich »schwarzen« Bevölkerung, kann dieses aus den verschiedensten Gründen zum Problem gewordene Verhältnis – sei es in positivem, sei es in negativem Sinne – gelöst werden. Nur hier, nur in Südafrika, könnte es zu der Erkenntnis kommen, daß Rassenunterschiede nicht das geeignete Kriterium für soziale Differenzierungen sind – und wenn das nicht geschieht, dann müßte es ebenfalls hier in Südafrika zu einer Katastrophe kommen, deren Wellen die ganze Welt erschüttern.

Dies waren die Beweggründe, die uns nahezu ein Menschenleben nach unseren ersten Träumen von Südafrika doch noch in dieses Land führten. Schon die ersten Eindrücke, das weite Auseinanderklaffen der mit großem Ernst vertretenen unterschiedlichen Weltauffassungen und Versuche zur Lebensgestaltung, bewegten uns zutiefst. Das gegenseitige Unverständnis und die weithin wachsende Unversöhnlichkeit erschütterten uns immer wieder aufs neue.

Wenn man schon seinen ersten Aufenthalt in der »Republik Südafrika« mit zahlreichen Interviews unterschiedlicher Menschen beginnt – wie wir dies seinerzeit taten –, dann verzweifelt man anfänglich an der Unvereinbarkeit der gegeneinanderstehenden Ansichten. Jedem möchte man Recht geben. Jeder hat wohl auch subjektiv gesehen in einem gewissen Umfang recht. Doch mit einer solchen Erkenntnis ist es nicht getan angesichts der tiefen Not und der Angst, des Hasses und der Opferbereitschaft, denen man begegnet; und angesichts der physischen und der psychischen Gewalt, die in unterschiedlicher Weise von den unterschiedlichen Seiten ausgeübt wird und die – je nach Standpunkt – als Wille zur Erhaltung eines geordneten, leistungsfähigen Staatswesens oder als Wille zur Erlangung und Wahrung menschlicher Freiheit und Würde interpretiert wird.

Die erschütternde Verwirrung, in die man gerät, bleibt unlösbar, solange man nicht mehr in die Tiefe geht und nach den geschichtlichen – auch den geistesgeschichtlichen – Wurzeln der Motivationen sucht, von denen die Menschen in diesem Lande allesamt umgetrieben werden.

2. Strategische Bedeutung Südafrikas

Um einige der Gegensätze kennenzulernen, die heute das Leben in Südafrika beherrschen, braucht man gar nicht dorthin zu fahren. Man kann ihnen schon hier in Europa, in Deutschland, begegnen. Dazu braucht man nur eine der zahlreichen Südafrikatagungen oder -diskussionen zu besuchen, die noch immer angeboten werden. Allerdings wird die »Rechnung« in diesem Fall nicht nur »ohne den Wirt«, sondern meist auch »ohne den Gast« gemacht. Das gilt selbst dann in einem gewissen Umfang, wenn in der Emigration lebende Südafrikaner an solchen Tagungen teilnehmen. Sie haben mit ihrer Emigration meist eine Entscheidung getroffen, die wie ein Schnitt zwischen dem Emigranten und den Menschen wirkt, die im Lande geblieben sind. Die »freiwillige« – nicht durch Vertreibung erzwungene – Emigration zwingt den Emigranten zur ständigen Rechtfertigung vor sich selbst und zur Dogmatisierung seiner Haltung. Er erhält in einer Gesellschaft, der er nicht entstammt, eine Rolle zugewiesen, die ihn immer mehr dazu führt, die Verhältnisse seiner Heimat durch eine – wie auch immer geartete – heimatferne Brille zu sehen. Hier in Deutschland haben wir es bei Südafrikadiskussionen fast ausschließlich mit den Klischees der Ideologien und Interessen zu tun, die vordergründig die südafrikanische Politik beherrschen. Die Menschen Südafrikas – seien es sogar die Politiker verschiedener Couleur oder die von dieser Politik Betroffenen – mit ihren verborgenen, oft unbewußten Gefühlen und Empfindungen, sie kommen hier kaum in den Blick.

Die politischen und wirtschaftlichen Mächte, die dieses wie jenes Szenario zu bewegen versuchen, die Mächte, die auf die jeweiligen Akteure einzuwirken suchen, sie sind hier wie dort – in Südafrika wie in der Emigration – am Werk, denn für die Weltmächte ist Südafrika heute in mindestens dem Maße von wirtschaftlichem und strategischem Interesse, wie es dies immer war, seitdem wir eine den ganzen Globus umspannende Weltpolitik kennen.

Südafrikas gegenwärtige strategische Weltbedeutung ist enorm. Von Südafrika aus ließe sich sowohl in seestrategischer Hinsicht die Kaproute wie in landstrategischer Hinsicht der afrikanische Kontinent beherrschen – wenn eine Weltmacht mit dem militärischen Potential, das den heutigen Supermächten zur Verfügung steht, Herr dieser Region wäre.

Von den drei wichtigsten interkontinentalen Seewegen der Erde (Transatlantik-Schiffahrt, Transpazifik-Schiffahrt, Verbindung Indischer Ozean – Atlantik beziehungsweise Kaproute) ist die Kaproute der einzige, der von einer kleinen Landbasis aus beherrschbar ist. Und diese kleine Landbasis ist Südafrika.

Von den Transporten, die aus dem Bereich des Indischen Ozeans kommen – heute besonders von den Öltransporten – ist ein großer Teil der wirtschaftlichen und damit auch der militärischen Leistungsfähigkeit Europas und des Ostens Amerikas abhängig. Da der Sueskanal bei jeder internationalen Verwicklung sehr schnell stillgelegt werden kann, ist es strategisch gesehen von entscheidender Bedeutung, wer Südafrika beherrscht. Häufig wird solchen seestrategischen Überlegungen mit dem Hinweis begegnet, daß eine ähnliche Bedrohung der Schiffahrt auch von anderen afrikanischen Staaten ausgehen könnte, Südafrika in diesem Punkt also keine besondere Position einnehme. Eine solche Behauptung läßt außer acht, daß es sowohl im Osten als auch im Westen Afrikas möglich ist, einer Schiffahrt, die sich weit genug von der afrikanischen Küste absetzt, Schutz von der anderen Seite des jeweiligen »Gewässers« her zu geben. Dies ist allein im Süden des Kontinents nicht möglich. Das aber bedeutet, daß die Kaproute die einzige wirklich empfindliche Passage ist.

Von ähnlicher Bedeutung ist auch die landstrategische Position Südafrikas. Die »Republik Südafrika« ist infolge ihrer ausgezeichneten infrastrukturellen und industriellen Ausrüstung sowie infolge ihres Rohstoffreichtums eine hervorragende Aufmarschbasis gegenüber dem gesamten afrikanischen Kontinent. Schon darin liegt ein großer Teil der feindseligen Vorbehalte begründet, die viele schwarzafrikanische Staaten gegenüber Südafrika haben – wobei nicht von der entscheidenden Rolle abgelenkt werden soll, welche die Apartheidpolitik in diesem Zusammenhang spielt.

Heute könnte eine der großen Supermächte mit dem ihr zur Verfügung stehenden militärischen Potential den afrikanischen Kontinent von der Basis Südafrika her aufrollen. Dabei käme ihr der relativ fortgeschrittene infrastrukturelle Ausbau der meisten schwarzafrikanischen Länder sehr entgegen. Auch wäre bei einem solchen Unternehmen nicht mit den Schwierigkeiten von seiten der Bevölkerung zu rechnen, denen die Amerikaner in Vietnam begegnet sind. Ausgehend von einem in sicherer Entfernung im Hintergrund gelegenen modernen Industriestaat wäre damit ein hervorragendes Glacis für einen Aufmarsch gegen Europa geschaffen. Welche Bedrohung Europas die Beherrschung der Nordküste Afrikas durch eine Supermacht darstellt, das haben die Ereignisse des Zweiten Weltkriegs erwiesen.

3. Südafrika ist ein Industrieland

Der geschäftige Europäer reist nicht auf dem Seeweg, geschweige auf dem Landweg nach Südafrika. Er fliegt – und schon mit der Fluglinie, die er für diesen Zweck wählt, trifft er eine politische Entscheidung. Wenn er sich in eine Maschine der südafrikanischen Fluggesellschaft setzt – was er in der Regel tun wird, wenn er von liebenswürdiger Gemütsart ist und seinem Gastland eine Reverenz erweisen möchte –, dann hat er sich in den Augen mancher unserer Zeitgenossen schon für die »Ausbeuter des Apartheidsystems« entschieden. Er wird Johannesburg dann auch nicht auf dem direkten Weg über den afrikanischen Kontinent ansteuern, denn südafrikanischen Maschinen ist das Überfliegen zahlreicher schwarzafrikanischer Staaten untersagt. So erreicht er sein Ziel über Spanien und den Atlantik. Andere Fluggesellschaften sind derartigen Behinderungen nicht ausgesetzt.

Doch für welche Fluglinie auch immer unser reisender Europäer sich entschieden hat, vom Jan-Smuts-Flughafen Johannesburgs aus führt ihn eine moderne Autobahn in diese Stadt – und beim Anblick ihrer Skyline wird er den Eindruck haben, in den USA gelandet zu sein.

So unrichtig ist dieser Eindruck gar nicht, denn die äußere Entwicklung dieser Stadt gleicht durchaus derjenigen einer amerikanischen Stadt wie etwa Chicago. Nur ist Johannesburg nicht wie Chicago auf »beef« (Rindfleisch), sondern auf einem »reef« (Flöz), einem Goldreef, gegründet. Beide Städte aber entstanden in der zweiten Hälfte des 19. Jahrhunderts am äußersten Ende der von dem europäischen Pioniergeist in damaligem europäischen Sinne »erschlossenen« Welt.

Die Farm »Randjeslaagte«, auf der 1861 das Gold entdeckt worden war, trug damals sogar einen Namen, der darauf hinwies, wie sehr man sich hier »am Ende der Welt« fühlte. Die Witwe, der das Gelände gehörte, war durch das ihren Besitz zerstörende Treiben, das jetzt begann, so beunruhigt, daß sie ihre Farm für 6000 englische Pfund (120 000 Goldmark) verkaufte. Beraten wurde sie von einem jungen Mann, einem angesehenen Voortrekker namens Paul Kruger. Ihm war die mit dem Gold verbundene Sündigkeit zweifellos im gleichen Maße zuwider wie der von ihm unterstützten Witwe. Damals war es noch nicht zu ahnen, daß dieser Mann eines Tages Präsident jenes Gebietes, des Transvaal, sein würde und daß sein gebrochenes Verhältnis zu den Schätzen dieser Welt dem Land schweres Unglück bereiten würde.

Doch lassen wir uns zunächst von einem Südafrikaner (F. A. van Jaarsveld) den Goldrausch beschreiben, der zur Gründung von Johannesburg führte: »Aus allen Ecken der Erde strömten die Glücksritter in die Einöde des Witwatersrandes. Die Menschen kamen aus London, Berlin, Warschau, Kiew, kurz aus allen Teilen der Welt, einschließlich Australien und Amerika. Ohne Unterbrechung standen die Staubwolken über den Straßen, als die Glückshungrigen nach Johannesburg zogen. Sie kamen zu Tausenden von den Häfen, zu Fuß, zu Pferde, in Karren und Wagen. Die meisten von ihnen waren britische Untertanen. Wie die Pilze schossen auf kahlem Felde die Anfänge einer großen Stadt in die Höhe – einer britischen (besser wäre: einer amerikanischen) Stadt im Herzen des einfachen Burenstaates . . . Am

4. Oktober 1886 wurde die Farm Randjeslaagte zur Stadt erklärt. Diese sollte Johannesburg heißen.« 1888 wurde in 44 Goldbergwerken gearbeitet. Die Goldproduktion hatte einen Wert von 1,3 Millionen englischen Pfund pro Jahr erreicht. Neun Jahre nach der Gründung hatte Johannesburg 150 000 Einwohner.

Südafrika hatte begonnen, ein Industrieland zu werden. Johannesburg hat heute nahezu drei Millionen Einwohner, aber es ist eine zweigeteilte Stadt. Die eine Hälfte ist das Johannesburg, das der Europäer erlebt, das Johannesburg mit amerikanischem Flair. Die andere Hälfte ist die South Western Township »Soweto«, die schwarze Wohnstadt, deren Existenz dem fremden Besucher des Landes während langer Zeit möglichst verschwiegen wurde und die auch der weiße Bewohner Johannesburgs kaum kannte – noch in den siebziger Jahren führte kein Wegweiser dorthin. Soweto ist inzwischen der Welt durch zahlreiche Unruhen bekannt geworden, eine Tour durch den Stadtteil gehört zum ständigen Programm der Touristikunternehmen.

Heute ist Südafrika schon längst nicht mehr nur »auf Gold gebaut«. Bei zahlreichen für eine hochentwickelte Industrie wichtigen Rohstoffen ist es einer der größten Produzenten der Welt. Es verfügt über riesige Eisenerz- und Kohlevorkommen. Die letzteren sind zugleich die Rohstoffbasis der »Sasol«-Werke, die der Kohleverflüssigung dienen. Auf diesem Gebiet haben die Südafrikaner ein Verfahren entwickelt, das heute als einziges dieser Art in der Welt rentabel arbeitet. Es handelt sich um eine Fortentwicklung des Fischer-Tropsch-Verfahrens, nach dem während des Zweiten Weltkriegs in den deutschen Gelsenberg-Werken gearbeitet worden war. Beim augenblicklichen Stand des Ausbaus der Sasol-Werke ist Südafrika nur noch für etwa 20 bis 25 Prozent seines Energiebedarfs abhängig vom Erdöl, einem der wenigen Produkte, für die bisher im Land selbst keine Quellen erschlossen werden konnten.

4. Südafrikas Schwächen

Wenn man die »Republik Südafrika« von ihren ökonomisch verwertbaren Ressourcen her beurteilt, dann kommt man sehr schnell zu dem Schluß, daß dieses Land eine der förderungswürdigsten Regionen der Welt ist. Andererseits ist Südafrika militärisch und politisch gesehen ein sehr schwaches Land. Die militärische Schwäche ergibt sich schon aus dem Mißverhältnis zwischen Bevölkerung und Staatsgebiet. Die Einwohnerzahl der »Republik Südafrika« (einschließlich der als »selbständig« erklärten Homelands) überschreitet derzeit gerade die Dreißigmillionengrenze. Das Staatsgebiet umfaßt 1,2 Millionen Quadratkilometer, das bedeutet eine Bevölkerungsdichte von 23 Menschen je Quadratkilometer. Gerät ein solches Land in das Spannungszentrum der internationalen Politik, dann muß es schon wegen seiner Weite als äußerst gefährdet angesehen werden. (Diese Situation verschlechtert sich noch erheblich, wenn man Namibia mit einrechnet – wie man dies augenblicklich tun muß, denn noch hat Südafrika Namibia nicht in die Selbständigkeit entlassen. Mit Namibia aber ergibt sich ein Staatsgebiet von über zwei Millionen Quadratkilometern mit einer durchschnittlichen Bevölkerungsdichte von etwa 15 Menschen je Quadratkilometer.)

Diese Schwächen könnten allerdings durch die ausgezeichnete strategische Lage des Landes aufgewogen werden. Der Republik Südafrika stehen an ihren Landgrenzen nur militärisch unbedeutende potentielle Gegner gegenüber. Die Landgrenzen bilden – strategisch gesehen – aber nur etwa die Hälfte der Staatsgrenzen, die andere Hälfte sind Küsten mit weiten Ozeanen, die kaum sichere Stützpunkte für feindliche Operationen bieten.

Aufs äußerste geschwächt wird Südafrika jedoch durch sein gesellschaftspolitisches System. Ein Land, in dem knapp 16 Prozent der Bevölkerung nahezu 84 Prozent ohne die Zuerkennung auch der primitivsten staatsbürgerlichen Rechte regieren, kann als Ganzes keine innere Stärke entwickeln, mag die privilegierte Minderheitsgruppe auch noch so großer Kraftentfaltung fähig sein. Daran ändert auch die Zuerkennung von Staatsbürgerrechten in den sogenannten »Homelands« (heute offiziell: »national states«) nichts, solange diese wirtschaftlich und politisch völlig abhängige Gebilde bleiben. Die in diesen Ländern Heimatberechtigten sehen die Staatsbürgerrechte ihrer »selbständig« gewordenen Homelands nicht als ein wirkliches Äquivalent für den uneinlösbaren Anspruch auf das südafrikanische Staatsbürgerrecht an. Die eigentliche Schwäche Südafrikas ist daher in seiner Sozialpolitik begründet.

5. Wir müssen Gespräche führen

Wenn die Sozialpolitik Südafrikas eine der wesentlichen Ursachen für die militärisch-politische Schwäche dieses Landes ist, dann heißt das, daß das Apartheidproblem auch einen bedeutsamen weltpolitischen Aspekt hat, und zwar völlig unabhängig von der Frage, ob man die Apartheidideologie aus ethischen, theologischen, ideologischen, psychologischen oder anderen menschlichen Gründen befürwortet oder bekämpft. Wir werden auf alle diese Aspekte in dem jeweiligen Zusammenhang noch einzugehen haben. An dieser Stelle kommt es mir darauf an, mit Nachdruck darauf hinzuweisen, eine wie starke politische und militärische Schwächung Südafrika durch sein unglückliches Sozialsystem erfährt.

Damit möchte ich alle Leser, die sich mit Südafrikas Problemen befassen, ermuntern, sich der Apartheidfrage auch dann zuzuwenden, wenn sie eine gewisse Scheu davor empfinden, aus der Ferne und nur auf Grund von Informationen zweiter und dritter Hand das Verhalten unbekannter Menschen in unbekannten Ländern zu beurteilen. Was heute in Südafrika geschieht, betrifft nicht nur die inneren Angelegenheiten eines uns fernen Landes.

Vor vielen Jahren machte mir einmal ein burischer »Verkrampter« (Verkrampfter = Erzkonservativer), Hans Abraham – damals als »Berater« mit der Überwachung des Ministerpräsidenten der einige Jahre später »selbständig« werdenden Transkei beauftragt –, Vorwürfe, weil wir Deutschen uns ständig in innere Angelegenheiten Südafrikas einmischten, von denen wir aber auch nicht das Geringste verstünden. Ich mußte ihm schon seinerzeit entgegenhalten, daß es bei dem Apartheidproblem eben nicht nur um innere Angelegenheiten Südafrikas und auch nicht nur um ideologische Probleme gehe, sondern daß die Frage, ob die Republik Südafrika ein starker oder ein schwacher Staat sei, unsere vitalen Interessen sehr unmittelbar beträfe. Ganz unplausibel müssen ihm meine Einwände doch nicht erschienen sein; er hielt mir einen einstündigen Vortrag über südafrikanische Geschichte, der mir allerdings in seinen Fehlinterpretationen historischer Zusammenhänge und politischer Möglichkeiten schon damals, als ich noch am Anfang meiner Südafrikastudien stand, erschreckend erschien. Aber es entsprang echter Überzeugung, was mir vorgetragen wurde. Bei dieser über weite Strecken sehr einseitigen Unterhaltung hatte ich nicht den Eindruck, daß es mir gelingen könnte, die Überzeugung dieses eingefleischten Doktrinärs zu verunsichern und in meinem Gesprächspartner Nachdenklichkeit zu erwecken. Doch hatte ich immerhin das Erstaunen des Sekretärs dieses mächtigen Politikers schon dadurch hervorgerufen, daß ich keinen sofortigen Hinausschmiß erlebt hatte. Vielmehr hatte ich es nach anderthalb Stunden für müßig angesehen, mir weitere Ausführungen dieser Art anzuhören. Und doch hatte ich durch meinen etwas unvermittelten Aufbruch möglicherweise versäumt, meinem Gegenüber einige Keime des Nachdenkens einzupflanzen. Beim Abschied entstand jedenfalls bei mir der Eindruck, daß sogar dieser »verkrampte« Mann vielleicht bereit gewesen wäre, meine Überlegungen wenigstens anzuhören.

Heute ist diese Gesprächsbereitschaft sehr viel mehr gegeben, denn heute ist auch in den »verkrampt«-nationalen Kreisen die innere Sicherheit geringer geworden. Allerdings findet sich kaum ein Ausländer, der solche Gespräche führt. Dies liegt sehr wesentlich daran, daß Fremde kaum je die tiefliegenden und oft den burischen Südafrikanern selbst unbewußten – sie jedoch bestimmenden – Motivationen kennen. Das gilt sowohl für europäische Apartheidsympathisanten, deren Apartheidfreundlichkeit sich im allgemeinen aus eigenen nationalen Quellen und aus Resten sozialdarwinistischer Vorstellungen speist. Das gilt aber auch für die Apartheidgegner, die den Befürwortern von vornherein den religiösen, theologischen und ethischen Ernst ihrer Argumentation absprechen.

Das gilt natürlich auch für die meisten Vertreter der schwarzen Seite, die allein schon genügend Mühe damit haben, ihren eigenen kulturellen Standort in dieser Entwicklung zu finden, die – uns allen gemeinsam auferlegt – auf ein neues Weltverständnis abzielt. Da alle Schwarzafrikaner zu sehr in ihre außerordentlich bedrängenden eigenen Probleme verstrickt sind, gibt es nur sehr wenige, die in der Lage sind, die wahre Natur der Voreingenommenheiten zu erkennen, die den Weißen gefesselt halten. Das trifft meist auch für die gar nicht so wenigen schwarzen Theologen zu, die gegenwärtig die »Befreiung des Weißen aus den Zwängen seiner ideologischen Vorstellungen« als eine den Schwarzen gestellte Aufgabe zu propagieren beginnen.

6. Die Weißen Südafrikas lassen sich nur aus ihrer Geschichte verstehen

Wenn man nach Südafrika fährt, kommt man in eine andere Welt, die 8000 Kilometer von uns entfernt liegt. Zwischen Südafrika und uns dehnt sich ein Kontinent, der während unzähliger Jahrtausende in Dunkel gehüllt war. Nahezu keine Verbindungen bestanden während dieser Zeit zwischen den Menschen Afrikas und den Menschen Eurasiens. Das bedeutet, daß die Weißen Südafrikas in 8000 Kilometer Entfernung von anderen Angehörigen des Kulturkreises leben, dem sie entstammen; sie können nicht »eben mal schnell« über die nächste Grenze fahren, um Kontakt mit anderen Angehörigen der eigenen Kultur zu erhalten. Sie treffen auch im eigenen Land nicht ständig auf Ausländer aus dem gleichen Kulturkreis; und wenn dies doch geschieht, wenn weiße Südafrikaner in Südafrika Europäern oder Amerikanern begegnen, dann üben diese meist irgendeine offizielle Mission aus und verbreiten wenig vom Fluidum ihrer Heimat.

Selbstverständlich vermitteln auch in Südafrika die Medien alle Nachrichten der Welt in Sekundenschnelle. Doch läßt sich die Atmosphäre der Länder nicht mitvermitteln. Solche Nachrichten sind wie Schnittblumen. Sie sind ohne Wurzeln und Boden. Man mag sie aufstellen oder gleich wegwerfen. Auf jeden Fall werden sie nach einigen Tagen verwelken und nichts mehr wert sein.

Neue Pflanzen mit Wurzeln, neue Menschen mit neuen Ideen kommen nur selten nach Südafrika. Nicht nur hat während der letzten Jahre die europäische Einwanderung abgenommen. Völlig unbeachtet ist bis jetzt geblieben, welche Bedeutung für die Weißen Südafrikas das Ende der europäischen Kolonialherrschaft gerade auch in Afrika gehabt hat. Die europäischen Kolonialbeamten waren ja letzten Endes auch Übermittler der geistigen Entwicklungen Europas – wie immer man diese Kolonialzeit beurteilen mag.

Das alles heißt doch: trotz verbesserter Technik der Nachrichtenübermittlung ist die Vereinsamung der Weißen in Südafrika, die schon immer groß war, in den letzten Jahren und Jahrzehnten stärker geworden.

Nur selten hat jemand, wie 1960 der damalige Generalsekretär des Weltkirchenrats Willem A. Visser 't Hooft, versucht, diese Vereinsamung durch intensive persönliche Kontakte und Gespräche zu durchbrechen. Statt dessen ist heute nahezu die ganze Welt bemüht, durch geistige und materielle Boykottbemühungen bei den Weißen Südafrikas das Gefühl des Alleingelassenseins noch zu verstärken – wobei es gewichtige Ausnahmen gibt, beispielsweise die Haltung der römisch-katholischen Kirche, der Evangelischen Kirche in Deutschland, der Regierung der USA, einiger europäischer Regierungen, auch der Regierung der Bundesrepublik.

So versuchen die Weißen Südafrikas, die fehlenden horizontalen Kontakte zu den gleichzeitigen geistigen Entwicklungen des eigenen Kulturkreises durch verstärkte Besinnung auf ihre »vertikalen« geistigen Verbundenheiten wettzumachen, durch Dogmatisierung der religiösen und ideologischen Komponente, aber auch durch ein verstärktes Geschichtsbewußtsein. Für den burischen Bevölkerungsteil, den Bevölkerungsteil vor allem holländischer, jedoch auch deutscher und französischer Abstammung, hat diese Entwicklung infolge der Unvernunft der britischen Kolonialverwaltung schon früh im 19. Jahrhundert begonnen. In dem Bevölkerungsteil britischer Abstammung fing sie in unseren Tagen an. Das allgemeine Verhalten der Weltöffentlichkeit gegenüber Südafrika und das Überhandnehmen libertinistischer Strömungen in Europa und den USA haben bei einem großen Teil der »britischen« Südafrikaner eine relativ schnelle Annäherung an die burische Denkweise bewirkt. Dies zeigen die Wahlergebnisse jeweils mehr als der Tenor der englisch geschriebenen Presse.

Als Deutsche mögen wir sofort Kontakt zu geistigen Entwicklungen haben, die wir in Frankreich, England oder Nordamerika antreffen. Infolge der starken geschichtlich-religiösen Eingebundenheit des dortigen Denkens gelingt uns dieser Kontakt in Südafrika nur, wenn wir versuchen, die dortigen geistigen Entwicklungen, die uns oft befremdlich oder antiquiert erscheinen mögen, aus ihrem geschichtlichen Zusammenhang heraus zu verstehen.

7. Schwarzafrikaner zwischen Tradition und Industriestaat

Die schwarzafrikanische Gesellschaft hat sich stets als Teil eines ihr ganzes Umfeld bestimmenden Lebens verstanden. Tradition bestimmte die Stammesstrukturen. Die Ahnen begleiteten das Leben der Menschen und tun dies noch heute. Die Zurückweisung, die die neu entstehende »westlich gebildete« schwarze Intelligenz seit Beginn unseres Jahrhunderts unausgesetzt erfahren hat, führte dazu, daß deren Bereitschaft, ja deren ursprüngliches Verlangen, in den europäisch bestimmten Kulturkreis aufgenommen zu werden, vollkommen verflogen ist. Statt dessen herrscht weithin eine Geschichtsinterpretation vor, die in der Ausbreitung der westlichen Kultur und des europäisch verstandenen Christentums »eine Vertreibung der Seele Afrikas«, eine »Vernichtung der kulturellen Werte« sieht.

Solche Urteile sind weitgehend emotional und aus der Tagessituation heraus vollkommen verständlich. Sie sind das natürliche, verheerende Ergebnis in Südafrika praktizierter und auch heute noch nicht überwundener Apartheidpolitik.

Der europäische Besucher Südafrikas ist solchen Argumentationen meist rettungslos ausgeliefert, wenn ihm die geschichtlichen Verhältnisse nicht bekannt sind. Er vermag den erregten, meist sehr dezidiert vorgetragenen Urteilen, die ihm – zumindest subjektiv gesehen – berechtigt erscheinen werden, auch kaum etwas zu entgegnen, solange ihm nicht klar geworden ist, was es für die Gegenwartssituation eines Industriestaates bedeuten müßte, wenn als Folge einer ungezügelten schwarzen Eruption geistige Kräfte zum Tragen kämen, die noch keinerlei Verhältnis zu den Grunderfordernissen einer Industriegesellschaft gewonnen haben. Die Vernichtung der südafrikanischen Industrie und damit die Vernichtung eines großen Teils der heute von den Leistungen dieser Industrie getragenen Bevölkerung des Landes müßten die unmittelbare Folge sein.

Es gibt aber auch unter den Schwarzafrikanern Persönlichkeiten, die ein ausgewogenes Urteil über die Erfordernisse der gegenwärtigen Situation besitzen, zum Beispiel der Ministerpräsident des Zulu-Homeland »Kwa Zulu«, Umntwana M. Gatsha Buthelezi, einer der hervorragendsten schwarzen Politiker der Gegenwart. Falls die vielen heutigen Pläne zur Förderung der Schwarzafrikaner in der Industrie Früchte tragen sollten, dann müßten gerade aus diesem Bereich der Wirtschaft schwarzafrikanische Führungspersönlichkeiten hervorgehen, die die Bedingungen eines modernen Industriestaates kennen und die sich dann auch in der Politik entsprechend zu bewegen wissen. Dies setzt allerdings voraus, daß es, von der Wirtschaft ausgehend und auf die Regierung übergreifend, tatsächlich gelingt, das südafrikanische Apartheiddenken von Grund auf zu überwinden. Bedenken wir, daß Ansätze zu einer solchen Entwicklung in der zweiten Hälfte des 19. Jahrhunderts schon einmal bestanden haben, als in der damaligen Kapkolonie eine »farbenblinde« Verfassung bestand und eine große Zahl von Schwarzafrikanern sich zu eindrucksvollen Persönlichkeiten entwickelte. Wir werden auf die Tragik der seitherigen Entwicklung noch einzugehen haben.

8. Inder und Coloureds in Südafrika

Die Inder zeigten überall, wo sie in Afrika lebten, so auch in Südafrika, einen ausgeprägten Kastengeist, der sie von der übrigen Bevölkerung absetzte. Dies gilt in Südafrika noch heute sowohl für die Angehörigen des Islam, die ein knappes Drittel der indischen Bevölkerungsgruppe ausmachen, als auch für die Hindu. Trotz der besonders großen sozialen Unterschiede, die innerhalb dieser Gruppe herrschen, betonen alle Inder in Erscheinung und Auftreten stets bewußt ihr Indertum.

In Durban waren wir in einem indischen Märchenpalast eingeladen, wo wir nur mit dem ältesten Bruder der Familie zusammen »speisten«, während seine Töchter uns bedienten und seine

Frau in der Küche waltete. Die jüngeren Brüder waren dann erst zum Kaffee zugelassen, obwohl alle unter einem Dach und in einem Haushalt lebten. Wir waren aber auch bei liberalen Indern zu Gast, die weltoffen waren, deren Solidarisierung mit der schwarzen Bevölkerung sich jedoch weit mehr aus der Gemeinsamkeit des Minderprivilegiertseins als aus der Gemeinsamkeit des Menschseins ergab. Auch Mohandas Karamtschand Gandhi, der spätere »Mahatma«, beschränkte seinen »passiven Widerstand«, dessen Methode er in Südafrika erprobt hatte, auf die indische Volksgruppe.

Innerhalb der drei bisher genannten Bevölkerungsgruppen Südafrikas, der Weißen, der Schwarzen und der Inder, besteht jeweils ein starkes Gemeinschaftsbewußtsein mit unterschiedlich stark ausgeprägten geschichtlichen Wurzeln. Da die Gruppe der Privilegierten – die Gruppe der Weißen – ihre Gemeinschaft bis heute den anderen Gruppen nicht öffnet, ist eine Auflösung dieses unverbindlichen Nebeneinanders mit seinen oft tragischen Folgen im Augenblick noch nicht abzusehen.

Ohne Verwurzelung in einer eigenen Gemeinschaft bleibt allein die vierte große Bevölkerungsgruppe des Landes. Das sind die Coloureds, die Mischlinge oder »Kleurlinge«, wie sie auf Afrikaans genannt werden. Sie fühlen sich innerlich im allgemeinen dem europäischen Kulturkreis zugehörig, was von den Buren auch längere Zeit geduldet wurde. Doch führte diese burische Haltung nie dazu, daß die Coloureds wirklichen Zugang zu der weißen Gesellschaft erlangt hätten. Inzwischen sind sie auch durch einen unvorstellbaren Rechtsbruch – auf den wir noch eingehen werden – ihres einst in der Kapprovinz bestehenden Wahlrechts entkleidet worden. Mit den Schwarzen und den Indern verbindet sie zwar die allen gemeinsame Minderprivilegierung, aber nicht mehr. Als einzige der vier großen Bevölkerungsgruppen Südafrikas können sie sich nicht auf eine geschichtliche Eingebundenheit beziehen. Sie besitzen keine gemeinsame Tradition, auf die sie sich besinnen könnten. Sie haben keine gemeinsame Religion und keine Verwandten im Ausland.

Nicht einmal untereinander bestehen mehr als zweckbestimmte Verbindungen. So sind die Coloureds unter allen Menschen Südafrikas die unglücklichste Gruppe. Jeder lehnt im Grunde seines Herzens Gemeinsamkeit mit ihnen ab, und auch untereinander empfinden sie keine Zusammengehörigkeit.

9. Die Probleme Südafrikas sind unsere Probleme

Alles dies, was auf den vorhergehenden Seiten skizziert wurde, gehört mit zu den ersten Eindrücken, die ein fremder Besucher Südafrikas empfängt. Beginnt er, darüber Unterhaltungen mit den Menschen des Landes zu führen, und liest er deren Zeitungen, dann wird er sofort hineingezogen werden in die zahlreichen Probleme dieses Landes, die hier alle Menschen erfüllen und sie alle sprechbereit machen.

Und vielen dieser fremden Besucher mag es ähnlich gehen, wie es uns schon bei unserem ersten Besuch gegangen ist. Auf eigentümliche Weise fühlte man sich von den Problemen, die man doch gar nicht gekannt hatte, angesprochen und erschüttert. Ist das, was sich hier in dem Aufeinandergeworfensein so unterschiedlicher Menschen auf der weiten Szene eines Landes vollzieht, nicht das, was wir in uns und mit uns selbst fortgesetzt auch persönlich erleben – ist es nicht dies alles vergrößert, in einer großen Schau: das Schwanken zwischen eigener Sicherheit und Unsicherheit; das Sich-erheben-Wollen über den anderen; die Neigung, dem anderen mit Verachtung zu begegnen, um in der eigenen Achtung entsprechend zu steigen; die Neigung, seinen eigenen Halt in dogmatischen Fixierungen zu suchen, dem Leben eine strukturierte, verbindliche Ordnung aufzudrängen; usw. usw.? Ist das alles nicht der Mensch in seiner Nacktheit, der sich hier präsentiert?

Auf dieser Bühne Südafrika sehen wir heute den Ministerpräsidenten »P. W.« (Pieter Willem) Botha agieren. Was will dieser

Mann? Will er Südafrika zu einer wirklichen Heimat für alle die Menschen machen, die hier beheimatet sind? Will er sich und anderen ein Mäntelchen dafür schaffen, daß die »burische Ausbeutung« des Landes weitergehen kann? Will er die Buren um ihre »wohlerworbenen Rechte« bringen? Oder will er dies alles auf einmal?

Wie konnte es in Südafrika zu einer Verfassung kommen, die eine kleine Minderheitsgruppe auf Dauer so privilegiert, daß jeder Aufstieg zu ihr und jeder Abstieg aus ihr unmöglich ist? Was geht in den Köpfen von Menschen vor, die einerseits Universitäten für Minderprivilegierte schaffen, andererseits den Absolventen dieser Universitäten jeden entscheidenden sozialen Aufstieg verwehren? Was geht in den Köpfen von Christen vor, denen einerseits die allgemeine Gotteskindschaft der Menschen ein Trost ist, die aber andererseits zahlreichen Christen die brüderliche beziehungsweise schwesterliche Anerkennung verweigern?

Sind das alles nicht Widersprüche, denen wir auch in unserem eigenen Wesen begegnen – meist im geheimen? Hier aber werden sie öffentlich! Vielleicht lernen wir nicht nur das heutige Südafrika, sondern auch uns selbst besser verstehen, wenn wir uns mit der Geschichte dieses Landes beschäftigen und hierbei den menschlichen Geist und die menschlichen Verstrickungen, den menschlichen Willen und die menschlichen Unvollkommenheiten erkennen, die hier gewirkt haben und die doch immer wieder im Menschen auch ein Gefühl für die Gnade Gottes entstehen ließen – ein subjektives Gefühl zweifellos, aber das Verhältnis des Menschen zu seinem Gott ist immer persönlich, es ist immer »subjektiv«.

Der »dunkle Kontinent«

10. Der ferne Nachbar

Wir sprachen von Afrika als dem dunklen Kontinent. Scheint uns dieser Kontinent nicht auch heute noch dunkel, und nicht nur wegen der Hautfarbe der Menschen? Von kaum einem anderen Teil der Welt haben wir so wenig bildhafte Vorstellungen wie vom Inneren Afrikas. Und die Schwarzen Afrikas waren bis in die jüngste Zeit hinein die Menschenrasse, zu der wir den geringsten Kontakt empfanden und die wir am ungerechtesten beurteilten – so ist es weithin noch heute.*

Dieser uns so nahe liegende Kontinent Afrika war von uns über Jahrtausende weiter entfernt als die Gebirge und Hochebenen Zentralasiens, als die Menschen Turkestans oder Chinas. Aus Afrika fielen keine Hunnen, kein Dschingis Chan und keine Türken bei uns ein. Kein Alexanderzug führte in ein afrikanisches »Indien«, keine Seidenstraße entwickelte sich nach einem afrikanischen »China«. Nur einzelne »Mohren« bekam der Europäer gelegentlich als seltsame Gestalten zu Gesicht.

Diese uns im allgemeinen gar nicht bewußten, zunächst unerklärlichen Unterschiede ergaben sich nicht daraus, daß Afrika

* Ich werde in diesem Buch weder von »Negern« noch von »Bantu« sprechen, wenn von den »negroiden« oder »bantuiden« Völkern die Rede ist, weil beide Begriffe – »Neger« durch den abwertenden Sprachgebrauch und »Bantu« durch die südafrikanische Bantugesetzgebung – einen von den südafrikanischen Schwarzafrikanern als entwürdigend empfundenen Klang erhalten haben. Dagegen gilt jetzt »black is beautiful«; »Schwarzer« und »Schwarzafrikaner« sind gegenwärtig noch akzeptierte Begriffe. Im Englischen wird eine Unterscheidung zwischen »African« für den Schwarzafrikaner und »Afrikaner« für den burischen Südafrikaner gemacht. Im Deutschen ist dies jedoch nicht nachvollziehbar. Deshalb werde ich auch die Menschen burischer Abstammung im allgemeinen »Buren« und nicht »Afrikaner« nennen.

jenseits des Mittelmeeres lag – die afrikanische Nordküste war eine blühende römische Provinz und eines der fruchtbarsten frühen Ausbreitungsgebiete des Christentums.

Die Ursache dieser »weiten Entfernung« Afrikas von Europa liegt wahrscheinlich in einer Polwanderung begründet, die in der Zeit zwischen 10 000 und 2500 v. Chr. die Austrocknung der Sahara bewirkte und damit zwischen die afrikanische Nordküste und den Rest Afrikas einen breiten Wüstengürtel legte.

Dadurch wurde eine Verbindung unterbrochen, die über Jahrmillionen bestanden hatte. Die Uhren südlich der Sahara begannen anders zu gehen als die Uhren nördlich der Sahara. Dies sollte aber die Tatsache nicht aus unserem Bewußtsein löschen, daß im Osten und – was uns hier besonders interessiert – auch im Süden Afrikas eine der Wiegen der Menschheit gestanden hat. Die 1959 beginnenden Entdeckungen der Paläontologenfamilie Leakey (Louis, Mary und Richard Leakey) in Kenia und Tansania wie auch die Arbeiten der jungen Paläanthropologen Donald Johanson und Timothy White in Äthiopien und Kenia haben die Aufmerksamkeit der Welt erregt und die hominidmenschliche Existenz hier etwa 3,5 Millionen Jahre zurückverfolgt. Auch in Südafrika wurden Fossilien gefunden, die Millionen Jahre alt sind. Zu nennen sind vor allem Sterkfontein, Makapansgat, Swartkrans, Kromdraai – alle in Transvaal – und Taung in der nördlichen Kapprovinz. In Osttransvaal (Ohrigstad) und in Namibia (Brandberg, Twyfelfontein) wurden menschliche Spuren nach der Radiokarbonmethode bestimmt, die 50 000 bis 60 000 Jahre zurückgehen. Hier entstanden auch die frühesten Steinzeichnungen, deren bekannteste bei Twyfelfontein (in der Nähe von Welwitschia) gefunden wurden. Und die berühmteste der Felsmalereien befindet sich am Brandberg, einem Felsmassiv von 2585 Meter Höhe in der Namibwüste (Namibia). Felsmalereien und Steinzeichnungen – auch Buschmannmalereien ge-

Namibia. Mädchengruppe, im Vordergrund Buschmannkinder, kenntlich am Haaransatz

nannt – finden sich verstreut im ganzen südlichen Afrika. Sie sollen bis zu 30 000 Jahre alt sein – was sie zeitlich den westeuropäischen Höhlenmalereien gleichstellen würde. Qualitativ gilt diese Gleichstellung vorläufig vor allem für die Zeit nach 10 000 v. Chr. Die jüngsten Darstellungen entstanden im vorigen Jahrhundert. Im allgemeinen sind die Felsbilder nicht leicht zugänglich und erfordern einiges an sportlichem Bemühen. In manchen Autokarten findet man die entsprechenden Fundstellen verzeichnet, jedoch bedarf es stets einer örtlichen Einweisung.

Sowohl ethnisch als auch in den künstlerischen Äußerungen wurde die Tradition dieser ersten Menschen in Afrika durch Pygmäen und Buschmänner aufrechterhalten. Sie scheinen im tropischen Afrika sehr lange unter den schweren, stets die ganze Existenz bedrohenden Lebensbedingungen der Zeit des sogenannten »Tier-Mensch-Übergangsfelds« (vor etwa 10 bis 1 Million Jahren) gelitten zu haben, so daß ihre technologisch-kulturelle Entwicklung um mehrere hunderttausend Jahre hinter derjenigen der eurasischen Völkerschaften zurückgelegen haben mag. Noch heute ist ihre Scheu ein besonderes Kennzeichen der südafrikanischen Buschmänner. Scheu und stete Bereitschaft, vor drohenden Gefahren auszuweichen, bewahrten sie aber gleichzeitig in einer von allen Seiten bedrängenden Umwelt.

So wußten denn auch die Phönizier, die um 600 v. Chr., ausgehend von dem damals im Bau befindlichen Vorläufer des Sueskanals, Afrika von Osten über Süden nach Westen umsegelten, nichts von menschlichen Bewohnern dieses Kontinents zu berichten, obwohl diese Reise drei Jahre dauerte. Der im 5. Jahrhundert lebende griechische Schriftsteller Herodot schreibt über diese Expedition: »Jeweils, wenn der Herbst kam, gingen (diese kühnen Seefahrer) an Land, bebauten das Feld . . . und warteten die Ernte ab.« Menschen sind in diesem Bericht nicht erwähnt. Sie mochten sich vor den Fremdlingen verborgen gehalten haben. Dafür gibt Herodot aber, mit ungläubigem Staunen, die Feststellung der Phönizier wieder, daß sie auf ihrer Fahrt während einiger Zeit die Sonne im Norden gesehen hätten.

11. Die neuen Lebensgrundlagen der Hirtenvölker

Die Sahara verwandelte sich zu der Zeit aus einem fruchtbaren Grünland in eine Wüste, als die Menschen in den jeweils geeigneten Gebieten des eurasischen Raums, vor allem auch in dem benachbarten »Nahen Osten«, mit der Domestizierung von Pflanzen und Tieren begannen. Während der Mensch bisher ausschließlich von dem Nahrungsangebot der Natur gelebt hatte, begann er nun durch Ackerbau und Viehzucht seine Nahrung selbst zu erzeugen. Und während die Vermehrung des Menschen bisher auf das Nahrungsangebot der Natur abgestimmt sein mußte, konnte er seine Ernährungsmöglichkeiten jetzt um so intensiver steigern, je stärker er sich vermehrte. Die sogenannte »neolithische Revolution« hatte begonnen.

Afrika südlich der Sahara wurde von ihr zunächst nur ganz am Rande erreicht. Unser Kronzeuge Herodot berichtet im Zusammenhang mit der Darstellung einer gescheiterten Afrikaumsegelung, daß diese im Westen begonnene Reise an einem möglicherweise an der Senegalküste gelegenen Ort endete, wo die Menschen »mit Palmblättern bekleidet gewesen« seien, »Weidetiere« besaßen und in Dörfern wohnten. Vor den Angehörigen der Expedition waren sie »in die Berge geflohen«. Das gleiche erlebte 2000 Jahre später Bartolomeu Diaz, als er endlich 1488 die Südküste Afrikas sichtete. In den 2000 Jahren, die zwischen diesen beiden sich inhaltlich gleichenden Berichten liegen, hatten sich Viehzucht betreibende Hirtenvölker von den südlichen Randgebieten der Sahara aus über den Kontinent ausgebreitet. Sie hatten noch gerade vor dem Verlust des Kontaktes mit dem Mittelmeerraum die Anfänge einer Entwicklung miterlebt, die in Eurasien anschließend große Weltreiche und darüber hinaus die großen Weltreligionen heraufführen sollte.

Sowie diese »bantuiden« Völker* sich die neuen Lebensmög-

* Sie werden im allgemeinen als »Probantu« oder »Präbantu« bezeichnet (wobei »bantu« das bantuide Wort für »Mensch« ist = Adam).

lichkeiten erarbeitet hatten, die sich ihnen mit den Technologien der Viehzucht (Weidewirtschaft) und des Pflanzertums (Ackerbau) eröffneten, tat sich vor ihnen die Weite des afrikanischen Kontinents widerstandslos auf. Sie waren den Lebensbedrängnissen nicht mehr ausgesetzt, mit denen die auf der technologischen Stufe des Sammlertums und eines primitiven Jägertums lebenden Pygmäen und Buschmänner* mit wechselndem Erfolg fortgesetzt zu kämpfen hatten.

Die jungen bantuiden Hirtenvölker hatten auch nicht die Schwierigkeiten zu überwinden, die sich in den schon verhältnismäßig dicht bevölkerten menschlichen Lebensregionen Eurasiens immer wieder einer weiteren Bevölkerungszunahme entgegensetzten und diese von technischen Weiterentwicklungen abhängig machten. In Afrika hatten die bantuiden Hirtenvölker die Ausbreitungsmöglichkeiten, die ihnen durch ihre sich langsam auch verbessernden Technologien gegeben waren, noch keineswegs voll ausgenutzt, als der Zusammenprall mit den europäischen Kolonialbestrebungen erfolgte.

Schnelle technische Fortschritte wurden den afrikanischen Hirtenvölkern nicht – wie den Völkerschaften Eurasiens – von außen aufgezwungen. Sie zogen ja keineswegs aus, »um die Welt zu erobern«. Sie dachten nicht an Städte, Staaten und Reiche. Diese entstanden in den Anfängen der Menschheit nie auf Grund menschlicher Planung. Sie waren nie menschliche Phantasieprodukte, die allmählich in die Praxis umgesetzt wurden. Vielmehr ergaben sich alle Verdichtungen der gesellschaftlichen Strukturen stets aus den Zwängen eines Bevölkerungsdrucks. Derartige »Zwänge« entstanden in Afrika bis zum Auftreten der Europäer allenfalls durch den bei Wanderungsbewegungen der bantuiden Völker auftretenden Rückstau; sie erreichten aber nie die Bedeutung, die sie in Eurasien hatten. Im Grunde kann man Afrika bis zum Beginn der europäischen Kolonisation als einen unterbevölkerten Kontinent ansehen.

* Ethnologische Bezeichnung »San«, gelegentlich auch »Sansan«.

Das allmähliche Fortschreiten der Besiedlung läßt sich in Afrika sehr anschaulich verfolgen. Die Möglichkeiten der Pygmäen und Buschmänner, ihre Bevölkerungszahl zu erhöhen, waren durch das Nahrungsangebot der Natur begrenzt. Diese Begrenzung erforderte zusammen mit ständigen Gefahren, die das Leben dieser technisch noch wenig verteidigungsbereiten Sammler und primitiven Jäger bedrohten, eine hohe Mobilität. Völlig anders war nun die Situation der Hirtenvölker. Ihre Lage verbesserte sich, je mehr sie sich selbst und ihren Viehbestand vermehrten. Die unstete menschliche Mobilität verringerte sich, der Raumbedarf hingegen wurde größer.

Der Mensch ist aber nicht nur ein »homo oeconomicus«, er ist nicht nur ein »vorteilhäftiger« Mensch, wie die Schwaben sagen. Für den Menschen der Frühzeit zumal war das Vieh nicht nur Gegenstand wirtschaftlicher Betrachtung. Wahrscheinlich war der ökonomische Aspekt dem Menschen sogar völlig unbekannt. Für den frühen Viehzüchter war das Vieh nur in geheiligter Form Nahrungsmittel; es war zunächst einmal ein Gottesgeschenk. Geschenke aber müssen bewahrt und gehütet werden. Sie sind etwas, was uns über unser persönliches Verdienst hinaus zugekommen ist.

Das selbst gezüchtete Vieh mehrte das Leben, über das der Mensch verfügen konnte, es erhöhte die »Lebenskraft« des Menschen. Die im Vieh enthaltene »Lebenskraft« konnte und durfte nicht unbedacht vertan werden. Das Vieh konnte dem dienen, was heute in Südafrika »lobola« genannt wird, einem sozialen Ereignis, das mit unserer Übersetzung »Brautkauf« einen völlig falschen Zungenschlag erhält. »Lobola« war – vor dem Eindringen monetären Denkens – nie ein bloßer Austausch rein materieller Güter, sondern es ging stets um einen Ausgleich gottverliehener Lebenskraft zwischen den beiden handelnden Familien. Jeweils die ganze Familie, die als Gesamtheit mit den ihr zugehörigen Tieren eine geschlossene – keine fraktionierte – Lebenskraft besaß, war von diesem Vorgang mitbetroffen.

Bei der Vorbereitung eines Kriegszugs legten es die Interessen eines Stammes nahe, soviel von der »Lebenskraft« des gesamten Stammes wie nur irgend möglich auf die Krieger zu übertragen. So ging derartigen Kriegszügen auch stets ein großes, mit Opfern verbundenes Festmahl voraus, wobei der bei dieser Gelegenheit reichliche Fleischverzehr die Mehrung von »Lebenskraft« in den Kriegern bewirken sollte. Diese besondere Bedeutung des Viehs trug dazu bei, daß der Raumbedarf der Hirtenvölker ständig wuchs. Zusätzlich zu dem wachsenden Bedarf an Weideland benötigten sie auch Raum zur Jagd.

12. Schwarzafrikanische Wanderungen

Wenn ein Stamm seine jeweils optimale Größe zu übersteigen begann, mußte er daran denken, seine »Überschußbevölkerung« abzustoßen. Hierfür scheint sich schon früh ein »Verfahren« herausgebildet zu haben, dem zufolge eines Tages eine Jungmannschaft auszog und sich abgesetzt von dem Vaterstamm ein neues Stammesgebiet erschloß. Dieser junge Stamm trug dann in der Regel den Namen seines ersten Häuptlings, der meist einer der Söhne des Häuptlings des Vaterstammes war. Die Stammesangehörigen waren eben die Leute des Häuptlingssohnes, eine Art der Namengebung, die sich ja auch in zahlreichen unserer Ortsnamen spiegelt.

Nun kann man Wanderungsbewegungen von Hirtenstämmen nicht etwa mit einem wandernden Musikverein, aber auch nicht mit einem Heereszug vergleichen. Es handelt sich vielmehr um Ausbreitungsschübe von Kulturen, deren Häufigkeit abhängig war sowohl von der Vermehrungsquote der Bevölkerung als auch von den Technologien, die der jeweiligen Kultur zugrunde lagen. Bei den schwarzafrikanischen Hirtenvölkern Südafrikas mögen sich derartige Schübe etwa im Generationenabstand wiederholt haben, denn bei ungefährdeter Entwicklung verdoppelte sich die

Volkszahl eines Hirtenstammes ungefähr innerhalb einer Generation.

Wenn wir uns dieses System bildhaft vorstellen, dann wird sehr schnell deutlich, daß sich vor den alten Stämmen ein mit relativ großer Geschwindigkeit wachsendes Feld von jungen Stämmen aufbaute. Für die alten Stämme wurde es also immer schwieriger, den Gegendruck zu überwinden, den die früher abgewanderten Stämme durch ihren Rückstau ausübten. Das mußte bei den alten Stämmen sowohl eine fortgesetzt stärkere Verfestigung der Stammesstrukturen als auch den Übergang zu weniger extensiven, den Auswanderungsdruck herabsetzenden Technologien bewirken.

So treffen wir an der Westküste Afrikas schon politisch gefestigte Königreiche mit einer relativ urbanisierten, Gewerbe und Handel treibenden Bevölkerung in einer Zeit an, als noch im Süden des Kontinents vor der Front schwarzer Hirtennomaden die weit weniger durchstrukturierten und gefestigten Stämme der Khoikhoi (Hottentotten) hergeschoben und gleichzeitig die scheuen und in kleinen Horden lebenden Buschmänner immer mehr in die letzten ihnen verbleibenden Rückzugsgebiete abgedrängt wurden.

Die Wanderungen der bantuiden Völker scheinen etwa in folgender Weise verlaufen zu sein: Ungefähr zur Zeitwende war das Kongobecken erreicht. Von hier ab erfolgte der Abfluß der nachdrängenden Völker nur zögernd, da nach Süden hin die Weidemöglichkeiten schlechter wurden. Das führte zu einem Bevölkerungsaufstau und damit zur Aufnahme gewerblicher Tätigkeiten. Insbesondere wurde der Umgang mit Eisen erlernt.

Es entstand ein neues Schubzentrum. Die hirtennomadischen Stämme, die von hier weitergedrängt wurden, folgten den östlich verlaufenden Weidegründen, erreichten den Indischen Ozean und splitterten sich entlang den Küsten dieses Meeres in eine Nord- und eine Südrichtung auf. Auf die Nordrichtung werden wir im Zusammenhang mit Namibia noch zu sprechen kommen, denn ihr entstammten vermutlich die Herero; und die entlang der Küste nach Süden wandernde Volksgruppe der Nguni wird uns unentwegt beschäftigen. Zu ihnen gehören die heutigen Völker der Zulu und der Xhosa.

Aber auch die Stämme, die im Kongogebiet gewerbliche Tätigkeiten aufgenommen hatten, breiteten sich von dort weiter aus. Sie allerdings folgten dem breiten Streifen der Erzvorkommen, der sich von Katanga aus in allgemein südlicher Richtung durch Sambia und – entlang dem Ostrand der Kalahariwüste – durch die heutigen Länder beziehungsweise Provinzen Botswana, Transvaal (einschließlich des Homeland Bophuthatswana), Oranjefreistaat, Lesotho und Randgebiete der Kapprovinz hinzieht. Es handelt sich hier vor allem um die Volksgruppe der Sotho mit ihrem Hauptstamm, den Tswana. Ihre Siedlungsweise bietet ein völlig anderes Bild als diejenige der Hirtenvölker. Sie lebten in Städten, und ihre »Wanderung« vollzog sich im allgemeinen durch die Gründung neuer Städte.

Ein deutscher Arzt und Forscher, Hinrich Lichtenstein, beschreibt in den ersten Jahren des 19. Jahrhunderts eine solche, 5000 Einwohner zählende, Stadt, die wenige Jahre zuvor von einer anderen Stadt (mit 15 000 Einwohnern) aus gegründet worden war: »Wir wurden ... durch ein wahres Labyrinth von kleinen Gäßchen, großen Plätzen und geraden Straßen geführt, bis in die Gegend des Ortes, wo die größten Häuser standen ... Die Zweckmäßigkeit und Festigkeit dieser Häuser war es, die uns ... am mehrsten auffiel ... Durch die größere Sorgfalt, die sie auf ihre Wohnung verwenden, unterscheiden sie sich am mehrsten von den östlichen Kaffernstämmen und namentlich von den Koosa (Xhosa).« Ein Stadtbild, wie es Lichtenstein hier schildert, kann man auch heute noch in einigen Städten Botswanas – beispielsweise in Serowe – finden.

Als die Europäer zu Anfang des 16. Jahrhunderts das von ihnen als »Kap der Guten Hoffnung« bezeichnete Vorgebirge zu umsegeln begannen, werden die entlang dem Indischen Ozean sich ausbreitenden Hirtenvölker der Nguni den Raum der heutigen Transkei erreicht, und die Stadtgründungen der Sotho

(Tswana) werden sich allmählich auch auf den Raum des heutigen Oranjefreistaates erstreckt haben. Wir wissen heute, daß diese Städte in Einzelfällen Einwohnerzahlen von bis zu 50 000 Menschen erreichten. Als in den zwanziger Jahren des 19. Jahrhunderts der tödliche Sturm des Difaqane über dieses Gebiet hinwegfegte, sollen zwischen dem Sambesi (im Norden des heutigen Simbabwe) und dem Oranje (im Süden des heutigen Oranjefreistaates), also in einem Gebiet, das etwa der dreifachen Größe der Bundesrepublik entspricht, 18 000 Städte und Ortschaften vernichtet worden sein.

Bei dem Hirtenvolk, das Bartolomeu Diaz 1488 an der Südküste des Kontinents gesichtet hatte, wird es sich wohl um Khoikhoi gehandelt haben. Wir werden diese ethnische Gruppe als »Hottentotten« bezeichnen, ein Name, der diesen Menschen – als Lautmalerei gedacht – von den ersten Europäern, die ihnen begegneten, wegen ihrer eigenartigen Sprache zugelegt worden war. Die Hottentotten gleichen in Hautfarbe und Haarwuchs den helleren Buschmännern. In ihrem Wuchs und in ihren Blutgruppen ähneln sie den Bantuiden. Sie könnten demnach eine ethnische Mischgruppe sein, die sich in den Jahrtausenden der Ausbreitung der Schwarzafrikaner über den Kontinent in den Frontbereichen ihrer Ausbreitungswelle gebildet hatte.

Schon im 16. Jahrhundert füllten die Hottentotten die südlichen Teile des Kontinents aus. Die Buschmänner waren am Kap nur noch in den Rückzugsgebieten des Tafelbergs und der benachbarten Berge anzutreffen. Die sogenannten »Klicklaute« der Hottentottensprache stammen wahrscheinlich aus der Buschmannsprache. Sie wurden teilweise auch von einigen Schwarzafrikanern übernommen. So wird das Xh im Stammesnamen der Xhosa beispielsweise wie ein K mit einem vorausgehenden Schnalzlaut (wie ein »angeschnalztes« K) ausgesprochen.

13. Das märchenhafte Reich des Monomotapa

Diese Geschichte möchte ich als Märchen beginnen: In der festen Stadt Simbabwe lebte einst ein großer König. Der war so reich, daß er sich völlig in Gold kleidete. Der helle Glanz seines Goldes war so stark, daß ihn nur seine Minister ertragen konnten. Die Diener mußten den König kniend bedienen. Wenn sie zu ihm aufsahen, erblindeten sie von seinem Glanz. Des Königs dunkelhäutige Untertanen aber waren nur den Anblick dunkler Menschen gewohnt. Sie hätten das Leuchten seines goldenen Glanzes nicht ertragen. So mußte er ihnen auch dann hinter einem Vorhang verborgen bleiben, wenn sie sich ihm mit ihren Bitten näherten. Nur seine Füße waren unter dem Vorhang zu sehen; dunkelhäutig waren sie, wie die Füße der anderen Menschen, aber mit goldenen Sandalen angetan. Sie durfte man küssen, wenn man die Gnade des Herrschers empfangen hatte.

Das ist – märchenhaft verschleiert – eine historische Szene am Hofe des Priesterkönigs, der später »Monomotapa«, Herr der Bergwerke, genannt wurde. Das zehn Quadratkilometer große Ruinenfeld der Stadt Simbabwe – der gleichnamige Staat ist nach ihr benannt – befindet sich heute 300 Kilometer südlich von Salisbury (1982 in Harare umbenannt) und 250 Kilometer östlich von Bulawayo. Kleinere ähnliche Ruinenstätten einer keineswegs systematisch erforschten Vergangenheit gibt es noch an anderen Stellen des Landes, beispielsweise in Khami (in der Nähe von Bulawayo), aber auch in Nordtransvaal (Mapungubwe).

Noch im 17. Jahrhundert, als die Glanzzeit dieses Reiches schon längst vorbei war, schildert Olfert Dapper, ein über sehr gutes Quellenmaterial verfügender holländischer Arzt und Gelehrter, die Verhältnisse am Hofe dieses Herrschers: »Das großfürstliche Schloß ist sehr groß, hat vier Tore und viele weite und breite Gemächer, welche mit vielfarbigen baumwollenen Prunktüchern, mit Gold durchwirkt, prahlen. Auch ist die Decke der Zimmer übergoldet . . . Der Großfürst hält eine große Zahl Diener an seinem Hofe, welche ihn alle mit gebogenen Knien ansprechen und in großer Stille bedienen. Seine Tafelgefäße sind aus Porzellan mit goldenen Zäcklein, korallenweise herumgeziert.« Auch der Vorhang, hinter dem der Herrscher sich bei Audienzen befand, und der Fußkuß sind durch Augenzeugen belegt.

Wie konnte es im »dunkelsten« Afrika zur Bildung eines solchen Reiches kommen, dessen Höhepunkt im 13. oder 14. Jahrhundert gelegen haben mag? Eine Reihe von Faktoren müssen hier zusammengewirkt haben. Das mögen zunächst die Bergbaukenntnisse gewesen sein, welche die schwarzen Stämme im Kongogebiet erworben hatten; es mag das Faktum mitgespielt haben, daß sich die »Wanderungsbewegungen« der bantuiden Völker in dem Raum von Simbabwe/Moçambique in eine Nord- und eine Südrichtung aufgliederten und die Rückstauwirkung, die von beiden Seiten aus erfolgte, eine entsprechende festere politische Strukturierung in dem betroffenen Gebiet erforderte. Ganz entscheidend wird sich aber die Verbindung ausgewirkt haben, die sich zwischen dem bantuiden Vordringen an der ostafrikanischen Küste und der Ausdehnung des arabischen Seehandels entlang dieser Küste ergab.

Es ist bei uns viel zuwenig bekannt, welche immense Bedeutung der südarabische Seehandel während vieler Jahrhunderte, ja während einiger Jahrtausende gehabt hatte. Wir mögen uns dunkel des Besuches der Königin von Saba – die absolut keine Märchenfigur, sondern eine handfeste südarabische Herrscherin war – bei König Salomo, dem Weisen, im 10. Jahrhundert v. Chr. erinnern. Dabei ging es schon damals um Probleme der von Südarabien ausgehenden Gewürzstraße, die durch das neu entstandene jüdische Reich einer gewissen Gefährdung ausgesetzt war. Und 2000 Jahre später, im 9. Jahrhundert n. Chr., gründeten die Araber im chinesischen Kanton die erste fremde Handelsniederlassung in dieser Stadt.

Bei dieser Unternehmungslust der arabischen Handelsherren ist es nicht verwunderlich, daß sie das Auftauchen der Schwarzafrikaner an der afrikanischen Ostküste nutzten und dort die zahlreichen blühenden Handelsplätze der sogenannten »Sandsch-Kultur« gründeten. Der bedeutendste Hafen dieser Art mag Sofala gewesen sein. Er stellte die Verbindung zu den Goldbergwerken von Simbabwe her. Dabei scheinen die Araber weitgehend als »Entwicklungshelfer« gewirkt zu haben. In dieser Weise ließen sich jedenfalls die zahlreichen heute verfallenen Bewässerungsanlagen und Terrassierungen deuten, die im ehemaligen Reich des Monomotapa entdeckt wurden. Es sind dies ja Techniken, die in Südarabien damals schon seit vielen Jahrhunderten angewandt worden waren. Auch eine Blockhauskette hat offenbar zwischen Simbabwe und Sofala bestanden.

Der durch den arabischen Seehandel besorgte Güteraustausch zwischen der afrikanischen Ostküste und den Ländern des Fernen Ostens war beträchtlich. Dabei müssen die Produkte des Reiches des Monomotapa zentrale Bedeutung gehabt haben. Die wichtigsten Exportgüter dieses Gebietes waren Gold, Eisen, Kupfer, Elfenbein und Sklaven. Importiert wurden Porzellan, Seide, indische bzw. chinesische Stahlklingen (in beiden Ländern gab es damals schon seit Jahrhunderten eine Stahlproduktion), Glas, Perlen und Gewürze.

Nach dem Vordringen der Portugiesen in den Bereich des Indischen Ozeans und dem Niedergang des südarabischen Handels brach diese blühende Kultur zusammen. Als erste waren portugiesische Jesuiten an den Hof des Monomotapa gelangt. Dieser ließ sich auch durch Pater Silveira taufen. Doch es dauerte nicht lange, bis die christlichen Missionare unter arabischem Einfluß wieder vertrieben wurden und Pater Silveira 1561 den Märtyrertod erlitt. Erst nach einem weiteren Jahrhundert wechselvoller Kämpfe wurde wieder ein Monomotapa getauft; gleichzeitig wurde er portugiesischer Vasall. Der Goldbergbau war inzwischen unter portugiesischer Regie völlig verfallen. 1917 setzten die Portugiesen den letzten Monomotapa ab.

14. Portugiesen entdecken Südafrika

Die Kunde vom Märchenreich des Monomotapa war schon früh auch nach Europa gelangt und beflügelte hier die Phantasie der Menschen, die in dieser Zeit den zur Renaissance führenden geistigen Aufbruch erlebten. Sie vermischte sich mit den Erzählungen von einem sagenumwobenen Priester Johannes, der Herrscher eines großen christlichen Reiches im Osten sein sollte, oft phantastisch ausgeschmückte Geschichten, deren realer Hintergrund das christliche Reich in Äthiopien gewesen sein mag. Gleichzeitig verbanden sich diese Vorstellungen mit den farbenfrohen, phantasiereichen Erzählungen eines Marco Polo, der im 13. Jahrhundert China bereist hatte. Hinter all dem stand ein neuer christlicher Missions- und Reformierungswille, der auch zu den großen Entdeckungsreisen und Eroberungen des 15. und 16. Jahrhunderts geführt hatte.

Gerade für die Portugiesen, die als erste Südafrika umsegelten und innerhalb eines halben Jahrhunderts ein riesiges Seereich begründeten, das sich weit über Afrika hinaus bis China erstreckte, stand die christliche Missionierung stets im Vordergrund der ihnen bewußten Beweggründe – auch wenn die Seelen mit Feuer und Schwert gewonnen werden mußten.

Für uns Heutige ist es schwer vorstellbar, wie nahe für die Menschen der Renaissance Sehnsucht nach Gold, nach Reichtum und Macht und Sehnsucht nach ewiger Seligkeit beieinander lagen und wie leicht sie sich »vereinen« ließen.

Die Portugiesen verdanken die wichtigsten Impulse, die sie zu einer der großen seefahrenden Nationen der Geschichte machten, dem Prinzen Heinrich, dem Seefahrer (1394–1460), einem Sohn und Bruder portugiesischer Könige und durch und durch ein Kind seiner Zeit. Er forschte selbst, ließ forschen und erforschen. Er hatte Erfolge, wenn er auch nicht die weitgespannten Ziele erreichte, die ihm in seiner Phantasie vorschwebten. Der neue, erfolgreiche Schiffstyp der Portugiesen, die Karavelle, war auf Betreiben des ideenreichen Prinzen entwickelt worden. Prinz

Heinrich hatte begonnen, die Westküste Afrikas nach Süden hin zu erschließen, wobei es ihm nicht nur um die Umsegelung des Kontinents, sondern um Kolonisierung, Christianisierung und geographische Studien ging.

Der Süden Afrikas wurde jedoch erst mehrere Jahrzehnte nach dem Tode des wegbereitenden Prinzen erreicht. 1486 errichtete Diego Cao ein Kreuz auf Cape Cross (100 Kilometer nördlich von Swakopmund). Er fand den Tod, ohne zu wissen, wie nahe er dem ersehnten Ziel schon war. Zwei Jahre später erreichte Bartolomeu Diaz dieses Gebiet. Auf seiner Weiterfahrt wurde er im Sturm weit nach Süden verschlagen. Wieder manövrierfähig, fand er aber auf östlichem Kurs kein Land mehr. Auf Nordkurs erreichte er schließlich die afrikanische Küste in der Nähe des heutigen Port Elizabeth – er hatte das Kap weit außer Sicht im Süden umsegelt! Von seiner meuternden Mannschaft zur Umkehr gezwungen, sichtete er den Tafelberg nun auf der Rückfahrt und nannte das ihm vorgelagerte Kap in frischer Erinnerung an seine Erlebnisse »Kap der Stürme« – in Stürmen war Südafrika entdeckt.

Portugals König, Johann II., verband mit dieser Entdeckung jedoch andere Erwartungen, er benannte diesen ein Jahrhundert portugiesischer Forschungsfahrten krönenden Punkt »Kap der Guten Hoffnung«. Hatte er immer noch die Vision des Goldreiches eines sagenumwobenen Priesterkönigs? Darauf würde hindeuten, daß Diaz auf seiner Fahrt einige Eingeborene von der afrikanischen Westküste an Bord hatte und es vorgesehen war, diese an einer geeigneten Stelle an Land zu setzen, um nach jenem Herrscher zu suchen. Gegebenenfalls sollten sie auch eine Delegation zu dessen Hof geleiten. Lediglich die Meuterei von Diaz' Besatzung hatte es verhindert, daß dieser Plan in Angriff genommen wurde. Allerdings, um wirklich Nachrichten vom »Reiche des Monomotapa« zu erhalten, hätte Diaz wohl bis Sofala gelangen müssen. Dieser Hafen lag aber noch 2500 Kilometer weiter nördlich.

Aufstieg des Burentums

15. Südafrika – Heimat der Gestrandeten

In einer Zeit, in der Kleinstaaten wie Portugal oder gar weitgehend private, lediglich mit bestimmten staatlichen Privilegien und Konzessionen versehene Gesellschaften wie die Niederländisch-Ostindische oder die Britisch-Ostindische Gesellschaft ungefährdet durch die Großmächte der »Alten Welt« ausgedehnte Seereiche gründen konnten, waren die neuen Koordinaten der Weltpolitik noch nicht entdeckt. Niemand erkannte, welch einzigartige weltpolitische Bedeutung den Unternehmungen dieser kühnen Kaufleute, Seefahrer und Abenteurer zukam.

Kleine Staaten wie England, die aufständischen Niederlande oder Portugal mochten sich mit diesen Dingen beschäftigen und dafür sorgen, daß die Europäer ihre fernöstlichen Gewürze oder später auch die zahlreichen Fürstenhöfe Europas ihr chinesisches Porzellan erhielten. Sie mochten sich auch – wenn sie dies unbedingt wollten – um Gebiete streiten, die am Rande der Welt lagen und die von wilden oder doch zumindest absonderlichen Menschen bewohnt waren. Die damaligen Großmächte hatten andere Aufgaben, besonders galt es, nach dem Niedergang von Byzanz und dem Fall von Konstantinopel (1453 Eroberung durch die Türken) den Bestand der Alten Welt zu wahren (1618 bis 1648 Dreißigjähriger Krieg, 1683 zweite Belagerung Wiens durch die Türken).

Gebiete, die der großen Politik uninteressant erscheinen, haben auch keine strategische Bedeutung. Südafrika war ein solches Gebiet. Wer sollte schon seinen Fuß auf dieses öde, am Ende der Welt gelegene Land mit seinen zerklüfteten Küsten setzen, ein Land, in dem weder Gold noch Gewürze zu finden waren?

Zwar liefen noch immer Gerüchte über den Goldreichtum im

Inneren Afrikas um, aber die portugiesische Besetzung des Monomotapa-Reiches brachte mehr Kosten als Gewinn. Auch Thomas Smythe, ein Geschäftsführer der Britisch-Ostindischen Gesellschaft, hatte keinen Erfolg, als er Xhoré, einen jungen Häuptlingssohn der Hottentotten, am Kap kidnappen und nach England bringen ließ. Smythe hatte gehofft, auf diese Weise etwas über die geheimen Goldschätze Afrikas erfahren zu können. Xhoré wußte jedoch, auch nachdem er Englisch gelernt hatte, nichts darüber zu berichten. Er kam beinahe um vor Heimweh und mußte schließlich in seine Heimat zurückgebracht werden.

Die Europäer aber, die in diese abgelegenen Gebiete gelangten, waren im allgemeinen vom Schicksal Geschlagene, sofern sie nicht ihren wohlabgewogenen Handelsinteressen nachgingen oder besondere Abenteurer- und Glücksrittertypen waren. Die Gefahren, die die Seefahrt in unbekannten und weiten, ungeschützten Gewässern mit sich brachte, der hohe Zoll, den Tropenkrankheiten und Skorbut forderten, waren so gewaltige Risiken, daß sie kaum jemand auf sich nahm, dem die Möglichkeiten eines gesicherten Lebens in der Heimat erhalten geblieben waren.

Unzählige Havarien ereigneten sich an den felsigen Küsten Südafrikas. Es ist bezeichnend für die Lebenserwartungen der Menschen, die hier zur See fuhren, daß Schiffbrüchige aus solchen Havarien immer wieder Unterschlupf bei den einheimischen Stämmen suchten und fanden. Darüber, daß Schiffbrüchige in Südafrika eine neue Heimat erhielten und daß sie meist nicht mehr bereit waren, diese wieder aufzugeben, gibt es so zahlreiche Berichte, daß die Vermutung naheliegt, solche Vorgänge seien eher die Regel gewesen.

Die Buchten der afrikanischen Südküste konnten von den in der Indien- und Ostasienfahrt segelnden Schiffen stets angelaufen werden, ohne daß irgendwelche Gefahren von seiten der einheimischen Bevölkerung zu befürchten gewesen wären. Seit Beginn der europäischen Schiffahrt in diesen Gewässern nahmen zahlreiche Schiffsbesatzungen immer wieder Kontakte mit den

Hirtenstämmen der dortigen Hottentotten auf, um sich bei ihnen im Tauschhandel das zur Skorbutbekämpfung erforderliche Frischfleisch und Obst zu besorgen. Oft wird zur Auskurierung einer stark von Skorbut heimgesuchten Mannschaft auch ein längerer Landaufenthalt erforderlich gewesen sein. Von rassistischen Empfindungen war wohl noch keine Rede – die gestrandeten Europäer hätten sich das auch kaum leisten können.

Zu Unzuträglichkeiten kam es nur, wenn Europäer doch zu hochfahrend waren oder gar Gewalt anzuwenden versuchten. So fand beispielsweise der große portugiesische Eroberer und »Vizekönig von Indien«, Francisco d'Almeida, der an der Saldanha Bay (100 Kilometer nordwestlich von Kapstadt) gelandet war und eine »Strafexpedition« gegen die dortigen Hottentotten unternahm, 1510 den Tod.

Kaum anders erging es zehn englischen zum Tode verurteilten Desperados, die 1615 in der Table Bay (bei Kapstadt) an Land gesetzt worden waren, um offenbar einem »Entwicklungshilfe«-Gesuch Xhorés nachzukommen. Mit ihnen lernten die Hottentotten die Europäer von ihrer schlechtesten Seite kennen. Sie vernichteten den Stützpunkt. Vier Überlebenden gelang es, auf die in der Table Bay gelegene Insel Robben Island zu flüchten. Später wurden sie nach England zurücktransportiert und dort gehängt.

Wenig später, 1647, verbrachte die Besatzung der in der Table Bay gestrandeten »Nieuw Haerlem« fast ein Jahr in bestem Einvernehmen mit den Hottentotten. Dieser Aufenthalt war das Ereignis, aus dem schließlich die endgültige europäische Niederlassung am Kap hervorging.

Die »Nieuw Haerlem« war ein in der Ostindienfahrt segelndes Schiff der VOC, der Niederländisch-Ostindischen Gesellschaft (Vereenigde Nederlandse Ge-Octroeerde Oost-Indische Compagnie = Vereinigte Niederländisch-Ostindische Aktiengesellschaft). Sie hatte sich, mit wertvoller Fracht beladen, auf der Heimfahrt befunden. Nach der Havarie war es gelungen, die Fracht des Schiffes an Land zu bringen. Der größte Teil der

Besatzung blieb zur Bewachung zurück. Der Kapitän fuhr an Bord eines der anderen Schiffe der Flotte, zu der die »Nieuw Haerlem« gehört hatte, nach Hause, um die Rückkehr von Besatzung und Fracht zu organisieren.

Das Kommando an der Table Bay war einem jungen Kaufmann namens Leendert Janzen übertragen worden. Er verfaßte an Hand seines »Logbuches« zusammen mit einem Kameraden, Matthejs Proot, einen so begeisterten Bericht über den Aufenthalt am Kap – »Remonstrantie« genannt –, daß das Direktorium der VOC, die »Siebzehn«, beschloß, an dieser Stelle einen festen Verproviantierungsstützpunkt für die Ostindienfahrt einzurichten.

16. Kapstadt – ein Beginn in Armseligkeit

Einer der vielen in Südafrika Gestrandeten war – nicht so ganz ohne persönliches Verschulden – Johan Antonie van Riebeeck (1619–1677), den das VOC-Direktorium der »Siebzehn« mit der Gründung des Verproviantierungsstützpunktes am Kap der Guten Hoffnung beauftragte. Eines der drei Schiffe, die ihn, seine Frau Maria und eine hundertzwanzigköpfige Besatzung, zu der auch zwei Nichten Riebeecks und einige andere Frauen gehörten, nach dem Kap trugen, hieß »Goede Hoop« (Gute Hoffnung) wie das ferne Land, dem sie entgegensegelten. Riebeeck landete am 6. April 1652, ein noch heute für jeden weißen Südafrikaner denkwürdiges Datum – denkwürdig auch für jeden Schwarzen, denn von nun ab war für ihn Afrika kein sich in unendliche Weiten erstreckender Kontinent mehr. Bevor die schwarze Ausdehnung ihre natürliche Grenze erreicht hatte, entstand ihr nun eine Barriere, die diese »Wanderungen« zu einem vorzeitigen, überraschend und unvorbereitet eintretenden und daher katastrophengeladenen Ende führen sollte.

Johan Antonie van Riebeeck, Denkmal am Hafen von Kapstadt

Riebeeck war als junger Schiffsarzt in die Dienste der VOC getreten. Von 1639 bis 1648 war er Verwaltungsbeamter der VOC, zunächst in Batavia (heute Jakarta, Indonesien), dann in Japan und schließlich in Tonking (Vietnam). Hier hatte er die Handelsvertretung der Gesellschaft geleitet, war dann aber fristlos entlassen worden, weil er nebenbei verbotenerweise sein – sicherlich nicht sehr reichliches, denn die VOC zahlte notorisch schlecht – Salär durch private Handelsgeschäfte aufgefrischt hatte. Diese Entlassung gegen Ende des Dreißigjährigen Krieges war eine Katastrophe für den noch nicht dreißigjährigen Mann. Er mußte jede sich bietende Möglichkeit wahrnehmen, um sich zu rehabilitieren. Diese Chance wurde ihm nun in Südafrika geboten – und er ergriff sie, zum Gehalt eines einfachen Schreibers.

Mit Riebeecks Mannschaft stand es sicherlich nicht anders; es war schon ein armseliger Haufen, der hier im Süden Afrikas eine Entwicklung in Gang setzte, die weltgeschichtliche Bedeutung erlangen sollte. George M'Call Theal, der zu Anfang dieses Jahrhunderts eine elfbändige Geschichte Südafrikas verfaßte, schreibt über die ersten Tage, nachdem die Transportflotte wieder nach Hause gesegelt und die Stützpunktbesatzung sich selbst überlassen war: »Kaltes, stürmisches Winterwetter hatte eingesetzt. Täglich mehrten sich die Mühsale für Herrn van Riebeeck und seine Leute. Regen drang überall in die Zelte und Holzhütten ein, die für eine vorübergehende Benutzung errichtet worden waren. Kaum gelang es, das Brot und andere verderbliche Waren zu schützen. Mit dem sich verschlechternden Wetter kamen die Krankheiten. Es fehlte die Kraft zu widerstehen. Fast täglich starb jemand an Ruhr oder Skorbut. Am 6. Juni waren von den 116 Männern nur noch 60 arbeitsfähig. Frischfleisch, Gemüse und eine anständige Unterkunft wären die Rettung gewesen, aber sie waren nicht zu erhalten.«

17. *Land der guten Hoffnung – Land der Stürme*

Riebeeck war streng angewiesen worden, jedes feindliche Verhalten gegenüber fremden Schiffsbesatzungen und gegenüber der einheimischen Bevölkerung zu vermeiden. Ferner hatte er den Auftrag erhalten, an der Table Bay eine Verpflegungsstation mit einem »Kastell«, einem »Hospital«, Gemüsegarten und Viehgehegen anzulegen.

Nach ihrer Ankunft hatte sich die Besatzung sofort daran gemacht, diese als endgültig geplanten Anlagen zu errichten. Der einzige Steinbau, der entstand, war ein etwa sechs Meter hoher Turm im Bereich des Forts, das aus Erde und Schlick errichtet wurde. Mit weiteren Steinbauten im Festungsbereich wurde erst ab 1665 – nach Riebeecks Weggang – begonnen. Alle übrigen Gebäude waren Holzhäuser, auch das geräumige Hospital, das in der Lage sein mußte, die oft sehr zahlreichen Kranken von Schiffsbesatzungen zu übernehmen.

Um zu verhindern, daß Privatinteressen mit den Interessen der einheimischen Bevölkerung in Kollision gerieten und daraus Streitigkeiten entstanden, hatten die »Siebzehn« auch verfügt, daß alle Arbeiten auf dem Stützpunkt im Regiebetrieb ausgeführt werden sollten. Handel, Acker- und Gartenbau, gewerbliche Arbeiten, alles sollte nur von Angestellten und nach Weisung der Gesellschaft – und selbstverständlich auf deren Rechnung – betrieben werden.

Dieser Ausschluß jeder privaten Initiative zeigte schon bald seine Schattenseiten. Die Besatzung arbeitete nur widerwillig und mit entsprechend geringer Effektivität. Ja, es kam sogar zu Desertationen. Auch die jährlichen Expeditionen, die ausgesandt worden waren, um die Verbindungswege zum »Reich des Monomotapa« zu finden, blieben ohne Ergebnis.

Der Stützpunkt verursachte Kosten, ohne ausreichend die Aufgaben zu erfüllen, die ihm zugedacht waren. Es war nur natürlich, daß die »Siebzehn« die Aufhebung der unlukrativen Station zu erwägen begannen. Riebeeck fühlte sich alarmiert, es ging wieder einmal um seine Existenz. So wagte er den Vorschlag – der bei der ursprünglichen Denkweise der »Siebzehn« unerhört gewesen wäre –, »Freibauern« beziehungsweise »Freibürgern« Land am Kap in Eigenbewirtschaftung zu übertragen. Er erwartete – wie sich bald zeigen sollte, zu Recht –, daß eine Verbindung des persönlichen Interesses ausgesuchter, fleißiger Leute mit dem Interesse des Stützpunktes gesteigerte Leistungen erbringen würde. Durch die Gestaltung ihrer Lebensbedingungen sollten diese Menschen darüber hinaus angeregt werden, »dieses Land als ihr Vaterland anzusehen«.

Und jetzt stimmten die inzwischen mürbe gewordenen »Siebzehn« Riebeecks Vorschlag zu. Er mochte ihnen, verglichen mit der Aufhebung des Stützpunktes, als das kleinere Übel erschienen sein. Die ersten neun (!) Freibürger konnten am 21. Februar 1657 – knapp fünf Jahre nach der Landung an der Table Bay – ihre Freibürger- und Landzuweisungsurkunden empfangen.

Eine geschichtsträchtige Entscheidung von außerordentlicher Bedeutung war gefallen. Die ersten Europäer hatten begonnen, im Süden Afrikas eine neue Heimat zu suchen – und zu finden. Für sie wurde das Kapland nun ein »Land der guten Hoffnung«. Gleichzeitig war mit dieser Entscheidung aber auch – wie die »Siebzehn« mit Recht vermutet hatten – das Ende der »friedlichen« Zeiten am Kap vorgezeichnet. Für die einheimische Bevölkerung wurde das Land zu einem »Land der Stürme«.

18. Niedergang der Hottentotten

Hier am Kap, an einem der äußersten Enden der Welt, waren zwei desparate Menschengruppen aufeinandergetroffen: die Gestrandeten Europas und die Abgeschobenen Afrikas – wir erinnern uns, daß die besser organisierten Stämme der bantuiden Völker die ungefestigten Hottentottenstämme seit langem vor sich hergeschoben hatten.

Solange die ersten Anweisungen der »Siebzehn«, die jede Ausweitung des Stützpunktes untersagt hatten, eingehalten worden waren, mochte es den Anschein haben, als ob eine Symbiose zwischen diesen beiden bedrängten Menschengruppen möglich sein könnte. Schon bald nach Ankunft des ersten Landungskontingents mit Jan van Riebeeck hatte sich ein kleiner Stamm von hottentottischen »Strandloopers« in dessen Schutz begeben. Sie ernährten sich als »Strandläufer« von Muscheln, Strandgut und primitivem Fischfang. Unter ihnen befand sich auch ein Mann, der »Herry« gerufen wurde und offenbar einmal auf einem englischen Schiff zur See gefahren war. Er hatte sich einige rudimentäre Englischkenntnisse erworben und diente Riebeeck als Dolmetscher. (Eine Nichte dieses »Herry« heiratete später – 1664, nach Riebeecks Weggang – einen holländischen Arzt.)

Als jedoch der Stützpunkt sich auszubreiten begann und die Auswirkungen der Landzuteilungen an die »Freibürger« sichtbar wurden, war an Symbiose nicht mehr zu denken. Nun mußte entschieden werden, wer in diesem Boden Südafrikas Wurzeln schlagen konnte. Es kam zum Krieg.

Olfert Dapper läßt in seiner »Umbständlichen Beschreibung von Africa Anno 1668« einen von den Holländern befragten Hottentotten folgendes über die Ursachen dieses Krieges sagen: »Als man den Verwundeten ... in die Festung gebracht und gefragt, warum sie die Holländer bekriegt und mit Morden, Rauben und Brennen überall so viel Schaden zufügten, da gab er ... zur Antwort: warum sie, die Holländer, ihr Land umpflügten und Korn säten, wo sie ihr Vieh weiden müßten, und ihnen dadurch das Brot aus dem Munde zu ziehen trachteten, mit dem Zusatz, daß sie niemals andere Weiden gehabt hätten. Und ... fuhr er fort, daß sie solches ihnen zugefügtes Unrecht rächen möchten: zumal weil ihnen verboten würde, diese oder jene Weiden – welche sie von allen Zeiten besessen und sie den Holländern im Anfang nur zur Erfrischung vergönnt – zu gebrauchen.« Und schließlich das Entscheidende, nämlich, daß »sie sehen müßten, daß ihre Länder . . . durch die holländischen Befehlshaber unter die Holländer selbst ausgeteilt und ihnen, den Hottentotten, gewisse Grenzen gesetzt würden, darüber sie mit ihrem Vieh nicht zu treiben vermöchten«.

Die Hottentotten des Kaplandes waren nicht imstande, diese Verhältnisse zu ändern. Sie erlitten eine schwere Niederlage – und akzeptierten diese als endgültig! Gegen die holländische Vorherrschaft lehnten sie sich nie mehr auf. Anderthalb Jahrzehnte später wiederholte sich der gleiche Vorgang in einem »Krieg« – besser würde man von einer »Strafexpedition« sprechen – gegen weiter entfernte Hottentottenstämme. Danach war der Widerstandswille aller Hottentotten für immer gebrochen.

Wie konnte das sein, wie konnte eine einmal erlittene Niederlage so endgültige Folgen haben? Im allgemeinen erhält man auf solche Fragen die Antwort, daß die »anschließenden« Pockenepidemien den Hottentotten endgültig das Rückgrat gebrochen hätten. Dies ist nur zum Teil richtig, aber es ist keine Antwort auf die gestellte Frage. Die Pockenepidemien brachen erst 50 bis 100 Jahre nach diesen Niederlagen aus.

Die eigentliche Erklärung ergibt sich aus einer afrikanischen Auffassung vom Sinn des Krieges, die sich von unseren Vorstellungen völlig unterscheidet.

Wir haben schon gesehen, daß der afrikanische Kontinent südlich der Sahara vor der Zeit der Ausbreitung der Bantu sehr dünn besiedelt war. Aber auch nach diesen Wanderungen bestand noch kein allzu bedrängender Mangel an Lebensraum. Letzten Endes konnten Streitigkeiten um Gebiete immer dadurch beendet werden, daß der schwächere Gegner dem stärkeren wich oder sich ihm unterordnete. Wenn ein Ausweichen des besiegten Stammes nicht mehr möglich war, mußte er in den Siegerstamm eingegliedert werden. Nie ging es darum, den Gegner zu vernichten. Stets stand über allen Stammesinteressen für Sieger und Besiegte ein gemeinsames Interesse an der Erhaltung des menschlichen Lebens. Vernichtungskämpfe unter Menschen hätten bei den in Schwarzafrika bis in das 18. Jahrhundert herrschenden Bedingungen die Erhaltung der menschlichen Art insgesamt in Frage gestellt.

In den Kämpfen zwischen Holländern und Hottentotten hatte sich die waffentechnische Überlegenheit der Europäer ganz klar ergeben. Da das Ende des Kontinents erreicht war, bestand für die Hottentotten nicht mehr die Möglichkeit, vor dem Stärkeren auszuweichen. Mochten sie dies seit vielen Generationen den Bantu gegenüber getan haben: nun gab es für sie diese Alternative nicht mehr, sie mußten sich nach ihrem bisherigen Lebensverständnis den Holländern unter- und in ihre sozialen Strukturen einordnen.

Das war für die Hottentotten eine einfache afrikanische Schlußfolgerung. Als unglücklich für die weitere Entwicklung Südafrikas mußte es sich aber erweisen, daß die Holländer diese Zusammenhänge nicht erkannten, daß sie diese auch gar nicht erkennen konnten. So deuteten sie sehr bald – durch biblisch begründete Auserwähltheitsvorstellungen verstärkt – ihre technologische Überlegenheit als menschliche Überlegenheit. Die ethnische Unterschiedlichkeit wurde mit zunehmender Härte akzentuiert – wenn es auch im privaten Bereich zu zahlreichen Verbindungen kam, die eine neue Mischlingsgruppe entstehen ließen.

19. Rasse – ein historisches Mißverständnis von tragischer Bedeutung

Bei unserer heutigen Mentalität, bei unserer heutigen Auffassung von Demokratie legen wir viel Wert auf die arithmetisch exakte Gewichtung der Stimmverhältnisse und haben keinen Blick dafür, welch ungeheuren Einfluß Minoritäten auf den Gang der geschichtlichen Ereignisse ausüben.

Diese Ablehnung einer Realität unseres sozialen Lebens aber verhindert, daß wir uns in adäquater Weise mit ihr beschäftigen. Würden wir die Bedeutung von kleinen Zirkeln und Minoritäten als positive Möglichkeit in unsere Überlegungen einbauen, dann müßten wir uns nicht so sehr mit dem Problem beschäftigen, wie wir solche entscheidenden Minoritäten vermeiden, sondern wie wir sie qualifiziert gestalten können. Dieses Problem hat in Südafrika von Beginn der Landung am Kap an eine erstrangige Bedeutung gehabt und hat sie heute erst recht. Gerade die Probleme Südafrikas können nicht durch radikale Verfechtung gleichmacherischer Grundsätze gelöst werden, zumal nicht in der verfahrenen Lage, in der sich das Land jetzt befindet. Rassebestimmte Emotionen beherrschen die gesamte Bevölkerung so stark, daß Vorschläge für die Gestaltung einer ersprießlichen Zusammenarbeit aller Bevölkerungsgruppen nicht mehr von einem aus allgemeinen – »one man – one vote« – Wahlen hervorgegangenen Kongreß erwartet werden können. In gleicher Weise unmöglich ist es aber heute auch, daß allein von der privilegierten weißen Bevölkerungsschicht bestimmte Organe solche Vorschläge erarbeiten. Bei dieser Lage der Dinge scheint es unerläßlich, ein kleines Führungsgremium zu schaffen, dessen Kompetenz sich daraus ergibt, daß es sich aus qualifizierten und zur Zusammenarbeit bereiten Persönlichkeiten aller Bevölkerungsgruppen zusammensetzt.

Die Lage Südafrikas kann nur gebessert werden, wenn die Menschen dort und die Welt aus dieser Erkenntnis positive Schlüsse ziehen. Das Gerangel um Rassenprioritäten oder einen wie auch immer gearteten Rassenproporz muß beendet werden. Rassenzugehörigkeit ist auf keinem Gebiet menschlicher Kultur und Leistung ein Entscheidungskriterium. Das erweist gerade die Geschichte Südafrikas, wenn man sie sich in ihrer Tiefe bewußt macht.

Doch eben dies wird erstaunlich wenig erkannt. Die weiße Führungsschicht des Landes scheint großenteils noch zu glauben, daß Leistungsüberlegenheit etwas mit dem zu tun habe, was theologisch als »Auserwähltheit eines Volkes« oder naturwissenschaftlich als »natürliche Veranlagung einer Rasse« interpretiert wurde.

Warum dies speziell in Südafrika so ist, ergibt sich aus geschichtspsychologischen Entwicklungen. In diesem Land, in dem die Menschen weitab von allen nachbarschaftlichen, über die eigene Region hinausreichenden Kontaktmöglichkeiten zu leben hatten, waren sie sich gegenübergestellt, ohne gleichzeitig menschliche Kontakte außerhalb dieses Gebietes zu haben. In diesem auf sich selbst beschränkten Raum wurden nun unvermittelt und ohne jede Kenntnis der äußerst unterschiedlichen historischen Entwicklungsgegebenheiten Menschen zusammengeführt, die zwei während der Dauer von 10 000 Jahren völlig unterschiedlich verlaufenden Kulturkreisen entstammten. Zwischen den menschlichen Entwicklungsmöglichkeiten der beiden Kulturen hatten in diesen 10 000 Jahren Unterschiede bestanden, wie sie krasser überhaupt nicht vorstellbar sind. In Eurasien war die Menschheit in der genannten Zeitspanne fortgesetzt durch Überbevölkerungsprobleme so stark herausgefordert gewesen, daß sie zu einer schnellen Fortentwicklung ihrer Technologien und sozialen Strukturen bis hin zur Herausbildung von Großreichen gezwungen war. Im Afrika südlich der Sahara hatten die Menschen jedoch in der gleichen Zeit gegen ein sie bedrohendes »Unterbevölkerungsproblem« anzukämpfen gehabt. Sogar die kriegerischen Entscheidungen wurden nach lebensschonenden »Methoden« herbeigeführt. Wir sahen dies schon bei den Hottentotten und werden später noch bei den Schwarzafrikanern darauf stoßen.

Selbstverständlich scheint es mir zu sein, daß sich die aus so unterschiedlichen Kulturkreisen stammenden Menschen bei ihrem geistig völlig unvorbereiteten Aufeinandertreffen am Kap gegenseitig so beurteilten, wie sie sich jeweils subjektiv erlebten. Niemand besaß die geistige Schulung, die ihm den Versuch nahegelegt hätte, das Anderssein des anderen aus dessen anderer geschichtlicher Entwicklung heraus zu verstehen.

Auch für die – zunächst wenigstens feststellbaren – Unterschiede in Kultur und Leistung sah man diejenige Unterschiedlichkeit als entscheidend an, die bei dem unvermittelten Aufeinandertreffen von Weiß und Schwarz am überraschendsten, vor allem aber auch am beständigsten in Erscheinung getreten war, die Rassenverschiedenheit. Auf sie blieb man fixiert und bemerkte darüber überhaupt nicht, wie sehr sich unter neuen Lebensbedingungen Leistungen und Kultur auf beiden Seiten veränderten – und sich einander näherten.

Für die Europäer waren kurzerhand eben die Weißen die Begabteren, weil sie über die effektiveren Technologien verfügten, die Schwarzen waren die Minderbegabten, weil sie eine »primitivere« Lebensweise hatten. Für die afrikanischen Einheimischen war gleichfalls der Erweis der technologischen Überlegenheit der Weißen zunächst und so lange auch ein Erweis ihrer menschlichen Überlegenheit, bis es deutlich wurde, daß man zwischen diesen beiden Qualifikationen unterscheiden mußte.

Erst in unseren Tagen beginnt sich zögernd die Erkenntnis durchzusetzen, daß die unterschiedlichen technologischen Entwicklungen die Ergebnisse der menschlichen Versuche sind, Herausforderungen zu beantworten, die sich ihnen in ihren jeweils unterschiedlichen geschichtlichen Situationen stellen. Wenn das jedoch so ist, dann sind technologische Entwicklungen kein unmittelbares Ergebnis rassenspezifischer menschlicher Qualifikationen. Wir werden sehen, daß auch Schwarzafrikaner durchaus in der Lage sind, mit den jeweiligen Technologien und Ideen ihrer Zeit umzugehen, wenn die Gestaltung ihrer Lebensverhältnisse dies nicht behindert. Gerade diese Behinderungen sind in Südafrika jedoch noch heute entscheidend. Alle Startmöglichkeiten ins Leben wurden in rassisch unterschiedlicher Weise strukturiert. Die Folge sind nach rassischen Gesichtspunkten festgelegte Privilegierungen und Benachteiligungen. Je mehr der schwarzen Bevölkerung aber die Diskrepanz zwischen ihren natürlichen veranlagungsmäßigen und ihren umweltbestimmten praktischen Möglichkeiten bewußt wird, desto aggressiver muß ihre geistige Haltung werden.

20. Die Kolonisten und ihre Bastarde

Innerhalb weniger Jahre gelang es also einer kleinen Schar von 120 Europäern, das gesamte soziale System der etwa 300 000 südlich des Oranje lebenden Hottentotten zum Einsturz zu bringen. Insgesamt wanderten am Kap während der 150 Jahre niederländischer VOC-Verwaltung 2000 Europäer ein, darunter viele gescheiterte Existenzen, 854 Deutsche (davon 48 Frauen) und 816 Holländer (davon 322 Frauen). Rein statistisch gesehen macht zwar bei den Holländern das Verhältnis der Geschlechter einen ausgeglicheneren Eindruck. Wenn man sich aber vergegenwärtigt, daß auch die holländischen Frauen großenteils nicht Ehefrauen einwandernder Holländer waren, sondern daß viele von ihnen aus holländischen Waisenhäusern stammten und von der VOC zum Ausgleich der »Geschlechterlücke« nach dem Kap transportiert worden waren, dann weiß man, welches Schicksal hinter all diesen Menschen stand.

Eine Besonderheit stellten in diesem Zusammenhang die Hugenottentransporte dar, die die VOC in den Jahren 1687 und 1688 nach Südafrika gesandt hatte. Diese Hugenotten entstammten in der Regel wohlhabenden und gebildeten französischen Familien, die nach Aufhebung des Ediktes von Nantes (18. Oktober 1685) durch Ludwig XIV. aus Frankreich geflohen waren. Obwohl es sich hierbei nur um 146 Personen, zumeist Familien, handelte, so mögen sie doch etwa 15 bis 20 Prozent der damaligen weißen Bevölkerung des Kaplandes gewesen sein. Sie waren nicht nur ein besonderes Element von kultivierender Bedeutung, sondern sie verfügten auch über eine Reihe von Spezialkenntnissen, beispielsweise im Weinbau und in der Olivenzucht. Auf diese wenigen hugenottischen Familien gehen nahezu alle der noch heute zahlreich in Südafrika vertretenen französischen Familiennamen zurück.

Da es sich bei den Hugenotten um Menschen handelte, die vordem begütert gewesen waren, mochten sie auch ein anderes Verhältnis zu Grund und Boden haben als zahlreiche der bisherigen Einwanderer, deren ganzes Leben unstet verlaufen war und die wie Treibgut an die Küste Südafrikas gespült worden waren.

Bald nach diesen Transporten unterwarf die VOC die Einwanderung nach Südafrika wieder stärkeren Restriktionen, so daß dieses Gebiet nie zu einem weißen Einwanderungsland wie etwa Nordamerika oder später auch Australien wurde.

Statt dessen wurde in Südafrika die Einfuhr von Sklaven gefördert. Diese waren in der Anfangszeit der Kolonie, als das Kap verwaltungsmäßig zu »Batavia« (Niederländisch-Indien – Indonesien) gehörte, großenteils Malayen. Später kamen die Sklaven vor allem aus Westafrika (Angola), Ostafrika (Moçambique) und aus Madagaskar. In Delagoa Bay (heute Maputo) unterhielt die VOC von 1720 bis 1730 ein Sklavendepot.

Die Hottentotten wurden nie versklavt. Sie begaben sich aber relativ gerne in Dienstverhältnisse bei Weißen. Hieraus entstanden zahlreiche Familienbindungen und Liaisons. Manch einer der burischen »Patriarchen« mag auch seine »Hagar« gehabt haben – ob sie ihm nun von seiner »Sara« zugeführt war oder nicht. Obwohl vollgültige Ehen mit Hottentotten sehr selten waren, wurde deren Vermischung insbesondere mit Europäern, aber auch mit anderen Rassen allmählich so intensiv, daß sich »reinrassige« Hottentotten in der Republik Südafrika heute nicht mehr nachweisen lassen und sie alle unter der Rubrik »Coloureds« rangieren.

So entstand auch allmählich die heutige Landessprache, das »Afrikaans« (ursprünglich die »Taal« genannt). Deren Ausgangspunkt ist ein grammatikalisch sehr vereinfachtes Holländisch, das sich dann mit zahlreichen Ausdrücken aus den anderen Sprachen, die im Familienverband der Kolonisten gesprochen wurden, »anreicherte«. Aus der Entstehungsgeschichte des Afrikaans wird verständlich, daß diese Sprache außer von den »Buren« – wie sich die Nachkommen der holländischen Kolonisten im Laufe der Zeit nannten – noch heute auch von den Coloureds gesprochen wird.

Gänzlich verschwunden sind in der Republik Südafrika inzwischen die Buschmänner. In Botswana mögen noch etwa 30000, in Namibia 20000 Buschmänner leben. Sie unterscheiden sich – als Sammler und relativ primitive Jäger – so weitgehend von allen anderen in Südafrika lebenden ethnischen Gruppen, daß sie von allen Seiten dem Haß und der Vernichtungswut ausgesetzt waren. Selbst ein so weitgereister und gebildeter Mann wie der schon erwähnte deutsche Arzt Hinrich Lichtenstein behauptete 1803, daß »ein Buschmann mehr einem Affen als einem Menschen gleicht«, und noch 100 Jahre später sagte der deutsche Professor Leonhard Schultze: »Der Trieb, über das Alltagsbedürfnis hinaus etwas zu schaffen, geht dem Buschmann völlig ab ... man läßt sie leben, solange sie wenigstens keinen Schaden anrichten. Wo sie aber diese Forderung nicht erfüllen, hat man sie wie Raubwild abgeschossen ... Man wird sich den Luxus nicht leisten können, die für sie nötigen Areale Land ... brachliegen zu lassen.«

Der »Schaden«, den die Buschmänner anrichteten, bestand immer wieder darin, daß sie als Jäger das Vieh der Hirtenvölker als »Wild« betrachteten und keinerlei Verständnis für die Eigentumsbegriffe ihrer Umwelt hatten. So zogen denn Schwarze wie Weiße und Hottentotten gleichermaßen gegen sie zu Felde.

Doch war das Abschießen wie Raubwild nicht die Regel. Schon Lichtenstein weist darauf hin, daß es unter den Buschmännern auch »junge Mädchen gab, die schelmisch aussahen und ... sich durch ihre Lebhaftigkeit ... besonders auszeichneten«, die also auch gar nicht besonders scheu waren. Sie werden schon dafür gesorgt haben, daß das Buschmannerbe nicht völlig ausstarb. Die meisten Buschmannjagden der burischen Kolonisten dienten später dazu, Sklaven und Dienstboten zu »fangen«. So hatte diese einzige südafrikanische Urrasse (wenn man vom Buschmannerbe der Hottentotten absieht) zwar ein schweres Schicksal zu erleiden; ihr Erbe aber scheint in beträchtlichem Umfang auch in der neu entstehenden Gruppe der Coloureds aufgegangen zu sein. So wird der kluge »Kaptein« des Coloured-Stammes der Griqua, Andries Waterboer, als »Buschmann« bezeichnet.

21. Die Weite des Kontinents verlockt zum Trecken

Ob »Gestrandeter« oder nicht – jeder, der sich entschloß, sein Schicksal in die eigenen Hände zu nehmen, nach dem Kap zu ziehen und diesen nur Mühsale versprechenden, in grauer, unwirklicher Ferne gelegenen Flecken Erde als ein »Kap der Guten Hoffnung« anzusehen, mußte eine große Portion Unternehmungsgeist und Abenteuerlust, aber auch die Bereitschaft zum Ertragen von Einsamkeit in sich haben. Ohne einen kühn nach vorn gerichteten Sinn, ohne das Kribbeln nach Taten in den Fingern und ohne Härte ließen sich die Herausforderungen des Lebens am Kap auf die Dauer nicht bewältigen.

Das Kap erforderte wagemutige und hartnäckige Menschen. Sie alle hatten es schwer im Umgang miteinander. Und sie alle waren auch nur wenig geeignet, sich in den engen Begrenzungen des Kapstützpunktes den harten Beschränkungen zu fügen, die ihnen durch die »Siebzehn«, die selbstbewußten Kaufherren in Amsterdam und Middelburg, auferlegt wurden. Ja, ihr Scheitern in Europa war möglicherweise gerade auf die eben genannten Eigenschaften, die sich noch mit einer guten Portion Eigensinn verbunden haben mochten, zurückzuführen.

Nun aber, durch die Selbstaufgabe der Hottentotten und die starke Dezimierung dieses Volkes durch die Seuchen des 18. Jahrhunderts, verbunden auch mit der von Natur aus geringen Feindseligkeit der Schwarzafrikaner, tat sich vor den Augen der Kolonisten die ungefährdete Weite des afrikanischen Kontinents auf.

Schon Riebeeck hatte kleine Expeditionen mit verschiedenen Aufträgen in das Land geschickt, die unbehelligt wieder zurückkehrten. »Bürgerkommandos«, die besonders zur Bekämpfung der Buschmänner entsandt worden waren, machten die Erfahrung, wie ungehindert man in diesem Land umherziehen konnte. Das gleiche berichteten glückshungrige Händler und jagdlustige Abenteurer, die sich hatten verlocken lassen, in die Weite des Kontinents hinauszuziehen.

Vor den Menschen am Kap lag ein offener, ein weitgehend gefahrenfreier, ein einladender Kontinent!

Das Leben der »Treckburen« hatte begonnen. Sie zogen mit ihrer Familie und all ihrer Habe hinaus in die Weite. Dabei nahmen sie nun mehr und mehr den Lebensstil der einheimischen Hirtennomaden an, mit denen sie die Weite der Weiden oft teilten. Es sei hier bewußt die nomadische Seite des Treckerlebens betont. Ihr entsprachen die extensiv wirkenden Technologien, die auch für die sozialen Verhältnisse der schwarzen Hirtenvölker im Süden und Osten Südafrikas bis weit in das 19. Jahrhundert hinein bestimmend waren. Der Klarheit halber muß aber doch wenigstens angemerkt werden, daß weder die Treckburen noch die schwarzen Hirtenvölker nur »aus der Hand in den Mund« lebten. Beide errichteten immer wieder feste, wenn auch temporäre, Behausungen, die einen einfache Häuser, die anderen ihre Kraals. Dort hielt man sich jeweils für eine Reihe von Jahren auf, bis die Erschöpfung der Weiden und des Bodens ein Weiterziehen angeraten sein ließen. Solche Aufenthalte schlossen natürlich ein, daß man an diesen Plätzen auch die Dinge des täglichen Bedarfs anbaute.

Doch wenn auch der Lebensstil der Treckburen in vielem demjenigen der einheimischen Hirtenvölker zu gleichen begann, in ihrer Waffentechnologie und in ihrer Einbindung in eine soziale Gemeinschaft unterschieden sie sich grundsätzlich voneinander. Die waffentechnische Überlegenheit der Buren beruhte nicht nur auf Gewehren, sondern auch auf Pferden. Ihre weitreichenden, wirkungsvollen Waffen und die überlegene Geschwindigkeit der Reiterei erlaubten es schon einzelnen Treckburenfamilien, wesentlich größere Areale zu beherrschen als ganze Stämme der Schwarzafrikaner oder gar der Hottentotten. Zunächst schien das bei der Weite des Landes bedeutungslos. Sehr bald begann es sich jedoch zu zeigen, wie sehr die Treckburen den »Ausverkauf« des Weidelandes beschleunigten, das im Süden Afrikas bisher noch eine äußerst extensive Weidewirtschaft erlaubt hatte.

Die völlige Freizügigkeit befreite die Treckburen zunächst

auch von jedem Zwang zur Gemeinschaftsbildung. Ihr Lebensgefühl war weit von der Mentalität der Schiffbrüchigen entfernt, die bereit gewesen waren, sich in einheimische Stämme einzugliedern und dort ein Leben in Bescheidenheit zu führen. Der Kontakt, den die Treckburen zu einheimischen Stämmen und Menschen gewannen, entsprach demjenigen eines »Baas«, eines Herrn oder Patriarchen. Schwarze, vor allem aber Hottentotten oder Coloureds mochten sich der Familie eines Treckburen anschließen. Fast nie ging jedoch ein Treckbure in einer schwarzen Gemeinschaft auf. Er war ein freier Herr, wenn auch ein Herr, der nur über seine Familie und sein Gesinde gebot.

Je weiter die Treckburen in das Land hineinzogen, desto mehr entfernten sie sich von ihren eigenen sozialen Bindungen. Die Kapverwaltung sprach zwar immer einmal wieder Verbote gegen das Trecken aus. Aber sie ließ die Dinge laufen. Gelegentlich wurden auch die Grenzen der Kolonie weiter landeinwärts geschoben (um 1800 lagen diese jedoch erst auf dem halben Wege zum Oranje). Infrastrukturelle Maßnahmen gab es kaum, wenn hier und da auch kleinere Ortschaften entstehen mochten. Die VOC war und blieb eine Handelsgesellschaft und keine Kolonisationsgesellschaft, mochte sie auch noch so viele Souveränitätsrechte in den verschiedenen Teilen der Welt ausüben.

Die Treckburen vereinsamten immer mehr, ihr Bildungsstand sank immer mehr ab – was wiederum die spätere Entwicklung besonders belastete. Das einzige Buch, das fast alle Treckburen in der Regel begleitete, war die Bibel, aus der die Kinder lesen und schreiben lernten, soweit sie es überhaupt noch lernten. Die Erwachsenen liebten dieses Buch immer mehr, je weiter sie in die Einsamkeit hinauszogen. Im Alten Testament fanden sie zahlreiche Parallelen zu ihrer eigenen Lebenssituation. Die Bibel vermittelte diesen Menschen das Bewußtsein, daß sie auch in ihrer Einsamkeit in das Weltgeschehen eingebettet waren und daß Gott in ihrer Einsamkeit mit ihnen war.

22. *Ausdehnung im Kapland am Ende*

Die VOC war zwar zu Anfang des 18. Jahrhunderts zu einer restriktiven Einwanderungspolitik für Europäer übergegangen. Trotzdem erhöhte sich die Zahl der Treckburen sehr schnell, die Ausdehnung des Treckburentums schritt rasch voran. Wenn ein Treckbure vier Söhne hatte, konnten sich die Ansprüche dieser Familie innerhalb einer Generation vervierfachen. Der Umfang der Beanspruchung von Weideland durch treckende Buren wuchs auch deswegen schnell an, weil die einzelnen Treckburenhaushalte sich immer mehr Gesinde hielten. Da viele Treckburen dazu neigten, auch »ihren« Hottentotten einen gewissen Viehbesitz zuzugestehen, wuchsen die Geländeansprüche bald ins Unermeßliche. 1798 besaßen in dem östlichen Grenzbezirk Graaff-Reinet 1400 Hottentotten 140 Pferde, 7571 Rinder und 30 557 Schafe.

Die Treckburen hatten sich vor allem den guten Weidegebieten zugewandt, die sich entlang der Küste des Indischen Ozeans nach Osten hin breit erstreckten. Ihnen entgegen hatten sich von Norden her die schwarzen Nguni-Hirtenvölker – angeführt durch das damals schon bedeutende Volk der Xhosa – ebenfalls entlang der Küste des Indischen Ozeans ausgedehnt. Sie waren inzwischen im Raum landeinwärts der heutigen Städte East London und Port Elizabeth angelangt, wenn sie sich auch mit geringerer Geschwindigkeit als die Treckburen ausbreiteten.

Ein harter Aufeinanderprall bereitete sich vor, jedoch war sich niemand dieser Situation so recht bewußt, auch dann noch nicht, als die Weidegebiete beider Seiten zusehends ineinander übergingen und man begann, sich gegenseitig das Vieh abzujagen. Die Kräfte stauten sich auf beiden Seiten.

Die »Treckburen« wurden zu »Grenzburen«. Sie wurden seßhafter, aber diese Seßhaftigkeit beruhte nicht auf verbesserten Technologien, die eine erhöhte Bevölkerungsdichte erlaubt hätten. Die burische Seßhaftigkeit war erzwungen und steigerte die Aggressivität auf beiden Seiten.

Was unvermeidbar geworden war, geschah: 1779 fiel der erste Schuß. Zunächst kam es nur zu einer Reihe von Scharmützeln, zu denen die Xhosa noch in ihrer traditionellen »Schlachtordnung« antraten. Natürlich konnten sie auf diese Weise vor den berittenen und mit europäischer Bewaffnung ausgerüsteten Burenkommandos nicht bestehen. Wenn es auch niemandem so ganz deutlich war: ein Jahrhundert blutiger Kämpfe war eingeleitet.

Die Entwicklungen im östlichen Grenzgebiet wurden dadurch noch überschattet, daß die VOC, bedrängt durch die weltpolitischen Veränderungen, die gegen Ende des 18. Jahrhunderts stattfanden, immer mehr in Agonie verfiel. Die Verwaltung am Kap wurde zusehends korrupter, die VOC selbst mußte 1794 den Bankrott erklären. Ihr Besitz ging 1799 an die niederländische Regierung über. Nach nahezu zweihundertjährigem Bestehen war diese einst so mächtige Gesellschaft, die selbst die Weltmacht Portugal in die Schranken gefordert hatte, ein Opfer der neuen Kräfte geworden, die begonnen hatten, die Machtverhältnisse auf der Erde völlig umzugestalten. Der Bankrott der VOC hatte zur Folge, daß sich die Grenzburen im Osten der Kolonie gerade zu dem Zeitpunkt von ihrer Verwaltung verlassen fühlen mußten, als sie zum ersten Mal der tatkräftigen Unterstützung durch die »Regierung« bedurft hätten. Ihre Reaktion war typisch burisch. Sie nahmen die Dinge selbst in die Hand, ohne sich irgendwelche Gedanken darüber zu machen, ob ihre Kräfte für ein solches Unternehmen überhaupt ausreichten.

In einer Zeit, in der schon deutlich geworden war, daß die Kapkolonie in das Interessenfeld der neuen Weltmächte geraten war, in einer Zeit, in der sich schwere Auseinandersetzungen mit den herandrängenden schwarzafrikanischen Völkern abzuzeichnen begannen, gründeten insgesamt kaum 2000 Buren die ersten beiden »Burenrepubliken« Swellendam und Graaff-Reinet (200 bzw. 700 Kilometer östlich von Kapstadt). Wie diese beiden »Staaten« von Bestand sein sollten, war wohl niemandem klar. Es fehlte an allem: an Menschen, die zum Regieren befähigt waren, an Nachschubmöglichkeiten für alle Güter des Bedarfs, vor allen Dingen aber auch an finanziellen Mitteln. Doch die Lösung derartiger Fragen erübrigte sich dieses Mal, denn nach wenigen Wochen erschienen die Engländer am Kap und bereiteten dem ganzen Spuk ein Ende.

Britische Macht in der Kapkolonie

23. Im Spannungsfeld der Weltpolitik

Die Ausweitung des Überseehandels seit dem 16. Jahrhundert und die bald folgende Durchsetzung merkantilistischer Ideen vor allem in England und Frankreich – beide auf dem Weg, Weltmächte zu werden – ließen die weitreichende wirtschaftspolitische und damit auch staatspolitische und militärische Bedeutung des Welthandels deutlich werden. Die Tage von Kauffahrteigesellschaften, wie der VOC, waren gezählt, mochten sie sich auch noch so große Verdienste um die Entwicklung des Welthandels erworben haben.

Von Stund an gab es eine echte Weltpolitik, die nur noch von den großen Mächten betrieben werden konnte. Sie allein waren in der Lage, ihren politischen, das heißt ihren handels- und wirtschaftspolitischen Wünschen militärischen Nachdruck – auch auf See – zu verleihen.

Die neue Lage erkannten vor allen anderen wiederum England und Frankreich. Man begann mit dem Bau großer Kriegsflotten mit ganz neuen, kampfkräftigeren Schiffstypen. Die massierte Durchschlagskraft und die erhöhten Reichweiten dieser neuen Kampfverbände machten sofort auch neue seestrategische Überlegungen erforderlich.

Von diesem Augenblick an war die Kapkolonie nicht mehr der letzte Außenposten der Menschheit, sie erlangte »über Nacht« zentrale Bedeutung. Sie war zu einem der neuralgischen Punkte der Weltpolitik geworden – und sie ist dies bis heute geblieben.

Im amerikanischen Unabhängigkeitskrieg (1776–1783) wurde die neue Lage zum ersten Mal deutlich. Frankreich, Spanien und die Niederlande waren damals auf die Seite der amerikanischen Aufständischen getreten. England begann daraufhin sofort die

Vorteile zu nutzen, die es sich inzwischen mit seiner Rüstung zur See geschaffen hatte. Die reichbeladenen, aus dem Osten ohne Geleitschutz heimkehrenden Flotten der VOC wurden ein erstes Opfer der neuen Machtverhältnisse. Eine nach der anderen wurde von britischen Kampfverbänden gekapert. England baute sich auf diese Weise gleichzeitig eine beherrschende Stellung im Indischen Ozean und Malaiischen Archipel auf. Der wichtigste Seeweg nach Indien, Indonesien und Australien, aber auch nach dem Fernen Osten begann englische Domäne zu werden, was die britische Beherrschung der afrikanischen Südküste – des Kaps der Guten Hoffnung – zwangsläufig erforderlich erscheinen ließ.

Das aber rief Frankreich auf den Plan. Für dieses Land, das gleichfalls großen Übersee-Ehrgeiz entwickelt hatte, war der schnelle britische Machtzuwachs auf See eine Herausforderung. Eines Tages waren die beiden Flotten gleichzeitig auf dem Wege nach Südafrika. Bei den Kapverdischen Inseln (Porto Praya) trafen sie aufeinander. Die Franzosen, deren Denken in stärkerem Maße von landstrategischen Gesichtspunkten bestimmt war, brachen das Seegefecht ab und enteilten nach Südafrika. Die Engländer, die die Entscheidung auf See erwarteten, verbrachten noch wertvolle Zeit mit dem Versuch, die entschwundene französische Flotte aufzuspüren. So erreichten die Franzosen als erste das Kap und stationierten dort für drei Jahre eine französische Garnison (1781–1784). Die Engländer hingegen konnten ihrem Ärger nur noch dadurch Luft machen, daß sie einige Handelsschiffe in der Saldanha Bay (100 Kilometer nordwestlich von Kapstadt) aufbrachten.

1795 gelang es Großbritannien, sein früheres Kriegsunglück zu korrigieren. Es besetzte nun die Kapkolonie und behielt das Land (mit Ausnahme von drei Jahren Verwaltung durch die »Batavische Republik« – Niederlande – 1803 bis 1806 auf Grund des Friedens von Amiens) bis 1961 in seinem Macht- beziehungsweise Einflußbereich. Britische Kolonie wurde Südafrika endgültig 1814 durch Beschluß des Wiener Kongresses.

24. Grundsätze der britischen Kolonialpolitik

Mit der britischen Herrschaft war eine neue Zeit in diesem Land angebrochen. Zwar hatte Großbritannien so wenig wie zuvor die VOC ein Interesse an einer kulturellen oder sozialen Entwicklung seiner Kolonie. Jedoch gab es grundsätzliche Unterschiede zwischen beiden »Kolonialherren« im machtpolitischen Denken. Die VOC hatte das Kapland lediglich als einen Verpflegungsstützpunkt für ihre Handelsflotten angesehen. Darüber hinaus besaß sie weder eine machtpolitische noch eine entwicklungspolitische Konzeption. Sie war dem Wunsch der Freibauern und Freibürger am Kap, der Buren, nachgekommen, die weitere weiße Einwanderung dorthin zu unterbinden – und das mochte auch im Interesse der »Siebzehn« gelegen haben. Sie wollten ja vor allem Ruhe im Lande und möglichst geringe Kosten mit dem Stützpunkt haben. Die Bewohner des Landes konnten nach Belieben schalten und walten, wenn sie nur keine Kosten verursachten.

Das änderte sich unter britischer Regie sofort. Großbritannien betrachtete die Kapkolonie von vornherein als einen der Stützpunkte des sich jetzt schnell vergrößernden britischen Empire und als einen Angelpunkt seiner seestrategischen Konzeptionen. Die Kolonie mußte im Sinne der Empireinteressen belastbar sein. Ihre weiße Bevölkerung mußte dies sichern. Bei der Machtübernahme durch Großbritannien lebten am Kap etwa 20 000 »Europäer« (fast ausschließlich Buren), 55 000 Coloureds und 20 000 Sklaven. Etwa 450 000 Schwarze mochten gegen die Grenzen der damaligen Kolonie angedrängt und auch teilweise in diese eingesickert sein.

Schon zu jener Zeit zeichneten sich gewisse Grundprinzipien der britischen Kolonialpolitik ab. Sie waren zwar in keinem Kodex aufgezeichnet, wurden aber doch weitgehend von allen britischen Regierungen eingehalten. Parteipolitische Gegensätze in

Frederick Sleigh Earl Roberts of Kandahar and Pretoria, 1832–1914

Großbritannien bewirkten in der Kolonialpolitik stets nur Unterschiede in Nuancen und Akzenten. Frederick D. Lugard resümierte im Grunde nur noch, als er 1922 sein Buch »The Dual Mandate« schrieb und darin wichtige Grundsätze der britischen Kolonialpolitik niederlegte. Zu den Grundprinzipien der britischen Weltreichspolitik gehörten unter anderem: die absolute Sicherstellung des Ansehens und des Herrenstatus aller Europäer, vor allem natürlich der Briten; Englisch als weltweite einheitliche Verwaltungssprache; Unterordnung aller territorialen Interessen unter die – vor allem politisch und merkantil verstandenen – Weltreichsinteressen; möglichst weitgehende entlastende Beteiligung einheimischer Kräfte an der unteren und mittleren Verwaltung.

Da die britische Verwaltung sich kaum in die kulturellen und sozialen Entwicklungen der einheimischen Bevölkerungen einmischte, gelang es ihr während längerer Zeit, mit den einfachsten Mitteln ein riesiges Weltreich zu beherrschen. Im nachhinein zeigt sich jedoch, daß es durch diese Politik versäumt wurde, die vor allem dank der Ausbreitung der europäischen Medizin und Hygiene schnell wachsende Weltbevölkerung auf die Aufgaben vorzubereiten, die ihr in einer durch die neuen technologischen Entwicklungen bestimmten Welt heute gestellt sind. Viele Erscheinungen, die die heutige tragische Situation Südafrikas kennzeichnen, haben ihre Ursache in solchen Versäumnissen.

25. Das burisch-calvinistische Glaubensverständnis

Um den unüberbrückbaren Gegensatz zu verstehen, der sich nun zwischen der britischen Verwaltung und dem Burentum auftat, müssen wir auf die burische Mentalität, die besonders durch das ländliche Burentum geprägt war, eingehen. Die wenigen Städte hatten zunächst noch keinen bestimmenden Einfluß. In der Einsamkeit des Treckens prägte sich die burische Eigenart am schärfsten aus. Sie war besonders durch eine tiefe Gläubigkeit charakterisiert. Wenn auch nicht jeder Trecker persönlich einer solchen Gläubigkeit fähig sein mochte – Vorbild war sie ihm in jedem Fall. Burische Glaubensvorstellungen bestimmten nicht nur vor 150 Jahren und früher die Entwicklungen in Südafrika, sondern sie prägen noch heute das Denken burischer Südafrikaner, wenn auch häufig nicht eingestanden oder nur im Unterbewußtsein.

Grundlagen des burischen Glaubens waren die dem menschlichen Gemüt eingängigen – nicht die theologisch-intellektuell reflektierten – Teile der frühen calvinistischen Orthodoxie. Hinzu kam, daß die Umweltverhältnisse der Treckburen in besonderem Maß den Bildern vergleichbar waren, die im Alten Testament gezeichnet sind. Hier wie dort begegnet der Mensch Gott in der Einsamkeit und Weite des Landes. Nur gelegentlich »errichtet er einen Altar« – nur gelegentlich verehrt er Gott in einer Gemeinschaft von Gläubigen: Für die Buren waren dies die Abendmahlsfeiern, zu denen man einmal im Jahr für wenige Tage Gemeinschaft suchte.

Gerade das Alte Testament betont sehr stark den Begriff der Auserwählung, der orthodoxe Calvinismus hat diesen Akzent bereitwillig aufgenommen. Auserwählt, »bei ihrem Namen gerufen«, werden einzelne, auserwählt ist aber auch ein Volk.

»Auserwählung« hat etwas zu tun mit »Prädestination«. Die frühcalvinistische Theologie hatte – teilweise erheblich über Calvins Auffassungen hinausgehend – zwei sehr spezielle Prädestinationsbegriffe entwickelt. Der eine war der Begriff der »vorzeitlichen Prädestination«. Der andere war eine Vorstellung, die heute als »doppelte Prädestination« bezeichnet wird. Beide Begriffe hatten Einfluß auf die burische Gläubigkeit.

Die »vorzeitliche Prädestination« besagte, daß die Prädestination der Schöpfung (Raum und Zeit) vorausgegangen war. Das bedeutete, daß auch schon die Schöpfung und alle im Alten wie im Neuen Testament dargestellten Geschehnisse von vornherein prädestiniert waren. Vom Alten zum Neuen Testament konnte keine Entwicklung mehr stattfinden. Was sich den Menschen in zeitlicher Abfolge darstellte, konnte nur noch eine Entfaltung des – prädestinierten – Heils sein. Altes und Neues Testament standen somit gleichrangig nebeneinander, was dem burischen Lebensgefühl sehr entgegenkam.

Für die burischen Glaubensvorstellungen ist vor allem aber der Begriff der »doppelten Prädestination« sehr bedeutsam geworden. In ihm wird dem Gedanken einer »Gnadenwahl« der Gedanke einer »Zornwahl« Gottes gegenübergestellt. Einer der Hauptvertreter dieser Idee, Polanus (1561–1610), hatte, in Basel lehrend, erklärt, daß Gott in einem vorzeitlichen Entschluß alle diejenigen erwählt habe, die er Christus zur Gewinnung des ewigen Lebens übergeben habe. Die übrigen aber habe er nach seinem »freyen, allerheiligsten, gerechtesten und unerforschlichen Willen« verworfen.

Aus einer solchen Lehre entwickelten sich zwei für das Burentum wichtige religiös bestimmte Verhaltensweisen, eine im sozialpolitischen und eine im staatspolitischen Bereich.

Sozialpolitisch gesehen werden durch die »doppelte Prädestination« die menschlichen Beziehungen zwischen Auserwählten und Verworfenen weitgehend unterbrochen. Es ergibt sich die fundamentale Frage, ob und gegebenenfalls wie das unterschiedliche Prädestiniertsein der Menschen festgestellt werden kann. War »Auserwählung« beziehungsweise »Verwerfung« durch Gott schon in diesem Leben erkennbar? Calvin war der Auffassung gewesen, daß Auserwählung sich zeige durch »begleitende Zeichen, nämlich die Gottesfurcht im Herzen und die Gemeinschaft der Kirche, die sich um das Wort und das Abendmahl schart«. Männer wie etwa Paul Kruger (1824–1904) – der spätere Präsident der »Südafrikanischen Republik« (Transvaal)* – waren

* »Südafrikanische Republik« nannte sich die heutige Provinz Transvaal während der Perioden ihrer Selbständigkeit von 1857 bis 1877 und von 1881 bis 1900 (1902). Das heutige Land Südafrika nennt sich seit 1961 »Republik Südafrika«. Um beide Begriffe deutlicher unterscheidbar zu machen, füge ich der offiziellen Bezeichnung »Südafrikanische Republik« den Namen »Transvaal« bei, unter welchem dieses Staatsgebiet bei uns bekannter ist.

auf Grund ihrer Erfahrung mit solchen Zeichen zutiefst überzeugt sowohl von ihrer eigenen »Auserwählung« als auch von derjenigen ihres Volkes.

Das Verworfensein von Menschen zu erkennen mochte gerade den treckenden Buren oft als eine verhältnismäßig einfache Aufgabe erschienen sein, begegneten sie doch im Inneren des afrikanischen Kontinents zahlreichen Menschen, die sich schon rein äußerlich durch ihr Nacktsein und ihre Hautfarbe, vor allem aber durch ihre »sündigen« Sitten und Gebräuche so augenfällig von den »Auserwählten« unterschieden, daß ihr »Verworfensein« außer Frage stehen mußte.

Staatspolitisch war diese Glaubensinterpretation dadurch von Bedeutung, daß nach calvinistischem Verständnis zu der von Gott geschaffenen und prädestinierten Schöpfungsordnung ebenfalls die »Gemeinschaftsordnungen« gehörten, die auch Volk, Staat und Kirche einschlossen.

So wirkte der religiöse Aspekt in die burische Staatskonzeption hinein. Im Lichte der Auserwählung gesehen mußten sich Volk, Staat und Kirche eines auserwählten Volkes zu einer homogenen Gemeinschaftsordnung zusammenfügen. Gemeinschaftsordnungen »Auserwählter« konnten »Verworfenen« keinerlei Mitbestimmungsrechte zubilligen. Hier scheinen bereits Grundsätze der Apartheididee auf.

»Pluralismus« in der Entscheidungsbildung von Staaten hingegen ist nur dann und dort möglich, wo der Staat gewissermaßen als eine »Notinstitution« aufgefaßt wird, die dem Chaos zu steuern hat, das eintreten müßte, wenn der Mensch es versäumt, in Ermangelung einer göttlichen Ordnung eigene Ordnungen zu setzen und mit ihrer Wahrung eine Zentralgewalt zu beauftragen. Ein solches »pluralistisches« Staatswesen, das von seinem Selbstverständnis her die Existenz einer von Gott gesetzten Gemeinschaftsordnung leugnen muß, mußte gläubigen Buren zutiefst verabscheuungswürdig erscheinen.

26. Burentum und Anglisierungsbemühungen

Es wäre wahrscheinlich auch einer psychologisch gut geschulten britischen Verwaltung unmöglich gewesen, den Buren die Grundsätze und Erfordernisse des britischen Weltreichskonzepts verständlich zu machen, die jetzt die Richtschnur für alle Verwaltungsmaßnahmen in der Kapkolonie geworden waren. Eine Glaubenswelt, die sich in langen Jahren der Einsamkeit in Menschen gefestigt hatte, die in der Weite des afrikanischen Kontinents ihrem Gott ununterbrochen in entscheidenden Lebenssituationen begegnet waren und seine Zuwendung hier immer wieder erfahren hatten, hätte aus den Angeln gehoben werden müssen. Das wäre noch dadurch erschwert worden, daß die geistige Gewandtheit dieser Menschen, die möglicherweise nie sonderlich groß gewesen sein mag, in der Einsamkeit nicht gefordert und geschult worden war, vor allen Dingen nicht in religiösen Fragen. Schon allein diese Tatsache, daß die Buren ihren Glauben weder wortgewandt vorzutragen noch zu verteidigen vermochten, mußte sie ängstlich eine Welt ablehnen lassen, die ihnen offenbar andere Glaubensvorstellungen aufzwingen wollte.

Und diese ihnen von außen aufgedrängten Glaubensvorstellungen waren durch und durch anders als die ihnen vertrauten. Im England des beginnenden 19. Jahrhunderts huldigte man philanthropischen Vorstellungen. Diese Gedankenwelt war von so unterschiedlichen Persönlichkeiten angeregt worden wie Adam Smith (1723–1790), Professor für Logik und Moralphilosophie, aber berühmt geworden und geblieben als einer der Väter der modernen Volkswirtschaftslehre; David Hume (1711–1776), einem der einflußreichsten Philosophen des 18. Jahrhunderts; John Wesley (1703–1791), dem Begründer der »Methodistischen Freikirche«, und seinem Dichter-Bruder Charles Wesley (1707–1788); William Murray Earl of Mansfield (1705–1793), Lord Chief Justice (Oberster Richter) Englands, der die Sklaverei in England für ungesetzlich erklärt hatte. Gerade im Kampf gegen die Sklaverei waren sowohl von den »Tories« (Konservativen) als auch von den »Whigs« (Liberalen) die philanthropischen Gedankengänge in England gefördert worden. Die Ideen der Philanthropen hatten zu Anfang des 19. Jahrhunderts auch auf die englische Kolonialpolitik großen Einfluß gewonnen. Hier standen sie in Zusammenhang mit dem Bestreben, das »Image« des Europäers – vor allem des Engländers – so makellos zu halten, daß er mit vollem Recht für sich einen besonderen Herrenstatus ohne den Anschein eines Sklavenhalters erwarten konnte.

Die britische Verwaltung ging sofort – nämlich schon 1809, fünf Jahre bevor die Kapkolonie staatsrechtlich britisch wurde – daran, die bis dahin gültige Gesetzeslage völlig zu verändern. Sowohl der soziale Status der Hottentotten als auch derjenige der Sklaven wurde von Grund auf umgeformt. Die Hottentotten waren auch bisher nicht Sklaven gewesen. Wohl aber hatte man das Verhältnis zwischen Herrn und Diener gesetzlich sehr hart geregelt. Diese Beziehungen wurden nun in einer Reihe von Erlassen neu geordnet, bis dann 1828 mit dem »Erlaß 50« festgestellt wurde, daß die Hottentotten in ihren bürgerlichen Rechten den Weißen gleichzustellen seien. Auch in der Antisklavereigesetzgebung gab es eine stufenweise Entwicklung, schließlich verabschiedete im Jahre 1834 eine Whig-Regierung in London ein Gesetz, das die Sklaverei in allen überseeischen Gebieten Großbritanniens abschaffte. Den Buren blieb diese Gesetzgebung völlig unverständlich. Sie hatten zunächst überhaupt keinen geistigen Zugang zu der ihr zugrundeliegenden Denkweise.

In starkem Maße entfremdend wirkten aber auch die Anglisierungsversuche der Engländer. An den Schulen begann die britische Verwaltung schon in einer Zeit (1812) mit der Anglisierung, als die Kolonie noch keineswegs staatsrechtlich britisch war: Lehrer, die ihren Unterricht englisch erteilten, erhielten Sonderprämien. Bereits 1825 gab es 120 englische Schulen im Lande. Die 20 primitiven holländischen Schulen, die bisher bestanden hatten, waren eingegangen. 1824 wurde bei einer Schulinspektion festgestellt, daß »der Plan der Regierung, durch Errichtung englischer Schulen, Englisch zur allgemeinen Verkehrssprache zu machen, völlig gelungen« sei.

In den zwanziger Jahren des 19. Jahrhunderts wurde Englisch zur offiziellen Gerichtssprache erklärt. Die ländlichen Buren, die im allgemeinen kein Englisch konnten, mußten sich vor Gericht nun Dolmetschern anvertrauen. Das waren in der Regel Coloureds. Die von Gott auserwählten Buren waren vor Gericht Menschen ausgeliefert, die Gott allenfalls zum Dienen, sicher aber nicht für gehobene Funktionen bestimmt hatte.

In äußerstem Maße irritierend war auch die britische Einwanderungspolitik. Während in den 150 Jahren der VOC-Zeit nur etwa 2000 Europäer in die Kapkolonie eingewandert waren und sich zum Zeitpunkt der britischen Machtübernahme kaum Briten im Kapland befunden hatten, betrug deren Zahl 1820 schon 10 000 (nach anderen Quellen sogar 15 000). Dazu gehörten auch 4000 britische Siedler, die man versucht hatte im östlichen Grenzgebiet als »Wehrbauern« anzusiedeln. Man wollte die britische Abhängigkeit von den eigenwilligen »Burenkommandos« an der Grenze mindern. Dies wurde zwar teils aus organisatorischen Gründen, teils, weil die britischen Einwanderer für die ihnen zugedachte Aufgabe ungeeignet waren, nicht erreicht, jedoch wurde die infrastrukturelle Situation der Kolonie nun insofern verbessert, als ein großer Teil dieser gewerblich ausgebildeten Briten in die Städte zog und deren Ausbau zu regionalen Zentren förderte.

Für die Buren – gerade auch in den Ostgebieten – war diese Entwicklung trotz aller Vorteile beunruhigend; diese Städte, wie beispielsweise Grahamstown, erhielten einen weitgehend britischen Charakter.

27. *Explosivität im Burentum*

Die Anglisierungsbemühungen hatten lediglich die Explosivität gesteigert und den Verarmungsprozeß, der möglicherweise schon vor Beginn der britischen Besatzung langsam begonnen hatte, weiter gefördert.

Die über das ganze Land verteilten neuen englischen Schulen kamen vor allem dem britischen Bevölkerungsteil und den anglisierungsbereiteren städtischen Buren zugute. Die auf dem Lande lebenden Buren blieben unverändert – nach dem Ende der primitiven holländischen Schulen möglicherweise sogar noch mehr – auf rudimentäre Unterrichtsmöglichkeiten in der Familie oder auf den Unterricht durch sogenannte »Meesters« angewiesen – eine südafrikanische Abwandlung unserer mittelalterlichen »fahrenden Scholaren«, so scheint es. Hinrich Lichtenstein beschreibt 1806 die Qualität dieser Hauslehrer folgendermaßen: »Alte ausgediente Soldaten . . . die lesen und schreiben können, vermiethen sich bei den Bauern als Hauslehrer und führen dann den Titel: Meester. Aber unter ihnen sind wenige, die geeignet wären, den africanischen Colonisten Achtung vor der europäischen Cultur einzuflößen . . .«

Der Bildungsverfall auf dem Lande und der wachsende Einfluß des Britentums in der Bildungsschicht der Städte mußten zwangsläufig dazu führen, daß die geistige Welt des ländlichen Burentums immer mehr in den Hintergrund gedrängt wurde und diese Bevölkerungsgruppe in ständig stärkerem Maße ein ungelenk-hinterwäldlerisches Ansehen gewann. Die Buren ihrerseits fühlten sich immer mehr durch die fixe und beweglichere Art der britischen Kolonisten »ausgetrickst«, zurückgesetzt und verunsichert.

Einige spektakuläre Ereignisse wie etwa die Vorgänge um den »Black Circuit« oder die »Rebellion von Slagters Nek«, die noch heute Ehrenplätze in südafrikanischen Schulbüchern einnehmen, verschärften die Situation. »Circuits« sind Einrichtungen des englischen Rechts, sie entsprechen etwa Gerichtsreisen, bei denen an wechselnden Orten Gericht gehalten wird. Ein solches Verfahren war in Südafrika bislang unbekannt. Schon im Jahre 1812 – also auch dies vor der vollen völkerrechtlichen Eingliederung der Kapkolonie in den britischen Machtbereich – veranlaßten britische Philanthropen die Londoner Regierung, in Südafrika die Einhaltung der neuen Hottentottengesetzgebung durch einen »Black Circuit« zu überprüfen. Die Aufregung im Lande über dieses »rücksichtslose« britische Vorgehen war gewaltig. Noch schlimmer war, daß das Unternehmen zu einem völligen Fehlschlag wurde. Zahlreiche Klagen wegen Mordes und wegen tätlicher Gewalt und vieler anderer Delikte waren eingereicht worden. Schließlich kam es zu acht Verurteilungen wegen tätlicher Gewalt und zu wenigen kleineren Verurteilungen. Das magere Ergebnis des Verfahrens ließ das Unrecht noch deutlicher werden, das den Buren scheinbar angetan worden war. Die Empörung über die Schmach, die man zu erleiden hatte, weil man sich vor Gericht gegen die »unlauteren Vorwürfe von Hottentottengesindel« hatte zur Wehr setzen müssen, war ungeheuer.

Bis heute bleibt in den meisten südafrikanischen Darstellungen dieser Vorgänge unbeachtet, daß zum Zeitpunkt des »Black Circuit« zwar einige der neuen Hottentottenerlasse schon in Kraft waren, daß aber auch die alte Hottentottengesetzgebung noch gültig war. Danach aber waren Herren zum Vollzug von Strafen an ihren Dienern berechtigt, die so hart sein konnten, daß sie auch tödlich endeten. Da es den Angeklagten noch möglich war, sich auf dieses alte Recht zu berufen, war das Gericht zu zahlreichen Freisprüchen gezwungen. Nicht die Prüfung der Tatbestände, sondern die Rechtslage hatte das magere Ergebnis des Verfahrens bewirkt.

Noch heute kann man in Südafrika bei Unterhaltungen mit nationalen Buren immer einmal wieder die Vorgänge des »Black Circuit« aufgetischt bekommen. Jeder ist ja in der Schule über diese Vorgänge im burisch-nationalen Sinne unterrichtet worden.

Ebenso ergeht es einem auch mit der sogenannten »Rebellion

von Slagters Nek« 1815. Ein weißer Farmer, Frederick Bezuidenhout, war wegen Mißhandlung eines Hottentotten vor Gericht gefordert worden. Als er nicht erschienen war, wurde eine Eskorte Hottentottenpolizei unter dem Befehl eines weißen Offiziers entsandt, um ihn zu holen. Bezuidenhout verteidigte sich in einer Höhle und wurde schließlich erschossen. Daraufhin erhoben sich 60 Farmer seiner Nachbarschaft in einer Rebellion, die schnell und ohne Verluste niedergeschlagen wurde. Von den gefangenen Aufrührern wurden 39 für schuldig befunden und bestraft. Fünf von ihnen wurden gehängt. Die burische Empörung war gewaltig. Ein Rechtsspruch, der die Tötung eines Weißen durch Hottentotten sanktionierte und dagegen revoltierende Christen bestrafte, blieb einfach unverständlich.

Die Unruhe wuchs besonders unter den Grenzburen im Osten der Kolonie, auch weil nun schon seit einigen Jahrzehnten keine wesentlichen Fortschritte in der Gewinnung von neuem Weideland gemacht worden waren. Zwar waren die Xhosa jetzt aus einigen Gebieten zurückgedrängt worden, in die sie sich schon ausgebreitet hatten – Ende des 18. Jahrhunderts waren sie bis zum Fluß Gamtoos, 150 Kilometer westlich von Port Elizabeth, vorgestoßen. Jedoch entsprach weder der in den ersten Grenzkriegen erzielte Raumgewinn dem burischen Anspruch, noch ließen die Xhosa die Herden der Farmer in den Gebieten in Ruhe, in denen sie vordem ihre eigenen Herden geweidet hatten. »Viehdiebstähle« der Xhosa und entsprechende Gegenaktionen der Buren waren an der Tagesordnung.

Niemand – außer dem klugen Missionar der »Londoner Missionsgesellschaft« John Philip – erkannte die Ursachen dieser Situation (den »Übervölkerungseffekt«, hervorgerufen durch den Aufstau der zu weiterer Ausdehnung gezwungenen weidewirtschaftlich bestimmten Gruppen auf beiden Seiten der Front). Niemand außer Philip wies darauf hin, daß dieses Problem nur zu lösen wäre durch den Übergang zu gewerblichen oder ähnlichen Tätigkeiten »intensiven« Wirtschaftens, die nicht wie die bisherigen »extensiven« weidewirtschaftlichen Technologien mit einem schnell wachsenden Raumbedarf verbunden waren. Nichts geschah. Immer mehr Menschen mußten sich in eine nicht mehr wachsende, ja sogar in eine langsam abnehmende Produktivität eines gleichbleibenden Gebietes teilen. Die Menschen verarmten. Es bedurfte nun nur noch eines Funkens, um eine Explosion auszulösen.

Zusammenbruch der schwarzafrikanischen Welt

28. Die alte afrikanische Kampfweise

Die Xhosa traten zu den Gefechten des »Ersten Grenzkrieges« (1779–1781) noch in ihrer alten Kampfordnung an und erwarteten ähnliches wohl auch von der Gegenseite. Kaum anders war es noch im »Zweiten Grenzkrieg« (1789–1793), der allerdings überwiegend aus großangelegten »Viehdiebstählen« und »Kommando«-Unternehmen zur Rückeroberung des Viehs bestand. Das waren erste Anzeichen einer Auflösung der alten schwarzafrikanischen Vorstellungen vom Krieg.

Unser Kronzeuge, der deutsche Arzt Hinrich Lichtenstein, bereiste Südafrika in den Jahren 1803 bis 1806. In seinem Tagebuch findet sich eine sehr prägnante Darstellung der bei den Xhosa üblichen Art der Kriegführung. Lichtenstein schreibt:

»Nie überfällt man den Feind, solange er noch nicht zum Kriege gerüstet ist und ohne vorausgehende Kriegserklärung. Man schickt zu dem Ende Gesandten an ihn ab, die entweder Unterwerfung fordern, oder mit dem nahen Angriff drohen . . . Zugleich werden alle Vasallen, alle Oberhäupter von niederem Rang samt ihrer Mannschaft entboten. Alle gemeine Kaffern müssen diesem Aufruf und dem Befehl ihrer besonderen Oberhäupter blindlings gehorchen, und wer sich ausschlösse, hätte den Verlust seiner sämtlichen Habe zu fürchten.

Sobald das Heer an dem Wohnort des Königs versammelt ist, wird eine Menge Vieh geschlachtet, um die Krieger durch reichlichen Fleischgenuß zum Feldzug zu stärken. Man tanzt dabei und überläßt sich noch einmal ganz der Freude . . .« (Ich habe schon darauf hingewiesen, daß dieser reichliche Fleischgenuß die »Lebenskraft« des Stammes in besonderem Maße auf die Krieger konzentrieren sollte.) »Erklärt der Feind, er habe noch nicht alle

Mannschaften beisammen und sei noch nicht schlagfertig, so wartet man geduldig, bis er melden läßt, daß er zum Streite gerüstet sei.

Zum Kampfplatz wählt man nun eine offene Fläche ohne Gebüsch und Felsengeklüft, um jeden Verdacht eines Hinterhaltes zu entfernen.« (Es wird besonders deutlich, wie sehr alle vorbereitenden Maßnahmen die wirkliche Stärke der beiden Gegner feststellen sollten. Überraschungseffekte sollten auf jeden Fall vermieden werden.) »Hier nähern sich beide Heere einander unter lautem Kriegsgeschrei bis auf 70 oder 80 Schritte. Dann fängt man an, die Hassagayen (Wurfspeere) auf einander zu werfen, sucht den feindlichen . . . auszuweichen oder sie abzuwehren und bedient sich ihrer wider den Feind . . . bis die Flucht des einen Theils oder die Nacht dem Gefecht ein Ende macht . . .

Ein fliehender Feind wird auf der Stelle verfolgt und vor allem sucht man sich der Weiber und Kinder« (die sehr häufig dem Schauspiel – die eigene Partei ermunternd – zugesehen hatten) »und des feindlichen Viehs zu bemächtigen, von welch letzterem gleich ein großer Theil geschlachtet und verzehrt wird« (Aneignung von »Lebenskraft« des Gegners). »Unterwirft sich der Besiegte, so wird zu einer Hauptbedingung gemacht, daß er seinen Überwinder fortan als gesetzmäßiges Oberhaupt anerkenne und ihm feierlich Gehorsam gelobe. Ist das geschehen, so werden sogleich Frauen und Kinder zurückgeschickt, auch gibt der Sieger von dem erbeuteten Vieh einen wenngleich geringen Theil wieder heraus und vertheilt das übrige unter seine Mannschaft . . .

In den Schlachten der Kaffern verlieren nicht so viele Menschen das Leben, wie man glauben möchte. Die Zahl der Toten ist selten bedeutend, theils weil die Hassagayen meist fehlen und wenn sie auch treffen, nicht leicht tödtlich verwunden, theils weil man es selten zum Handgemenge kommen läßt.

Wer unbewaffnet dem Feind in die Hände fällt, wird nicht getötet und nach beendetem Krieg ohne Lösegeld freigegeben.«

Und nun kommt noch ein sehr humaner Aspekt dieser Kämpfe. Er steht auch ganz unter dem Zeichen der Lebenssicherung, denn die Größe des Nachwuchses eines Stammes ist abhängig von der Zahl der gebärfähigen Frauen in diesem Stamm. So heißt es am Ende dieser Beschreibung der Kriegsbräuche: »Weiber und Kinder haben während der Feindseligkeiten durchaus nichts für ihr Leben zu fürchten und werden selbst in den erbittertsten Kriegen ohne Ausnahme geschont.«

Bis ins 19. Jahrhundert gab es bei einer Reihe von Bantustämmen sogar ein Gesetz, das verlangte, daß Krieger, die im Kampf einen Menschen töteten, sich einer »Reinigung« zu unterziehen hatten, bei den Zulu »sula izembe«, etwa »Reinigung des Kriegsbeils«, genannt. Diese Krieger mußten sich mit der ersten unverheirateten Frau, die ihnen nach dem Kampf begegnete, in Liebesspiele einlassen. So wie die Dinge im 19. Jahrhundert lagen, durfte allerdings aus dieser Begegnung keine Schwangerschaft hervorgehen. Es ist aber anzunehmen, daß ursprünglich eben gerade dieses der Zweck des genannten Brauchs war und er eigentlich der Aufgabe dienen sollte, sofort für den Ersatz des verlorenen Lebens zu sorgen.

Der Unterlegene hatte in einem solchen Kampf entweder das Feld zu räumen (sofern genügend Weideland zur Verfügung stand) oder sich als Stamm dem Siegerstamm unterzuordnen. Oder aber der Siegerstamm gliederte die Unterlegenen in seinen Stamm ein. Doch wie auch immer das Verhältnis zwischen Sieger und Besiegten geregelt wurde, die Menschen hatten die großen Probleme des Lebens – und des Überlebens – gemeinsam zu lösen, und sie taten es auf eine, mit unseren Kriegsvorstellungen verglichen, humane Weise.

29. Kriege voller Unverständnis

Das Verhalten der VOC beziehungsweise des Grenzburentums nach den ersten beiden noch unbedeutenden Grenzkriegen zeigte sofort, daß diese Entscheidungsstellen weder eine Vorstellung von den Erwartungen hatten, die Schwarzafrikaner einem Sieger entgegenbrachten, noch eine Vorstellung von den gesellschaftspolitisch-technologischen Aufgaben, die ihnen aus ihren Siegen erwuchsen. Man hatte lediglich das Grenzgebiet von den dort befindlichen und weiter eindringenden schwarzafrikanischen Stämmen gesäubert und hoffte, weiterhin in diesem Gebiet unbehelligt zu bleiben.

Wir haben schon davon gesprochen, daß die wachsende Unzufriedenheit der Grenzburen zur Gründung der beiden burischen Minirepubliken Swellendam und Graaff-Reinet geführt hatte. Die Beseitigung dieser beiden Republiken durch die Engländer bewirkte im »Dritten Grenzkrieg« (1799–1803) die erste überraschende Zusammenarbeit zwischen Xhosa und Buren. Auch einige mit Gewehren bewaffnete Hottentottenstämme – richtiger wohl Coloured-Gruppen – hatten sich dieser Verbindung angeschlossen, deren führende Persönlichkeiten der Xhosafürst Ngqika und der Grenzbur Coenrad van Buys waren. Letzterer, ein »unruhiger Geist« und eine offenbar imponierende Gestalt, war einer der maßgebenden Männer in der »Burenrepublik Swellendam«; er war nach Ankunft der Engländer zu Ngqika geflüchtet, wo er mit dessen Mutter ein »eheähnliches Verhältnis« aufgenommen hatte. Auf diese Weise hatte er großen Einfluß bei den Xhosa gewonnen. Hier begegnen wir zum ersten Male einer der seltenen Aktionen, wo Weiße – ja sogar Buren –, Schwarze und Coloureds zusammenarbeiteten. Allerdings war die Gemeinschaft, die sich dabei zeigte, eine Abwehrgemeinschaft und wohl kaum eine auf Zukunft gerichtete Zusammenarbeit. In der Kapverwaltung sah man den gemeinsamen Feind. Der »Dritte Grenzkrieg«, zu dem es nun kam, war der härteste, der bisher ausgefochten worden war – und er war und blieb der einzige, der keine Gebietsverluste für die schwarze Seite zur Folge hatte. Der Krieg endete dadurch, daß 1803 am Kap wieder eine holländische (»batavische«) Verwaltung aufzog und die um Ngqika gescharten Buren sich bereit fanden zu Verhandlungen mit den Vertretern ihres Stammlandes, für das sie noch immer ein tiefes Zugehörigkeitsgefühl empfanden. Der Verlauf dieses Krieges hatte gezeigt, in wie starkem Maße die Auseinandersetzungen zwischen Schwarz und Weiß durch die Art der Bewaffnung entschieden wurden. Deshalb hatte die holländische Verwaltung in den Friedensverhandlungen auch größten Wert darauf gelegt, daß alle Gewehre – möglichst mit ihren nichtschwarzen Trägern – wieder in die Kapkolonie zurückkamen.

Inzwischen wuchs bei den Xhosa der Bevölkerungsdruck weiter an, besonders nach der Rückkehr der Engländer ans Kap, ein Ergebnis des »Vierten Grenzkrieges« (1811–1812). Weitere schwarze Stämme waren nach Osten abgedrängt worden, und die Kolonie nahm noch mehr ehemaliges Xhosagebiet für sich in Anspruch.

Bei den Schwarzafrikanern kündigten sich neue innere Not und ihr folgende Katastrophen sehr häufig durch das Auftreten von Propheten an, denen meist eine zahlreiche Gefolgschaft zulief. Rettung aus schwerster Not erwartete man letzten Endes immer von überirdischen Kräften, die aber sprachen durch den Mund der Propheten. Dieser Verkünder göttlichen Willens war bei den Xhosa jetzt ein Mann namens Makanda. Seine Visionen fanatisierten die Massen. Makanda konnte 1818 sein höchst erregtes Volk vor Grahamstown führen, eine Stadt, die in dem ehemaligen Stammesgebiet lag und mit guten Verteidigungsanlagen ausgerüstet war. Durch den Propheten in äußerste Ekstase versetzte Krieger stürmten in Wellen gegen die Stadt an. Ohne irgend etwas auszurichten, verbluteten sie alle, etwa 10 000 Krieger, in dem unbarmherzigen Abwehrfeuer der Verteidiger.

Das war der »Fünfte Grenzkrieg«. Danach trat erst einmal »Ruhe« ein – eine makabre Ruhe, zu hart war dieser Aderlaß gewesen. Doch nach anderthalb Jahrzehnten war die Stimmung der durch die immer bedrängender werdenden Übervölkerungserscheinungen heimgesuchten Menschen wieder auf dem Siedepunkt angelangt. Im Bewußtsein der katastrophalen Folgen einer kriegerischen Auseinandersetzung versuchte der unglückliche Xhosafürst Hintza den Ausbruch von Gewalt zu verhindern und den britischen Governor D'Urban zu gerechten Regelungen der unerträglichen Verhältnisse zu bewegen.

Tatsächlich wurde auch der Missionar John Philip, einer der wenigen einsichtigen Männer, zur Vorbereitung eines Treffens der Xhosahäuptlinge mit dem Governor nach dem Osten geschickt. Die Viehdiebstähle und die Repressalien hörten auf. Es war, als ob die geplagte Welt an der östlichen Grenze mit angehaltenem Atem einer großen Entscheidung entgegensehe.

Als dann aber nichts geschah, als der furchtsame D'Urban seine Reise mehr und mehr verzögerte und wohl auch nicht wußte, ob er auf Philips Ratschläge oder die hartnäckigen Forderungen der Grenzburen hören solle, als Philips Versprechungen wie bloße Wunschträume in der Luft hängenblieben, da brach am Weihnachtsabend 1834 der lange zurückgehaltene Sturm mit voller Wucht los. 12 000 Xhosa – zum ersten Mal auch mit einigen Gewehren bewaffnet, die sie allerdings kaum zu bedienen wußten – fielen über die Kolonie her, die Grenzverteidigung brach zusammen, die burischen Farmer wurden gebrandschatzt, aber Frauen und Kinder wurden noch immer in alter afrikanischer Tradition geschont, obwohl zu dieser Zeit weiter im Norden schon längst Shaka Zulu zu den blutigen Grausamkeiten einer »totalen« Kriegführung übergegangen war.

Den verstörten Weißen erschien als Retter in der Not der Colonel Harry Smith, ein wackerer Haudegen, der das Kampfgebiet in einem Parforceritt von sechs Tagen von dem 1000 Kilometer entfernten Kapstadt aus erreicht hatte. Wir werden diesem Mann, der sich immer durch schnelle und auch oft theatralisch-schneidige Entschlüsse auszeichnete, noch des öfteren begegnen, später auch als Governor. Smith, noch Oberst, verstand es, in kürzester Zeit die Ordnung wiederherzustellen und aus den schwarzen Verfolgern Verfolgte zu machen.

Als die Schlachten dieses »Sechsten Grenzkrieges« geschlagen waren und die britischen Truppen weit in das Xhosaland hinein vordrangen, erschien dann auch Governor D'Urban auf dem Schauplatz, nun nicht mehr in Begleitung von Philip, sondern umgeben von britischen Offizieren und burischen Kommandoführern. Den Xhosa wurde ein Frieden diktiert, der ihnen endgültig das Rückgrat brach. Ihr unglückseliger Fürst Hintza, der nie ein großer Held, sondern immer ein verhandlungsbereiter Mann gewesen war, versuchte nach der ihm aufgezwungenen Unterschrift zu fliehen und wurde erschossen – im Tode wurde er zum »Märtyrer« seines Volkes.

Zwar verordnete später die britische Regierung wesentliche Erleichterungen zu D'Urbans Friedensdiktat. Doch trotz dieser Vertragsänderungen blieb letzten Endes die Tatsache bestehen, daß das »geschlagene« Volk der Xhosa mit seiner weiterhin wachsenden Volkszahl und ohne Veränderungen seines Wirtschaftssystems auf noch engerem Raum als vordem zusammengedrängt war.

Wie wenig die dafür verantwortlichen Menschen die Bedeutung ihrer Handlungen zu beurteilen vermochten, geht mit aller Deutlichkeit aus dem Bericht hervor, den D'Urban nach London an seinen Vorgesetzten, den Kolonialsekretär (Minister) Lord Glenelg, geschickt hatte: »Unsere Verluste waren unter 1000, ihre unter 4000 Kriegern. Es sind ihnen neben der Eroberung und Enteignung des Landes ungefähr 60 000 Stück Vieh und fast alle Ziegen genommen worden. Ihre Wohnstätten sind überall zerstört, ihre Gärten und Äcker verwüstet. So sind sie gezüchtigt worden, nicht sehr, aber doch vielleicht genügend ... Ihr System von Klanhäuptlingen wird sofort gebrochen werden ... Große Teile des Landes werden für Spekulationen von Europäern offen bleiben ... Die militärische Macht ist überall zur Hand.« Glenelg war ein Philanthrop, D'Urban wurde abgelöst – aber die Wurzel des Übels blieb unerkannt.

30. Katastrophen und Hoffnungen

Die größte – und endgültige – Katastrophe sollte jedoch Sir George Grey über das Land bringen, der wohl der fähigste Governor war, den die britische Regierung je an das Kap der Guten Hoffnung gesandt hat. Er geriet jedoch in eine Zeit, in der europäisch-kluges Handeln allein oft schädlich sein konnte, denn das Volk der Xhosa hatte sein Vertrauen in die neue Welt schon endgültig verloren.

Zuvor hatte ein neuer »Grenzkrieg«, der »Axtkrieg« (der »Siebte Grenzkrieg«, 1846–1848), stattgefunden, ein Guerillakrieg, bei dem allenthalben Verrat im Spiel und jeder jedermanns Feind war. Wieder einmal war Harry Smith auf der Szene erschienen, nun geadelt sowie Governor der britischen Kapkolonie und »britischer Hochkommissar für das südliche Afrika« – ein neuer Titel, der die Erweiterung der britischen Interessen widerspiegelte. Er hatte vor sich die Häuptlinge der Xhosa antreten lassen, hinter sich einen Pulverwagen in die Luft gejagt und vor diesem Fanal das gesamte Gebiet südlich des Kei' (Ciskei) für annektiert erklärt – als »British Kaffraria«.

Aus diesem Pulverdampf war jedoch nur noch mehr Verwirrung entstanden. Ein neuer Prophet, Mlanjeni, hatte behauptet, die Macht zu besitzen, Krieger unverwundbar zu machen. Seine Amulette sollten die Kraft haben, daß die Geschosse der Weißen unwirksam blieben. Jedoch die überirdischen Kräfte versagten sich ihm, die Ahnen schüttelten nur den Kopf. Aber ein weiterer Guerillakrieg war das Ergebnis dieser Künste und Beschwörungen gewesen. Noch unübersichtlicher waren die Fronten geworden. Niemand wußte, auf welcher Seite die Hottentottenpolizei und die Coloured-Kontingente standen, die eingesetzt worden waren, weil die Buren keine Lust mehr hatten, ihre Haut zu Markte zu tragen – für eine britische Regierung, die nicht bereit gewesen war, ihnen Farmen im Xhosaland zuzuteilen. Sir Harry Smith wurde abberufen. Die Ahnen der Xhosa versagten sich weiterhin, selbst als in Lesotho der große König Moshweshwe dem

Nachfolger Smith', Sir George Cathcart, schwere Niederlagen bereitete. Es war eine Atmosphäre der Hoffnungslosigkeit, die Sir George Grey 1854 als neuer Governor und Hochkommissar im Xhosaland antraf. Alle traditionellen Bindungen waren in die Brüche gegangen. Die alten Strukturen hatten sich nun schon lange nicht mehr bewährt, die Häuptlinge hatten versagt. Zauberer und Hexenschnüffler verwirrten die Gemüter.

Grey – bei seinem Eintreffen in Südafrika 42 Jahre alt – war ein Mann mit kolonialer Erfahrung. Er hatte sie vor allem in Australien und Neuseeland gesammelt. Sofort erkannte er, daß die Xhosa nur noch zu retten waren, wenn ihr Wirtschaftssystem verändert und intensiviert wurde. Und Grey war ein Mann der Tat, er war bereit, »Nägel mit Köpfen« zu machen, aber er war auch ein Europäer, und so machte er einen europäischen Plan. Er wollte die Xhosa von ihren extensiven Wirtschaftsformen der Weidewirtschaft auf die intensiveren landwirtschaftlichen Produktionssektoren Ackerbau und (Schlacht-)Viehzucht umschulen. Es war ihm klar, daß ein solcher Plan den Schwarzen nicht durch theoretischen Unterricht vermittelt werden konnte. So wollte er durch Beispiele umerziehen und verfiel auf den Gedanken, das Land schachbrettartig in schwarze und weiße Farmen aufzuteilen. Die weißen Farmen sollten erzieherisch auf die schwarzen einwirken können. Es gelang ihm tatsächlich, viele Häuptlinge zur Mitarbeit an diesem Plan zu gewinnen – möglicherweise mehr auf Grund der versprochenen Gehälter als echter Überzeugung.

Grey hatte auch schon konkrete Vorstellungen von den Menschen, die er auf die weißen Farmen setzen wollte: Er heuerte die »Deutsche Legion« an, die als Söldnertruppe auf britischer Seite im Krimkrieg gekämpft hatte. Diese Männer waren nach Kriegsende »arbeitslos« geworden. Deutsche galten als gute, zuverlässige und nicht zu anspruchsvolle Arbeiter.

Das Volk der Xhosa aber war entsetzt! Sie hatten weiße Farmer bisher fast nur in der Gestalt von Buren kennengelernt, die ein hartes Regiment führten und sich überall als »Baas« (Herr) fühlten und benahmen. So konnten die Xhosa Greys Plan nicht anders verstehen, als daß er das Land mit einem Netz von weißen Zwingburgen überziehen wollte, ein System, das nun die Schwarzen endgültig versklaven sollte. Und die eigenen Häuptlinge machten mit bei diesem Verrat!

Da aber begannen die Ahnen doch zu sprechen, diesmal aus dem Munde eines neunjährigen Mädchens, Nongqause. Die Prophezeiungen dieses Kindes wurden noch ergänzt durch Gesichte ihres Onkels, Mhlakaza, eines engen Beraters des Xhosafürsten Sarili. Er sah über das Meer schwarze Menschen, schwarze Retter, die Russen, kommen. Es waren ja Russen, gegen die die weißen Legionäre, die nun in das Xhosaland kommen sollten, um hier Zwingburgen zu errichten, offensichtlich vergeblich gekämpft hatten. Möglicherweise spielte es in diesem Zusammenhang auch noch eine Rolle, daß der Vorgänger Greys als Governor, General Sir George Cathcart, auf der Krim im Kampf gegen die Russen gefallen war.

Nongqause prophezeite auch, daß die alten Heroen, deren Wirken die letzten Generationen so schmerzlich vermißt hatten, sich wieder erheben würden. Die Lebenden sollten das Geschenk neuer Jugend und Kraft erhalten. Alles würde im Überfluß da sein. Ein großer Sturm würde die Weißen ins Meer fegen. Nongqauses Erscheinungen entfesselten die Phantasie der Menschen. Immer mehr Leute hatten ähnliche Gesichte. Selbst Sarili, der Fürst, hatte die Vision eines berühmten, längst toten Pferdes, das ihm zu Hilfe kam.

Damit jedoch die visionären Wunder eintreten konnten, mußten zunächst die Lebenden gewaltige Opfer bringen. Die Ahnen forderten, daß alles Vieh getötet, alles Getreide vernichtet werde. So hoffnungslos waren die Xhosa, daß sie in besinnungsloser Verzweiflung auch das letzte hingaben, das ihnen geblieben war, wenn nur die große Wende herbeigeführt würde. Eine Massenhysterie brach aus. In kürzester Zeit zerstörte dieses unglückliche Volk seine letzten Lebensgrundlagen – um, als der »Große Tag« kam, nichts zu empfangen!

Der »Große Tag«, der Tag, an dem die Opfer ihren Lohn empfangen sollten, war der Tag, an dem die »Deutsche Legion« landen und die Prophezeiungen Nongqauses in Erfüllung gehen sollten. Die »Deutsche Legion« landete im Februar 1857. Sie wurde nicht ins Meer geweht – und die Strahlen der Sonne tasteten sich über ein sterbendes Volk. 200 000 Stück Großvieh waren vernichtet. Keine Ernte war eingebracht, keine Saat gesät worden. Brach und tot lag das Land.

Hatten die Ahnen ihr Volk verraten und in den Tod geführt? War das Volk einem Aberglauben erlegen? Oder hatte es die Forderungen und Weissagungen zu vordergründig und direkt verstanden? Wie wäre es gewesen, wenn die Weissagungen des kleinen Mädchens dem Volk sublimiert interpretiert worden wären, wenn es die Weissagungen so verstanden hätte, daß es durch Opfer, durch inneren Verzicht, sich die Hilfe der großen Mächte erwerben müsse? Solche Fragen sind – bezogen auf die damalige Zeit – bloße Phantasterei. Ich weiß es. Heute könnten wir sie stellen. Doch finden wir nicht auch heute noch genügend Menschen, die beispielsweise die Bibel so konkret interpretieren, wie es die Xhosa mit den Weissagungen der kleinen Nongqause getan haben?

Vergeblich hatten Missionare, einsichtige Häuptlinge und Regierungsbeamte versucht, sich der Sturmflut des Fanatismus entgegenzustemmen. Schon vor dem »Großen Tag« waren Zehntausende Hungers gestorben, noch mehr waren in alle Lande geflohen. Ein Drittel des Volkes der Xhosa war zugrunde gegangen.

Niemand erkannte den ursächlichen Zusammenhang zwischen Greys Bemühungen und den Wahnphantasien, die die Katastrophe ausgelöst hatten; kaum jemand erkannte das jahrzehntelange Versagen der Regierung vor den ihr in einem übervölkerten Land gestellten Aufgaben.

Grey kümmerte sich überall um die geschlagenen Menschen, überall suchte er zu helfen. Eine einmalige Leistung in jener Zeit verdient besonders festgehalten zu werden: In dem »Grey-

Hospital« in King Williams' Town arbeitete damals ein Arzt, J. O. Fitzgerald, ein Freund Greys, der afrikanische Medizinmänner zu sich heranzog, auf ihren Rat hörte und sie als Kollegen behandelte – um die Mitte des 19. Jahrhunderts!

Wenn auch die »Deutsche Legion« nicht ins Meer geweht worden war, so versagten doch die meisten Legionäre vor den ihnen zugedachten landwirtschaftlichen Aufgaben. Sie verließen bald das Land, um wieder militärischen Engagements nachzugehen. Grey warb nun direkt in Deutschland geeignetere Siedler an. Doch der britischen Regierung wurde das Projekt zu teuer, und Greys Initiative erstarb.

Ein Denkmal für die deutschen Siedler im Hafengebiet von East London und einige Städtenamen wie zum Beispiel das nach dem Kommandanten der »Deutschen Legion« (Baron von Stutterheim) benannte Stutterheim, auch Orte wie Braunschweig oder Berlin erinnern in diesem Gebiet noch heute an jene Zeit.

31. Dingiswayo, ein großer Schwarzer – zu spät geboren

Um 1800 hatte 800 Kilometer hinter der damaligen Xhosafront im nördlichen Natal eine Entwicklung begonnen, die die erforderlichen technologischen Umstellungen des Wirtschaftssystems der schwarzen Hirtenvölker hätte bewirken können – auf der Grundlage genuiner schwarzafrikanischer Ideen. Wäre nur genug Zeit gewesen! Dieses nördliche Hinterland der Nguni-Hirtenvölker grenzte ja nicht nur an Gebiete, die Jahrhunderte zuvor die Blüte des Reiches des Monomotapa erlebt hatten. Es grenzte, wenn auch durch die Drakensberge getrennt, gleichfalls an die Gebiete an, in denen die zahlreichen Städte der Sotho mit ihrer gewerbetreibenden Bevölkerung sich ausgebreitet hatten.

Hier im Norden waren, durch die schwarzafrikanischen Wanderungsschübe, Anregungen zu technologischen Fortentwicklungen größer als weiter im Süden an der Xhosafront. Ohne das

Auftreten der Europäer am Kap wäre es – so kann man vermuten – die natürliche Entwicklung gewesen, daß sich die in den nördlicheren Gebieten schon entwickelten technologischen Kenntnisse intensiverer Wirtschaftssysteme mit geringerem Raumbedarf allmählich nach Süden hin ausgebreitet hätten.

Diese »ruhige« Entwicklung war am Kap unterbrochen worden. Die Xhosa wurden unvorbereitet und einige Generationen vor der Zeit, in der sie durch ihre natürliche Fortentwicklung vor die gleichen technologischen Herausforderungen gestellt worden wären, durch die europäische Ausbreitung in eine Situation versetzt, für die sie durch ihre bisherige geschichtliche Entwicklung nicht vorbereitet waren. Und die Europäer, die auf die »Kaffern« herabblickten und allein schon deswegen ihre Problematik nicht erfaßten, verschärften durch ihr ahnungsloses, aber arrogantes Verhalten die eingetretenen Spannungen bis zur Unerträglichkeit.

In der Zeit, als die Verhältnisse an der Xhosafront sich noch nicht zur Katastrophe entwickelt hatten, war im Norden Natals bei einem kleinen Ngunistamm, den Mthethwa, ein Mann Häuptling geworden, den wir zu den genialen Gestalten der uns bekannten afrikanischen Geschichte rechnen müssen: Dingiswayo. In unserer Geschichtsschreibung verblaßt Dingiswayos Bild im allgemeinen heute noch zu sehr vor dem viel erregenderen – und blutigeren – Bild seines »Nachfolgers« Shaka Zulu. Dingiswayo übertrifft Shaka Zulu, ein einseitig militärisches Genie, jedoch durch die Vielseitigkeit seiner Begabungen, durch die Weitsicht seiner Planungen und durch seine menschliche Größe.

Dingiswayos Bild tritt für uns Heutige möglicherweise auch zu sehr zurück vor dem Bild des ihm zweifellos mehr als kongenialen großen Sothokönigs Moshweshwe, der nach meiner Auffassung der genialste schwarze Herrscher des 19. Jahrhunderts überhaupt ist. Jedoch kam der Verlauf der Geschichte seiner Genialität auch besonders entgegen. Doch davon später.

Es wird vermutet, daß Dingiswayo als politischer Flüchtling in seiner Jugend die Verhältnisse in der Kapkolonie und in den urbanisierteren schwarzafrikanischen Gebieten der Sotho kennengelernt hatte. Er begann seine Regierungszeit sofort mit Reformen, vor allem mit wirtschaftlich-technologischen Verbesserungen. So war es eine seiner ersten Handlungen, Handelskarawanen nach der in Moçambique gelegenen Hafenstadt Lourenço Marques (heute Maputo) zu schicken. Damit nahm er Aktivitäten wieder auf, die schon Jahrhunderte zuvor in Verbindung mit dem Reich des Monomotapa gang und gäbe gewesen waren und die auch noch zu Dingiswayos Zeit von den Sotho praktiziert wurden. Den Traditionen seines eigenen Stammes entsprachen solche Handelsunternehmen keineswegs. Sie hätten jedoch – wäre Zeit genug geblieben, solche Tätigkeiten weiter zu verfolgen – sicherlich auch starke gewerbliche Anregungen gebracht.

Politisch wollte Dingiswayo die vielen ständig unter sich zerstrittenen Stämme dieses Raumes zu einem Volk zusammenfügen. Dazu bediente er sich zunächst militärischer Reformen. Während bisher die Kampftruppen der Nguni noch auf der Basis von Familien (Klans) und Dorfgemeinschaften organisiert waren, begann Dingiswayo nun, Initiationsjahrgänge zur Grundlage des militärischen Aufbaus zu machen. Damit wurde ein verbindendes an Stelle eines trennenden Elementes in die militärische – und die mit ihr eng verbundene wirtschaftliche – Organisation eingebracht: Initiationsjahrgänge überschritten die Klangrenzen, während vordem die militärische Organisation auf Familienbasis Eigenbröteleien der Familien gefördert hatte. Gleichzeitig wurde durch diese Neuerungen auch die militärische Schlagkraft erhöht, denn es ist evident, daß – selbst wenn man die traditionellen lebenschonenden Kampfesweisen beibehielt – die Kampfkraft einer Truppe, bei der leistungsgleiche Jahrgänge zusammengefaßt waren, größer sein mußte als die Kampfkraft einer Truppe, bei der sich die unterschiedliche Leistungsfähigkeit der Altersklassen behindernd auswirkte.

Von Dingiswayo wird ferner gesagt, daß es stets sein Bestreben gewesen sei, seine Ziele vor allem durch Überzeugen und nicht so sehr mit Waffengewalt durchzusetzen. Solche humanen Qualitäten mochten noch aus der afrikanischen Tradition stammen. Doch Dingiswayo verstand es, diese positiven Werte der Tradition mit modernen Ideen zu verbinden. Die Tragik dieses großen Mannes lag darin, daß er am Ende einer Epoche lebte. Die Aufbauarbeit, die er begonnen hatte, mag man als charakteristisch für die Aufgaben ansehen, die sich in einem Gebiet stellten, das inzwischen so weit hinter der Ausdehnungsfront der Hirtenvölker zurücklag, daß es seine neu heranwachsenden Jungmannschaften zusehends schwerer abstoßen konnte und eine allmähliche Erhöhung der Bevölkerungsdichte in Kauf nehmen mußte.

Doch mitten in seiner Arbeit wurde Dingiswayo von der Rückstauwelle überrollt, die die ersten Katastrophen an der Südfront der Xhosa erzeugt hatten. Dingiswayos Reformen konnten sich niemals mit der Geschwindigkeit auswirken, mit der diese Rückstauwelle anwuchs und schließlich auch im Norden die alte Welt, die alten Werte und Vorstellungen unter sich begrub sowie gewaltige Menschenopfer forderte. Noch zu Dingiswayos Lebzeiten wurden in seiner Nachbarschaft durch aufflammende Gewalttätigkeiten von bisher unbekannter Härte ganze Stämme entwurzelt. Er selbst fand – vertrauend auf alte Verhaltensweisen, vertrauend auch auf die Ehrlichkeit des Feindes – den Tod durch hinterlistigen Verrat.

Mit ihm war ein afrikanisches Zeitalter zu Ende gegangen. Es war das Jahr 1818, in dem die Xhosa, vertrauend auf ihren Propheten Makanda, zu Tausenden vor Grahamstown verbluteten.

32. Shaka Zulus blutige Größe

Nicht nur Dingiswayos Ermordung durch einen Vertrauens- und Traditionsbruch war ein Zeichen, daß im Süden Afrikas – vielleicht sollte ich besser sagen »über den Süden Afrikas« – eine neue Zeit hereingebrochen war. Dingiswayo – der nach meiner Auffassung ein kultivierter und genialer afrikanischer Aristokrat gewesen sein muß, mochte er auch für einen Europäer seiner Zeit in seinem Äußeren das Bild eines primitiven afrikanischen »Kaffern« abgegeben haben – war auch in seinem Leben schon gezwungen, die heraufkommende traditionslose und rauhe neue Zeit bei zentralen Entscheidungen zu berücksichtigen. So ließ er aus der Reihe seiner Truppenführer einen jungen Mann in die höchste Kommandostelle aufsteigen, der weder Verständnis für die kultiviert-humanen Überzeugungen seines Herrschers noch Verständnis für die wirtschaftlich-technologischen Forderungen hatte, mit denen er konfrontiert gewesen wäre, wenn er die Ursachen der Nöte seiner Mitmenschen erkannt hätte.

Der Mann, von dem ich spreche, ist Shaka Zulu, auch heute noch immer der große Heros des Zuluvolkes und zweifellos einer der größten Feldherren Afrikas.

Während Dingiswayo »über den Problemen« seiner Zeit stand, indem er sie erkannte und gerecht zu lösen versuchte, war Shaka Zulu ein »Getriebener dieser Probleme«; er versuchte, sie zu vertreiben, nicht aber zu erkennen. Dingiswayo hatte Shakas soldatische Begabung erkannt – und er förderte und fürchtete sie zugleich. Vergeblich hatte er jedoch versucht, diesem intelligenten jungen Mann seine persönlichen Auffassungen nahezubringen, daß es wichtiger ist, einen Menschen zu überzeugen als ihn zu erschlagen. Doch hatte Dingiswayo bei Shaka keinen Erfolg – es war eine der großen Enttäuschungen dieses Mannes, der von einem seiner Zeit nicht mehr angemessenen idealisierten Menschenbild ausging. Man kann der Auffassung sein, daß die Geschichte Südafrikas anders verlaufen wäre, wenn Dingiswayo Shaka gegenüber dessen Methode angewandt und ihn erschlagen hätte. Doch ist dies nicht sehr wahrscheinlich. Ein anderer wäre gekommen; die Zeit verlangte nach einem Shaka. Eine Generation früher wäre dies unmöglich gewesen. Eine Generation später wäre er ebenfalls chancenlos. Doch Shaka überlebte seine schnellen Erfolge nicht, er wurde noch auf der Höhe seiner Siege

1828 ermordet. Dieser frühe Tod, noch vor dem Zerfall seiner Macht, förderte seine Heroisierung.

Shaka Zulus Leben war von Anbeginn an ein durchaus unafrikanisches Leben. Shakas Vater Senzangakona, Häuptling des damals unbedeutenden kleinen Stammes der Zulu, hatte sich mit Nandi, einem jungen Mädchen aus verwandtem Hause, auf Liebeständeleien eingelassen, die »ama hla endlela« – »Wegesfreude« – genannt wurden und die, sofern eine Zeugung vermieden wurde, auch keinerlei Anstoß erregten. Doch wurde Shaka gezeugt, was dem Zulässigen völlig widersprach.

Senzangakona hat Nandi nach einigem Hin und Her zwar als dritte Frau geheiratet, sie aber, als Shaka sechs Jahre alt war, mit dem Kind wieder verstoßen. Danach begann ein unstetes Leben, das Mutter und Kind tiefen Erniedrigungen aussetzte. An ihnen hat Shaka zeit seines Lebens schwer getragen und sie später an allen Beleidigern, derer er habhaft werden konnte, blutig gerächt. Mit 15 Jahren fand Shaka Aufnahme bei einem Mann, der zu einem Stamm in Dingiswayos Machtbereich gehörte, während seine Mutter einen anderen einfachen Mann heiratete, von dem sie ein Kind erwartete. Dadurch wurde Shaka von dem einzigen Menschen getrennt, von dem er je Liebe und Wärme empfangen hat.

So unafrikanisch wie diese Jugend verlief auch Shakas weiteres Leben. Als er 23 Jahre alt war, wurde sein Jahrgang von Dingiswayo aufgerufen, und Shaka stürzte sich zielbewußt und rücksichtslos in seine militärische Karriere. Die außerordentlich rasch zunehmenden Spannungen waren dafür sehr förderlich. Shaka konnte nach Dingiswayos Tod dessen Nachfolge antreten und von da ab ungehindert seine Ansichten von den Zielen der Kriegführung und den Methoden, wie diese zu erreichen wären, durchsetzen. Alle diese Ideen standen in totalem Gegensatz zu den bisherigen afrikanischen Vorstellungen über den Sinn und Zweck von Kriegen.

Für Shaka war der einzige Zweck eines Krieges und das einzige in ihm anzustrebende Ziel die totale Selbstaufgabe, ja die Vernichtung des Gegners. Waffen und Taktik wurden von ihm auf dieses einst verpönte Ziel hin verändert. Vom Speerwerfen über große Entfernungen ging er zum vernichtenden Nahkampf über. Seine Truppen wurden mit äußerster Härte erzogen. Wer bei der Ausbildung nicht mitkam, wurde rücksichtslos erschlagen.

Von dem englischen Abenteurer Henry Francis Fynn – der im »Nebenberuf« auch als ein »Häuptling« Shakas fungierte – auf seine Grausamkeiten hin angesprochen, wies Shaka auf die lebenslangen Inhaftierungen in Europa hin und meinte, daß dies eine viel härtere Strafe sei als der Tod. Der Tod erlaube dem Menschen ein Eingehen zu den Ahnen, also eine weitere Teilnahme am Leben, während Inhaftierungen den Menschen dem Leben fernhielten.

Bald verbreiteten Shakas Heere überall, wo sie sich nahten, Angst und Schrecken. Seine Kriegführung war unvorstellbar blutig. Zuweilen bedeckte die gesamte Kriegsmacht des Gegners erschlagen das Schlachtfeld. Auch Frauen und Kinder wurden nicht mehr geschont.

Heirat war seinen Kriegern verboten. Gelegentlich wurde ihnen »Wegesfreude« mit den Frauenregimentern, die er für logistische Aufgaben gebildet hatte, erlaubt. Schwangerschaften aber wurden mit dem Tode bestraft.

Die Überlebenden besiegter Stämme und die immer zahlreicher werdenden entwurzelt herumirrenden Menschen ordnete Shaka in seine Regimenter ein. Trotz seiner grausamen Härte erfreute er sich während vieler Jahre der Liebe und Verehrung seiner Truppen. Mit ihnen trug er alle Härten und Entbehrungen des Krieges. Auf Kosten der ihm untergebenen Häuptlinge ließ er seine Soldaten reichlich an der Beute teilhaben.

In einem knappen Jahrzehnt erweiterte er seinen nach Ermordung eines Bruders »ererbten« Zwergstaat von etwa 250 Qua-

Oben links: Jonker Afrikaner, 1795–1861, Hottentotten-Kaptein
Oben rechts: Moshweshwe, 1786–1870, Gründer und König von Lesotho
Unten links: Shaka Zulu, 1787–1828, Gründer und Herrscher des Zulureiches
Unten rechts: Hintza, etwa 1780–1835, Paramountchief der Xhosa

dratkilometer auf 60 000 Quadratkilometer und schuf das Volk der Zulu, indem er den Namen seines kleinen Stammes auf alle unterworfenen Stämme – die sämtlich der Ngunigruppe angehörten – übertrug.

Schließlich unterhielt Shaka ein stehendes Heer von mehr als 40 000 Mann, das er ununterbrochen auf immer weiter ausgedehnte Kriegszüge schickte. Die Wirtschaft des Zululandes war inzwischen völlig zusammengebrochen. Beutemachen war für Shakas »Staat« lebensnotwendig, es war eine stets lukrative Finanzierungsquelle, erlaubte ihm sogar das Zurschaustellen von Reichtum. So ließ er vor dem schon genannten Fynn 1824 eine glanzvolle Parade sich entfalten mit zwölf einheitlich gezeichneten Herden von jeweils 5000 Rindern, 15 Kampfregimentern und etwa 10 000 Frauen in Frauenregimentern.

Spätestens seit 1827 lassen sich bei Shaka Anzeichen von Wahnsinn feststellen. Immer mehr überforderte er seine Truppen. Immer sprunghafter wurde sein Umgang mit der Umwelt. In seinen Entscheidungen verlor er jedes Maß. Als seine Mutter Nandi im Oktober 1827 starb, verbot er für ein Jahr jede Aussaat; alle Milch mußte verschüttet und durfte nicht mehr getrunken werden. Zweifellos hat ihn der Tod dieses einzigen Menschen, der ihm je nahegestanden hatte, sehr erschüttert. Knapp ein Jahr nach dem Tod seiner Mutter wurde Shaka in der Schreckensatmosphäre, die er durch sein Regiment geschaffen hatte, im Alter von 41 Jahren von seinen beiden Halbbrüdern Mhlangana und Dingane, seinem Nachfolger, ermordet.

Seine Umgebung atmete zunächst auf. Trotzdem wurde Shaka zum großen Heros seines Volkes. Alles Leid und Blut, alle vernichtenden Zerstörungen, die er über sein Land gebracht hatte, waren bald vergessen. In Erinnerung blieb die einmalige Größe, zu der er sein Volk geführt hatte, und diese Erinnerung ist bis in unsere Tage lebendig. 1932 wurde ihm in Stanger, an der Stelle, wo sein Kraal Dukuza gestanden hatte, ein Denkmal errichtet. Auch der Stein, von dem aus er die Parade seiner Regimenter abnahm, wird dort gezeigt.

Shaka hatte seinem Volk in Zeiten bitterster Not die Überzeugung gegeben, daß es Großes zu leisten und jede Not zu bestehen vermochte. Ein solches Bewußtsein aber braucht das Volk der Zulu gerade heute in den Bedrängnissen unserer Zeit. So wird denn auch jetzt noch die Erinnerung an Shakas Größe selbst von denjenigen Zulu hochgehalten und gepflegt, die – wie etwa Gatsha Buthelezi (seit 1970 »Ministerpräsident« des Homeland »Kwa Zulu«) – jede blutige Lösung der gegenwärtigen bedrückenden Probleme ablehnen. (Ich bin mit Buthelezi gut befreundet, das Problem Shaka wage ich aber nicht mehr anzusprechen. Hier berührt man Bereiche des Sakrosankten.)

33. Difaqane – das Ende einer alten Kultur

Shaka war nur ein erstes, wenn auch ein hoch aufflammendes Fanal einer Zeit ungeheuerlicher Grausamkeit gewesen, die nun über den Südosten Afrikas mit vernichtender Wucht hereingebrochen war. Dieser Mann war jedoch keineswegs die tiefere Ursache der Schrecken, die jetzt zu skizzieren sein werden. Er war nur ein »Getriebener« der Probleme, auf die er in einer der Explosivität der Zeit entsprechenden Weise reagierte. Die eigentlichen Ursachen für die Kette der Katastrophen, die damals über die Schwarzafrikaner im ganzen Osten Südafrikas hereinbrachen, lagen in dem ganz und gar unvorbereiteten Aufeinanderprall zweier auf äußerst extensiven Wirtschaftssystemen aufgebauten und deswegen mit größter Geschwindigkeit aufeinanderstoßenden Kulturkreise.

Wem sollen wir die Schuld an solchen Ereignissen, die mit der Urgewalt von Naturkatastrophen über Menschen hereinbrechen, zumessen? Den ahnungslosen, durch unreale Vorstellungen ihrer Zeit verblendeten Akteuren, die für die Ereignisse »verantwortlich zeichneten«? Verursachen wir nicht alle täglich Entwicklungen, die wir »verantworten«, ohne daß wir uns von Anfang an der vollen Konsequenzen unseres Handelns bewußt gewesen wären? Wenn es bei den uns »anlastbaren« Konsequenzen im allgemeinen auch nicht um Hunderttausende von Menschenleben und um ganze Kulturen, die wir zerstören, geht – dies ist nicht unser Verdienst. Ich meine, daß auch zu uns gesagt ist: »Wer unter euch ohne Sünde ist, der werfe den ersten Stein.«

Ich will keineswegs dafür votieren, über die Katastrophen der menschlichen Geschichte mit Schulterzucken oder gar mit dem Gefühl des Nichtbetroffenseins hinwegzugehen. Im Gegenteil – Geschichte ist für mich gerade deswegen so erregend, weil sie uns unsere eigene Position im Leben so deutlich machen kann.

Shaka hatte durch seine Führungsqualitäten nicht nur zahlreiche Menschen in magischer Weise angezogen, zahlreiche Menschen flohen auch in panischer Angst seinen sich schnell ausdehnenden Machtbereich. Dadurch verstärkte er die Bewegung ins Ungeheuerliche, die in Gang gesetzt worden war, als die europäische Kolonie am Kap nicht nur die weitere schwarzafrikanische Ausdehnung unvermutet abgestoppt hatte, sondern auch den Lebensraum der Xhosa darüber hinaus immer weiter einschränkte. Ohne diese vorausgegangenen Ereignisse wäre Shaka undenkbar. Er aber steigerte die Entwicklung endgültig ins Tragische.

Schon bei Beginn von Shakas Kriegszügen hatte es auf dem Hochfeld im Raume der heutigen Provinzen Transvaal und Oranjefreistaat entwurzelt herumirrende Splittergruppen und aus dem Küstengebiet vertriebene Ngunistämme gegeben, die begonnen hatten, vom Beutemachen zu leben. Sie wurden durch den Sturm, den Shaka entfacht hatte, gewaltig verstärkt. Seine Kriegszüge entwurzelten ganze Volksstämme. Es waren nicht nur Menschen, die in ihrer Verzweiflung bereit waren, in Zuluregimentern Unterschlupf zu suchen. Shakas Härte verprellte immer wieder selbst seine eigenen Truppenführer. Einige dieser Männer wagten es, sich von Shaka abzusetzen und außerhalb der Reichweite seiner Heere auf eigene Faust Raubzüge zu unternehmen. Auch sie zogen bald zahlreiche heimatlos gewordene und beutehungrige Menschen an.

Immer mehr marodierende Heerhaufen erschienen auf dem Hochfeld. Sie umfaßten teilweise viele Tausende von Kriegern. Das »Difaqane«, die »erzwungene Wanderung«, hatte begonnen. Diese Zeit, die, wenn möglich, noch entsetzlicher war als der Dreißigjährige Krieg bei uns, liefert noch heute Stoff für viele Erzählungen, die die Menschen erschauern lassen.

Die blühenden Sothostämme auf dem Hochfeld waren auf solche Gefahren nicht im geringsten vorbereitet. Sie wurden ein leichtes und zunächst auch sehr ergiebiges Opfer des unersättlichen Beutehungers der zahlreichen abwechselnd über sie herfallenden Marodeure. In den zwanziger Jahren und zu Beginn der dreißiger Jahre des 19. Jahrhunderts ging auf dem Hochfeld eine blühende Kultur unter, die in dieser Form nie wieder entstehen konnte. Leonard Thompson, ein amerikanischer Historiker, der sehr intensiv über diese Zeit geforscht hat, beschreibt den Anblick, den das Hochfeld nach dem Difaqane bot: »Die alten Siedlungen waren zerstört, der Viehbestand war vernichtet, die Felder wurden nicht mehr bestellt. An manchen Stellen war das Gelände mit Gebeinen übersät. Demoralisierte Überlebende trieben sich einzeln oder in kleinen Gruppen herum. Ja, sogar Kannibalismus hatte sich ausgebreitet.« Die überlebenden ehemaligen Bewohner dieses einst so kulturträchtigen Gebietes hatten sich in die Rückzugsgebiete der Kalahariwüste oder der Drakensberge geflüchtet. 18 000 Städte und Dörfer waren während des Difaqane vom Erdboden verschwunden.

Noch 1834 schreibt der französische Missionar Eugène Casalis, der sich damals auf der Reise zu dem Sothokönig Moshweshwe befand, über seine Eindrücke: »Was uns am meisten erschütterte, war das leblose und desolate Aussehen des Landes . . . Überall sah man menschliche Gebeine, die in der Sonne . . . bleichten. Mehr als einmal waren wir gezwungen, vom Wege abzulenken, um nicht über diese traurigen Überreste hinwegzufahren. Wenn wir unsere Führer fragten, wo die Bewohner dieses Landes lebten, zeigten sie auf ein paar elende Hütten hoch oben auf den steilsten Bergen.«

Zu gleicher Zeit wie Casalis hatte auch eine Expedition der emigrationswilligen Buren in der Kapkolonie dieses Land bereist, um seine Eignung als neues Siedlungsgebiet zu erforschen. Sie wußten nichts von all dem zu berichten, was Casalis gesehen hatte. Ihnen war das Hochfeld als ein blühendes, menschenleeres Land erschienen, das bestens zur Kultivierung geeignet war. Daher stammt ein Teil der von Südafrikanern immer noch gerne verbreiteten Legende von dem menschenleeren Land, in dem die ersten Siedler sich niedergelassen hätten, um dann schließlich von den später eindringenden Schwarzafrikanern unausgesetzt belästigt zu werden.

Das Difaqane – diese »erzwungene Wanderung« – beendete endgültig die aus alter Tradition heraus lebende schwarzafrikanische Geschichte in Südafrika. Alte Völker waren untergegangen, neue Völker waren entstanden. Eine jahrtausendealte Kultur war zerstört, ihre Träger waren entwurzelt. Das Ringen um Neugestaltung hatte begonnen. Noch im letzten Jahrzehnt des 19. Jahrhunderts bereiteten der Kolonialverwaltung in Deutsch-Ostafrika dort neu auftretende Ngunistämme, die »Ngoni«, Schwierigkeiten. Sie waren die letzten noch nicht zur Ruhe gekommenen Versprengten des Difaqane!

Die größte Bedeutung unter den abgesprengten Zuluabkömmlingen haben die Matabele (Ndebele) erlangt. Sie übten unter ihrem erfolgreichen Heerführer Mzilikazi, einem ehemaligen General Shakas, gegen Ende des Difaqane effektiv die Herrschaft auf dem Hochfeld aus. Mzilikazi hatte sich 1825 in der Nähe des heutigen Pretoria festgesetzt und begonnen, ein Reich aufzubauen, dessen Einflußgebiet letzten Endes 80 000 Quadratkilometer umfaßte und damit das neue Zulureich an Ausdehnung noch übertraf.

34. Moshweshwe, ein großer Mensch

Noch in der Zeit des Difaqane, in dieser Zeit der Schrecken, zeigte einer der größten Afrikaner, die das 19. Jahrhundert hervorgebracht hat, daß Schwarze noch immer Genialität und eine unbeirrbare Kraft zum Neubeginn besaßen: Moshweshwe, ein Mann, dem manche Historiker das Attribut »der Große« zuerkennen wollen. Er hatte sich in den Wirrsalen des Difaqane sehr schnell ein anderes Attribut erworben, sehr früh schon hieß er »der Häuptling auf dem Berge«. Das bedeutete den Menschen seiner Zeit soviel wie »der Fels in der Brandung«. Moshweshwes Lebensgeschichte ist ein eindrucksvolles Beispiel, daß es – auch in Südafrika – Möglichkeiten gegeben hat, in der es zur Schaffung integrierter und integrierender gemeinsamer politischer und sozialer Strukturen von Schwarz und Weiß kommen konnte.

Ein erstaunliches Phänomen ist die Gleichzeitigkeit der integrativen Entwicklungen, die alle um 1850 ihrem Höhepunkt entgegenstrebten. Moshweshwe befand sich damals im Zenit seiner Macht. 1853 wurde in der Kapkolonie das »farbenblinde« Wahlrecht eingeführt. In Namibia bemühte sich in der gleichen Zeit Jonker Afrikaner, ein kluger und weitsichtiger Mann, wenn auch wahrscheinlich nicht von gleicher Genialität wie Moshweshwe, um den Aufbau eines Hottentottenstaates mit missionarischer Hilfe. Längere Zeit schien es, daß auch dieser Versuch erfolgreich verlaufen könnte. Doch er scheiterte letzten Endes an den Missionaren, die nicht den Weitblick und die weltgewandte Klugheit des Missionars Eugène Casalis besaßen und die Größe und Aufgabe, die sich vor ihnen auftat, nicht erkannten. Statt dessen überwarfen sie sich mit Jonker wegen läppischer Kleinigkeiten und aus Unverständnis für die Welt, die sie missionieren wollten, obwohl Jonker Christ geworden war und zunächst zur großen Freude seiner Missionare schon angefangen hatte, selbst in Gottesdiensten zu predigen. Frauen wurden wegen »unanständiger« Kleidung aus dem Gottesdienst entfernt, Männer wegen Trunkenheit aus der Gemeinde ausgeschlossen, die Polygamie als »Ehebruch« verurteilt und so weiter. Dieser Versuch scheiterte, wie überhaupt nach 1850 der Wind allmählich umzuschlagen begann. Auch dies wird in Moshweshwes Leben besonders deutlich.

Wir können daher unseren inneren Blick ruhig über Moshweshwe hinaus verallgemeinernd in die Weite schweifen lassen. Er steht in vielem als »pars pro toto« – wir reden von Moshweshwe und beschreiben doch gleichzeitig allgemeine Entwicklungen.

Moshweshwe war 1786 – also etwa gleichzeitig mit Shaka Zulu (1787) – als Sohn eines unbedeutenden Dorfältesten im Norden des heutigen Lesotho geboren. Er erlebte, ganz im Gegensatz zu Shaka, als Kind eine wohlbehütete, durch liebevolle schwarzafrikanische Erziehung geprägte Jugend. Ein älterer Nachbarhäuptling nahm sich des aufgeweckten jungen Mannes besonders an. Dieser Häuptling, der Moshweshwes »Mentor« wurde, galt als ein »weitgereister« und »weiser« Mann. Er hatte sich in jener unruhigen Zeit den Ruf eines »Mannes des Friedens« erworben und lehrte Moshweshwe, sich ein selbständiges Urteil über die Vorgänge in seiner Umgebung zu bilden, selbst über den Zusammenhang der Dinge nachzudenken und sich nicht den Einflüssen der Zauberei hinzugeben. Vor allem aber lehrte er Moshweshwe Toleranz. Solche Ideale wurden in der traditionellen afrikanischen Erziehung eher mit Zurückhaltung behandelt, da man stets mit Nachdruck darauf bedacht war, zu erreichen, daß die Menschen sich in ihre sozialen Verbände einfügten und ihre soziale Geschlossenheit bewahrten. Aber in dem Umfeld des Difaqane, in das Moshweshwe hineinwuchs, erwiesen sich die ihm vermittelten Lehren als besonders hilfreich und wertvoll. Anklänge an Dingiswayos Auffassungen ergeben sich wohl nicht von ungefähr, denn dieser große, in nicht allzu weiter Entfernung lebende Häuptling und Altersgenosse von Moshweshwes »Mentor«, wird Männer wie diesen sicherlich beeindruckt haben.

Auch Moshweshwe wurde von den Wellen des schnell sich

ausbreitenden Difaqane erfaßt. Sein Großvater wurde ein Opfer des damals um sich greifenden Kannibalismus. In der Bedrängnis, der Moshweshwe in seinem Dorf ausgesetzt war, verlegte er seinen Stammsitz etwa 100 Kilometer nach Süden auf den durch ihn berühmt gewordenen Berg Thaba Bosiu, ein Hochplateau (in der Nähe der heutigen Hauptstadt Lesothos, Maseru). Doch nicht nur dieser als hervorragendes Befestigungswerk sich erweisende Berg war es, der Moshweshwe bald zu dem berühmten »Häuptling auf dem Berge« machte, der allen im Sturm des Difaqane Verschlagenen Zuflucht gewährte und ihnen zu einem Beschützer in bitterer Not wurde. Es war vielmehr die Art und Weise, wie er als kluger Diplomat, als geschickter Stratege und in menschlicher Größe die Herausforderungen seiner Zeit bestand. Theal bezeichnet Moshweshwe als »den weitaus klügsten südafrikanischen schwarzen Mann« und spricht von »seinen Fähigkeiten, Ordnung aus dem Chaos zu schaffen, aus einander entgegengesetzten Elementen eine geschlossene Gesellschaft zu formen, militärische Unternehmen zu leiten, an Stelle wilder Grausamkeit eine milde Regierungsweise treten zu lassen, umfassende und weise Maßnahmen zum besten des Volkes durchzuführen«.

Moshweshwe war der einzige von Shakas Nachbarn, der es verstanden hat, sich dessen Soldateska vom Leibe zu halten, indem er – psychologisch geschickt – dem in sein Heer vernarrten König immer wieder Straußenfedern zum Schmuck seiner Soldaten teils als »Tributzahlungen«, teils als »Geschenk« zukommen ließ. Ganz besonders war Moshweshwe darum bemüht, sich in allen kulturellen, sozialen, ökonomischen und militärischen Bereichen die Errungenschaften zu erschließen, die ihm Grundlagen der europäischen Überlegenheit zu sein schienen. Seine jungen Leute schickte er zur Farmarbeit in die Kapkolonie. Sie sollten dort nicht nur verbesserte Technologien erlernen und Geld verdienen, sondern sie erhielten auch die Auflage, Pferde und Waffen zu beschaffen. Den im allgemeinen schlecht organisierten, aber oft relativ gut ausgerüsteten Coloured-Gruppen, die entlang der Nordgrenze der Kapkolonie am Oranje »Staatsgründungen« versuchten, nahm er ebenfalls Waffen ab, wie und wo es nur immer ging.

Bald konnte dieser König eigene Gestüte anlegen. Schließlich verfügte er Mitte des Jahrhunderts über eine Kavallerietruppe von etwa 10 000 Reitern! (Noch heute spielen Pferde in Lesotho eine große Rolle.)

Schon früh hatte Moshweshwe einige Deutsche und Iren veranlaßt, sich am Fuße von Thaba Bosiu als Handwerker, landwirtschaftliche Lehrmeister und Waffeninstruktoren niederzulassen. Von größter Bedeutung für Moshweshwes Pläne wurde durch die Vermittlung des schon wiederholt erwähnten Missionars John Philip die Mitarbeit von einigen begabten und gebildeten Missionaren der Pariser Mission. Besondere Freundschaft verband Moshweshwe bald mit Casalis und dessen Frau Adèle. Über seine erste Begegnung mit Moshweshwe schreibt Casalis: »Der Häuptling betrachtete mich mit Majestät und Wohlwollen zugleich. Sein Profil, das adlerartiger als die Gesichtszüge der meisten seiner Untertanen ist, seine gut entwickelte Stirn . . . seine Augen, die Intelligenz und Milde ausstrahlten, machten tiefen Eindruck auf mich. Ich merkte sofort, daß ich es mit einem überlegenen Menschen zu tun hatte, der gewohnt war, zu denken und zu befehlen – vor allem sich selbst.«

Moshweshwe wurde nie Christ – trotzdem blieb seine Freundschaft zu Casalis bestehen. Ich möchte dies auch als ein Kompliment für Casalis auffassen, der ein in jener Zeit seltenes Verständnis dafür hatte, wie sehr wirklich tiefgreifende Missionserfolge ein subtiles Vorgehen erfordern. Moshweshwe, der über eine aus aller Herren Länder zusammengewürfelte Schar von Menschen regierte, die bei ihm eine neue Heimat gefunden hatten, mußte es auf jeden Fall vermeiden, diese Menschen der Gefahr einer erneuten Entwurzelung auszusetzen. Er ließ es zu, daß einige seiner Frauen und auch einige andere Familienmitglieder Christen wurden, aber er selbst durfte seine Gefolgschaft durch sein eigenes Verhalten nicht verunsichern.

Obwohl der König nie Lesen gelernt hatte, wurde er auf Grund seines ständigen Umgangs mit Casalis ein guter Bibelkenner. Unverständlich war es Moshweshwe, wie sich die Tatsache, daß Christen blutige Kriege führten, mit ihrem Glauben vertragen konnte. »Dies ist keine scheinheilige Entrüstung«, sagte Casalis hierzu, »sondern Moshweshwe hat ganz allgemein den größten Widerwillen dagegen, Blut zu vergießen. Das zeigt er oft, selbst zum Schaden seiner Politik. Er gab Ergebnisse seines Sieges auf, sowie der Feind um Frieden bat.« Moshweshwe lehnte auch die Todesstrafe ab. Selbst bei Mord hielt er diese Strafe nicht für angebracht, »die das Opfer nicht wiedererweckte und nur erreichte, daß zwei Menschen an Stelle von einem getötet wurden«. Wo sonst konnte man im 19. Jahrhundert eine solche Auffassung finden?

Moshweshwe unterstützte alle Bildungsbemühungen, besonders diejenigen der Pariser Mission; so erhielt sein Land eine Bildungsgrundlage, die im damaligen Schwarzafrika einmalig war.

Dieser friedliebende Mann mußte den Aufbau seines Staates stets in einer gewissen Rivalität zu benachbarten Stämmen betreiben. Es spielte oft eine nicht zu unterschätzende Rolle, daß diese Stämme von Missionaren beraten wurden, die unterschiedlichen Missionsgesellschaften angehörten. Eine Zusammenarbeit zwischen diesen Missionen gab es in der Regel nicht; im Gegenteil, sie fühlten sich im allgemeinen als eifersüchtige Konkurrenten und benutzten die Stammesstreitigkeiten der Schwarzen, um ihre eigenen Missionsinteressen zu fördern. Mit besonderer Hartnäckigkeit scheinen methodistische Missionare gegen Moshweshwe intrigiert zu haben. Sie konnten hierbei als Engländer in der britischen Kapkolonie auch versuchen, nationale britische Interessen gegen den von französischen Missionaren beratenen Moshweshwe ins Feld zu führen. Jedoch war es Moshweshwe bis zum Jahre 1843 gelungen, seinen jungen Staat so weit zu konsolidieren, daß der damalige Governor Napier – beraten durch den der Londoner Missionsgesellschaft angehörenden und mit Casalis befreundeten Philip – Moshweshwe als einen wertvollen Ordnungsfaktor in einer unruhigen Region ansah, ihn zu einem »Freund und Verbündeten Großbritanniens« erklärte und einen entsprechenden Freundschaftsvertrag mit ihm abschloß.

Unter Governor Napiers Nachfolgern wuchsen jedoch Moshweshwes Schwierigkeiten, da besonders die in seinem Machtbereich lebenden Untertanen der Königin von Großbritannien und Irland, deren »Freund und Verbündeter« er war, ihm Schwierigkeiten bereiteten, neben den britischen Missionaren hauptsächlich Treckburen, die sich dem Großen Treck nicht angeschlossen hatten und sich weiterhin als »British subjects« fühlten. Die Schwierigkeiten erhöhten sich noch, als 1848 der forsche Governor Smith die Orange River Sovereignty annektierte und es unklar blieb, was er eigentlich annektiert hatte. Smith selbst war zwar ein Mann von relativ großer Aufgeschlossenheit gegenüber Schwarzafrikanern. Doch sein Statthalter in der Sovereignty – der britische »Resident« – paktierte mit den Gegnern Moshweshwes. Dies führte zu einer ständigen Unruhe im Grenzgebiet. Immer wieder flackerten nach Guerillamanier ausgefochtene Kämpfe auf. Als schließlich der »Resident« diesem Zustand durch einen Feldzug gegen Moshweshwe ein Ende machen wollte, wurde er schwer geschlagen. Ebenso erging es Smith' Nachfolger George Cathcart, der den Zug gegen Moshweshwe persönlich geführt hatte.

Eine Episode aus dieser Zeit verdient es festgehalten zu werden, weil sie so charakteristisch für Moshweshwe ist. Als Governor Cathcart geschlagen und unverrichteter Dinge – ständig umschwärmt von Moshweshwes Reitern – zurückmarschierte, ließ der König ihm einen Brief übermitteln, in dem er dem besiegten General unter anderem folgendes schrieb: »Heute haben sie gegen mein Volk gekämpft und viel Vieh weggenommen. Da sie gekommen sind, um den Buren eine Kompensation zu verschaffen, bitte ich Sie, mit dem zufrieden zu sein, was Sie genommen haben. Ich erbitte Frieden von Ihnen – Sie haben Ihre Macht gezeigt – Sie haben gestraft – ich bitte Sie, lassen Sie es genug sein. Und lassen Sie mich nicht weiterhin als Feind der Königin (Viktoria) betrachtet werden.« Wann hat je ein Sieger dem geschlagenen Gegner einen solchen Brief geschrieben? Um die damalige Situation noch deutlicher zu machen, mag hinzugefügt werden, daß Moshweshwe in diesen Kämpfen 6000 Reiter zum Einsatz gebracht hatte. Auf britischer Seite waren 37 Mann gefallen (darunter ein Neffe des Herzogs von Wellington). Auf der Seite der Sotho hatte es 20 gefallene Krieger gegeben, aber die britischen Truppen hatten eine Salve in eine Ansammlung von Sothofrauen gefeuert, die offenbar dem Kampfgeschehen noch in traditioneller Manier zusehen wollten. Viele von ihnen waren tödlich getroffen worden.

Die Demütigungen, die der britischen Kolonialverwaltung widerfahren waren, veranlaßten die Engländer nun auch zum Abschluß von Abkommen mit den Emigrantenburen, die erstmals deren »Staatsgründungen« anerkannten und sie durch Zuerkennung eines Waffenprivilegs absicherten (»Sandriver Convention« und »Convention of Bloemfontein«). Damit hatten sich die Verhältnisse für Moshweshwe völlig verändert. Auf die Dauer würde sein Staat gegen modern bewaffnete burische und britische Heere nicht mehr bestehen können. Zwar überschwemmten noch einmal 10 000 Reiter des Königs den Oranjefreistaat, als dieser 1858 Moshweshwe den Krieg erklärt hatte, und der Präsident der jungen Burenrepublik sah sich gezwungen, den neuen britischen Governor in Kapstadt – Sir George Grey – um Vermittlung anzugehen. Dieser allerdings besaß genügend Machtmittel, um Moshweshwe zur Annahme eines relativ nachteiligen Friedens zu zwingen.

Wenige Jahre später jedoch erbrachte der inzwischen achtzigjährige König den höchsten Beweis seines diplomatischen Geschicks – und rettete dadurch seinen Staat vor den Gefährdungen der nächsten 100 Jahre. Als er in einem neuen Krieg von den Buren hart bedrängt wurde und sein Schicksal dieses Mal ausweglos schien, erreichte er es durch geschicktes Taktieren in geheimen Verhandlungen, daß die britische Regierung 1868 die »Basuto« (Moshweshwes Volk) zu »britischen Untertanen und das Gebiet ihres Stammes zu britischem Territorium« erklärte. Das Entsetzen und der Zorn der Buren, die den sicheren Sieg in ihren Händen glaubten, waren groß. Moshweshwes Staat aber – das heutige Lesotho – erhielt damals, mitten im südafrikanischen Territorium, den Sonderstatus, der ihm seine politische Unabhängigkeit von der Republik Südafrika bis heute bewahrt hat. Moshweshwe starb im März 1870, als in Aliwal North von dem britischen Hochkommissar für das südliche Afrika und Governor der Kapkolonie und dem Präsidenten des Oranjefreistaates der Vertrag unterzeichnet wurde, der die Zukunft Lesothos sicherstellte.

Dieser große König – der keinerlei Schulbildung in westlichem Sinne erfahren hatte – scheint mir ein hervorragendes Beispiel und ein lebendiger Beweis für den tragischen Irrtum zu sein, daß »rassische« Kriterien zur Bestimmung der sozialen Differenzierungen geeignet sind. Moshweshwe war ein Mann, der – bei Berücksichtigung der Besonderheiten, die sein Kulturkreis ihm auferlegte – eine menschliche und politische Größe gezeigt hat, die jeden weltweiten Vergleich aushält. Das Attribut »der Große« hat er verdient.

Buren und Briten: Haß, Unverständnis und wenig Bemühung

35. Der Große Treck

Zwei Jahrzehnte britischer Verwaltung in der Kapkolonie hatten genügt, um die Buren, besonders die ländlichen Buren, diesem veränderten Staatswesen völlig zu entfremden. Nichts war hier noch geblieben, was ihnen weiterhin ein Gefühl der Heimat vermitteln konnte – außer dem afrikanischen Land selbst. Im Vordergrund aller die Abneigung gegen die Briten fördernden Emotionen stand ein Aufbegehren gegen die verletzende Art und Weise des menschlichen Umgangs. Die unverbindlich-hochfahrende Behandlung, die die Buren hinnehmen mußten, empfanden sie als menschlich entwürdigend – und da es ihnen an der Gewandtheit fehlte, dennoch würdevoll zu reagieren, fühlten sie sich hilflos zurückgesetzt, eine Grundsituation, die zu einem fruchtbaren Nährboden unstillbaren Hasses werden mußte.

Es ist dies exakt die gleiche Lage, in die die Buren unserer Tage die schwarze Bevölkerung des Landes gedrängt haben. Daß die geschichtsbewußten Buren 100 Jahre, nachdem sie selbst die Leiden hochfahrender menschlicher Behandlung erfahren hatten, anderen Menschen genau das gleiche antun konnten, liegt nicht so sehr an der menschlichen Vergeßlichkeit als vielmehr an der Heroisierung, welche die aus der Kapkolonie emigrierenden Buren – die Voortrekkers – später erfahren haben. Die ständige nationale oder gar nationalistische Verfärbung des Geschichtsbildes verstellt – wo immer sie stattfindet – den Blick für die Realitäten der Gegenwart. Auch wir Deutschen mußten in diesem Punkt unsere bitteren Erfahrungen sammeln.

Die Buren aber, die noch weniger als wir von außen auf ihre Fehlinterpretationen der eigenen Geschichte hingewiesen wurden, sind durch das entstellte Bild, das sie sich von ihrer Vergangenheit machten, immer wieder zu tragischen Fehlentscheidungen verleitet worden – besonders auch deswegen, weil die Besinnung auf die eigene Geschichte in der speziellen Lebenssituation Südafrikas eine wesentlich größere Bedeutung gewann, als dies in der Regel bei anderen Völkern der Fall ist.

Im einzelnen erhielt der burische Britenhaß dann schnell Nahrung aus der britischen Anglisierungs- und Schulpolitik, aus der Verdrängung der Buren aus allen Entscheidungsfunktionen, besonders aber aus Maßnahmen, die das religiöse Empfinden der Buren verletzten, wozu – wie wir gesehen haben – auch die Hottentottengesetzgebung und die Sklavenbefreiung gehörten. Dies alles findet einen prägnanten Ausdruck in den Worten von Anna Steenkamp, einer Schwester (oder Nichte?) des Emigrantenführers Piet Retief, die schreibt: ». . . und doch ist es nicht die Freilassung der Sklaven, die uns in die Ferne trieb, es ist vielmehr ihre soziale Gleichsetzung mit Christen. Diese steht im Widerspruch zu den Gesetzen Gottes und zu den natürlichen Unterschieden von Rasse und Farbe. Es ist daher unerträglich für einen gläubigen Christen, sich unter ein solches Joch beugen zu müssen. Um unsere Lehre rein erhalten zu können, haben wir uns zur Auswanderung entschlossen.« Deutlicher noch als das vielzitierte »Manifest« von Retief selbst zeigen diese Worte die tief im Inneren verwurzelte Überzeugung der Emigranten, daß ihr Glaube die Auswanderung aus der Kolonie verlangte. Im übrigen wurde die Zahl der Treck- beziehungsweise Grenzburen, die sich an der Ostgrenze der Kolonie aufstauten, immer größer, und die Not in diesem Gebiet wuchs ständig. Die Regierung aber zeigte offenbar keine Bereitschaft, die »diebischen Kaffern« auf der Gegenseite zu vertreiben, um den landhungrigen Buren weiteres Land zuweisen zu können.

Schon seit Jahren waren einzelne Buren, denen die Verhältnisse in der Kolonie unerträglich geworden waren – was immer auch die Gründe hierfür gewesen sein mögen –, mit ihrer Familie, ihrem Gesinde und ihrer ganzen Habe ins »Land der Kaffern« weitergetreckt, ohne auf besondere Schwierigkeiten gestoßen zu sein. Nun faßten mehr und mehr Treckburen den Entschluß, das britische Hoheitsgebiet zu verlassen. Drei Erkundungsexpeditionen schickten sie nach dem Norden, in das Gebiet jenseits des Oranje, um eine allgemeine Emigration vorzubereiten.

Da diese Buren nicht bereit waren, mit den gehaßten britischen Missionaren oder gar mit den Schwarzen Kontakt aufzunehmen, schätzten sie die Lage völlig falsch ein und machten nicht einmal die Beobachtungen, die der Missionar Eugène Casalis niedergeschrieben hatte. So kehrten sie mit einem optimistischen Bericht über ein fruchtbares Land, das einer menschlichen Besiedlung harrte, zurück.

Auch der burische Abgesandte Piet Uys, der mit seiner Erkundungsgruppe der Küste des Indischen Ozeans entlang nach Natal gereist war, kam mit begeisternden Nachrichten wieder. Er hatte in Port Natal – dem späteren Durban – die Händlergruppe um Fynn angetroffen. Sie war nach Shakas Tod offenbar in ziemliche Bedrängnis geraten und hatte die Kapverwaltung vergeblich um die Annexion ihres kleinen Stützpunktes gebeten.

Diesen ziemlich verstörten Menschen mußten der naive Bure und seine Begleitung wie Sendboten des Himmels erschienen sein, konnte doch eine Siedlungstätigkeit von Burenemigranten im Gebiet von Port Natal Fynn und seine Leute von allen gegenwärtigen Sorgen befreien – und sie schilderten diesen Flecken Erde in den rosigsten Farben. Nichts war zu hören von einem finster vor sich hin brütenden, unberechenbaren, mächtigen Zuluherrscher Dingane, nichts von seiner noch immer bedrohlichen Militärmacht.

Doch nicht nur der »pull effect«, nicht nur die hoffnungsvollen Berichte der nach dem Norden entsandten burischen Erkunder haben schließlich ab 1836 den »Großen Treck« in Bewegung gesetzt, sondern auch ein »push effect«, nämlich neue Enttäuschungen der durch die schweren Gefahren des »Sechsten Grenzkrieges« gereizten Grenzburen, vor allem die geringe Berücksichtigung ihrer Interessen nach dem Krieg. Nachdem der Auszug der Buren aus der Kapkolonie einmal begonnen hatte, nahm er schnell erheblichen Umfang an. Mochten die ersten Trecks sich ihrer Größe nach noch nicht erheblich von den bisherigen Bewegungen der Treckburen unterschieden haben – schnell wuchsen nun diese Gruppen bis zu einer Personenzahl von 700 Menschen an. Der Kreis der »Emigranten« blieb allerdings – soziologisch gesehen – sehr eng auf die soziale Schicht der Treck- und Grenzburen beschränkt, eine Schicht mit ausgeprägten kleinbürgerlichen Zügen. Ihre Begeisterung konnte die urbaneren und gebildeteren Kreise des Burentums nicht anstecken. Typisch ist die Entschließung, die damals die Synode der »Niederdeutsch-Reformierten Kirche in der Kapkolonie«, also die eigene burische Kirche, faßte. Sie stellte fest, daß die Emigration zu »Gottlosigkeit und zivilisatorischer Verwilderung« führe. Dieses Votum hielt in der Folge alle reformierten Theologen davon ab, die Züge der Trecker zu begleiten.

Auch die britische Verwaltung erließ eine Reihe von Verboten gegen das Trecken, doch unternahm sie nichts zur Durchsetzung dieser Erlasse. Im Gegenteil, sie ließ die unzähligen Treckergruppen nicht nur ungehindert ziehen; sie ließ es sogar zu, daß sie ihren Besitz verkaufen und sich entsprechend den neuen Bedürfnissen eindecken konnten, vor allem auch mit Waffen. Im übrigen scheinen die Briten diesen dickköpfigen Menschen keine Träne nachgeweint zu haben. Die Kolonie wurde regierbarer, und das lag im Interesse des Empire. Im Interesse des Empire lag es aber auch, daß Europäer stets ihre Waffenüberlegenheit gegenüber »Eingeborenen« sicherstellen und demonstrieren konnten, und auch die emigrierenden Buren waren »Europäer«.

Die Zahl der Menschen, die vom »Großen Treck« erfaßt wurden, wird im allgemeinen mit etwa 15000 angenommen. Sie empfanden sich zunächst als »Emigranten« und bezeichneten sich stets auch so.

36. *Das doch nicht so menschenleere Hochfeld*

Der »Große Treck« begann zunächst ohne spektakuläre Ereignisse. Die einzelnen, anfänglich noch kleinen Emigrantengruppen zogen mit einer »Reisegeschwindigkeit«, die durch ihren großen Viehbestand bestimmt war, durch die Kolonie zum Oranje und über diesen hinweg weiter nach Norden. Der Treck eines der bekanntesten Emigrantenführer, Andries Hendrik Potgieter – dem auch der damals neun Jahre alte spätere Präsident der »Südafrikanischen Republik« (Transvaal), Paul Kruger, angehörte –, bestand aus 200 Personen (40 »wehrfähige« Männer, etwa ebenso viele Frauen, der Rest Kinder, wobei diese Zahlen etwa zu gleichen Teilen Buren und deren bedienstete »Hottentotten« gleich Coloureds einschlossen), einigen hundert Pferden, 1000 Rindern und 50 000 Schafen. Die täglichen Reisestrecken einer so stark behinderten Gruppe konnten nur sehr gering sein.

Später mehrten sich freilich die Gefahren. Der Knabe Paul Kruger verbrachte fünf Jahre seiner Kindheit im Treck. Stuart Cloete schildert uns in einer Biographie die Welt, wie sie ein solches Kind erlebte: »Mit neun Jahren zu jung, um selbst am Gespräch teilzunehmen, war Paul doch alt genug, um zu hören und das, was er hörte, in sich aufzunehmen . . . Alles, was er lernte, war Haß auf das Volk, das ihn von zu Hause vertrieben, das seine Eltern um ihre gerechten Ansprüche betrogen . . . hatte . . . Krugers Familie kam langsam voran: an manchen Tagen zehn Meilen, an manchen Tagen fünf Meilen . . . Die zurückgelegten Entfernungen hingen vom Zustand des Viehs ab. Kühe mit jungen Kälbern, Mutterschafe mit kleinen Lämmern bestimmten das Tempo. Immer bestand Gefahr durch Kaffern und wilde Tiere. Es gab Diebstähle durch die kleinen Buschmänner, Überfälle durch ganze Trupps von Löwen . . . Manchmal mußte mit doppeltem Gespann gefahren werden – 32 Ochsen vor einzelnen Wagen . . . Jede Nacht mußten die Wagen zu einem ›Laager‹ zusammengestellt werden . . . Das waren die Jahre, die Paul Krugers Persönlichkeit formten. In dieser Zeit erhielt er drei

Monate regulären Schulunterricht durch ... einen Schulmeister, der sich den Treckern angeschlossen hatte ... Täglich ... hatten die Kinder bei ihm aus der Bibel vorzulesen. Mit sieben Jahren hatte Paul Kruger den Umgang mit dem Gewehr erlernt und auch bald sein erstes Stück Wild erlegt. An der ›Schlacht von Vegkop‹ hatte er im Alter von 11 Jahren teilgenommen und seinen ersten ›Kaffern‹ getötet. Mit 14 schoß Paul Kruger seinen ersten Löwen. Mit 16 erhielt er das Recht, sich zwei Farmen auszuwählen. Mit 17 heiratete er.«

Potgieters Treck war der erste, der in bedrohliche Schwierigkeiten geriet. Mzilikazi, der ehemalige Zulugeneral, der zu dieser Zeit das Hochfeld beherrschte, mag zunächst die einzelnen kleinen Emigrantentrecks noch nicht sonderlich beachtet haben. Sie unterschieden sich für den äußerlichen Betrachter ja in nichts von den schon längst gewohnten Zügen einzelner Treckburen. Doch als die Zahl dieser Trecks sich mehrte und nun gar eine so ungewohnt große Gruppe auftauchte wie diejenige Potgieters, da spätestens wird die Aufmerksamkeit Mzilikazis, dieses vorsichtigen und abwägenden Taktierers, erregt worden sein – wenn man nicht überhaupt davon ausgehen will, daß ein so tüchtiger Herrscher wie Mzilikazi über die Vorgänge in der Kapkolonie stets einigermaßen unterrichtet war.

Als auch noch der 700 Personen umfassende Treck von Gert Maritz erschien und Mzilikazi gleichzeitig die Nachricht empfing, daß ein kleiner Sothohäuptling, der sich Mzilikazis Macht entziehen wollte, Potgieter »ein nicht umgrenztes Gebiet« im Tausch gegen 29 Stück Vieh abgetreten hatte, da wird es Mzilikazi endgültig klar gewesen sein, daß diese Buren kamen, um zu bleiben. Er wußte, daß er handeln mußte, und begann sofort, mit den verschiedenen einzeln im Land herumziehenden Burengrüppchen aufzuräumen. Dann fiel er über den inzwischen in seiner Wagenburg (»Laager«) verschanzten Treck von Potgieter

Oben: Kraal des Zulukönigs Dingane 1838
Unten: Durch die Zulu bedrängte Emigranten

her (»Schlacht von Vegkop« – 16. Oktober 1836). Als Mzilikazi alles Vieh des Trecks hatte wegtreiben lassen und es ihm klar geworden war, daß er gegen die Waffenüberlegenheit der Trekker nichts auszurichten vermochte, überließ er diese nun völlig bewegungsunfähigen und hilflosen Emigranten sich selbst. Doch kam schließlich Hilfe aus dem 250 Kilometer südwestlich gelegenen Thaba Nchu, wo der britische Methodistenmissionar James William Archbell bei dem dortigen Rolong-(Sotho-)Häuptling seinen Sitz hatte. Dieser Missionar konnte seine Gastgeber bewegen, Zugtiere zu schicken, die nach langem, verzweifeltem Warten den bewegungslos gewordenen Treck nach Thaba Nchu holten. Dieser Ort lag im »Niemandsland« zwischen den Machtbereichen Mzilikazis und des Zulukönigs Dingane – Archbell hatte die Rolong während der Zeit des Difaqane veranlaßt, ihren Sitz hierhin, in das Vorland der Drakensberge, zu verlegen. Thaba Nchu wurde für einige Jahre der Treffpunkt aller Emigranten.

Die verschiedenen Emigrantenführer vermochten, selbst in der Not, nie ihren eigenwilligen Starrsinn abzulegen. Einige von ihnen lagen ständig in Streit miteinander, vor allem in der Frage, wo nun eigentlich das »verheißene Land« läge, nach dem viele Emigranten ausgezogen waren. Für die Richtung Norden sprach, daß dort der Nil liegen mußte, für Natal sprach die Nähe des Meeres – auch Kanaan hatte am Meer gelegen.

Es ging in diesen Streitereien aber auch um sehr nüchterne Fragen. So war Potgieter zunächst vor allem daran interessiert, sein verlorenes Vieh wiederzugewinnen. Piet Retief wiederum war an einer Verbindung mit Port Natal (Durban) interessiert, dessen Händlergruppe (Fynn) gegebenenfalls hilfreich sein konnte. Retief war einer der wenigen schriftgewandten und in Handelsangelegenheiten einigermaßen erfahrenen Emigrantenführer.

Schließlich gelang es doch, verschiedene in etwa kampfkräftige Gruppierungen zu bilden. Potgieter wandte sich zunächst gegen Mzilikazi. Dieser Mann, selbst einst Häuptling eines kleinen Zulustammes, war noch stark durch die Erinnerungen an alte schwarzafrikanische Traditionen bestimmt. So testete Mzilikazi stets den Widerstand seiner Gegner und wich ihnen immer dann aus, wenn sie ihm überlegen waren. Das hatte schon sein Verhalten gegenüber Shaka bestimmt. Es hatte ihn veranlaßt, einen Angriff auf Moshweshwe aufzugeben; und so war es auch in einer so wenig bedeutungsvollen Angelegenheit wie der »Schlacht von Vegkop«. Dort hatte Mzilikazi ja auch die Belagerung der burischen Wagenburg sofort aufgegeben, als er erkannte, daß er sich nicht durchsetzen konnte.

Potgieters Kampfkraft hatte sich inzwischen wesentlich verstärkt. Er verfügte jetzt über 300 Reiter. Diesen trat Mzilikazi bei Kapain (etwa 200 Kilometer nordwestlich des heutigen Pretoria) mit 5000 Kriegern entgegen. Es kam zu einer neuntägigen Schlacht (November 1837), bei der Mzilikazi neue Kampftechniken anzuwenden versuchte. Zum ersten Mal wurden hier Ochsen als Reittiere im Kampf eingesetzt und Vieh als Hindernisse zwischen die Kämpfenden getrieben. Aber die durch das scheuende Vieh entstehende Verwirrung benachteiligte die schwarzen Krieger mehr als die berittenen Buren. Eines Morgens war Mzilikazi mit allen seinen Leuten verschwunden.

Als die erstaunten Buren nach einigen Tagen erkannten, daß die zunächst trügerisch scheinende Ruhe anhielt, befand sich Mzilikazi mit seinen Leuten schon weit weg im Norden. Er gründete nördlich des Limpopo, außerhalb des neu durch die Buren entstandenen Gefahrenbereichs, im heutigen Simbabwe, das Ndebele-(Matabele-)Reich, die bedeutungsvollste von Mzilikazis »Staatsgründungen«. Dieses Reich erlangte etwa die doppelte Ausdehnung von Shakas Zuluimperium.

37. *Großbritannien greift ein*

Der Zulukönig Dingane, der als Nachfolger Shakas weite Teile des heutigen Natal beherrschte, war zweifellos über die Vorgänge auf dem Hochfeld und das Schicksal seines größten Gegners Mzilikazi unterrichtet. Selbst wenn dieser Mann von Natur ein gutgläubiger und offenherziger Mensch gewesen wäre – was sehr unwahrscheinlich ist –, er hätte es, nach allem, was er im Leben erfahren hatte, schon längst nicht mehr sein können, als er sich mit den Burenemigranten auseinanderzusetzen hatte. Als Jüngling war er am Hofe seines Halbbruders Shaka dessen Launen zwischen Großzügigkeit und Grausamkeit ausgeliefert gewesen. Schließlich hatte er das Komplott gegen den dem Wahnsinn nahen Shaka ausgeheckt, ihn zusammen mit einem anderen Bruder, Mhlangana, erstochen und endlich auch diesen Bruder beseitigt. Ein solcher Mensch mußte ständig in tiefstem Mißtrauen leben. Er, der nur ein Epigone seines in den Himmel der Heroen erhobenen Bruders war, konnte auch gegenüber Europäern nicht das selbstsichere Auftreten Shakas haben.

Er hatte aber auch allen Anlaß, das Verhalten der Europäer in seiner Umgebung zu beargwöhnen. Zwar hatte er die Tätigkeit einiger britischer Missionare im Zululand zugelassen und beschäftigte einen von ihnen als seinen Hofschreiber. Sie aber weigerten sich hartnäckig mit allen möglichen Ausflüchten, ihm das zu liefern, was er vor allem von ihnen erwartete: europäische Waffen. Und offenbar wurden in diesem Punkt von den Missionaren gegebene oder wenigstens angedeutete Zusagen durch alle möglichen Ausflüchte enttäuscht. Nicht anders verhielten sich die Europäer in Port Natal, ja es war sogar bekannt geworden, daß sie in Kapstadt die Annexion ihres Gebietes, das Dingane als seinem Machtbereich zugehörig betrachtete, erbeten hatten. Aus diesem Anlaß war dem neuen Governor D'Urban zuliebe Port Natal sogar in Durban umbenannt worden. Dinganes Groll mußte sich noch steigern, als er feststellte, daß diese Händler von Port Natal seine Anordnungen immer mehr ignorierten und seine Aufforderungen, bei Hofe zu erscheinen, nur noch nachlässig – wenn überhaupt – befolgten.

Dingane wird aber aufs äußerste alarmiert gewesen sein, als er erfuhr, daß sich ein großer Treck von Emigranten seinem Land näherte, ohne vorherige Absprache mit ihm, aber offenbar mit den Händlern von Port Natal vereinbart. Sein Mißtrauen mußte sich in tiefen Haß verwandeln, weil der Führer dieses Trecks, Piet Retief, soeben einen schwarzen Häuptling hinterrücks gekidnappt und in Ketten gelegt hatte. Eine schwerere Beleidigung des ganzen Schwarzafrikanertums war kaum vorstellbar!

Dingane entschloß sich, den Treck zu vernichten. Um seine Truppen sammeln zu können, simulierte er Bereitschaft zu einem Vertragsabschluß und begann entsprechende Verhandlungen über eine Gebietsabtretung. Doch als die Unterschrift unter den Vertrag gesetzt war (er fand sich später in Retiefs Tasche), brach der Sturm los, am 6. Februar 1838. Die gesamte zur Unterschrift im Königskraal versammelte Emigrantendeputation von 71 Buren und 30 Coloureds wurde erschlagen. Dann fielen die Zuluregimenter über den völlig unvorbereiteten Treck her. Kinder und Frauen wurden schon längst nicht mehr geschont. So wird von dem zwölfjährigen Dirkie Uys berichtet, daß er seinen zu Tode verwundeten Vater – Piet Uys, den unglückseligen Mann, dessen märchenhafte Schilderungen des Landes den Weg hierher gewiesen hatten – mit dem ganzen Einsatz seiner kleinen Person verteidigt und drei Zulu getötet habe, bis er schließlich selbst überwunden wurde. Insgesamt sollen hierbei 361 Buren (davon etwa zwei Drittel Kinder) und 200 Coloureds getötet worden sein, auch 17 Engländer, die mit ihren schwarzen Bediensteten von Port Natal (Durban) aus versucht hatten, Hilfe zu bringen.

Eine Katastrophe schien sich anzubahnen, doch die Zulu begannen sich zu verzetteln und die reiche Beute nach Hause zu treiben. Die Emigranten konnten sich sammeln, den ersten Schock überwinden, ihre Wunden pflegen und Hilfe herbeirufen. Am schlimmsten war es, daß der Treck führungslos geworden war. Alle bisherigen Emigrantenführer waren tot. Lediglich Potgieter lebte noch, doch er befand sich im Norden, jenseits des Vaal.

Endlich – nach langem Warten – kam die Rettung. Im November 1838 erschien Andries Pretorius auf der tristen Szene Natals mit 60 Reitern, zahlreichen neuen, auch für den Bau von Wagenburgen geeigneten Treckwagen und – zwei Kanonen! Pretorius handelte also nicht nur mit Duldung, sondern mit voller Unterstützung der britischen Verwaltung. Kanonen konnte man auch damals nicht im Kleinhandel erwerben, und die ganze Ausrüstung überstieg bei weitem die Einkommensverhältnisse selbst eines so begüterten Mannes, wie Pretorius es gewesen sein mag. Zweifellos sahen die Briten aber den Zeitpunkt gekommen, wo sie eingreifen mußten, wenn sie verhindern wollten, daß Europäer von Schwarzen militärisch vernichtet wurden.

Pretorius – nach dem später Pretoria genannt werden sollte – war die erste wirkliche Führerpersönlichkeit, die den Emigranten nun erstand, ein ideenreicher, aber auch ein sehr sprunghafter und abenteuerlustiger Mann. Binnen kurzem hatte er die Emigranten diszipliniert und suchte nun die Entscheidung im Kampf. Am 16. Dezember 1838 griff eine Zuluarmee von 10 000 bis 12 000 Mann das burische »Laager« an und verblutete sich völlig in dem Artillerie- und Musketenfeuer der in ihrer Wagenburg verschanzten Emigranten. Nur drei Buren waren in diesem Kampf bei Reiterausfällen leicht verwundet worden.

Der Tag dieser »Schlacht am Bloedrivier« (Bloodriver, Blutfluß, weil dieser Fluß am Tage der Schlacht durch Zulublut rot gefärbt gewesen sein soll) wurde zu einem großen nationalen Gedenktag der Buren. In Pietermaritzburg (genannt nach den beiden Emigrantenführern Piet Retief und Gert Maritz) wurde das vor der Schlacht abgegebene Gelöbnis verwirklicht, eine Kirche zu errichten (heute Voortrekker-Museum). Dingane war nach der Schlacht geflohen und wurde, heimatlos geworden, weit im Norden von den Swasi umgebracht. Sein unkämpferischer Halbbruder Mpande wurde König von der Buren Gnade.

In ihrer Siegesfreude verteilten die politisch naiven, realitätsfernen Emigranten das »eroberte« Land allein unter sich. Ein Gebiet von 35 000 Quadratkilometern (also etwa von der Größe Baden-Württembergs) wurde an 6000 Menschen vergeben. Die Coloured-Bediensteten der Emigranten gingen vollkommen leer aus, obwohl auch sie erhebliche Verluste erlitten hatten. Doch die Glaubensvorstellungen der Emigranten ließen kein anderes Denken und Handeln zu.

Das böse Erwachen kam schnell. Binnen kurzem strömten nach Beendigung des Krieges und nach Auflösung der Zuluarmee etwa 80 000 Schwarze in das Land zurück, das ihre alte Heimat gewesen war. Die weit zerstreuten Buren waren von dieser Entwicklung völlig überrascht, der Volksrat (Parlament) plante kopflos dieses und jenes, aber es gab kein Geld zur Durchführung. Außerdem beunruhigte der hochfahrende Generalkommandant (Oberbefehlshaber) Pretorius weitere schwarze Nachbarstämme durch »Kommandounternehmen«, die er zur Beschaffung von »Mitteln« unternahm.

Die nächste Katastrophe war schon vorprogrammiert, wie man heute sagen würde. Dadurch wurden nun aber die Briten auf den Plan gerufen. Natal wurde annektiert. Das war natürlich nicht das Ziel, das die Buren mit ihrer Emigration erstrebt hatten. So packten sie erneut ihre Habe zusammen und treckten wieder über die Drakensberge zurück auf das Hochfeld.

Als einer der letzten brach auch Andries Pretorius auf. Er hatte immer noch geglaubt, den Governor persönlich zur Aufgabe der Annexion bewegen zu können, und war dazu in die Kapkolonie geritten – im Vertrauen auf die »Verbindungen«, die er in Erinnerung an die vordem empfangene Unterstützung auch jetzt noch zu haben glaubte. Aber der neue Governor empfing Pretorius nicht einmal. Wutentbrannt holte dieser die letzten noch in Natal verbliebenen Buren zusammen und ritt mit ihnen nun auch selbst zurück über die Drakensberge in das Gebiet, von wo zehn Jahre zuvor alles Unheil des Natal-Unternehmens seinen Lauf genommen hatte.

38. Großbritannien sichert burisches Waffenprivileg

Auf dem Hochfeld trafen zwei hochfahrende und schnell entschlossene, aber auch ideenreiche Männer zusammen: Sir Harry Smith, der eben neuernannte britische Governor der Kapkolonie und Hochkommissar für das südliche Afrika, und Andries Pretorius, der neuen Aufgaben zustrebende ehemalige »Generalkommandant« der ehemaligen Burenrepublik Natal. Die beiden Männer hatten auf den ersten Blick Gefallen aneinander. Smith hatte soeben »British Kaffraria« mit Aplomb annektiert und inspizierte nun den der Kapkolonie nördlich vorgelagerten Teil des Hochfelds, den Raum des heutigen Oranjefreistaates. Auch in diesem Gebiet schienen bedrohliche Spannungen zu entstehen. Hier rieben sich die zu Anfang des Jahrhunderts von Missionaren gegründeten, von der Kapkolonie unterstützten Minirepubliken der Griqua (einer Gruppe von Coloureds, die wahrscheinlich Nachkommen der einst im Raum Kapstadt lebenden Hottentotten waren) mit den sie ständig beunruhigenden Treckburen aus der Kapkolonie, die sich weiterhin als britische Untertanen ansahen, und mit den Emigrantenburen, die nun seit einem Jahrzehnt ein heimatlos unstetes Leben führten. Smith wollte mit dem Wirrwarr, den diese zahlreichen Querköpfe – zu denen ja auch noch die schwarze Bevölkerung zu zählen war – anrichteten, aufräumen, indem er auch dieses Gebiet annektierte. Pretorius entwickelte Smith seinerseits seine Idee, hier endlich eine handfeste Burenrepublik zu gründen. Smith imponierte Pretorius' Aktivität. Er stellte sein eigenes Vorhaben zunächst zurück und ließ den Burenführer gewähren.

Pretorius jedoch hatte wieder einmal seine Möglichkeiten weit überschätzt. Gleichlautende Bekenntnisse zahlreicher eigensinniger Menschen, von denen sich jeder zur Führung berufen fühlte, stellten noch längst keine Bindemittel dar – im Gegenteil.

Als sich nach einigen Monaten bei Pretorius noch keine Erfolge ergeben hatten, riß Smith der – bei ihm ja nie sehr kräftige – Geduldsfaden. Er kehrte – ohne sich weiter um Pretorius zu kümmern – zu seinem ursprünglichen Plan zurück und annektierte das ganze Gebiet als »Orange River Sovereignty« (Herrschaft Oranje) – Smith war damals wahrscheinlich irritiert sowohl durch die ständigen Unruhen im Xhosaland als auch durch die noch immer im Aufstieg begriffene Macht Moshweshwes. Eines Tages bot der Zulukönig Mpande sogar Smith seine Hilfe im Xhosaland an, ein Ereignis, das dem Governor deutlich machen mochte, in welche Lage er kommen könnte, wenn es ihm nicht gelang, »Nägel mit Köpfen« zu machen. So hatte er nicht mehr die Ruhe gehabt, länger auf ein Ergebnis der zu nichts führenden Bemühungen eines offenbar glücklosen Burenführers zu warten. Vergeblich eilte Pretorius, nach der Annexion wieder wutentbrannt, durch die Lande, um einen bewaffneten Widerstand gegen Smith' Fait accompli zu organisieren. Sein wenig beeindruckendes Aufgebot wurde geschlagen (Schlacht bei Boomplaats, 29. August 1848). Pretorius mußte über den Vaal nach Norden fliehen. Auf seinen Kopf wurde eine Prämie ausgesetzt.

Wir haben schon gesehen, daß die Annexion der »Sovereignty« kein »Nagel mit Kopf« war. Der Kapkolonie standen nicht die Mittel zur Verfügung, um die britische Herrschaft wirklich durchzusetzen, und London war nicht bereit, das Abenteuer eines allzu forschen Governor nolens volens zu finanzieren. Die britische Regierung befahl die Aufgabe der Sovereignty. Allerdings sollte zunächst das durch Moshweshwes Aktionen angeschlagene britische Ansehen wiederhergestellt werden. Die Misere wurde jedoch durch den unglücklichen Feldzug Cathcarts, des Nachfolgers des wegen seiner Eigenmächtigkeiten abberufenen Smith, nur noch vergrößert. Im ganzen Bereich der Sovereignty fand sich keine Persönlichkeit unter den Buren mehr, die bereit gewesen wäre, die Verantwortung für eine Republik zu tragen, die das Erbe der britischen Herrschaft zu übernehmen hätte. Die Ehrgeizigen unter den Buren waren sowieso mit Pretorius nach dem Norden entschwunden.

Dieser erkannte nun schnell, daß die Briten es als äußerst

störend empfinden würden, wenn die Buren von der anderen Seite des Vaal (= Transvaal) begännen, sich in die Misere der Sovereignty einzumischen. Das war Pretorius' große Chance. In zweitägigen Verhandlungen ließ er sich von allen Aktionen im britischen »Herrschaftsgebiet« unter der Bedingung abbringen, daß ihm als Gegenleistung die Souveränität von Transvaal durch Großbritannien offiziell zugestanden wurde. Zum ersten Mal hatten jetzt burische Emigranten von Großbritannien in aller Form das Recht erhalten, sich ohne Einmischung der britischen Regierung entsprechend ihren eigenen Gesetzen selbst zu regieren. Ferner widerriefen die Briten alle Allianzen mit farbigen Völkern nördlich des Vaal.

Schon dies waren große politische Erfolge gewesen. Diese als »Sandriver Convention« vom 7. Januar 1852 in die Geschichte eingehenden Vereinbarungen enthielten aber noch eine Bestimmung, die in ganz besonderem Maße entscheidenden Einfluß auf den weiteren Verlauf der Geschehnisse in Südafrika hatte. Dieser wichtige Passus lautete folgendermaßen: »Es besteht Übereinstimmung darin, daß von den britischen Behörden keine Einwände gegenüber den Burenemigranten erhoben werden, wenn sie ihren Bedarf an Munition in irgendeiner der britischen Kolonien oder Besitzungen in Südafrika decken. Es besteht weiterhin Einverständnis darüber, daß jeder Munitionshandel mit eingeborenen Stämmen sowohl durch die britische Regierung als auch durch die Farmeremigranten zu beiden Seiten des Vaal unterbunden wird.«

Die gleiche Klausel kehrte später auch in der am 23. Februar 1854 abgeschlossenen »Convention of Bloemfontein« wieder. Durch sie war es zu guter Letzt doch noch gelungen, einen souveränen »Oranjefreistaat« in der Nachfolge der »Orange River Sovereignty« zu führen. Beide »Conventions« legten die Entwicklungsmöglichkeiten der Buren und Schwarzafrikaner für ein Jahrhundert fest: Den Buren wurde Waffenüberlegenheit zugesprochen, die Schwarzafrikaner wurden in Ohnmacht gehalten.

39. Der erste Zusammenbruch Transvaals

Von ganz entscheidender historischer Bedeutung ist aber, daß die Buren durch ihre Waffenprivilegien zunächst einmal jeder Notwendigkeit enthoben wurden, einen auf menschlich akzeptableren Prinzipien beruhenden Modus des Zusammenlebens mit den Schwarzafrikanern zu suchen. Heute beginnt es langsam deutlicher zu werden, daß hier Entscheidendes versäumt wurde, was zur rechtzeitigen Konsolidierung der Verhältnisse in Südafrika hätte beitragen können.

Die in den »Conventions« vom Sandriver und von Bloemfontein abgesicherte Waffenüberlegenheit der Buren genügte jedoch nicht, um die Selbständigkeit ihrer beiden Republiken gegenüber den Schwarzafrikanern wirklich sicherzustellen. Trotz der garantierten Waffenprivilegien bedurfte der junge Oranjefreistaat schon sehr bald aktiver britischer Hilfe, als das Land 1858 nach einer burischen Kriegserklärung von den Reitern Moshweshwes überschwemmt und gezwungen war, die Vermittlung Sir George Greys zu erbitten, um der Bedrängnis wieder Herr zu werden. Dieser außerordentlich weitblickende Governor nutzte die Gelegenheit, die Vereinigung des Oranjefreistaates mit der Kapkolonie zu betreiben. Tatsächlich faßten sowohl das Parlament in Kapstadt als auch der Volksrat in Bloemfontein entsprechende Beschlüsse, obwohl das den Anweisungen, die Grey vor Jahren von London bekommen hatte, widersprach. Die 1858 amtierende schwache britische Minderheitsregierung hatte nicht den Mut, Greys selbständiges Handeln gutzuheißen. Grey wurde abgelöst. Damit verschwand dieser besonders fähige Mann von der südafrikanischen Bühne. Hätte er seine Ideen durchzusetzen vermocht, Südafrika hätte heute ein anderes Gesicht.

Noch unruhiger als die Anfänge des Oranjefreistaates waren diejenigen Transvaals. An den Rand des Abgrunds kam dieser Staat in den siebziger Jahren des 19. Jahrhunderts. Der begabte und den Rahmen seiner politischen Möglichkeiten stets klug erkennende Präsident des Oranjefreistaats, Jan Hendrik Brand

(1833–1888) – er wurde später von der britischen Königin Viktoria geadelt –, hatte es 1872 abgelehnt, die Präsidentschaft von Transvaal in Personalunion mit derjenigen des Freistaats zu übernehmen. Er scheint der Auffassung gewesen zu sein, daß er in einer solchen Doppelfunktion überfordert sein würde, weil er sich erhebliche Schwierigkeiten von seiten der zahlreichen hartnäckig burisch-orthodoxen und stur nationalen Voortrekker-Patriarchen erwartete. Für diese rauhen Charaktere war Transvaal nach der »Sandriver Convention« von 1852 ein Sammelbecken geworden.

Der auf Brands Vorschlag statt seiner gewählte liberal-fortschrittliche Präsident Thomas François Burgers, ein reformierter Theologe aus der Kapkolonie, sah sich mit eben den Schwierigkeiten konfrontiert, die Brand wohl auch für sich befürchtet hatte.

In Transvaal, das sich seit 1857 stolz »Südafrikanische Republik« nannte, war »Emigranten« der Ehrenbezeichnung »Voortrekkers« gewichen, ein Heroisierungsprozeß war im Gange. Immer mehr Voortrekkers kamen allmählich auch nach Lebensjahren in das Patriarchenalter, ihr hartnäckiger Stolz stand in einem nahezu unüberbrückbaren Gegensatz zu den Ideen, die in der zweiten Hälfte des 19. Jahrhunderts einen Mann beflügeln mußten, der sich die Aufgabe gestellt hatte, einen jungen, zum europäischen Kulturkreis gehörenden Staat mitten im unbekannten Afrika aufzubauen. Alles, was Burgers unternahm, war den »Patriarchen« verdächtig: Wollte er das Schulwesen verbessern, dann hieß es, er wolle das Bibelstudium abschaffen; betrieb er zur Sanierung der in einem desolaten Zustand befindlichen Staatskasse die Erschließung eines kleinen – bisher »geheim«-gehaltenen – Goldvorkommens in Lydenburg, dann wurde ihm vorgeworfen, daß er einen »Pakt mit dem Teufel« einginge, und so weiter.

Schon die Durchsetzung der einfachsten Ordnungsmaßnahmen bereitete in diesem Staat nahezu unüberwindliche Schwierigkeiten. Durch diese Schwäche dehnte sich der Machtbereich des ehrgeizigen Pedi-(Nordsotho-)Fürsten Sekhukhune, der sein Zentrum im Osten der Republik hatte, immer mehr aus. Zahlreiche burische Farmer hatten schon begonnen, an Sekhukhune Tribute zu zahlen, andere waren so verstört, daß sie sich in ein (Wagenburg-)»Laager« zurückzogen. Schließlich verlangte Sekhukhune von Burgers, seine unabhängige Herrschaft über Osttransvaal anzuerkennen.

Dem Präsidenten blieb nur der Krieg. Doch Paul Kruger, der damals »Generalkommandant« der Republik war, versagte ihm den Gehorsam, er machte nicht mit! Der Feldzug wurde zu einer Katastrophe. Das äußerste Desaster verstand Burgers allerdings in letzter Minute abzuwenden. Er warb in aller Eile auf den unter einer Wirtschaftsdepression leidenden Diamantenfeldern in Kimberley eine Söldnertruppe von 150 (!) Mann an, und diesem frisch zusammengewürfelten Haufen gelang es sofort und ohne weitere Ausbildung, unter dem Kommando eines ehemaligen preußischen Offiziers, Conrad von Schlickmann, Sekhukhune zum Frieden zu zwingen. Der militärische Zusammenbruch wäre also vermeidbar gewesen, wenn Kruger seine Pflicht erfüllt hätte. Später scheint er selbst zu der Auffassung gekommen zu sein, daß er damals nicht richtig gehandelt habe.

Doch die Republik war nun völlig bankrott. Die Söldnertruppe mußte ihren Lohn aus der Beute decken. Die Gefängnisse wurden geöffnet. Der Postmeister bediente sich in Briefmarken, der amtliche Vermesser in Grundstücken. Zwölf Schillinge befanden sich noch in der Staatskasse!

Im britischen Kolonialministerium hatte sich zu eben dieser Zeit eine Konferenz mit der Frage der Bildung einer südafrikanischen Konföderation aus der Kapprovinz, Natal und den beiden Burenrepubliken beschäftigt. Das war jetzt kein Thema mehr. Großbritannien sah völlig richtig Grundprinzipien seiner Kolonialpolitik gefährdet. Jeden Tag konnte die machtlose »Südafrikanische Republik« von irgendeinem schwarzen Häuptling umgeblasen werden; das mußte man unbedingt verhindern.

So kehrte der Vertreter Natals bei der Londoner Konferenz,

der »Staatssekretär für Eingeborenenangelegenheiten«, Theophilus Shepstone, mit der geheimen Instruktion in der Tasche nach Südafrika zurück, die Südafrikanische Republik (Transvaal) sobald wie möglich zu annektieren. Kurze Zeit darauf, im Januar 1877, marschierte er mit einer Polizeieskorte von 25 Mann und einigen Beamten unbehelligt in dieses Land ein. In Pretoria spielte Shepstone geschickt die einzelnen Burenführer gegeneinander aus. Kruger wurde vom Volksrat zwar noch zum »Vizepräsidenten« gewählt, aber Shepstone verkündete am 12. April 1877, ohne auf irgendwelchen Widerstand zu stoßen, die Annexion des Landes als britische Kolonie. Wohl wurde im Volksrat noch eine Protestresolution verlesen, aber die Südafrikanische Republik (Transvaal) und ihre Organe waren durch die Proklamation der Annexion schon aufgehoben worden.

In den folgenden drei Jahren wurden zunächst die Pedi von den Briten endgültig unterworfen. Dann wurde in einem von britischer Seite dilettantisch geführten, daher auch sehr verlustreichen Krieg die veraltete, einst so stolze Zuluarmee vollkommen ausgeschaltet. (In der Schlacht von Isandhlawana verloren die Briten 1000 Mann. Bei einem Aufklärungsgefecht fiel der einzige Sohn Napoleons III., der ehemalige »Prince Impérial«.)

Die Verwaltung Transvaals wurde neu geordnet. Das Land war wieder ein regierbares Staatsgebilde geworden.

Der Krugerismus und die Deutschen

40. Burisches Selbstbewußtsein und burische Verblendung

Nach der Konsolidierung Transvaals hatten die britischen Liberalen die Absicht, diese Kolonie wieder in eine eigenständige Selbstverwaltung zu entlassen, was durchaus den Grundsätzen der britischen Empirepolitik entsprach. Die Aufrechterhaltung der Ordnung in den Teilgebieten des Empire und die Regelung der Kosten in diesen Gebieten sollten möglichst von einheimischen Verwaltungsträgern durchgeführt werden, während die Vertretung der weltpolitischen Interessen des Empire Sache der Regierung in London war. In dem Wahlkampf, der den britischen Wahlen des Jahres 1880 vorausging, hatte der Spitzenkandidat der britischen Liberalen, William Ewart Gladstone, die weitgehende Verselbständigung von Transvaal zu einem seiner zentralen Wahlkampfthemen gemacht.

In Transvaal selbst aber waren in gleichem Zuge mit der Durchsetzung geregelter Verhältnisse in diesem Land auch die alten Patriarchen wieder zu neuem Leben erwacht. Innerlich hatten sie es nie zu verwinden vermocht, daß sie die Leiden der Emigration auf sich genommen hatten, um letzten Endes dem britischen Weltreich nur eine weitere Kolonie zu bescheren.

Ein Mann wie Stephanus Johannes Paulus Kruger, der nach fünf als »Voortrekker« verbrachten Kinderjahren an ein starres Freund-Feind-Denken gewöhnt war und der unverrückbar an den Vorstellungen festhielt, die er einmal in sich aufgenommen hatte, hat nie zu erkennen vermocht, welche entscheidende Rolle die Briten schon bei der Etablierung und Sicherung der ersten Südafrikanischen Republik (Transvaal) gespielt hatten – obwohl er selbst als sechsundzwanzigjähriger junger Mann an den zur »Sandriver Convention« führenden Verhandlungen teilgenommen hatte. Schon hier hatte er wohl nur den burischen »Erfolg« erlebt und die Motive überhaupt nicht erkannt, geschweige denn verstanden, die die Briten bewogen hatten, Pretorius seinen Erfolg zuzugestehen. Er hatte zeitlebens nie einen Blick für die Rolle, die Transvaal als einem weißen Außenposten im schwarzen Afrika in der britischen Empirepolitik zugedacht war.

Auch die Annexion der Südafrikanischen Republik (Transvaal) durch Großbritannien, die er ja ganz entscheidend selbst verursacht hatte, hat Kruger stets nur als einen Gewaltakt der Macht angesehen, die stets danach trachtete, die Buren bis in den letzten Winkel der Erde zu verfolgen und zu vernichten. So hat er – nach dem Einzug Shepstones in Pretoria vom Volksrat noch zum Vizepräsidenten der schon nicht mehr existenten Südafrikanischen Republik (Transvaal) gewählt – nach der Annexion sofort den Widerstand und dann den Aufstand gegen die britische »Besatzungsmacht« betrieben. Kruger und der mit ihm in diesem Kampf eng verbundene Petrus Jacobus Joubert (ausgesprochen »Jaubert« und nicht »Schubär«), der seinerzeit den Präsidenten Burgers während einer längeren Europareise zu Hause vertreten hatte, erkannten auch nicht, wie unnötig es war, eine Revolution gegen ein Land zu betreiben, das von sich aus schon zu den entscheidenden Zugeständnissen bereit war.

Schon zwei Monate nach Gladstones Wahlsieg fand im Juni 1880 in Kapstadt eine Konferenz statt, die die Verhältnisse im südlichen Afrika, insbesondere die Beziehungen zwischen der Kapkolonie, Natal, dem Oranjefreistaat (dessen Selbständigkeit von Großbritannien ja nicht angetastet worden war) und Transvaal, regeln sollten. An dieser Konferenz nahmen als Abgesandte Transvaals – dessen Selbständigkeit vorwegnehmend – Paul Kruger und Piet Joubert teil. Diese beiden verblendeten Männer verhielten sich während der Verhandlungen so intransingent, daß sie die Konferenz zum Scheitern brachten. Wenig später

Stephanus Johannes Paulus Kruger, 1825–1904, Präsident der Südafrikanischen Republik (Transvaal)

brach dann die von langer Hand vorbereitete Revolution in Transvaal aus, ein völlig sinnloses Blutvergießen.

Das alles wäre nicht der Erwähnung wert, wenn die nun zu skizzierenden Vorgänge nicht entscheidend dazu beigetragen hätten, die burische Verblendung noch in einem tragischen Ausmaß zu steigern.

Das wichtigste Ereignis der Rebellion war die sogenannte »Schlacht von Majuba« (27. Februar 1881), ein Überfall, der keinerlei militärische Bedeutung hatte. Um die Diskrepanz zwischen dem tatsächlichen Ereignis und den massenpsychologischen Folgen, die es hatte, deutlich zu machen, muß man diese »Schlacht«, die nicht einmal ein Gefecht, sondern nur ein militärisch bedeutungloses, allerdings blutiges Stoßtruppunternehmen war, schildern.

Verschuldet wurde dieser Überfall durch ein unverantwortlich sorgloses und dilettantisches Verhalten der britischen militärischen Leitung. Ein britisches Kontingent von 287 Mann unter Führung des britischen Oberkommandierenden, General Sir George Colley, nächtigte auf der beherrschenden Höhe von Majuba, ohne offenbar für ausreichende Sicherung dieses Biwaks gesorgt zu haben. Im Morgengrauen des 27. Februar 1881 erklomm eine Abteilung von 150 Buren unter Führung von Piet Joubert die Höhe und fiel über die völlig überraschten, kaum erwachten britischen Soldaten her. Das Ergebnis dieses Gemetzels waren 94 gefallene (darunter General Colley), 134 verwundete und 59 sonstige gefangene Briten. Auf burischer Seite waren zwei Mann gefallen und vier verwundet – ein Zeichen dafür, wie entscheidend das Überraschungsmoment gewesen war.

Inzwischen waren fünf britische Regimenter gelandet, die mit Leichtigkeit in der Lage gewesen wären, den ganzen Aufstand niederzuschlagen. Doch Gladstone wollte möglichst schnell zu einer vernünftigen Zusammenarbeit mit den Buren kommen. Er ging auf Kruger ein, der jetzt angesichts der Demonstration britischer Macht auf einen Friedensabschluß drängte. Es kam zu der

»Convention of Pretoria« (1881), die später durch die »Convention of London« (1884) modifiziert wurde. Transvaal durfte sich nun wieder »Südafrikanische Republik« nennen. Im Inneren wurde der Regierung weitgehend freie Hand gelassen. Sie mußte aber allen Europäern das Recht der Einwanderung und das Wahlrecht nach einem Jahr Aufenthaltsdauer zugestehen. Die Republik war nicht zur selbständigen Aufnahme von Beziehungen zu »auswärtigen Mächten« berechtigt. (Der Oranjefreistaat wurde nicht als »auswärtige Macht« im Sinne der Vertragsbestimmungen gewertet.) Die »Revolution« hatte nicht mehr erreicht, als was auf dem Verhandlungsweg auch erreichbar gewesen wäre.

Gladstone hatte alle Mühe, in England die Wogen der Empörung zu glätten. Der Schrei nach einer »Rache für Majuba« war überall zu hören. Selbst Königin Viktoria machte Gladstone Vorwürfe wegen seiner allzu konzilianten Haltung. In der Südafrikanischen Republik (Transvaal) aber kam es zu einer unvorstellbaren Übersteigerung des burischen Selbstgefühls. Der Aufstand ging als »Erster Unabhängigkeitskrieg« in die Schulbücher ein. (Der »Zweite Unabhängigkeitskrieg« ist in dieser Nomenklatur der Burenkrieg 1899 bis 1902.) Der biedere Piet Joubert wurde zum »Held von Majuba«. Dieser einfache, militärisch völlig unausgebildete Mann, der lediglich in Scharmützeln mit Schwarzafrikanern Erfahrung gewonnen hatte, wurde Generalkommandant und blieb in dieser Position bis zu seinem Tode. Er starb am 27. März 1900 nach den großen Niederlagen des Burenkriegs in dem von Großbritannien besetzten Pretoria.

Ein solches Hochjubeln der Bedeutung belangloser Ereignisse führte zu einer ungeheuerlichen Übersteigerung des burischen Überlegenheitsgefühls und zu einer durch nichts gerechtfertigten Mißachtung der Macht des größten Weltreichs jener Zeit. Natürlich hat gerade auch diese Art des Vergleichs zwischen dem burischen David und dem britischen Goliath das Ihre zu einer Verzerrung des burischen Bewußtseins beigetragen. Auch Kruger scheint den Eindruck von der Demonstration britischer Macht, der ihn zunächst zu einem eiligen Abschluß der »Convention of Pretoria« getrieben hatte, schnell wieder vergessen zu haben. Zu sehr waren sein Britenhaß und sein Unverständnis für britische Motivationen in ihm verwurzelt.

41. Kruger zwischen Großbritannien und dem Deutschen Reich

Nach dem kurzen Interregnum eines Triumvirats in der neuerstandenen »Südafrikanischen Republik« (Transvaal) – es bestand aus Paul Kruger, Piet Joubert sowie Marthinus Wessel Pretorius, dem ehrgeizigen, aber unbedeutenden Sohn von Andries Pretorius – wurde Paul Kruger zu deren erstem und, wie sich zeigen sollte, einzigem Präsidenten gewählt. Stellte schon der Britenhaß dieses Mannes eine unkalkulierbare Gefahr für die britische Reichspolitik dar, so mußte seine antibritische Haltung um so mehr irritieren, je deutlicher es wurde, daß zu gleicher Zeit die ehrgeizigste Großmacht jener Zeit, das Deutsche Reich, ebenfalls Interessen in Afrika, besonders auch in Südafrika, zeigte. Möglicherweise war die seestrategische Bedeutung Südafrikas niemals größer als in dieser Zeit, als es noch keine weitreichenden Luftflotten gab.

Schon bald nach Krugers Regierungsantritt war 1884 in St. Lucia Bay (etwa auf halbem Wege zwischen Maputo und Durban) die deutsche Flagge gehißt worden, im Zusammenhang mit einer Aktion der Südafrikanischen Republik (Transvaal) im Zululand, die dort zur Gründung der »Neuen Republik«, einer kurzlebigen burischen Minirepublik, führte. Schon hier zeichnete sich die Möglichkeit einer deutsch-burischen Zusammenarbeit ab, die nur gegen Großbritannien gerichtet sein konnte. Großbritannien erzwang damals die Einholung der Flagge durch Kriegsschiffe. Das Deutsche Reich protestierte. Kurz vorher hatte der Deutsche Karl Mauch im Ndebeleland (Matabeleland), dem 40 Jahre früher von Mzilikazi gegründeten Reich, seine ersten Goldfunde gemacht, und einer der Mitbegründer des »Deutschen Kolonialvereins«, Ernst von Weber, reagierte prompt mit dem Vorschlag, dort eine deutsch-burische Kolonie zu gründen. Gleichzeitig waren deutsche Konzessionssucher im Mpondoland unterwegs, einem noch nicht von Großbritannien in Anspruch genommenen Gebiet jenseits der Südgrenze von Natal.

Zur gleichen Zeit begannen Deutsche und schließlich auch das Deutsche Reich selbst in Südwestafrika festen Fuß zu fassen. Gerade diese ehemalige deutsche Kolonie steht durch ihre Verbindung mit Südafrika noch heute im Zentrum des Weltinteresses. Schließlich zeigte der 450 Kilometer über das Gebiet Südwestafrikas hinaus nach Osten vorgetriebene Caprivizipfel (1890 erworben), daß das Deutsche Reich in Afrika durchaus imperiale Interessen vertrat, die letzten Endes auf eine Querabriegelung der britischen Versuche hinauslief, eine Nord-Süd-Verbindung durch den Kontinent zu errichten. Genau dies wies aber wiederum darauf hin, daß das Deutsche Reich ein ausgesprochenes Interesse an einer Zusammenarbeit mit Kruger haben konnte.

Kruger ging darauf ein. Die von ihm vergebene Dynamitkonzession fiel an Deutsche. An der mit Monopolrechten versehenen Gesellschaft für den Bau der Eisenbahn nach Delagoa Bay (Maputo) waren Deutsche beteiligt. In Swasiland betrieben in jener Zeit Deutsche die Interessen der Südafrikanischen Republik (Transvaal), die im Gegensatz zu den britischen Interessen standen. Die militärische Aufrüstung der Republik wurde weitgehend mit deutscher Hilfe betrieben. Krugers Leibwache bestand aus Artilleristen, die von Deutschen ausgebildet wurden.

Wir sehen also, daß Spannungen zwischen den beiden aktivsten Weltmächten des ausgehenden 19. Jahrhunderts mit einiger Vehemenz auch und gerade im Süden Afrikas ausgetragen wurden. Schließlich erklärte die britische Regierung um 1895 offiziell, daß Transvaal in ihr Interessengebiet falle – was, wie wir gesehen haben, zwar durchaus der Vertragslage entsprach, aber trotzdem die deutsche Regierung zu der Gegenerklärung herausforderte, daß sie jede Änderung des Status quo als gegen ihre

Interessen gerichtet ansehen werde. Endlich gab es auch spektakuläre Reden und Telegramme Krugers und Wilhelms II. mit einem antibritischen Tenor, der sicher kein Meisterstück der Diplomatie war. Jedoch änderte sich dies alles, als 1897 Bernhard von Bülow Staatssekretär des Auswärtigen und bald darauf auch Reichskanzler wurde. Ein Jahr vor Ausbruch des Burenkriegs, 1898, wurde ein deutsch-britischer Geheimvertrag geschlossen, in dem Großbritannien wieder freie Hand erhielt, seine Empireinteressen im Süden Afrikas zu vertreten, ohne deutsche Gegenmaßnahmen befürchten zu müssen.

Kruger scheint dies nicht bekannt geworden zu sein. Immerhin wurde er durch Bülow gewarnt, und es wurde ihm geraten, seine Auseinandersetzungen mit Großbritannien nicht auf die Spitze zu treiben, sondern die Vermittlung einer Großmacht zu suchen.

42. Deutsch-Südwestafrika

Namibia, das Land, das einst Deutsch-Südwestafrika war, hat heute noch immer die gleichen Ausmaße wie in der deutschen Zeit. Mit 824 000 Quadratkilometern umfaßte es die anderthalbfache Fläche des Deutschen Reiches von 1871 bis 1918 oder die dreieinhalbfache Fläche der heutigen Bundesrepublik. Das Gebiet schien den europäischen Kolonialmächten nie sehr verlockend als Kolonialgebiet zu sein – selbst den burischen Kundschaftern war es nicht attraktiv genug gewesen. Seine strategischen Interessen an dem Land glaubte Großbritannien genügend abgesichert zu haben, nachdem die Kapkolonie die Walfischbai inkorporiert hatte. Jedoch waren im Südwesten Afrikas einige dürre Küstenstrecken noch nicht europäisches Kolonialgebiet. Hier bot der Kontinent noch Ansatzpunkte für die europäische Großmacht, die als letzte sich dem Rennen um Kolonien anschloß: das Deutsche Reich.

Die Herero Namibias, das wurde schon angedeutet, könnten

aus schwarzafrikanischen Völkerschaften hervorgegangen sein, die um das Jahr 1000 im Raum des heutigen Moçambique an den Indischen Ozean gelangt waren und sich von dort weiter nach Norden ausbreiteten. Nach einer derzeit gängigen Theorie traf diese Völkergruppe im Norden des heutigen Kenia auf den Widerstand der sich dort ausbreitenden hamitischen (kuschitischen, äthiopischen – nicht bantuiden) Stämme, die jetzt beispielsweise durch die Galla, Somali oder auch durch die Massai repräsentiert werden.

Dadurch soll die »Wanderungsrichtung« der bis dorthin vorgedrungenen Bantustämme erneut – nach Südwesten – umgelenkt worden sein. Für Jahrhunderte tauchten diese im Inneren des »dunklen Kontinents« unter, bis sie im 17. Jahrhundert zwischen dem Oberlauf des Kumene und dem Kubango im heutigen Angola als »Herero« wieder in Erscheinung traten.

In ihrem jetzigen Wohngebiet faßten die Herero erst im Verlauf des 19. Jahrhunderts Fuß. Diese Region war bis dahin von der Bantuwanderung noch kaum erreicht worden. Um 1800 haben sie den Swakop nach Süden überschritten und kamen spätestens dort in Berührung mit Hottentotten-(Khoikhoi-) Mischlingsstämmen, die wiederum vor der Ausdehnung der Kapkolonie und den dort unsicherer gewordenen Verhältnissen nach Norden ausgewichen waren. Da die neu von Süden eingedrungenen Hottentottengruppen »europäisch« ausgerüstet waren, hatten sie bald militärische Überlegenheit über die namibischen Hottentottenstämme erlangt, die bis dahin schon in diesem Gebiet heimisch gewesen waren.

Eine Zeitlang sah es so aus, als ob in diesem Gebiet der Mischlingsfamilie Afrikaner, insbesondere ihrem begabtesten Vertreter Jonker Afrikaner (1795–1861), eine ähnliche Staatsgründung gelingen könnte, wie sie gleichzeitig 1000 Kilometer weiter östlich Moshweshwe vollbrachte. Jedoch Jonker, der selbst Christ geworden war und für sein Vorhaben die Unterstützung von Missionaren suchte, war lediglich in Kontakt mit britischen methodistischen und mit deutschen Missionaren der Rheinischen

Mission gekommen. Ihnen allen aber fehlte bei weitem das geistige Format der Missionare, die Moshweshwe berieten. Ohne jedes Verständnis für Kultur und Denkweise der Menschen, denen sie das Christentum zu bringen trachteten, störten diese Missionare fortgesetzt das Einigungswerk Jonkers. Nachdem es Jonker Afrikaner nicht gelungen war, die Missionsarbeit in seine Pläne zu integrieren, konnte es auch den Missionaren nicht mehr gelingen, weitere Christianisierungserfolge zu erzielen. Das war nur in der kurzen Zeit möglich gewesen, als Einigkeit zwischen Jonker und den Missionaren bestand und der mächtige Kaptein die Missionsarbeit persönlich intensiv unterstützte. Da es letzten Endes auf beiden Seiten an dem erforderlichen Verständnis fehlte, gelang weder Jonkers Staatsgründung, noch konnten die Missionare Missionserfolge zeitigen. Diese wurden in Südwestafrika erst wieder erreicht, als hinter den Missionaren erneut der Wille und die Zustimmung der politischen Macht standen – doch nun war dies die deutsche Kolonialmacht.

Das Engagement des Deutschen Reiches wurde eingeleitet, als die Aktivitäten des Bremer Kaufmanns Adolf Lüderitz in diesem Gebiet die Unterstützung Bismarcks fanden und die wesentlichen Teile des späteren Deutsch-Südwestafrika 1882 dem Schutz des Deutschen Reiches unterstellt wurden. Lüderitz konnte sehr bald den finanziellen Anforderungen nicht mehr gerecht werden, die die Erschließung eines so weiten und wenig ertragreichen Gebietes mit sich brachte. Das Deutsche Reich trat an seine Stelle. 1885 traf der Landgerichtsrat Heinrich Göring, der Vater Hermann Görings, als »Reichskommissar« zusammen mit zwei Beamten in Deutsch-Südwestafrika ein.

Für die Aufrechterhaltung der Ordnung in diesem Gebiet wurde die Entsendung einer »Schutztruppe« notwendig. Sie bestand zunächst aus 21 (!) Mann unter Hauptmann Curt von François. In Windhoek, einem Gebiet, das sich das Hottentottenvolk der

Oben: Botswana-Serowe. Eine urtümliche Stadt mit 40 000 Einwohnern, Straßenbild
Unten: Windhoek. Die Kaiserstraße

SUID-AFRIKAANSE
SÜDAFRIKANISCHE

Nama und die Herero schon seit Jonker Afrikaners Zeit streitig machten, wurde eine Festung gebaut. Als François später die Nachfolge Görings angetreten hatte, wuchs großenteils auf Grund seines »diplomatischen« Ungeschicks die Unruhe unter den einheimischen Stämmen – Herero wie Hottentotten. Die Schutztruppe wurde auf 250 Mann verstärkt. Die Unruhe aber stieg weiter.

1904 entluden sich die aufgestauten Spannungen mit einem Donnerschlag: In einer zentral geleiteten Aktion ermordeten die Herero innerhalb weniger Stunden 123 Deutsche. Ihr ganzes Volk – mehr als 100 000 Menschen – befand sich in vollem Aufruhr!

Als Verstärkungen unter dem martialischen General Lothar von Trotha eingetroffen waren, kam es zu einem der tragischsten und unrühmlichsten Ereignisse der deutschen Kolonialgeschichte. Die Herero wurden mit Frauen, Kindern und Vieh in die Kalahariwüste getrieben und kamen dort zu Zehntausenden um. Trotha erließ eine »Botschaft«, in der es hieß: »Das Volk der Herero muß das Land verlassen. Innerhalb der deutschen Grenzen ... wird jeder Herero erschossen. Ich nehme keine Weiber und Kinder mehr auf, ich treibe sie zurück oder lasse auf sie schießen. Das sind meine Worte an das Hererovolk ... Der Große General des Mächtigen Kaisers, gezeichnet von Trotha.« In einem Truppenbefehl hieß es ergänzend: »Ich nehme mit Bestimmtheit an, daß dieser Erlaß dazu führen wird, keine männlichen Gefangenen zu machen, aber nicht zu Greueltaten gegen Weiber und Kinder ausartet. Diese werden schon fortlaufen, wenn zweimal über sie hinweggeschossen wird. Die Truppe wird sich des guten Rufes des deutschen Soldaten bewußt bleiben.« Regierung und Öffentlichkeit in Deutschland reagierten sofort mit Empörung auf dieses Vorgehen. Trotha nahm seinen Abschied.

Als der neue Gouverneur die Reste der Herero zur Rückkehr aufforderte, fanden sich noch 14 769 Herero, die dieser Aufforderung Folge leisteten. Andere hatten Anschluß an andere Stämme gefunden. Wie viele Tote diese barbarische Aktion gefordert hat, steht nicht fest, doch müssen es Zehntausende gewesen sein.

Trothas Vorgehen hatte auch die Hottentotten (vor allem Mischlingsstämme), die vordem die deutsche Schutztruppe häufig unterstützt hatten, zum Aufstand bewogen. Diese Kämpfe dauerten nahezu vier Jahre an. Etwa 15 500 Mann deutscher Truppen waren eingesetzt gewesen. Herero und Hottentotten wurden nun völlig enteignet, ihr gesamter Landbesitz wurde ihnen genommen. Das Vieh hatten sie schon verloren. Unbewegliches Gut und Vieh durften sie fortan nur noch mit Erlaubnis der Regierung in sehr bescheidendem Umfang wieder erwerben. Nur die Rehoboth Basters – ein in Rehoboth lebender Mischlingsstamm – waren von diesen Maßnahmen ausgenommen. 1915 wurde diese deutsche Kolonie durch die südafrikanische Armee besetzt.

43. Das Gold rettet Kruger

In Krugers Innerem war unversöhnlicher Haß gegen England eingegraben. Jeder, der ihm ein Gegner Großbritanniens zu sein schien, war ihm als Bundesgenosse willkommen. Für die Besetzung der leitenden Posten seines Landes zog er außer Buren, die ihm vertrauenswürdig erschienen, nur Holländer und Deutsche heran. Bestimmungen der Verträge von Pretoria und London, die die Ausdehnungsmöglichkeiten der Republik beschränkten, suchte er durch die Gründung selbständiger Mini-Burenrepubliken im Westen und Osten zu umgehen. Im Westen schritt Großbritannien hiergegen energisch ein, im Osten arrangierte man sich.

Die Folge solcher ehrgeizigen Abenteuer war jedoch, daß die kleine Republik nach fünf Jahren Amtszeit Krugers wieder am Ende ihrer Kräfte war. Wohin Kruger sich um Hilfe wandte, er wurde abgewiesen: Brand, der Präsident des Oranjefreistaates, lehnte eine Vereinigung der beiden Republiken ab, die Kapregierung wies jetzt den Gedanken an eine Zollunion zurück; selbst eine sehr kleine Anleihe war im Ausland kaum unterzubringen.

Der britischen Regierung waren Krugers Schwierigkeiten zweifellos sehr willkommen. Schon längst hatte sie diesen starrsinnigen und unbeweglichen Widersacher als eine schwere Gefahr für ihre Empirepolitik erkannt und mußte alles begrüßen, was seine Entfernung aus dem Amt des Präsidenten beschleunigen konnte. Dieser Zeitpunkt schien nun gekommen.

Da aber trat der große Umschwung ein. Am Witwatersrand südlich von Pretoria wurde ein riesiges Goldreef entdeckt – Kruger war gerettet. Die Nachricht eilte wie ein Lauffeuer um die Welt und überraschte die dickköpfigen und altväterlichen burischen Patriarchen, die das Land zu regieren hatten. Die extremsten Erscheinungen der Libertinität, der Raffsucht, der Bindungslosigkeit brachen in eine Welt ein, die sich durch vorherbestimmte Auserwähltheit umgrenzt und umhegt wußte. Für Kruger und »sein« Volk galt es nun, den Einbruch der Sünde abzuwehren oder doch den Sündern ihre Stelle im geordneten Ablauf der Welt zuzuweisen. Wie Kruger diese Vorgänge empfand, geht aus den Worten hervor, mit denen er in diesen Tagen eine Versammlung in Johannesburg einleitete: »Ihr Volk Gottes, Ihr altes Volk des Landes, Ihr Fremden und Neuankömmlinge, ja, Ihr Diebe und Mörder!«

Gott hatte zuerst die Buren in dieses Land geführt. Ihnen hatte er dieses Land verheißen und gegeben. Und er hatte – im Augenblick verzweifelter Not – mit dem Gold auch die Mittel geliefert, dieses Land seinem Volk zu erhalten. Zu diesen Mitteln gehörten auch alle diese Sünder, die durch ihr Verhalten schon zeigten, daß sie den Verworfenen der Schöpfung zuzurechnen waren – kaum zu unterscheiden von all den farbigen Menschen, die mit ihrem einfacheren Gemüt Gott möglicherweise noch näher standen.

Nun galt es, mit all diesen Mitteln zu arbeiten. Alle diese sündigen »Ausländer« kamen im Dienste des Mammon nach

Johannesburg. Sie konnten, was das eigene Volk weder konnte noch wollte, mit dem Mammon auch umgehen. Zahlreiche infrastrukturelle Aufgaben wurden deshalb als Konzessionen mit Monopolcharakter an »Ausländer« vergeben, so etwa die Wasserversorgung von Johannesburg, der Bau und Betrieb von Eisenbahnen, ja selbst die Herstellung von Dynamit.

Diese Vergabepolitik führte sehr schnell zu Korruption auf allen Gebieten. Die sich ausbreitende Verderbtheit mochte in ihrem Ausmaß und in ihren Auswirkungen das Vorstellungsvermögen der biederen Patriarchen im Volksrat weit übersteigen. Sicher war sie aber auch ein Beweis für die grundsätzliche Sündhaftigkeit dieser wirtschaftlichen Welt.

Mit aller Kraft mußte der Einbruch dieser schlimmen Welt in das eigene Staatswesen verhindert werden. Jetzt wurde deutlich, wie sehr Staat, Volk und Kirche durch die mit dem Wahlrecht verbundenen Einwanderungsparagraphen der Verträge von Pretoria und London gefährdet waren. Schon 1882 war die für die Erlangung des Wahlrechts erforderliche Aufenthaltsdauer im Lande durch den Volksrat vertragswidrig von einem auf fünf Jahre verlängert worden. 1890 wurde diese Sperrfrist auf 14 Jahre ausgedehnt. Doch während diese Angelegenheit 1882 noch eine Quantité négligeable gewesen sein mochte: 1890 war sie ein Politikum von zentraler Bedeutung.

44. Cecil Rhodes – Krugers großer Gegenspieler

Wie Paul Kruger in außerordentlich charakteristischer Weise die Lebens- und Geisteswelt des »Voortrekker-Burentums« repräsentierte, so repräsentierte in diesen Jahren Cecil John Rhodes (1853–1902) die Lebens- und Geisteshaltung der Menschen, die aus aller Welt in Südafrika zusammengeströmt waren, um ihre unterschiedlich weit gespannten Hoffnungen, die sie für dieses Leben hatten, der Erfüllung ein Stück näher zu bringen.

Rhodes war von 1890 bis 1896 Ministerpräsident der Kapkolonie – nahm also auch im Politischen die Gegenposition zu Kruger ein. Er war – eines von 13 Kindern eines kleinen englischen Landpfarrers – mit 16 Jahren zur Auskurierung seiner Tuberkulose von der Familie zu einem älteren Bruder nach Südafrika geschickt worden. Auf den Diamantenfeldern von Kimberley hatte er bald ein großes Vermögen gemacht. Nun konnte er sich an den Versuch heranwagen, seine weitgespannten Träume, seine großartigen Ideen zu verwirklichen.

Zu Rhodes' großen Träumen gehörten die Vereinigung aller angelsächsischen Völker und die Ausbreitung der britischen Herrschaft in Afrika vom Kap bis Kairo, ja die Ausbreitung dieser Herrschaft über die ganze Welt – alles dem Geist der Zeit entsprechende, von sozialdarwinistischen Vorstellungen inspirierte Ideen. Gegen Ende seines Lebens erkannte Rhodes allerdings auch immer mehr die rassistische Beschränktheit dieses Ideenkreises.

Die Gegensätze konnten nicht größer sein: Krugers Welt nach innen gerichtet, auf einen kleinen Kreis von Auserwählten beschränkt, die in der Hand Gottes lebten. Rhodes dagegen hatte die ganze Erde im Blick. Unbegrenzt waren sein Arbeitsfeld und seine Imagination. Ihm, der so schnell unüberschaubaren Reichtum erworben hatte, schien für den Menschen nichts unmöglich auf dieser Erde. Als er im Alter von 49 Jahren starb, waren seine letzten Worte: »So wenig ist getan, so viel bleibt noch zu tun.«

Im Verlauf etwa eines Jahrzehnts baute Rhodes den britischen Einfluß in Afrika von Süden her immer weiter aus. Er sicherte das britische Protektorat über Betschuanaland (heute nördliche Kapkolonie und Botswana) und erwarb für eine mit königlich-britischen Privilegien ausgestattete Gesellschaft »Rhodesien« die heutigen Länder Simbabwe und Sambia. Damit war Krugers Staat weitgehend von britischen Interessengebieten umfaßt.

Trotz dieser krassen Unterschiede wären die Vorstellungen von Kruger und Rhodes – soweit sie die innenpolitischen Verhältnisse der Südafrikanischen Republik (Transvaal) betrafen –

nicht unvereinbar gewesen. Die Buren waren an wirtschaftlich-industriellen Entwicklungen nur insoweit interessiert, als sie ihnen die Mittel für die Aufrechterhaltung ihres Staatswesens liefern mußten. Den »Ausländern« war der Erwerb eines Wahl- oder gar Bürgerrechts in einem abgelegenen afrikanischen Zwergstaat so lange gleichgültig, wie ihre wirtschaftlichen Interessen auf andere Weise abgesichert werden konnten.

Auch im Außenpolitischen hätte sich ein Modus vivendi finden lassen, wenn Kruger in der Lage gewesen wäre, von seiner fixen Idee des perfiden britischen Vernichtungswillens abzulassen und zu erkennen, welches Interesse Großbritannien innerhalb seiner kolonialpolitischen Grundsätze an der Aufrechterhaltung geordneter, sich möglichst weitgehend selbst verwaltender burischer Staaten hatte. Für den nicht voreingenommenen burischen Beobachter waren diese grundlegenden kolonialpolitischen Prinzipien schon seit langem erkennbar geworden, beispielsweise durch das fortwährende Eingreifen Großbritanniens in den Fällen, in denen burische Politik zu Katastrophen geführt hatte – zuletzt bei den Ereignissen der Jahre 1877 und 1880. Geschichtliche Fehlinterpretationen – wie etwa die Heroisierung der »Schlacht von Majuba« – verhinderten es allerdings in tragischer Weise, daß diese Zusammenhänge einem breiteren Kreis bewußt wurden. Ein Mann wie der Präsident des Oranjefreistaates Brand nutzte schon seit langem den ihm von der Kolonialmacht eingeräumten Freiraum zugunsten seines Landes aus.

Kruger jedoch verharrte starr in seiner Britenfurcht und seinem Britenhaß. Je reicher sein Land wurde, desto mehr rüstete er es für die von ihm erwartete – und damit auch provozierte – militärische Auseinandersetzung mit Großbritannien auf. Krugers Maßnahmen begannen mit der Förderung von Deutschen im wirtschaftlichen Bereich und mit der neuerlichen Ablehnung einer südafrikanischen Zollunion. Sie führten schließlich immer mehr auch zu eklatanten Vertragsbrüchen, wie etwa einem Eingreifen in Swasiland oder der Entsendung eines Botschafters nach Europa (mit Sitz in Brüssel). Pretoria wurde durch die Firmen Schneider-Creusot und Krupp zur Festung ausgebaut. Die Ausrüstung der Armee wurde auf Mausergewehre und Kruppgeschütze umgestellt, was sie den britischen Verbänden technisch überlegen machte.

Immer zwingender wurde für die britische Regierung die Einsicht, daß die im Blick auf das Empire erforderliche politische Sicherheit und Stabilität in Südafrika nur zu erreichen waren, wenn es gelang, diesen Präsidenten zu Fall zu bringen. Da aber der Patriarch Kruger mit seiner Aura des Voortrekker in seiner Umgebung ein unvergleichliches Charisma ausstrahlte, war es für die burische Seite schwer zu erkennen, daß das Bild eines die Buren vernichtenden Albion den Realitäten keineswegs entsprach, sondern eine fixe Idee ihres starrsinnigen Präsidenten war. Kruger selbst wußte offenbar sehr genau, daß es den Briten in dem immer schärfer werdenden Streit um seine Person ging, aber er war nicht bereit, ein persönliches Opfer zu bringen, weil er von seinem Sendungsauftrag zutiefst überzeugt war.

Jede Wahl bewies von neuem, daß mit der Verlängerung der Sperrfristen für die Zulassung zum Wahlrecht auch alle Aussichten auf eine britenfreundliche Veränderung der Wählerschaft geschwunden waren und man sich ein anderes Mittel zur Beseitigung des gefährlichen Präsidenten einfallen lassen mußte. In dieser Situation kam Rhodes, der immer gerne mit Intrigen, Komplotten und Bestechungen gearbeitet hatte und der nun seine Träume ganz konkret durch Kruger gefährdet sah, auf die Idee, einen Putsch der Ausländer in Johannesburg zu inszenieren und diesen mit einem Einmarsch der ihm unterstellten Betschuanaland-Polizei zu verbinden. Doch das Unternehmen (»Jameson-Putsch«, Neujahr 1896) wurde wegen nicht genügend abgestimmter Planung zu einem völligen Desaster. Jameson selbst geriet mit der ihn begleitenden Truppe in Gefangenschaft. Kruger war nun so populär wie noch nie und hatte weltweites Ansehen gewonnen. Wilhelm II. gratulierte ihm in einem begeisterten Telegramm.

Rhodes mußte als Ministerpräsident der Kapkolonie zurücktreten, die unselige Aktion schien Krugers Argumentation noch zu stützen, Großbritannien habe nur die Vernichtung der Buren im Sinn. Aber die Buren hatten triumphiert. Ein neuer Sieg über die »unfähigen Briten« war errungen.

45. Der Burenkrieg

Die Lage war aufs äußerste verfahren. Das Ansehen der britischen Kolonialpolitik hatte in der ganzen Welt schweren Schaden erlitten. Großbritannien setzte einen der fähigsten Männer ein, den das britische Kolonialamt zur Verfügung hatte, Sir Alfred Milner. Er hatte als Staatssekretär der Finanzen in Ägypten zugleich Härte und diplomatisches Geschick bewiesen und galt als ein brillanter Verwaltungsmann. Milner wurde jetzt zum Hochkommissar für das südliche Afrika und Governor der Kapkolonie ernannt und mit weitgehenden Vollmachten ausgerüstet. Der Krieg war beschlossene Sache, falls es, wie zu erwarten, nicht gelingen sollte, Kruger zu Zugeständnissen, die seiner Popularität entscheidend schadeten, zu bewegen.

Kruger betrieb die Aufrüstung seiner kleinen Republik mit erhöhter Intensität weiter. Es wird nie voll zu klären sein, ob sich dieser Mann überhaupt je bewußt war, daß Großbritanniens Verhandlungsspielraum jetzt praktisch erschöpft war, ja daß die Entwicklung de facto schon über das der damals größten Weltmacht Zumutbare hinausgegangen war – oder ob er inzwischen so von der Vorstellung der burischen Überlegenheit über das britische militärische Unvermögen besessen war, daß er ohne wirkliche Bedenken den Krieg riskierte. Möglicherweise hatte Kruger aber auch angesichts der tatsächlichen militärischen Überlegenheit der beiden Burenrepubliken vor Ort keine Vorstellung, welche gewaltigen Ressourcen einer Weltmacht wie der britischen zur Verfügung standen, wenn sie erst einmal zu deren Mobilisierung gezwungen war.

Der unvermeidbar gewordene Krieg brach am 11. Oktober 1899 aus. Die burische Armeeführung unter dem biederen Piet Joubert verstand es nicht im entferntesten, die anfänglichen Chancen der zahlenmäßigen und waffentechnischen burischen Überlegenheit zu nutzen, und vertat wertvolle Zeit mit der Belagerung unwichtiger Städte. Zu Beginn des neuen Jahres war die britische Angriffsarmee unter General Lord Roberts und seinem Generalstabchef Lord Kitchener gelandet. In weniger als einem halben Jahr waren die beiden Burenrepubliken besetzt. Am 1. September 1900 erklärte Lord Roberts die Annexion dieser Gebiete durch Großbritannien und fuhr nach Hause.

Auf burischer Seite ergaben sich nun entscheidende personelle Veränderungen. Kruger war in einer Sondermission nach Europa abgeschoben worden, wo ihm überall die kalte Schulter gezeigt wurde. 1904 starb er in Clarens am Genfer See. Joubert war bereits nach der Einnahme von Pretoria durch die Briten gestorben. Die Generation der Patriarchen verschwand. Unter dem achtunddreißigjährigen Louis Botha als neuem Generalkommandanten entfachte die junge Generation einen Guerillakrieg, der ganz Südafrika in seinen Bann schlug. Überall tauchten burische Reitertruppen auf und verhinderten bis hinab zur Südküste jedes normale Leben in Südafrika.

Der im Lande gebliebene Lord Kitchener ging schließlich zu einer Politik der verbrannten Erde über. Frauen und Kinder ließ er in »Konzentrationslager« bringen, die uns hier zum ersten Mal in der neueren Geschichte begegnen. Niemand war darauf vorbereitet, diese Massenunterkünfte hygienisch einwandfrei zu führen. Ruhr, Typhus, Masern und andere Krankheiten forderten bald eine schreckliche Zahl von Toten. Bis zum Kriegsende (31. Mai 1902) hatten 5000 Frauen und 20 000 Kinder in den Lagern ihr Leben lassen müssen. Der Aufschrei über diese Katastrophe war weltweit gewesen – auch England wurde davon erreicht.

Dies war das besondere Verdienst einer englischen Frau – Emily Hobhouse. Sie hatte die Konzentrationslager zu einem Zeitpunkt besucht, als überall die Seuchen grassierten. Ihr erschütternder Bericht bewegte in London den Premierminister Sir Henry Campbell-Bannerman zutiefst. Sein Ausruf »barbarische Methoden« wurde zu einem Schlagwort, das damals um die Welt eilte. Emily Hobhouse entflammte aber auch den liberalen Unterhausabgeordneten David Lloyd George zu seiner engagierten proburischen Kampagne, die der Anfang seiner zunächst außerordentlich erfolgreichen politischen Laufbahn werden sollte. In Südafrika wurde Emily Hobhouse zu einem »Engel der Konzentrationslager«, denn besonders ihrem beharrlichen und unerschrockenen Eintreten für die Sache der burischen Frauen und Kinder waren die schließlich bewirkten Erleichterungen und Verbesserungen zu danken gewesen.

Der Krieg hatte Großbritannien 20 000 Menschenleben und etwa 200 Millionen Pfund gekostet. Auf burischer Seite waren – einschließlich der Opfer in den Konzentrationslagern – etwa 35 000 bis 40 000 Tote zu beklagen. Das Land war völlig verwüstet. Die unterlegenen Buren hatten heroische Taten für die Erhaltung der Existenz ihres Volkes vollbracht, die im Grunde nie bedroht war. Der britische Sieger hatte gewaltige Opfer auf sich genommen für die Erhaltung eines Weltreichs, das heute nicht mehr besteht.

In dem »Frieden von Vereeniging« (am 31. Mai 1902 in Pretoria unterzeichnet) wurde der schon von Lord Roberts dekretierte koloniale Status der beiden ehemaligen Burenrepubliken zwar erneut festgelegt, es wurde jedoch auch die spätere Einführung einer »selbstverantwortlichen Regierungsform« in Aussicht gestellt. Den Buren wurde der weitere Gebrauch der holländischen Sprache in den Schulen zugestanden. Von größter Bedeutung war jedoch der Artikel, der festlegte, daß die Frage des Wahlrechts für Eingeborene erst nach Wiedereinführung der burischen Selbstregierung in den beiden ehemaligen Burenrepubliken geregelt werden sollte. Der Vertrag zeigte, wie sehr Kruger mit seiner These vom unbedingten Vernichtungswillen Großbritanniens unrecht gehabt hatte. Doch die Zeit des »Krugerismus«, die Zeit des starrsinnigen Patriarchentums, war nun beendet – oder schien dies nur so? 60 Jahre später sollte der alte Geist ganz Südafrika wieder in die Isolation führen.

Die Union beginnt in Unfrieden und Entfremdung

46. Unkritischer Beginn der neuen Ära

Der Schock der vernichtenden Niederlage hatte dazu geführt, daß die alte Generation der Patriarchen fortan in der burischen Politik keine Rolle mehr spielen konnte. Man kehrte sich aber nicht gegen sie und verdammte nun nicht alles, was man vordem umjubelt hatte. Die junge Generation, die ans Ruder gekommen war, hatte es gar nicht nötig, irgendeine Diskreditierungskampagne gegen ihre Vorgänger zu betreiben. Die neuen Männer hatten sich in der Zeit des Guerillakriegs (1900–1902) schon selbst großes Ansehen verschafft. So taten sie, im Hinblick auf die Tagespolitik, viel besser daran, einige der einst verehrten Gestalten auf ein Ehrenpodest zu stellen und auf diese Weise das Volk – alt und jung – in ungestörter Geschlossenheit hinter sich zu versammeln. Einige Vertreter der alten Generation werden auch heute noch mit Verehrung genannt, zum Beispiel die letzten beiden Präsidenten des Oranjefreistaats, Francis William Reitz und Martinus Theunis Steyn. Beide waren sie kritiklose Anhänger Krugers gewesen – sehr im Gegensatz zu ihrem Vorgänger Jan Hendrik Brand.

Reitz war nach seiner Zeit als Präsident des Oranjefreistaats in der kritischen Vorkriegszeit von 1898 bis 1900 Außenminister Krugers geworden. Steyn war ein völlig unpolitisch denkender Vetter Krugers, der seine Wahl zum Präsidenten des Oranjefreistaats 1896 dem Umstand verdankte, daß der Wahltermin sieben Wochen nach dem Jameson-Putsch lag, eine Zeit, in der Kruger im Zenit seines Ruhms stand und von der ganzen Welt umjubelt wurde. Der kränkliche Steyn liebte es, die Rolle des »Grand Old Man«, des verehrungswürdigen alten Staatsmanns, zu spielen. Man hörte seinen Rat, aber man beachtete ihn nicht. Reitz dagegen wurde mit einigen Ehrenposten bedacht; 1911 wurde er Präsident des Senats der Südafrikanischen Union.

So zweckmäßig das unkritische Verhalten gegenüber der Vergangenheit gewesen sein mag, so tragisch waren dann jedoch langfristig gesehen die Folgen, gerade weil das geschichtliche Bewußtsein bei den Buren so stark ausgeprägt ist. Ohne die kritiklos fortgesetzte Heroisierung der Voortrekker-Vergangenheit« sind die heutigen Apartheidideen nicht denkbar. Wie wir gesehen haben, hätte jedes kritische Überdenken der Vergangenheit des Burentums zu der Erkenntnis führen müssen, daß das Entstehen der Burenstaaten in starkem Maße durch die britische Reichspolitik abgesichert wurde. Großbritannien änderte sein Verhalten gegenüber den Burenrepubliken erst dann und nur so lange, wie die Politik Krugers eben diese Reichspolitik ernsthaft bedrohte. Ein kritisches Überdenken der burischen Vergangenheit hätte es auch bewußt gemacht, in wie starkem Maße die auf einer durch Großbritannien gesicherten Waffenüberlegenheit beruhende burische Beherrschung des Landes die schwarzafrikanische Weiterentwicklung behindert hatte. Sowohl die – im Difaqane zerstörten – Sothostädte als auch die Ideen, die ein Dingiswayo oder ein Moshweshwe zu verwirklichen suchten, zeigen zukunftsträchtige Ansätze, die, verursacht durch die europäische Fremdeinwirkung, überrollt worden sind.

Alle die Männer, die von nun ab die Geschicke Südafrikas leiteten, waren in einer Zeit aufgewachsen, in der die junge Generation es gewohnt war, der alten Generation auch dann den menschlichen Respekt nicht zu versagen, wenn man selbst anderen Ideen anhing. Und zu diesem menschlichen Respekt gehörte es auch, daß man die Meinungen der Alten nicht kritisch untersuchte, geschweige denn sie als falsch anprangerte, sondern daß man sie als ihrer jeweiligen Zeit gemäß hinnahm.

47. Drei Burengenerale: Stützen des Commonwealth

Schon in der Endphase des Krieges war die Leitung der Burenstaaten den Händen der Patriarchengeneration entglitten und, die mittlere Altersstufe überspringend, an die Generation übergegangen, deren ältester Vertreter der damals achtunddreißigjährige Louis Botha war.

Von nun ab bestimmten für die Dauer nahezu eines halben Jahrhunderts drei Männer die Geschicke des Burentums und immer mehr auch ganz Südafrikas, die alle drei dieser Generation angehörten und die alle drei Burengenerale gewesen waren: Louis Botha (1862–1919), Jan Christian Smuts (1870–1950) und James Barry Munnik Hertzog (1866–1942). Schon das Alter dieser Generale läßt vermuten, daß sie keine Militärs in preußischem Sinne waren. Sie alle waren Milizionäre ohne besondere militärische Ausbildung. Botha war aus einer Verwaltungslaufbahn hervorgegangen und Politiker gewesen. Smuts und Hertzog waren Juristen. Diese drei Männer werden auch heute noch vor allem als »Generale« gesehen, ein deutliches Zeichen für die Heroisierung des Burenkrieges in aller Welt. Kennzeichnend für alle drei ist, daß sie die Tendenz zur Selbstisolierung, die das alte Patriarchentum in so besonders starkem Maße gezeigt hatte, völlig aufgaben und bestrebt waren, Südafrika in weltweite Zusammenhänge, besonders in das sich immer mehr zum Commonwealth umgestaltende britische Empire, einzubauen.

Die Britenfreundlichkeit ergab sich schon aus den persönlichen Verhältnissen dieser Männer. Botha war mit einer Irin verheiratet. Seine Eltern hatten englische Freundschaften gepflegt. So scheint die Familie gute Beziehungen zu Shepstone unterhalten zu haben, dem Mann, der seinerzeit (1877) mit der Annexion Transvaals beauftragt gewesen war. Während des Burenkrieges stand Botha durch Vermittlung seiner auch nach der britischen Besetzung in Pretoria lebenden Frau sogar in Verbindung mit Lord Kitchener, dem britischen Oberkommandierenden, ohne daß seine Pflichterfüllung als burischer Oberkommandierender dadurch berührt worden wäre. Ein Entwurf für einen Friedensvertrag, den Kitchener und Botha schon 1901 abgesprochen hatten, fand sowohl auf britischer Seite die Ablehnung Lord Milners als auch auf burischer Seite diejenige der zu dieser Zeit noch einflußreichen Patriarchengeneration. Damals bedurfte es noch eines weiteren Jahres tragischen Blutvergießens, bis beide Seiten bereit waren, sich schließlich doch im Sinne der von Kitchener und Botha abgesprochenen Vorschläge zu einigen.

Smuts entstammte dem Kreis von Kapburen, die sich mit dem Britentum arrangiert hatten und nun im Banne des zu Ende des 19. Jahrhunderts in vollem Glanze erstrahlenden britischen Empire zu Bewunderern Großbritanniens geworden waren. Eine solche Einstellung war in jener Zeit nicht nur in anglophilen Burenkreisen zu finden, sondern beispielsweise auch bei Gandhi.

Smuts hatte in England in Cambridge studiert und war zu einem Verehrer von Cecil Rhodes geworden. Dann aber hatte die von diesem organisierte Affäre des Jameson-Putsches (1895 bis 1896) Smuts einen solchen Schock versetzt, daß er bereit war, einem Ruf Krugers zu folgen und, im Alter von 28 Jahren, dessen Justizminister zu werden. Seine englischen Kontakte ließ Smuts jedoch nicht abreißen. Wir werden noch sehen, welch große Rolle sie in seinem Leben weiterhin spielen sollten.

Ohne Zweifel war Smuts der brillanteste Geist unter den drei Männern. Er verfügte über ein geschliffenes juristisches Denken, war reich an Ideen und neigte zu philosophischen Spekulationen; aber er war auch kontaktarm und hatte keine persönliche Ausstrahlungskraft, soviel Ansehen er sich auch auf der internationalen Szene noch erwerben mochte. Smuts neigte dazu, seine fehlende Kraft im menschlichen Bereich durch Demonstrationen von Macht und Gewalt zu kompensieren, was ihm von dem angesehenen südafrikanischen Politiker J. X. Merriman die charakterisierende Kennzeichnung »der unbarmherzige Philosoph« eintrug. Smuts verstand es, den strukturellen Rahmen für Bothas Genie zu schaffen. Botha wiederum verstand es, Smuts'

Härten zu glätten. Dies war ein Zusammenspiel, dem keine andere Kraft in Südafrika gewachsen war – auch keine britische.

Derjenige von den dreien, der sich am wenigsten von britischem Flair angezogen fühlte, war Hertzog. Er hatte sein südafrikanisches Studium nicht durch weitere Studien in England ergänzt, sondern er war nach Amsterdam und Leiden gegangen, wie es in den älteren Generationen üblich gewesen war. Aber auch er erstrebte keine Ausschaltung des Britentums in Südafrika. Hertzog hatte es zunächst zweifellos schwer, Botha und Smuts gegenüber persönliches Profil zu gewinnen. Botha war ihm durch seine menschliche Ausstrahlungskraft, Smuts durch seinen geschliffenen Intellekt weit überlegen. Hertzog war ein spröder Charakter und außerordentlich ehrgeizig. Er war nicht – wie Smuts – ein Mensch, dessen besondere Fähigkeiten sich erst dann zeigten, wenn er sich im Gefolge einer starken Führungspersönlichkeit entwickeln konnte. Hertzog wollte selbst führen. Was ihm an Charisma und Kreativität fehlte, mußte er durch harte, solide Arbeit und doktrinäres Verhalten ersetzen.

Hertzog mußte vor allem Botha als seinen eigentlichen Konkurrenten empfinden, denn diesem flogen die Sympathien zu, während er selbst sich die Zustimmung und Anerkennung der Menschen erringen mußte, ohne ihre Herzen gewinnen zu können. Smuts dagegen war im Wettlauf um die Popularität Hertzog wiederum weit unterlegen, wenn er auch im Kreise der »Gebildeten« hohes Ansehen genoß. Ein aufrichtiger Mann war Hertzog sicherlich. Seine »Zwei-Ströme-Theorie« entsprach zeit seines Lebens seiner ehrlichen Überzeugung.

Bei der Konzeption dieser Theorie ging er zwar wie Botha davon aus, daß es zu einer Aussöhnung von Briten und Buren in Südafrika kommen müsse. Jedoch suchte sich Hertzog gegenüber Botha mit der Auffassung zu profilieren, daß zunächst der Bildungsrückstand der Buren aufgeholt und ihr Inferioritätsgefühl überwunden werden müsse, bevor man versuchen dürfe, diese beiden »Rassen« (wie es damals noch gesehen wurde) zu integrieren. Hertzog forderte mit seiner »Zwei-Ströme-Theorie«, daß die Entwicklung des burischen und des britischen Bevölkerungsteils so lange getrennt (apart) gehalten und in zwei getrennten, wenn auch parallelen Strömen verlaufen müsse, bis der erwünschte Gleichstand erreicht sei. Diese Theorie übte großen Einfluß auf die südafrikanische Politik der nächsten Jahrzehnte aus. Ihre schwachen Punkte werden sich aus den weiteren Darstellungen fast zwangsläufig ergeben.

Alle drei Männer überlebten sich selbst, vielmehr, sie überlebten die ihnen gewogene Zeit. Das Lebensende war sowohl bei Botha als auch bei Hertzog von schweren Enttäuschungen überschattet. Beider Männer Wirken erhält damit einen ausgesprochen tragischen Akzent. Smuts dagegen scheint in sicherem Selbstbewußtsein auch seine schweren Niederlagen überwunden zu haben – und gerade seine im Alter eitel und herausfordernd wirkende selbstsichere Haltung war letzten Endes mit ausschlaggebend für den Wahlsieg, den die Nationale Partei 1948 mit ihrem Wahlslogan »Apartheid« erzielte. Dieses Wahlergebnis war allerdings nicht nur auf Smuts' senile Eitelkeit zurückzuführen. Wir werden uns mit diesem Problem noch zu beschäftigen haben.

48. *Die neuen Kräfte formieren sich*

Nach der totalen Niederlage im Burenkrieg dauerte es nur zwei Jahre, bis die Buren wieder politische Aktivität entwickeln konnten. Um die Jahreswende 1904/05 gründete Louis Botha in Transvaal die erste politische Partei, die er »Het Volk« (Das Volk) nannte. Sie sollte alle am Wiederaufbau des Landes interessierten »Europäer« umfassen, gleichgültig, ob sie burischer oder britischer Abstammung waren, gleichgültig, ob sie sich in der Endphase des Krieges als »Hensoppers« (Händehochs) oder als »Bittereinders« (bis zum bitteren Ende Durchhaltende) gezeigt hatten.

Diese sicherlich zweckmäßige Idee zeigt, wie der Pragmatiker

Botha die Schwierigkeiten, die sich aus der sehr unterschiedlichen Tradition und der sehr unterschiedlichen jüngsten Vergangenheit der Europäer ergeben hatten, durch eine gemeinsame Zukunftsaufgabe zu verdrängen suchte. Als charismatische Persönlichkeit gelang es Botha, mit Zukunftsvisionen das Problem der »Vergangenheitsbewältigung«, das sich nach jedem existenzverändernden Krieg stellt, für einige Jahre in den Hintergrund treten zu lassen. Doch sollte sich dies noch nach einem halben Jahrhundert rächen. Diese Bemerkung ist nicht als Kritik an dem Menschen Botha gedacht; vielmehr verdient er in meinen Augen Bewunderung für den Mut, mit dem er sich rückhaltlos für eine volle burisch-britische Aussöhnung und für eine burische Mitarbeit im britischen Empire einsetzte. Es war schließlich erst ein paar Jahre her, seit er als Oberkommandierender an der Spitze einer burischen Armee gestanden hatte, die einen bitteren Krieg führte, um gerade das Eingebundenwerden in das britische Empire zu vermeiden.

Allerdings hatte Botha als Mitglied des Volksrats die antibritische Politik Krugers stets bekämpft, worin er sich übrigens mit seinem jovialen Gönner Piet Joubert einig war. Dieser »Held von Majuba« war als Vertreter eines relativ liberalen Kurses bei jeder der alle fünf Jahre stattfindenden Präsidentenwahlen der Gegenkandidat Krugers gewesen und hatte gelegentlich auch beachtliche Erfolge erzielt, bis nach dem Jameson-Putsch alle Felle den Buren wegschwammen, die bereit gewesen waren, einen Modus vivendi mit England zu suchen.

Kurze Zeit nachdem Botha in Transvaal die Partei »Het Volk« gegründet hatte, entstand in der Oranjekolonie – dem ehemaligen Freistaat – auf Betreiben Barry Hertzogs eine ähnlich gelagerte Partei, die »Orangia Unie«. Da Hertzog jedoch die Problematik des burisch-britischen Verhältnisses anders sah als Botha, lag bei seiner Partei der Akzent nie so stark auf der Idee burisch-britischer Aussöhnung. In der Oranjekolonie ergab sich das ohnehin, weil der britische Bevölkerungsanteil in diesem vor allem landwirtschaftlich bestimmten Gebiet gering war.

Unter den drei führenden Männern Südafrikas – Botha, Smuts und Hertzog – war Botha der einzige, der die Kräfte des Schwarzafrikanertums aus persönlichen Erlebnissen kannte. Er war als Kind eines Farmers im Zululand aufgewachsen, und er war natürlich auch von den schwarzen Kindern geprägt, mit denen er damals spielte. Als junger Mann stand er in engem Kontakt mit einem abenteuernden burischen Farmer und späteren Burengeneral, Lucas Meyer, der damals in Abstimmung mit Kruger und dem Zulukönig Dinuzulu in Natal die »Neue Republik« gründete – eine Periode, deren Wirrsale typisch für jene Zeit waren, die aber ohne wesentliche Bedeutung für die heutige Zeit blieb. Später war Botha als »Richter« in Swasiland* tätig, das in den letzten Jahrzehnten des 19. Jahrhunderts unter dem Protektorat der Südafrikanischen Republik (Transvaal) gestanden hat.

Entscheidend für die ersten zwei Jahrzehnte unseres Jahrhunderts wurde in Südafrika die Freundschaft zwischen Botha und Smuts. Im nachhinein gewinnt man jedoch den Eindruck, daß Botha Smuts oft allzusehr gewähren ließ. Das gilt nicht nur für dessen harsches Durchgreifen gegenüber Streiks, sondern es gilt besonders für Smuts' Intransingenz in rassenpolitischen Fragen. Vor allem in Anspruch genommen durch die ihm so sehr am Herzen liegende burisch-britische Aussöhnung, hat Botha dem kritischen Feld der schwarz-weißen Beziehungen sicherlich zu wenig Bedeutung zugemessen. Aber gerade dadurch wurde den »Anfängen nicht gewehrt«.

1917 schon hielt Smuts in London eine große Rede, in der er unter anderem sagte: »Zwei Grundsätze sind für die Festlegung der weiß-schwarzen Beziehungen . . . von fundamentaler Bedeutung: Erstens, es darf keine Blutvermischung zwischen den beiden Farben geben, zweitens, die Weißen müssen ihr Verhalten auf . . . dem granitenen Fundament des Kodex der christlichen Moral aufbauen« – wobei ihm sicher eine sehr rigoristische Ver-

* Die Swasi sind ein den Zulu eng verwandter Stamm und ihr nördlicher Nachbar.

sion dieser Moral vorschwebte. Danach fuhr Smuts fort: »Wir haben festgestellt, daß die politischen Ideen, die für unsere weiße Zivilisation Geltung haben, in weitem Umfang auf die Verwaltung der Eingeborenenangelegenheiten nicht anwendbar sind ... Deshalb hat sich in Südafrika die Praxis entwickelt, parallele Institutionen zu schaffen ... Anstatt Schwarz und Weiß in der alten, Zufälligkeiten unterworfenen Weise zu vermischen – was den Weißen hat absinken lassen, anstatt den Schwarzen zu heben –, versuchen wir die Politik, sie in unseren Institutionen soweit wie möglich getrennt (apart) zu halten. Wir versuchen sie getrennt zu halten im Grundbesitz, in den Wohnbezirken und in der Verwaltung ... So werden wir ... in Südafrika weite Gebiete haben, die von Schwarzen entwickelt und regiert werden; Gebiete, in denen sie in allen ihren Lebensformen für sich und ihre Entwicklung selbst sorgen. In hierfür geeigneten Gebieten werden die weißen Gemeinschaften sein ...«

Dies ist schon eine vollständige Apartheidkonzeption, dargelegt von Smuts am 22. Mai 1917 in London – und nicht etwa von Hendrik F. Verwoerd 40 Jahre später in Pretoria.

49. Nach dem »Großen Treck«

Durch den Friedensvertrag von 1902 waren die beiden ehemaligen Burenrepubliken als britische Kolonien in ihrem Status den beiden »alten« britischen Kolonien in Südafrika, der Kapkolonie und Natal, gleichgeordnet worden. Es war ein naheliegender Gedanke, diese vier Kolonien nun zu einer politischen Einheit zusammenzufassen. Ähnliche Ideen hatten auch in der Vergangenheit schon verschiedentlich zur Debatte gestanden – sei es, daß man eine Zollunion, sei es, daß man eine Konföderation bilden wollte. Die Verwirklichung war jedoch immer wieder bald von burischer, bald von britischer Seite unterbunden worden. Jetzt aber war wenigstens bei allen vier Ländern der koloniale Status der gleiche. Allerdings in ihrer inneren Struktur unterschieden sich die vier Kolonien noch erheblich. Die Kapkolonie besaß seit 1853 eine Verfassung mit einem »farbenblinden« Wahlrecht. Hier gab es seit dieser Zeit ein Wahlrecht für alle männlichen Bewohner des Landes, das nicht an eine Rassenzugehörigkeit gebunden war. Der damalige Kolonialminister der britischen Regierung, der Liberale Herzog von Newcastle, hatte die Einführung dieses Wahlrechts folgendermaßen begründet: »Es ist der ernstgemeinte Wunsch der Regierung Ihrer Majestät, daß ihre Untertanen ohne Unterschied der Klasse und Hautfarbe durch einen Bund der Loyalität und des gemeinsamen Interesses vereinigt sein sollen. Wir glauben, daß die gleiche Ausübung politischer Rechte durch alle eine der besten Methoden ist, um zu diesem Ziel zu gelangen.«

»Die gleiche Ausübung politischer Rechte durch alle« bedeutete damals allerdings weniger als in unseren heutigen Demokratien eine Gleichheit ohne Ansehen der Person. In der südafrikanischen Verfassung von 1853 war die Gleichheit nicht nur – wie bei uns – durch das Lebensalter, sondern auch noch durch das Geschlecht sowie durch die Vermögenslage und die Einkommensverhältnisse eines Menschen eingeschränkt. Von heute aus gesehen ist jedoch besonders die Tatsache wichtig, daß sich bei diesem Wahlrecht die – in jeder sich entwickelnden Gesellschaft erforderlichen – sozialen Spannungen nicht im rassischen Bereich auswirkten. Das Wahlrecht war an folgende Bedingungen gebunden: Mindestvermögen 25 englische Pfund, wobei Anteile am Stammesbesitz mitgerechnet werden konnten; Jahresmindesteinkommen 50 englische Pfund.

1872 war dann in der Kapkolonie die »selbstverantwortliche Regierungsform« eingeführt worden. Das hieß, daß die Kapregierung nun vom Kapparlament gewählt wurde und diesem

Oben: Das »Voortrekker-Monument« bei Pretoria zur Erinnerung an den »Großen Treck«; erbaut von 1938–1949
Unten: Die »Union Buildings« in Pretoria, Sitz der Regierung, erbaut nach Gründung der Südafrikanischen Union von 1910–1913

verantwortlich war. Da Ende des 19. Jahrhunderts die Repräsentation der Coloureds und der Schwarzafrikaner im Kapparlament noch bei weitem nicht deren Anteil an der Gesamtbevölkerung entsprach, begann das nun gesetzgebende Parlament, die Wahlmodalitäten immer mehr zuungunsten der nichtweißen Bevölkerungsteile abzuändern: Erhöhung der Vermögens- und Einkommensvoraussetzungen, was – beabsichtigterweise – auch die weiße Seite gleichermaßen traf; ferner keine Anrechnungsfähigkeit mehr für Anteile am Stammesvermögen.

Das aber zeigt, daß sich schon damals nach dem Empfinden der weißen Wählerschaft auch in der Kapkolonie ihr soziales Spannungsverhältnis nicht aus Kategorien der Vermögensbildung, sondern aus Kategorien der Rassenzugehörigkeit ergab. Da man durch die neuen Beschlüsse jedoch auch die ärmeren weißen Bevölkerungsteile minderprivilegiert machte, läßt sich vermuten, daß es zumindest einem Teil der entscheidenden Parlamentarier bei diesen Beschlüssen um eine stärkere Konzentrierung des Stimmrechts auf die begüterten Bevölkerungsteile ging. Und das muß wiederum im Lichte der burisch-britischen Auseinandersetzungen und der Spannungen mit Kruger gesehen werden, denn die Reicheren, das waren im allgemeinen die Briten.

So gesehen stellt Hertzogs »Zwei-Ströme-Theorie« die Gegenbewegung gegen die Veränderungen des Wahlrechts in der Kapkolonie dar: Bevor die volle Integration zwischen Buren und Briten uneingeschränkt zugestanden wurde, sollte erreicht sein, daß die wirtschaftlich mächtigeren Briten die Buren nicht zu manipulieren vermochten!

Während des Burenkriegs war in der Kapkolonie auch den Sympathisanten der Burenrepubliken das Wahlrecht entzogen worden. So hatte nach dem Burenkrieg ein Leander Starr Jameson, der wegen des Jameson-Putsches von den Buren bestgehaßte Mann, Ministerpräsident der Kapkolonie werden können.

Wir würden die Entwicklung in der Kapkolonie in der zweiten Hälfte des 19. Jahrhunderts jedoch völlig falsch beurteilen, wenn wir sie nur unter dem Aspekt eines burisch-britischen Gegensatzes sehen wollten. Im Gegenteil, nach der burischen Emigration während des »Großen Trecks« waren ja gerade diejenigen Buren in der Kolonie zurückgeblieben, die ihr Auskommen mit dem Britentum suchten – und die Sympathien für die britische Lebensart wurden immer stärker. Die jungen burischen Akademiker studierten zunehmend nicht mehr wie früher in Holland, sondern in England. Smuts, der in Cambridge studiert hatte, Hertzog und natürlich erst recht der Jahrzehnte ältere Präsident des Oranjefreistaates, Brand, einer der klügsten burischen Politiker seiner Zeit, ein wirklicher burischer Staatsmann, die beide noch in Holland studiert hatten, sind Beispiele für diese Entwicklung.

Erst in den letzten Jahren des vergangenen Jahrhunderts zogen die Burenrepubliken die Sympathien der Kapburen – und der Welt – auf sich, als sie sich einer zunehmend rigoroser werdenden Behandlung durch die damals stärkste Macht der Welt, Großbritannien, ausgesetzt sahen und dieser zu trotzen wagten. Meine in Australien aufgewachsene Mutter, die in der Zeit des Burenkriegs ein Teenager war, erzählte mir häufig, mit welcher Begeisterung und Sympathie ihre Generation damals – in Sydney – die »Heldentaten der Buren« verfolgt habe.

50. Natal und die Inder

Ganz anders verlief nach dem Abzug der Buren (1847) die Entwicklung in Natal. Hier gab es durch die burische Emigration kaum noch europäische Siedler. Die Eigentumsrechte an Grund und Boden waren jedoch teilweise den Emigranten noch geblieben, teilweise waren sie an Interessenten aus der Kapkolonie übergegangen. In der Folge unerfreulicher Spekulationen kamen dann etwa 5000 Menschen ins Land, die Opfer einer in der Zeit von 1847 bis 1851 in England herrschenden Wirtschaftskrise geworden waren – und die nun hier zusätzlich Opfer von Spekulanten wurden. Schließlich fühlte sich die britische Regierung 1851 veranlaßt, jede weitere Einwanderung nach Natal zu stoppen. Damals lebten in Natal 8000 Europäer, während die schwarzafrikanische Bevölkerung über 100 000 Menschen umfaßt haben muß. Als Natal 1856 mit einer Gesamtbevölkerung von etwa 150 000 eine selbständige britische Kolonie wurde, lag der Anteil der Weißen noch immer bei sieben Prozent. Das hatte sich auch nicht wesentlich geändert, als Natal 1893 bei einer Gesamteinwohnerzahl von 200 000 die »selbstverantwortliche Regierungsform« zuerkannt bekam und damit den Status der Kapkolonie (mit damals 500 000 Einwohnern) erreichte.

Die Zahl der Inder in Natal lag schon in jener Zeit bei 43 000 (4,5 Prozent der Bevölkerung). Bei der Volkszählung von 1904 übertrafen die Inder mit 9,1 Prozent Anteil zum ersten Mal die Europäer mit 8,8 Prozent. Seither sind die Inder stets die zweitstärkste Volksgruppe in Natal geblieben. Heute bilden sie etwa 12 Prozent der Bevölkerung, während sie in der gesamten Republik Südafrika nur 2,8 Prozent ausmachen und damit insgesamt die bei weitem kleinste Volksgruppe sind.

Die indische Volksgruppe hat jedoch weit über ihren Anteil an der Bevölkerung hinaus Bedeutung für Südafrika erlangt. Zum einen hat Gandhi von 1893 bis 1914 in Südafrika gelebt und hier seine Idee des passiven Widerstandes entwickelt und erstmals erprobt. Seine Ideen und Aktivitäten sind gerade in Natal noch heute unvergessen. Sie haben auch die schwarze Intelligenz dieses Gebietes teilweise stark beeinflußt. Auf seine Ideen berief sich der aus Natal stammende schwarze Friedensnobelpreisträger von 1961, Albert John Mvumbi Luthuli, ebenso wie der heutige Ministerpräsident des Homeland Kwa Zulu, Gatsha Buthelezi. Erinnerungen an Gandhi findet man vor allem noch in seiner Gründung Phoenix bei Durban.

Wie kamen die Inder nach Natal? Die ersten von ihnen trafen 1860 als Kontraktarbeiter ein. Man hatte sie angeheuert, weil die dortigen Zulu sich als »unfähig« – unwillig? – zur Arbeit auf den weißen Farmen, insbesondere bei dem neu aufgenommenen

Zuckerrohranbau, erwiesen hatten. Diese »Unfähigkeit« mag vielerlei Gründe gehabt haben, in erster Linie wohl den, daß bei den Zulu, die ein Hirtenvolk waren, die Arbeit auf dem Feld Frauenarbeit und unter der Würde eines Mannes war. Es kam hinzu, daß die Zulu um 1850, als die Buren abgezogen waren und britische Siedler kamen, lange Jahre des Soldatendaseins hinter sich hatten. Eine gleichmäßig harte körperliche Arbeit ohne irgendwelche Unterbrechungen, geschweige denn Sensationen waren sie nicht gewohnt.

In dem speziellen Fall von Natal spielte aber auch die britische Eingeborenenpolitik eine besondere Rolle – die Bezeichnung »Eingeborenenpolitik« scheint mir dem hier zugrundeliegenden patriarchalischen Denken besonders angemessen. Sie trug in Natal die sehr persönliche Note Theophilus Shepstones. Wir haben diesen Mann schon kennengelernt, als er 30 Jahre später, 1877, den Auftrag hatte, Transvaal zu annektieren. 1845 war er im Alter von 28 Jahren als »Diplomatischer Vertreter bei den Eingeborenenstämmen« nach Natal gekommen. Diese »diplomatische Vertretung« war zweifellos eine sehr schwierige Aufgabe in einem Gebiet mit wenigen weißen Siedlern und einer gewaltigen Übermacht von Schwarzafrikanern. Shepstone löste das Problem, indem er die Zulu möglichst unter Aufrechterhaltung alter Stammesbindungen in Eingeborenenreservate einwies, die für die Art von Subsistenzwirtschaft, die bei den Zulu üblich war, zunächst reichlich bemessen waren. Land für diese Zwecke scheint genügend vorhanden gewesen zu sein. Die Art, wie Shepstone seine Aufgabe löste, hat ihm anfänglich offenbar Ansehen bei den Schwarzen eingetragen. Er wurde für längere Zeit zu einer Art von Vaterfigur, zu »dem Mann, der den Erschöpften Ruhe brachte«. Diese zunächst durchaus auskömmlich scheinende Lebensgestaltung der Schwarzen wird das Ihre dazu beigetragen haben, daß sie sich als »unfähig« erwiesen – es bestand für sie kein Anlaß, ihr bisheriges, einigermaßen befriedigendes, Leben aufzugeben, um eine harte Feldarbeit auf weißen Farmen aufzunehmen.

Die britische Regierung war anfänglich nicht mit dem Vorschlag einverstanden, dem auf den Zuckerrohrplantagen und den anderen Farmen herrschenden Arbeitskräftemangel dadurch abzuhelfen, daß man Vertragsarbeiter in Indien anwarb – obwohl einige Farmer nachweisen konnten, daß sie auf Mauritius damit gute Erfahrungen gemacht hatten. In London dachte man vielmehr daran, einige Transporte von armen Kindern oder auch von Sträflingen für die Farmarbeit nach Natal zu senden! Sind wir wirklich erst wenig mehr als 100 Jahre von dieser Zeit entfernt?

Schließlich genehmigte die britische Regierung aber doch den Abschluß von Arbeitsverträgen in Indien nach folgenden Bestimmungen: Die Vertragsdauer sollte fünf Jahre betragen. Nach deren Ablauf stand es dem indischen Vertragspartner frei, noch einmal einen Fünfjahresvertrag abzuschließen oder eine andere Tätigkeit in Natal aufzunehmen. Nach insgesamt zehn Jahren Aufenthalt im Lande bestand Anspruch auf freie Rückfahrt. Der Governor konnte jedoch denjenigen, die auf die Rückfahrt verzichteten, Kronland im Wert der Transportkosten zur Verfügung stellen.

Jeder Transport sollte wenigstens 20 Prozent Frauen umfassen. Viele von ihnen waren Dirnen, was wohl bei den ersten Transporten einige Unruhe und Bedenken über die Qualität dieser Leute mit sich gebracht haben dürfte. Dennoch wurde das Programm fortgesetzt. Nach fünf Jahren befanden sich 6000 indische Vertragsarbeiter in Natal.

Als 1870 die ersten Rückfahrten möglich waren, wurde hiervon nur wenig Gebrauch gemacht. Im Gegenteil, außer den indischen Vertragsarbeitern und den nach Ablauf ihrer Vertragszeit im Lande verbliebenen kleinen Handwerkern und Geschäftsleuten kamen immer mehr auch sogenannte »Passagier-Inder« nach Natal. Sie brachten schon ein gewisses Vermögen mit und versuchten, größere Betriebe, meist Handelsgeschäfte, aufzubauen.

Die indische Schriftstellerin Fatima Meer und ihr gleichfalls politisch engagierter Mann repräsentieren auch ihre bedeutende Bevölkerungsgruppe

Aber auch Personen und Persönlichkeiten wie etwa Gandhi, der Rechtsanwalt war und nach seinem Studium in London zu Hause nicht richtig Fuß fassen konnte, sind dieser Gruppe zuzurechnen. Gandhi verstand es, die auf Grund ihres Kastendenkens leicht auseinanderfallende indische Volksgruppe zu einem gewissen Gemeinschaftsbewußtsein zu erziehen und sie zu Gemeinschaftsaktionen zu bewegen.

Reichlicher Anlaß zu gemeinsamem Handeln ergab sich vor allem, seit 1893 auch in Natal die »selbstverantwortliche Regierungsform« eingeführt worden war und die im Parlament dominierenden Europäer sowohl die indischen Rechte als auch die Einwanderungsmöglichkeiten immer mehr einschränkten.

In Natal war schon 1856 ein »farbenblindes« Wahlrecht – ähnlich wie in der Kapkolonie – eingeführt worden. Schwarzafrikaner jedoch hatten hier durch besonders einengende Zulassungsklauseln praktisch überhaupt keinen Zugang gehabt – während der gesamten Dauer dieser Bestimmungen hatten in Natal sechs Schwarze das Wahlrecht erlangt. Für die Inder war die Zulassung zum Wahlrecht anfänglich leichter gewesen. Bis 1895 waren in Natal 251 indische Männer wahlberechtigt geworden. Doch dann wurde die Neueintragung in die Wählerlisten für alle Personen gesperrt, die in ihrer Heimat kein Wahlrecht gehabt hatten. Das traf vor allem die Inder. Es war dies die erste Auswirkung, die die Einführung der »selbstverantwortlichen Regierungsform« in Natal auf die Inder gehabt hatte. Andere sollten folgen.

51. Das weiße Wahlrecht

Kehren wir noch einmal zu dem Gedanken zurück, daß nach dem Burenkrieg die beiden ehemaligen Burenrepubliken wie die Kapkolonie und Natal britische Kolonien waren und daß sich die schon bisher häufig erörterte Möglichkeit, die Kolonien zu einer politischen Einheit zusammenzufassen, nun geradezu aufdrängte. Allerdings unterschied sich der koloniale Status der ehemaligen Burenrepubliken von demjenigen der anderen beiden Kolonien dadurch, daß den Buren noch keine »selbstverantwortliche Regierung« zugestanden war.

Jetzt ergab sich die, wie sich zeigen sollte, schicksalsentscheidende Frage: Sollte die Vereinigung der vier Kolonien ohne Mitwirkung der Buren vor Erteilung der Rechte einer »selbstverantwortlichen Regierung« durchgeführt werden, oder sollten die Buren an diesem entscheidenden Akt von vornherein beteiligt werden?

Lord Selborne, der britische Hochkommissar für das südliche Afrika und Governor von Transvaal und der Oranjerepublik, strebte die erste Lösung an. Botha und Smuts betrieben mit Vehemenz und unter Ausnutzung der guten Verbindungen, die zum damaligen Zeitpunkt vor allen Dingen schon Smuts in England hatte, natürlich die Beteiligung. Das Ganze wurde ein Wettlauf mit der Zeit. Wollte Selborne die Vereinigung der vier Kolonien ohne burische Mitwirkung durchführen, dann mußte er die Zeit nutzen, solange er noch selbst das Sagen in den ehemaligen Republiken hatte und Jameson Ministerpräsident der Kapkolonie war. Wollten Botha und Smuts bei der Vereinigung ihren Einfluß geltend machen, dann mußten sie alle die Union betreffenden Entscheidungen hinauszögern und zunächst mit Nachdruck versuchen, die selbstverantwortliche Regierung für die ehemaligen Burenrepubliken so schnell wie irgend möglich zu erreichen. Außerdem mußten sie ein Interesse daran haben, daß über die Unionsfrage erst dann verhandelt wurde, wenn in der Kapkolonie alle dortigen Buren ihr Wahlrecht wieder zurückerhalten hatten und Jameson gestürzt war.

Die Entscheidung fiel im Jahre 1905 im Zusammenhang mit den Wahlen zum britischen Parlament. Smuts war schon kurz vor diesen Wahlen in aller Heimlichkeit nach England gereist und hatte dort sofort nach dem Wahlsieg der Liberalen – offenbar vermittelt durch Emily Hobhouse, den »Engel der Konzentrationslager« – Kontakt mit dem neuen Ministerpräsidenten

Campbell-Bannerman aufgenommen. Es gelang, diesen jetzt entscheidenden Mann zu überzeugen, daß der Zeitpunkt gekommen war, um Transvaal eine »selbstverantwortliche Regierung« zuzugestehen. Dabei wurde die Frage des Eingeborenenwahlrechts in keiner Weise verpflichtend angesprochen. Am 8. Februar 1906, drei Jahre und acht Monate nach Kriegsende, beschloß das britische Kabinett die Einführung der »selbstverantwortlichen Regierungsform« in Transvaal.

Damit war ein entscheidender Schritt getan. Bald darauf erhielt auch die Oranjekolonie die gleichen Rechte zugestanden. Nun kam es noch darauf an, jede Entscheidung in der Unionsfrage so lange hinauszuzögern, bis auch Jameson in der Kapkolonie gestürzt war. 1908 war es soweit. Merriman wurde mit Hilfe des »Afrikaner Bond« Ministerpräsident der Kapkolonie.

Der Angriff von Botha und Smuts wurde schnell weiter »vorgetragen«. Nach einigen Vorkonferenzen fand von Oktober 1908 bis Februar 1909 eine »Nationalversammlung« in Durban und Kapstadt statt. Die einzige Delegation, die dort mit bis ins letzte Detail ausgearbeiteten Papieren – mit einem voll durchdachten und begründeten Verfassungsentwurf – erschien, war diejenige Transvaals unter Leitung von Smuts. So war es eigentlich selbstverständlich, daß Smuts' Entwurf zur Grundlage der Konferenzarbeit wurde. Ebenso war es aber auch unvermeidlich, daß Smuts auf Grund seiner genauen Detailkenntnisse, seiner ungeheuren Arbeitsintensität, aber auch auf Grund seines prägnanten juristischen Formulierungsvermögens der bestimmende Mann in diesen vier Monate dauernden Verhandlungen wurde. Mochten Smuts' Fähigkeiten auch nicht überall warmer Sympathie begegnen, Anerkennung erzwangen sie. Als es an die endgültige Kodifizierung der neuen Verfassung ging, hatte er sich auf der ganzen Linie durchgesetzt – die Grundstrukturen der damals erarbeiteten Verfassung der »Südafrikanischen Union« gingen Jahrzehnte später auch noch in die Verfassung der »Republik Südafrika« ein.

Erst in allerjüngster Zeit wird – zögernd – versucht, wenigstens die am meisten belastenden Rigorositäten dieses Verfassungskonzepts zu modifizieren.

Der Verfassungsentwurf, der 1909 in das Genehmigungsverfahren ging, sah ein Oberhaus mit 40 Mitgliedern (je 8 aus den 4 Provinzen und 8 durch den Generalgouverneur ernannte) vor. Vier der durch den Generalgouverneur ernannten (weißen) Mitglieder sollten besondere Kenntnisse der »vertretbaren Forderungen und Wünsche der Nichteuropäer« haben. Die Legislaturperiode dieses Senats sollte zehn Jahre betragen. Das Unterhaus (House of Assembly) sollte auf fünf Jahre gewählt werden. Eine frühere Parlamentsauflösung war jederzeit möglich. Die Wahlkreiseinteilung enthielt eine bewußte Bevorzugung ländlicher Gebiete, was den Buren Vorteile brachte. Je Wahlkreis war ein Abgeordneter zu wählen. Stimmenausgleich über eine Landesliste war nicht vorgesehen. Die jeweiligen Reststimmen verfielen in jedem Wahlkreis. Das Wahlrecht war ausschließlich auf männliche »Europäer« beschränkt.

Die größten Schwierigkeiten hatte Smuts bei der Durchsetzung des »weißen« Wahlrechts zu bestehen. Der Hochkommissar Selborne und einige Vertreter der Kapkolonie forderten unentwegt eine »farbenblinde« Lösung, ähnlich derjenigen in der Kapkolonie. Letzten Endes setzte sich Smuts aber doch auf Grund seiner geschliffenen Argumentation und seines ungeheuren Fleißes durch. Er hatte vor allem mit der Behauptung gearbeitet, daß das ganze Projekt scheitern könnte, wenn irgendeine Art von »Eingeborenenwahlrecht« vorgesehen würde. So schrieb er beispielsweise an einen liberalen britischen Unterhausabgeordneten: »Im augenblicklichen Stadium ist es die einzige vernünftige Politik, eine umfassende Lösung der zahlreichen Fragen zu vermeiden, die den politischen Status und die Rechte der Eingeborenen betreffen. Bei dem chaotischen Zustand, in dem sich die öffentliche Meinung gegenwärtig in dieser Frage befindet, könnte heute jede Lösung nur ein Kompromiß sein, der wahrscheinlich eine spätere gerechtere und staatsmännischere Lösung vorbelasten würde. Die öffentliche Meinung ist bei der

Mehrheit der südafrikanischen Staaten gegen ein Eingeborenenwahlrecht, in welcher Form auch immer . . . Es besteht die große Gefahr, daß diejenigen, die letzten Endes eine Verfassung zu ratifizieren haben, ihr Veto einlegen, weil sie ein Eingeborenenwahlrecht enthält.« Ein solches Zitat zeigt deutlich, wie Smuts es verstand, mit Raffinesse auf die Denkweise eines britischen Liberalen jener Zeit einzugehen. Daß Smuts' Argumentation auch für den Beweis des Gegenteils seiner Behauptungen hätte verwendet werden können, sei nur am Rande vermerkt. Die weitere Entwicklung hat bewiesen, daß durch die Zuerkennung des alleinigen Wahlrechts an eine Minderheit zukünftige andere Lösungen nicht offengehalten, sondern blockiert worden waren – und das war Smuts' Absicht gewesen! Wir stoßen hier bei Smuts auf einen raffinierten Zynismus, dem wir immer wieder begegnen werden. Einer seiner Gegner sagte einmal von ihm: »Er formuliert seine Resolutionen mit erstaunlicher Cleverness, so daß sie genau das Gegenteil von dem bewirken können, was er zuzugestehen scheint.« Ein Kompromiß – welcher Art auch immer – hätte stets Elemente enthalten müssen, die Ansatzpunkte für zukünftige Weiterentwicklungen des Problems gewesen wären. Er hätte demnach die Zukunft eben gerade nicht in dem Maße vorbelastet, wie es eine einseitige Lösung tun mußte. Mit der schließlich beschlossenen Verfassung aber war fortan das alleinige Wahlrecht in der Union einer Minderheit zugesprochen, die schon damals nur 21,5 Prozent (heute etwa 16 Prozent) der Bevölkerung betrug.

Der Verfassungsentwurf durchlief ohne Schwierigkeiten die Genehmigungsverfahren der vier beteiligten Länder und wurde ebenso in London von Unterhaus und Oberhaus mit nur geringer Kritik verabschiedet. Das »Gesetz über die Südafrikanische Union« (»Union of South Africa Act«) wurde als königliche Verkündigung am 2. Dezember 1909 veröffentlicht. Es trat am 31. Mai 1910, dem Jahrestag des »Friedens von Vereeniging«, in Kraft.

52. Bothas Aussöhnungsversuche

Botha wurde der erste Ministerpräsident der neugeschaffenen Südafrikanischen Union. Bei der Ausarbeitung der Verfassung hatte er Smuts in der Frage des Eingeborenenwahlrechts gewähren lassen. Als stark gefühlsgesteuerter Pragmatiker mochte er erkannt haben, daß einerseits der Versuch, ein »farbenblindes Wahlrecht« forciert durchzusetzen, zur Aufsplitterung der hinter ihm stehenden Kräfte führen und damit auch weitgehend den Erfolg der ihm zunächst vordringlich erscheinenden Politik einer burisch-britischen Aussöhnung gefährden konnte. Andererseits wird es Botha auch nicht genügend deutlich gewesen sein, daß eine aufgeschobene Regelung des Eingeborenenwahlrechts diese Frage für jede übersehbare Zeit ungelöst ließ. Hatten sich die Europäer einmal allein im Parlament etabliert, dann würden sie auf dieses besondere Privileg niemals wieder von sich aus verzichten, vor allem nicht mit einer verfassungändernden Mehrheit. Diese Konsequenzen scheint Botha erst später im Zusammenhang mit der beginnenden Eingeborenengesetzgebung erkannt zu haben. Damals begann er an Depressionen zu leiden und sich mit Rücktrittsabsichten zu tragen. Doch dann kam der Erste Weltkrieg, ganz andere Aufgaben nahmen ihn in Anspruch.

Zunächst allerdings mochte Botha es als Erleichterung empfunden haben, daß die Eingeborenenproblematik in der Verfassung ausgespart war. Allerdings erledigte er sofort, als er Ministerpräsident der Union geworden war, eine Angelegenheit, die ihm offensichtlich lange Jahre am Herzen gelegen hatte: Er sorgte dafür, daß der unglückliche Zulukönig Dinuzulu wieder auf freien Fuß gesetzt wurde. Der König war nach St. Helena verbannt worden, als Großbritannien und die Südafrikanische Republik Krugers (Transvaal) sich über das Problem der »Neuen Republik« – in der Botha engen Kontakt zu dem König gehabt hatte – einigten, diese auflösten und das Zululand unter sich aufteilten. Später »begnadigt«, war er im Zusammenhang mit dem Zuluaufstand von 1908 in Untersuchungshaft genommen und auf die Gefangeneninsel Robben Island in der Table Bay verbracht worden. Der Zuluaufstand von 1908 war mit dem blutigen Gemetzel beendet worden, in dem ohne größere britische Verluste 3000 Zulu von den Briten niedergemacht wurden – ein Ereignis von besonderer historischer Bedeutung: Gandhi, der auf britischer Seite als Krankenträger daran teilnahm, erlitt damals den Schock, der ihn von seiner sozialdarwinistisch inspirierten Verehrung des Britentums als der gottbegnadeten Herrenrasse der Welt abbrachte und ihn von nun ab seine Politik des passiven Widerstands mit allem Nachdruck und unbehindert durch eigene innere Schwierigkeiten fortführen ließ.

Da die Eingeborenenfrage nach Bothas Regierungsantritt in der Union kein Problem war, das der sofortigen Aufmerksamkeit des Regierungschefs – nach seiner Auffassung – bedurfte, konnte er sich voll seinem Hauptanliegen, der burisch-britischen Aussöhnung, zuwenden. Seine neue Partei, die »Südafrikanische Partei« (hervorgegangen aus Bothas »Het Volk« in Transvaal, Hertzogs »Orangia Unie« im Oranjefreistaat und dem »Afrikaner Bond« der Kapprovinz), hatte in den ersten Wahlen der Union die absolute Mehrheit erhalten. Jedoch nahm Botha trotzdem auch einige Vertreter britischer Parteien in sein Kabinett auf und bildete es aus sieben Buren und vier Briten (beziehungsweise aus vier Vertretern der Kapprovinz, drei Vertretern Transvaals und je zwei Vertretern des Oranjefreistaats und Natals). Seine auf Versöhnung aller Europäer ausgerichtete Generallinie blieb stets zu erkennen. Schon 1907 hatte er – als Ministerpräsident Transvaals – an der britischen Reichskonferenz in London teilgenommen. Seine charmante Art, mit Menschen umzugehen, machte den ehemaligen burischen Generalkommandanten damals zu einem der Stars dieser Konferenz. Sein Erfolg ermöglichte es ihm wiederum, seinen Widersachern zu Hause entgegenzutreten.

Auch an der Reichskonferenz von 1911 nahm Botha teil. Unbeirrt von den Anfeindungen, die ihm seine Haltung zu Hause eintrug, sagte er bei dieser Gelegenheit in öffentlicher Rede: »Es gibt nur eine Botschaft, die ich von Südafrika zu bringen habe. Das ist das Angebot der Hand der Brüderlichkeit, der Freundschaft und der Liebe unseres Volkes zu dem Ihren.« Botha scheute sich nicht, selbst eine Persönlichkeit wie Jameson, den von den Buren meistgehaßten Mann, bei dessen Verabschiedung aus Südafrika öffentlich als »Freund« zu bezeichnen und ihm für seine »Verdienste um Südafrika« zu danken.

Die Regierung der neugeschaffenen Union hatte sich bald mit zahllosen Schwierigkeiten zu beschäftigen, die vor allem von den bisherigen Teilstaaten zu sehr vernachlässigt worden waren. Besonders die ländlichen Gebiete hatten einen gewaltigen Rückstand aufzuholen. Deren infrastrukturelle Erschließung lag noch immer weit zurück hinter der Entwicklung, die einige wenige städtische Konzentrationspunkte genommen hatten. Dies war mit einem erheblichen Bildungsmangel auch der weißen Bevölkerung verbunden – von der schwarzen gar nicht zu reden. Nicht zuletzt wurden schon bald die Schwierigkeiten sichtbar, die ihre Ursache in der Ausklammerung der ethnisch-gesellschaftspolitischen Frage in der Verfassung hatten.

Im nachhinein – aus unserer heutigen Sicht – wird es deutlich, daß dem größten Anliegen Bothas, Buren und Briten miteinander zu versöhnen und sie zu gemeinsamem Handeln zu bringen, deswegen kein tiefgreifender Erfolg beschieden war und auch nicht beschieden sein konnte, weil durch die Verfassung die Lösung des »Eingeborenen«-Problems ausgeklammert worden war. Wäre es in Südafrika von vornherein erforderlich gewesen, sich dem Problem der Integrierung verschiedenrassischer Völker mit sehr unterschiedlichem kulturellen Hintergrund in eine neu entstehende Gesellschaft zu stellen, dann hätte diese Aufgabe die Buren und Briten zusammengeführt. Das aber wurde durch die Verfassung verhindert, diese Aufgabe war nicht gestellt, die Gegensätze zwischen den beiden stärksten Gruppen des durch die Verfassung privilegierten Bevölkerungsteils mußten sich in den Vordergrund des Interesses schieben. Botha, der seinen Weg im allgemeinen mit intuitiver Sicherheit fand, erkannte zweifellos diese strukturellen Zusammenhänge nicht, die seine Aussöhnungspläne behinderten, und Smuts wollte sie nicht erkennen, was auch ihm durchaus unbewußt geblieben sein mag.

53. Die Aussöhnung scheitert

Bothas Aussöhnungspolitik hatte schließlich deswegen nur geringe Erfolge, weil es ihm nicht gelang, die sozialen Probleme des Landes als solche zu behandeln und zu vermeiden, daß soziale Mißstände weiterhin als Folge »rassischer« Unterschiede angesehen wurden – damals galten auch Buren und Briten als unterschiedliche »Rassen«.

Da war zunächst das Problem der »verarmten Weißen«. Es war nicht neu, schon die Emigration der Buren im »Großen Treck« war zu einem wesentlichen Teil auf eine Verarmung zurückzuführen gewesen, die sich im Grenzburentum ausbreitete. Inzwischen waren zahlreiche neue Ursachen hinzugekommen: die Verwüstungen des Burenkriegs, die beginnende Industrialisierung, die eine stärkere Differenzierung von arm und reich im Gefolge hatte; das Entstehen von großen Gütern auf dem Lande, die als fashionable galten, großenteils mit schwarzen Arbeitskräften bewirtschaftet wurden und dadurch eine bedrängende Konkurrenz der kleinen Farmer waren. Smuts beispielsweise hatte in der Zeit zwischen dem Burenkrieg und dem Ende des Ersten Weltkriegs zwölf Farmen mit insgesamt 20 000 Hektar Land erworben – und das ist kein ungewöhnliches Beispiel für diese Entwicklung.

Aber auch die Ursachen der Verarmung waren geblieben: geringer Bildungsstand, keine technologische Beweglichkeit. Betroffen war hauptsächlich die Landbevölkerung, also die Buren. Das verleitete dazu, das Problem sowohl von seiten der Betroffenen als auch derjenigen, die mit ihm umzugehen hatten, als »burisches« Problem anzusprechen. Damit bekam es statt eines soziologischen einen ethnologischen, einen »rassistischen« Akzent – genau das, was Botha vermeiden wollte. Viele junge Buren – beziehungsweise schon ihre Eltern – waren überdies nicht bereit, ihre Bildung allgemein und ihre technologischen Kenntnisse im besonderen zu verbessern. Vielmehr erwarteten sie von der Regierung so etwas wie eine »Besitzstandswahrung« auf Errungenschaften, die sie sich als Buren erworben, auf die sie ein Recht von den Vätern her hatten. Völlig unzumutbar erschien es ihnen, daß verarmte Buren, die Arbeit in den Minen und in der allmählich entstehenden Industrie suchten, als »ungelernte Arbeitskräfte« in ein unmittelbares Konkurrenzverhältnis zu schwarzen Hilfsarbeitern gerieten.

Hinzu kam das Problem des »Beswarting« (»Schwarzwerden«): Das Land wurde immer mehr von Farmen durchzogen, die von Schwarzafrikanern betrieben wurden, sei es als Verwalter eines Gutsherrn, sei es als Pächter oder sei es sogar, daß sie selbst Land erworben hatten. Gerade hier auf dem Lande wurde es besonders deutlich, wie sehr die rassische Privilegien schaffende Wahlrechtsgestaltung alle Integrierungsvorgänge verhinderte. Die »Beswarting« brachte plötzlich eine Bevölkerungsgruppe ins Licht, sozial aufsteigend, jedoch ohne wesentliche staatsbürgerliche Rechte. Es war nur zu natürlich, daß dies als »schwarze Gefahr« angesehen wurde.

So sah man bald sowohl den Ministerpräsidenten, General Botha, als auch den Minister für Eingeborenenangelegenheiten, General Hertzog, über Land reiten und erfolglos versuchen, die weißen Farmer und Gutsbesitzer zu bewegen, an Stelle der Schwarzafrikaner »verarmte Weiße« in ihre Dienste zu nehmen.

Alle Bemühungen blieben vergeblich. Es kam sehr bald zu den ersten Rassengesetzen der Südafrikanischen Union, womit jeder Gedanke an eine eventuelle spätere Einführung eines »farbenblinden Wahlrechts« – die Möglichkeit, die Smuts einst englischen Liberalen vorgegaukelt hatte – endgültig verfliegen mußte.

Das »Eingeborenen-Land-Gesetz« von 1913, dem Botha offenbar nur sehr widerstrebend zugestimmt hatte, war deshalb von besonderer Bedeutung, weil es die Grundlage der späteren »Homeland«-Gesetzgebung bildet. Durch dieses Gesetz wurden bestimmte von Schwarzafrikanern bewohnte Gebiete, zunächst 7,3 Prozent der Fläche der Union, als Reservationen für Schwarzafrikaner festgelegt. In diesen Gebieten durften Weiße kein Land erwerben. Umgekehrt durften nun aber Schwarzafrikaner in den anderen ländlichen Gebieten kein Farmland mehr von Europäern kaufen.

Dieses Gesetz stieß keineswegs auf einhellige Ablehnung der Schwarzafrikaner und der weißen liberalen Kreise. Mochte das Gesetz in seinen Grundideen auch auf Hertzog, der inzwischen aus dem Amt geschieden war, zurückgehen, seine Endfassung stammte von einem liberalen Minister, Jacobus Wilhelmus Sauer, und die ihm zugrundeliegenden Ideen fanden auch die Zustimmung gebildeter Schwarzer, wie etwa von John Tengo Jabavu, auf den wir noch zu sprechen kommen werden. Die Idee, daß getrennte Entwicklung dem »schwächeren« Bevölkerungsteil größere Entwicklungschancen böte, geisterte schon damals durch die Gemüter. Sie lag ja beispielsweise auch der »Zwei-Ströme-Theorie« Hertzogs zugrunde. Getrennte Entwicklung schien vielen eine Möglichkeit zum Abbau der gegenseitigen Aggressionen zu sein. Daß raumliche Trennung stets einen erheblichen Entfremdungseffekt hat, wurde damals noch nicht beachtet. Vor allem wurde nicht erkannt, wie grundsätzlich falsch es ist, eine unveränderbare Größe, wie die Rasse, zum Ausgangspunkt für die Gestaltung der sozialen Beziehungen zu nehmen.

Ein Gesetz, das die ersten Rassenschranken in der Industrie einführte, das »Bergbau- und Industriegesetz«, hatte Smuts schon 1911 verabschieden lassen. Durch dieses Gesetz wurde bestimmt, daß Arbeiten an Maschinen und andere im Gesetz beschriebene Arbeiten nur von Inhabern eines »Befähigungszeugnisses« durchgeführt werden durften. In Transvaal und im Oranjefreistaat konnte dieses Zeugnis nur Weißen erteilt werden.

Derartige Rassengesetze trugen wesentlich dazu bei, einen sozialpolitischen Kurs fortzusetzen und zu verfestigen, der mit der Verweigerung des Wahlrechts an die nichtweißen Bevölkerungsteile begonnen hatte und die gesellschaftlichen Spannungen in diesem Lande steigern mußte.

Doch solche Einsichten lagen noch in weiter Ferne. Zunächst betrachteten die verarmten Buren die Ausbreitung der schwarzen Konkurrenz als eine unzumutbare Entwicklung, der gesteuert werden mußte. Hertzog machte den Groll der Buren zu einem der Motive für seine »Zwei-Ströme-Theorie«. Schon bald trieb ihn persönlicher Ehrgeiz, Botha frontal anzugreifen, obwohl er als Eingeborenen- und Justizminister Mitglied seines Kabinetts war. Wichtiger als Kabinettsloyalität war es ihm jedoch, sich nun endlich gegenüber dem charismatischeren Botha profilieren zu können. So sagte er eines Tages in einer großangelegten Rede: »Ich gehöre nicht zu denen, die dauernd von Versöhnung und Loyalität (gegenüber Großbritannien) reden; das sind eitle Worte, die niemand täuschen können. Ich habe schon immer gesagt, daß ich nicht weiß, was diese Versöhnung bedeuten soll.« Damit hatte Hertzog seinen Rubikon überschritten. Er mußte das Kabinett verlassen und gründete bald darauf seine »Nationale Partei«, die nicht identisch mit der heutigen »Nationalen Partei« ist, aber doch als deren Vorläuferin angesehen werden kann. Diese Partei machte sich sofort zu einem Anwalt der Bureninteressen.

Bothas Versuch, das »Rassendenken« in den Beziehungen von Buren und Briten zu überwinden, war tödlich gefährdet. Zwar honorierte die Wählerschaft Botha, der hohes Ansehen genoß, auch noch weiterhin seine Bemühungen mit guten Wahlergebnissen, doch das galt seiner Person. Nach seinem Tode änderten sich die Verhältnisse schnell. Bothas Plan zur Aussöhnung von Buren und Briten war schon vorher gescheitert. Die Überwindung der Rassenspannungen zwischen Weiß und Schwarz hatte er gar nicht erst in Angriff nehmen können – neue Ansatzpunkte für eine weitere tragische Entwicklung.

54. Streiks, Rebellion und Erster Weltkrieg

Im Gegensatz zu Botha besaß Smuts keinerlei Geschick im Umgang mit Menschen. Gerade bei der Bearbeitung sozialer Fragen, die ihm als Innenminister oblag, fehlte es ihm völlig an Einfühlungsvermögen und Geschick. Schon 1907 hatte er als Minister in Transvaal bei Streiks voreilig britische Truppen zum Einsatz gebracht, eine Gewaltmaßnahme, die in der Hochburg des Burentums die Lage unnötig verschärfte. Ähnliches ereignete sich 1913/14 wiederum, wobei ein aus geringfügigem Anlaß entstandener Streik sich im Laufe von Monaten zu einem Generalstreik ausweitete. Hier waren zunächst ebenfalls britische Truppen eingesetzt worden. Bei Schießereien gab es zahlreiche Tote und Verwundete. Schließlich mußten das Kriegsrecht ausgerufen und 60 000 Mann der »Verteidigungsarmee der Union« aufgeboten werden. Aus dieser Zeit stammt das Wort vom »unbarmherzigen Philosophen« Smuts. Diese Vorkommnisse waren nun allerdings nicht nur ein Zeichen für Smuts' Ungeschick, sie zeigten vielmehr auch deutlich die innere Zerrissenheit des Landes.

Zu Beginn des Ersten Weltkriegs wurde die Union dann wirklich in ihren Grundfesten erschüttert. Für Botha war es eine Selbstverständlichkeit gewesen, daß Südafrika in diesem Krieg loyal zu Großbritannien zu stehen hatte. Seine Ansicht wurde mit überwältigender Mehrheit vom Parlament geteilt. Doch gab es weite burische Kreise, die glaubten, jetzt sei der Zeitpunkt gekommen, das »britische Joch« wieder abzuschütteln.

Der Oberkommandierende der »Verteidigungsarmee der Union« Christian Frederick Beyers quittierte seinen Dienst, um für antibritische Aktivitäten frei zu sein. Manie Maritz, Träger eines der »großen« alten Voortrekker-Namen, der an der Grenze von Deutsch-Südwestafrika ein Kommando ausübte, rief dort die »Republik Südafrika« aus und erklärte Großbritannien den Krieg. Das war offene Rebellion. Botha setzte sich selbst an die Spitze des nicht rebellierenden Teils burischer Truppen und versuchte eine weitere Verschärfung des burisch-britischen Gegensatzes zu verhindern und unnötiges Blutvergießen zu vermeiden. Botha manövrierte so klug, daß er zu Beginn des Jahres 1915 sein Ziel erreicht und die Rebellion beendet hatte.

60 000 Mann burischer Truppen hatten gegeneinander im Feld gestanden. Die Rebellion hatte dank Bothas Geschick nicht mehr als 193 Tote gefordert. Der schwere Riß, der durch die weiße Bevölkerung des Landes ging, hatte sich aber empfindlich vertieft. Die Rebellion hatte neue Märtyrer der burischen Sache geschaffen. Beyers war auf der Flucht ertrunken, J. H. de la Rey, einer der angesehensten ehemaligen Burengenerale, war bei einer Polizeikontrolle, die Straßenräubern nachging, irrtümlich erschossen worden. Zu einer großen Affäre entwickelte sich die Hinrichtung von Jopie Fourie – und das ging zu Lasten von Smuts. Fourie war als Kommandant einer Abteilung der »Verteidigungsarmee« in voller Uniform zu den Rebellen übergegangen, in Gefangenschaft geraten, zum Tode verurteilt und zwei Tage später erschossen worden, obwohl Botha einige Tage zuvor erklärt hatte, daß man die Rebellen zwar bestrafen, daß man aber auch »vergeben und vergessen können« müsse. Smuts jedoch, für die Verschiebung der Vollstreckung verantwortlich, ließ sich, während Botha bei der Truppe war, verleugnen, als ihn Verwandte des Delinquenten auf seinem Landsitz um Hilfe bittend aufsuchten. Später suchte er sich damit zu entschuldigen, daß er auf einem Spaziergang gewesen sei und auch keine Verabredung mit den Petenten gehabt habe. Der Zynismus dieser so leicht und ohne jedes Bedauern hingeworfenen Ausrede verschlimmerte diesen Fall noch. Fourie wurde nun überall als der Andreas Hofer des Burentums gefeiert.

Nach der Beendigung der Rebellion hatte die südafrikanische Armee unter Bothas Kommando Deutsch-Südwestafrika besetzt, wobei Smuts die südliche Armeegruppe geführt hatte. Später war Smuts Oberkommandierender der britischen Streitkräfte in Deutsch-Ostafrika geworden. Die große Zeit seines Lebens erlebte er, als er 1917 in das Reichskriegskabinett nach London berufen und schließlich auch Mitglied des amtierenden britischen Kriegskabinetts wurde. Smuts war nun in das Rampenlicht der internationalen Politik getreten. Als Verfassungsjurist war er ganz in seinem Metier, als er wesentlichen Anteil an der Ausarbeitung der Völkerbundssatzung und der Vorbereitung der Friedenskonferenz nehmen konnte. Smuts war ein Politiker von internationalem Ansehen geworden. Es gelang ihm aber nicht, gegen den Widerstand des amerikanischen Präsidenten Woodrow Wilson die Angliederung Deutsch-Südwestafrikas an die Südafrikanische Union durchzusetzen.

Daraufhin führte er – gewiegter Vertragsjurist, der er war – in die Völkerbundssatzung eine Sonderform der Mandatsgebiete ein, die sogenannten C-Mandate: »Auf Grund ihrer geringeren Bevölkerung oder Ausdehnung oder auf Grund ihrer Abgelegenheit von den Zentren der Zivilisation oder auf Grund ihres geographischen Zusammenhangs mit dem Gebiet des Mandatsträgers können sie . . . am besten nach den Gesetzen der Mandatsmacht als integraler Bestandteil von deren Gebiet verwaltet werden, vorausgesetzt, daß einige Vorkehrungen zur Wahrung der Rechte der eingeborenen Bevölkerung getroffen werden.« Smuts schmeichelte sich damals mit der Vorstellung, daß er durch diesen Mandatstrick Wilson ausmanövriert habe, was, wie sich erweisen sollte, nur teilweise zutraf. Seine Formulierung bewirkte vielmehr jahrzehntelange internationale Auseinandersetzungen, die letzten Endes in die heutige Namibiaproblematik hineinführten.

Bei den Friedensverhandlungen in Versailles traf Smuts nach langen Jahren seinen alten Freund Botha wieder, der inzwischen sehr gealtert und leidend war. Er hatte alle seine großen Pläne scheitern, seine Träume verfliegen sehen. Hertzog hatte zwar bei Kriegsbeginn nicht die Rebellion unterstützt. Er und die nationalen Buren hatten aber doch dem von Arbeit überlasteten und kranken Botha durch ständige Attacken schwer zugesetzt. Selbst

Oben: Weingut »Groot Constantia«, 1691 erbaut im kapholländischen Stil
Unten: Gelöbniskirche in Pietermaritzburg, nach dem Sieg der Buren über die Zulu 1839 errichtet

in Versailles erschien Hertzog mit einigen Vertretern seiner Partei, um mit seiner übersteigerten Eifersucht auf Botha, das Losungswort von Wilson vom »Selbstbestimmungsrecht der kleinen Völker« aufnehmend, die Selbständigkeit im burischen Sinne zu fordern. Den tiefsten, wenn auch nie ausgesprochenen Kummer bereitete es Botha, als er in Versailles erkennen mußte, wie sehr das britische Weltreich schon den Zenit seines Glanzes überschritten hatte. So verflog nun auch der Traum, in dem er Südafrika als Teil eines Empire gesehen hatte, das geschaffen war, die Welt mit glücklicher Hand zu leiten und ihr zu helfen.

Botha hatte in Versailles zu den Persönlichkeiten gehört, die die entrechtenden Bestimmungen dieses Vertragswerkes ablehnten. Er wußte, welche Emotionen und gefährlichen Unwägbarkeiten aus allzu harschen Vertragsbedingungen entstehen konnten. Auf einem Zettel, den er Smuts während der Verhandlungen zuschob, hatte er notiert: »Gottes Gebote müssen unter einer neuen Sonne für alle Menschen gerecht angewandt werden. Wir werden fortfahren müssen zu beten, daß die ganze Menschheit ihrer in Liebe, Frieden und Christlichkeit teilhaftig werden kann.«

Botha starb am 28. August 1919 in Pretoria, einen Monat, nachdem er wieder nach Hause zurückgekehrt war. Eines seiner letzten öffentlich geäußerten Worte war: »Die Verantwortung liegt bei den Gemäßigten« – ein wahres Wort, doch Südafrika befand sich schon auf einem anderen Weg.

Hertzog und Smuts etablieren den Rassismus

55. Internationaler Glanz und Geheimbündelei

Jan Christian Smuts wurde 1919 Louis Bothas Nachfolger als Ministerpräsident der Südafrikanischen Union. Er war nun drei Jahre nicht im Land gewesen, war in London zu hohen Ehren gekommen. Lloyd George, der britische Ministerpräsident, hatte ihm sogar einen Sitz im Unterhaus angeboten. Er hatte im internationalen Rampenlicht gestanden, kurz – das Schicksal hatte seine Eitelkeit sehr umschmeichelt. Auf den internationalen Glanz wollte er fortan nicht mehr verzichten.

Doch schon vom ersten Tage seines Regierungsantritts an taktierte Smuts unglücklich. 1920 hatte er vorzeitig Wahlen ausgeschrieben, weil er sie noch auf Grund der internationalen Gloriole, die ihn umgab, gewinnen wollte. Schon das zeigte eine völlige Fehleinschätzung der Situation: Das internationale Flair, das ihm selbst so sehr schmeichelte, beeindruckte die Buren nicht, im Gegenteil, es stempelte ihn zum »Engländer«. Smuts verlor bei der Wahl zahlreiche burische Stimmen und konnte sich nur durch eine Fusion seiner »Südafrikanischen Partei« mit der britischen Unionistenpartei an der Macht halten. Diese Parteienvereinigung wurde zwar in weiten Kreisen günstig aufgenommen, aber sie entfremdete ihm die burische Wählerschaft noch mehr. Hatte schon Botha es nicht vermocht, den burisch-britischen Gegensatz in einen sozialpolitisch (und nicht mehr »rassenpolitisch«) akzentuierten Gegensatz umzufunktionieren, Smuts konnte dies erst recht nicht glücken.

Hertzogs »Nationale Partei« wurde zum Auffangbecken für alle die Buren, die ihr Vertrauen zu Smuts verloren hatten. Auch der »Afrikaner Broederbond« (Burischer Bruderbund), der 1918 gegründet worden war, unterstützte weitgehend die »Nationale

Partei«, obwohl Hertzog selbst nie Mitglied dieser Vereinigung wurde.

Der »Broederbond« ist ein Geheimbund, der seit seiner Gründung hinter den Kulissen einen immensen Einfluß auf die südafrikanische Politik ausübt. Noch immer muß sich jeder Politiker, der eine breite Resonanz in burischen Kreisen erstrebt, mit ihm arrangieren. Diese Verhältnisse, denen auf der schwarzen Seite die Geheimtätigkeiten der schwarzen Untergrundorganisationen in mancher Beziehung entsprechen, machen die Motive und Zusammenhänge der südafrikanischen Politik häufig außerordentlich undurchsichtig für den Außenstehenden.

Der »Afrikaner Broederbond« hatte bei seiner Gründung erklärt, daß er »aus der tiefen Überzeugung geboren sei, daß das Volk der Afrikaner (Buren) durch Gott in dieses Land geführt worden und bestimmt sei, seine Existenz zu erhalten als ein Volk mit besonderer Veranlagung und Berufung«. Wir sehen, die Zeit der Patriarchen ist noch nicht ganz vergangen, auch im Burentum wirken noch immer »die Ahnen« mit am Geschehen.

Smuts, das »Faktotum des Empire«, wie ihn Hertzog nun zu bezeichnen pflegte, stand dieser Entwicklung mit verächtlicher Uninteressiertheit gegenüber. Doch ließ gerade dies ihn als Politiker oft hilflos erscheinen. Und doch war er ein Mann mit hohen geistigen Fähigkeiten, befreundet mit so bedeutenden Männern wie dem führenden Wirtschaftswissenschaftler jener Zeit, John Maynard Keynes. Er schrieb philosophische Bücher, und wenn seine Idee des »Holismus« auch nicht unbedingt originell war, so entwickelte er doch neue Aspekte der Ganzheitsidee. Er hätte dem burischen Geistesleben neue Anregungen geben können, wenn er sich beschieden hätte, seine Fähigkeiten dem ihm anvertrauten Volk zu widmen. Doch gerade das lag ihm nicht. Wie schon die lange Dauer seines Aufenthaltes in England und die Art seines Auftretens dort gezeigt hatten – und wie es sich in Zukunft immer wieder zeigen sollte –, dienten ihm seine verschiedenen politischen Positionen im Grunde vor allem als die Bühne, auf der er in persönlichem Glanz erstrahlen konnte.

56. Zynismus, Streiks, Kriegsrecht

Smuts' Regierungsführung trug alle die Kennzeichen, die schon seine früheren Amtshandlungen charakterisiert hatten. Erneut kam es zu zahlreichen Streiks der weißen Arbeiterschaft – Smuts verhielt sich wie gewohnt ungeschickt, harsch, unkonziliant. Das führte 1922 zum Generalstreik. Wieder verhängte Smuts das Kriegsrecht. Der Streik wurde militärisch niedergeschlagen, was Hunderte von Toten forderte Die »Haupträdelsführer« wurden gehängt. Auf dem Weg zum Galgen sangen sie die »Internationale«.

Ungebremst durch Botha, war auch Smuts' Verhalten in Fragen der Rassenpolitik noch härter als früher. Die Kriegsereignisse hatten das schwarze Selbstbewußtsein steigen lassen. Schwarze Arbeitercorps waren an verschiedenen Fronten zum Einsatz gekommen. Insgesamt sollen etwa 100 000 Mann von coloured und indischen Truppen und schwarzen Arbeitern im Kriegseinsatz gewesen sein. Alle nichtweißen Gruppen erwarteten für ihre Loyalität entsprechende sozialpolitische Verbesserungen. Doch waren während des Krieges die weißen Löhne real um 60 Prozent gestiegen, die schwarzen um 9. Bei Streiks der weißen Arbeiterschaft waren die schwarzen Arbeiter meist am stärksten betroffen, sie verloren während der Streikdauer ihre Verdienstmöglichkeiten, ohne hierfür Entschädigung zu erhalten. Auch an den durch weiße Streiks erreichten Verbesserungen der Arbeitsbedingungen nahmen sie nicht teil. Im Gegenteil, vieles wurde auf ihrem Rücken ausgetragen.

So war es schon 1920 zu einem Ausstand von 71 000 schwarzen Bergarbeitern gekommen. Es gelang, diese noch schlecht geführten Aktionen mit Hilfe der Polizei und freiwilliger Helfer zu brechen. Wieder wurde von der Schußwaffe Gebrauch gemacht, zahlreiche Todesopfer waren die Folge.

Außerhalb des industriellen Bereichs schlug Smuts gleichfalls kräftig zu. Eine schwarzafrikanisch-spiritualistische Sekte hatte sich auf einem Gut, das teilweise ihrem »Propheten« gehörte, versammelt und dort Passah gefeiert. Dabei hatten sie eine Erleuchtung gehabt, die sie hieß, die Farm nicht zu verlassen, bevor Gott es ihnen befahl. Der göttliche Befehl ließ jedoch auf sich warten. Da befahl Smuts, nach einigem Verhandeln, das Gut mit Waffengewalt zu räumen. Etwa die Hälfte der versammelten Gläubigen, über 160 Menschen, wurden getötet.

In ähnlicher Weise ging Smuts gegen einen Hottentottenstamm im damaligen Mandatsgebiet Südwestafrika vor. Dieser hatte sich geweigert, einen seiner Kriegshelden aus dem Hottentottenaufstand von 1904 auszuliefern. Er war exiliert gewesen und hatte kurz zuvor wieder Zuflucht in seiner Heimat gefunden. Der aus etwa 500 Personen bestehende Stamm wurde mit großem militärischen Einsatz – die Luftwaffe warf Bomben – angegriffen. Die Zahl von 100 Toten entsprach der Hälfte der kampffähigen Männer!

Die Rassengesetzgebung wurde durch Smuts nun noch weiter verschärft. Die Städte in Industriegebieten erhielten die gesetzliche Auflage, besonders abgetrennte Wohngebiete – »Lokationen« – für Schwarzafrikaner zu schaffen, Vorläufer der heutigen »Townships«. Smuts erklärte dies vor dem Parlament als einen »Dienst an den Schwarzen« und sagte: »Wir sind gewillt, diese Dienste insoweit auf uns zu nehmen, als die Lokationen den Bedürfnissen unserer Städte dienen. Wir gehen jedoch nicht so weit, irgendeine für uns gleichgültige Siedlung in unserer unmittelbaren Nachbarschaft zu dulden.« Das war das System, das Smuts schon 1917 in London dargestellt und als nachahmenswert empfohlen hatte. 1923 fügte er dem bei einer anderen Reichskonferenz in London hinzu: »Heute ist Südafrika vielleicht der hervorragendste Zeuge für eine Politik des Gebens und Nehmens, der Mäßigung und der Großzügigkeit im Verhältnis zwischen den Menschen« – ein Zynismus, der dadurch nicht besser wird, daß der Redner ihn wahrscheinlich gar nicht als solchen empfand.

Auf derselben Reichskonferenz geriet Smuts allerdings auch in das Kreuzfeuer internationaler Kritik, weil sich Südafrika als einziges Dominion weigerte, mit Indien über die Frage der Erteilung des Bürgerrechts an Inder zu verhandeln. Schon früher hatte die Londoner »Times« Smuts im gleichen Zusammenhang »doppelte Moral« vorgeworfen: »Für Europäer Gerechtigkeit und Vergebung – für Inder Ungerechtigkeit und Erniedrigung.« Eine andere englische Zeitung (Daily Herald) hatte geschrieben: »Er wird zweifellos weiter umhergehen, moralische Gerechtigkeit predigen und andere veranlassen, nach Grundsätzen zu handeln, die er selbst mit Füßen tritt.«

Schon die zahlreichen Streiks zeigten an, wie konzeptlos auch Smuts' Wirtschaftspolitik war. Harte Regulierung der Arbeitswelt läßt sich nicht mit Liberalismus nach außen vereinen. Seine Mißgriffe wurden so zahlreich, daß er eine Nachwahl nach der anderen verlor und seine Mehrheit im Parlament immer mehr schrumpfte. Er verlor schließlich die Nerven und schrieb kurzerhand Neuwahlen aus, aus denen Hertzog als neuer Ministerpräsident mit überwältigender Mehrheit hervorging.

57. Hertzog hebt das burische Selbstbewußtsein

Hertzog war der dritte der Garde ehemaliger junger Burengenerale, der südafrikanischer Ministerpräsident wurde. Er reagierte mit unterschiedlichen Kabinetten 15 Jahre lang bis 1939, um dann als innerlich vollkommen gebrochener Mann die Zügel noch einmal für etwas mehr als die Dauer des Zweiten Weltkriegs an Smuts abzutreten, der von seiner eigenen Bedeutung stets überzeugt geblieben war.

Hertzog mag kein großer Theoretiker gewesen sein – seine »Zwei-Ströme-Theorie« enthielt erhebliche Mängel. Er war aber ein Mann, der konsequent handelte – und er war ein Mann, der so handelte, wie er redete. Seit Gründung seiner »Nationalen Partei« hatte er stets darauf hingewiesen, daß das burische Selbstbewußtsein gestärkt und dem der Briten ebenbürtig werden müsse, bevor die »zwei Ströme« seiner Theorie zu einem Strom vereinigt werden könnten. Dieser Aufgabe wandte sich der neue Ministerpräsident sofort mit Energie zu.

Eine seiner ersten Amtshandlungen war es, die Gründungsurkunde der Südafrikanischen Union – »Union of South Africa Act« – durch einen Zusatz ergänzen zu lassen, der besagte, daß das südafrikanische »Volk die Herrschaft und Führung Gottes des Allmächtigen« anerkannte. Durch die Einbeziehung Gottes in die Präambel der Verfassung wurde die Union, zumindest in den Augen vieler burischer Südafrikaner, wieder als burischer Staat charakterisiert und ihr das für zahlreiche Buren allzu britisch-liberale Flair genommen.

Bald darauf, 1925, setzte Hertzog durch, daß »Afrikaans« als offizielle Staatssprache anerkannt wurde. Afrikaans ist die Sprache, welche die »Afrikaner«, die Südafrikaner holländischer und auch hugenottischer und deutscher Abstammung, als ihre genuine Sprache empfinden. Mit Stolz und Liebe hängen die Buren an ihr. Das erfordert Takt und Respekt. Sprachbewußte Holländer hingegen machen sich gelegentlich gerne über ihre grammatikalische Einfachheit mit dem Ausdruck »Küchenholländisch« lustig.

Die Anerkennung von Afrikaans als Staatssprache hatte einen Nebeneffekt, der auch der Sache des Burentums förderlich war. Burische Südafrikaner genossen von nun ab bei der Besetzung von Staatsstellen Vorteile, da zumindest die Gebildeten unter ihnen zweisprachig waren, während die Südafrikaner britischer Abstammung bisher wenig Interesse an Afrikaans gezeigt hatten und demzufolge die »neue« zweite Staatssprache oft kaum beherrschten.

Nach jahrelangem Bemühen gelang es Hertzog 1928, eine südafrikanische Nationalhymne und Flagge einzuführen, die allerdings zunächst nur neben den britischen Staatssymbolen gesungen beziehungsweise gehißt wurde. Alle diese Bemühungen und Erfolge zeigten den burischen Südafrikanern, daß Hertzog einer der Ihren war, in deutlichem Gegensatz zu Smuts, den er so gerne als »Faktotum des Empire« bezeichnete und der sich später noch den ihm sehr abträglichen Beinamen »Suid Afrika se grootste Brit« (Südafrikas größter Brite) erwerben sollte. Und gerade weil Hertzog einer der Ihren war, erlebten es die Buren mit Stolz, daß es ihm gelang, sich auch auf dem internationalen Parkett, auf dem Smuts so geglänzt hatte, Ansehen zu verschaffen. Hertzog stach bei den verschiedenen Reichskonferenzen durch die Sachlichkeit seiner Argumentation vorteilhaft von den zwar oft sehr brillanten, aber auch ambivalenten Reden von Smuts ab. 1926 beziehungsweise 1930 erlangte er auf diese Weise maßgeblichen Einfluß auf die Formulierung der »Balfour-Erklärung« und auf deren Kodifizierung in dem »Statut von Westminster«, das nun Verfassungsgrundlage aller Dominions – auch der Südafrikanischen Union – wurde. Durch dieses »Statut« wurde die innere Struktur des britischen Empire damals völlig verändert und das britische Commonwealth zu einem Staatenbund umgestaltet, der im wesentlichen nur noch durch die gemeinsame Treue zur Krone zusammengeschlossen war. Hertzog schmeichelte sich damit, daß er durch seine Mitarbeit an diesen Beschlüssen von weltentscheidender Bedeutung die »souveräne Unabhängigkeit« und die »endgültige verfassungsmäßige Freiheit« für sein Land erreicht habe. Daß Smuts – gerade als »Faktotum des Empire« – seit 1917 ganz wesentlich an den Arbeiten beteiligt gewesen war, die die Balfour-Erklärung und das Statut von Westminster vorbereiteten, erwähnte er nie. Wußte er es nicht, oder fehlte es ihm an der menschlichen Größe?

Das waren große Erfolge für Hertzog, auch wenn es undeutlich blieb, ob es Erfolge im Sinne von Hertzogs »Zwei-Ströme-Theorie« oder Erfolge im Sinne eines burischen Chauvinismus waren. Ganz und gar nicht waren es Erfolge im Sinne einer Überwindung des Rassendenkens in Südafrika.

58. Südafrika wird Industrieland

Seinen Wahlsieg hatte Hertzog neben den großen Fehlern, die Smuts auf allen Gebieten begangen hatte, seinem Wahlbündnis mit der Labour Party und seinem Eintreten für die weiße Arbeiterschaft zu verdanken. Mit dieser Allianz hatte sich Hertzog zu einem Bündnis zugunsten der »verarmten Weißen« entschieden, deren Zahl inzwischen auf etwa 300 000 Menschen angestiegen war, knapp 20 Prozent des weißen Bevölkerungsteils und – was von besonderer Bedeutung war – überwiegend Buren.

Das verpflichtete Hertzog, zunächst an eine Sanierung der wirtschaftlichen Verhältnisse zu gehen. Dabei wandte er eine Politik des »deficit-spending« an (wobei an keiner Stelle deutlich wird, ob er hierzu durch Keynessche Gedanken angeregt worden war). Er versuchte, der Wirtschaft Anregungen durch Investitionen zu geben, die er mit erhöhter Staatsverschuldung finanzierte.

Es lag Hertzogs Denken allerdings völlig fern, diese Mittel zu einer Veränderung der schon bestehenden Grundstrukturen der südafrikanischen Wirtschaft etwa in einer Form zu verwenden, die eine entscheidende Erhöhung der schwarzen Löhne und damit der Kaufkraft am Markt bewirkt hätte. Im Gegenteil, Hertzog baute das bestehende System konsequent weiter aus und verwendete die eingesetzten Mittel direkt für neue Investitionen in der Industrie, insbesondere in der Sekundärindustrie.

Das hervorragendste Beispiel aus dieser Zeit ist der mit Staatsmitteln durchgeführte Ausbau einer unbedeutenden, von der Eisenbahnverwaltung betriebenen, Waggonfabrik zu dem großen Eisen- und Stahlwerk ISCOR, das heute in der südafrikanischen Wirtschaft eine zentrale Rolle spielt. Derartige Aktivitäten erforderten eine entsprechende protektionistische Zoll-, aber zunächst auch eine restriktive Lohnpolitik.

Hertzogs Maßnahmen bewirkten, daß sich die einseitige wirtschaftliche Abhängigkeit des Landes von Bergbau und Landwirtschaft allmählich verringerte. Jedoch bedeutete das Ende der einseitigen Förderung dieser beiden Wirtschaftszweige nicht, daß sie fortan vernachlässigt wurden. Der Anteil der Landwirtschaft am Bruttoinlandsprodukt ging während der 15 Jahre von Hertzogs Regierungszeit (1924–1939) zwar von mehr als 20 Prozent auf etwa 13 Prozent zurück, und derjenige der Industrie stieg von knapp 10 Prozent auf knapp 15 Prozent. Aber der Anteil des Bergbaus schwankte nur gering um 17 bis 18 Prozent. Diese Entwicklung muß zudem im Rahmen der Erhöhung des gesamten Bruttoinlandsprodukts in diesem Zeitraum gesehen werden, das von nominell etwa 500 Millionen (1924) auf nominell etwa 900 Millionen Rand (1939), mithin um rund 80 Prozent, stieg.

Auch die Landwirtschaft, aus deren Bereich ja ein großer Teil der »verarmten Weißen« stammte, wurde von Hertzog durch protektionistische Maßnahmen (Schutzzölle und finanzielle Exportförderung) nach den Möglichkeiten und im Rahmen seines Gesamtkonzepts gefördert.

Hertzogs Wirtschaftspolitik während der ersten Phase seiner Regierungszeit regte die Produktion in allen Sektoren der Wirtschaft erheblich an, unter gleichzeitiger Vernachlässigung der Nachfragekräfte am heimischen Markt und auf Kosten der Wettbewerbsfähigkeit am Weltmarkt. Die Folge dieser Politik war eine am heimischen Markt nicht absetzbare Überproduktion zu erhöhten Kosten. Damit diese am Weltmarkt abgesetzt werden konnte, obwohl ihre Kostengestaltung nicht wettbewerbsfähig war, bedurfte es einer entsprechenden regierungsseitigen Exportförderung durch Subventionen – für die sich ausweitende südafrikanische Wirtschaft eine erhebliche Gefahr in Krisenzeiten, in denen die Aufnahmefähigkeit des Weltmarktes zurückging. Als die Weltwirtschaft gegen Ende der zwanziger Jahre immer mehr einer krisenhaften Entwicklung zusteuerte und sich hieraus »die Weltwirtschaftskrise« unseres Jahrhunderts entwikkelte, wurde das sofort deutlich.

Die Wirtschaft Südafrikas wurde von der Krise erfaßt, Hertzog war gezwungen, mit Smuts eine Koalition einzugehen, die schließlich zu einer Fusion ihrer beiden Parteien führte. Das

Ergebnis war die »United Party«, die von nun an, 1933 bis 1948, die Regierungspartei der Südafrikanischen Union blieb. Hertzog besaß jetzt eine breite politische Basis, die es ihm erlaubte, einschneidende Maßnahmen durchzuführen.

Nach langem Zögern gab Südafrika den Goldstandard auf. Der Goldbergbau begann wieder aufzublühen. Die Weltwirtschaftskrise flaute ab und war schließlich überwunden. Hertzog fuhr mit seiner protektionistischen Wirtschaftspolitik auf der Basis eines niedrigen durchschnittlichen Lohnniveaus fort. Am Ende seiner Regierungszeit, 1939, war Südafrika ein Industrieland geworden (nur noch 27 Prozent der drei privilegierten Bevölkerungsgruppen Weiße, Coloureds, Inder waren in der Landwirtschaft tätig), die Urbanisierung aller Bevölkerungsgruppen schritt rasch voran, das Problem der »verarmten Weißen« war beseitigt, und die industriellen Berufe begannen die rassische Integration am Arbeitsplatz zu fördern. In schnell wachsendem Umfang stiegen burische Südafrikaner in leitende Positionen der Wirtschaft auf.

Hertzog hat große Erfolge in der Industrialisierung des Landes und in der Beseitigung der Armut unter den Weißen gehabt. Er hat jedoch eine planwirtschaftlich verzerrte Industrie entstehen lassen, die auf zu niedrigen Löhnen basierte und zu hohe Overhead (Regie-)Kosten verursachte. Das eine verhinderte das Entstehen eines aufnahmefähigen einheimischen Marktes, das andere stellte eine außerordentliche volkswirtschaftliche Belastung dar, die in Südafrika nur durch den Goldreichtum des Landes immer wieder kompensiert werden konnte.

59. Industriearbeit contra Rassenpolitik

Hertzog gehörte noch zu den Buren, die im Grunde bereit waren, die Coloureds als eine Bevölkerungsgruppe zu betrachten, die den Weißen zugehörig war. Er teilte die Auffassung, daß die

Coloureds gegenüber den Weißen, von denen sie weitgehend abstammten, gewisse Rechte geltend zu machen hätten, zumal sie ihre kulturelle Verwurzelung nur im europäischen Kulturkreis hatten. So stellte er beispielsweise die Coloureds den Europäern gleich, als er 1926 die Schwarzafrikaner und Inder von allen Möglichkeiten ausschloß, eine Qualifikation als Facharbeiter zu erhalten. Jedoch wollte auch Hertzog die Coloureds nicht in allem den Weißen gleichsetzen. Sie erlangten zum Beispiel in der Kapprovinz, wo die Männer das Wahlrecht von alters her besaßen, nie ein Frauenwahlrecht. Sie wurden auch nie von den das Wahlrecht einschränkenden Einkommens- und Vermögensbestimmungen befreit. Beides waren Wahlrechtsneuerungen, die Hertzog 1930/31 für die weißen Wähler einführte.

Die Art der Sonderbehandlung, welche die Coloureds durch Hertzog erfuhren, zeigt deutlich, daß es ihm bei diesen Maßnahmen nicht darum ging, eine durch Leistungen besonders qualifizierte Bevölkerungsgruppe herauszustellen. Es waren zweifellos nur rassische Gesichtspunkte, die ihn zu seiner Haltung bestimmten, sei es nun, daß er der Auffassung war, die weiße Rasse müsse auch dort noch besonders geachtet werden, wo sie sich – wie in den Coloureds – nur in abgeschwächter Form darbot, sei es, daß er sich ganz einfach »für die Sünden der Väter verantwortlich« fühlte.

Ganz anders verhielt sich Hertzog aber gegenüber den Schwarzafrikanern. Ohne jede Kompromißbereitschaft lehnte er es ab, ihnen irgendwelche Rechte innerhalb der weißen politischen Strukturen zuzugestehen. Ihre Wohn- und Arbeitsbedingungen wurden während Hertzogs Regierungszeit, teils mit Smuts' Duldung, teils unter seinem Mitwirken, erheblich verschlechtert.

Die Fusion seiner »Nationalen« mit Smuts' »Südafrikanischer Partei« hatte Hertzog endlich die langersehnte Zweidrittelmehrheit im Parlament verschafft, die es ihm 1936 ermöglichte, die Abschaffung des schwarzen Wahlrechts in der Kapkolonie durchzusetzen – mit einer Parlamentsmehrheit von 169 : 11. Die Zahl der Schwarzen, die sich in der Kapkolonie damals noch um das Wahlrecht bemüht und es auch erhalten hatten, war schon im Schwinden begriffen. Es waren noch 11 000. Die vielfältigen Behinderungen, denen die Schwarzen in ihrer Entwicklung stets unterworfen waren, hatten eine fruchtbare Entfaltung des im Kapwahlrecht enthaltenen Ansatzes ausgeschlossen.

Die Radikalisierung der Rassenpolitik, die Hertzog betrieb, mußte jedoch auch dem schwarzafrikanischen Widerstand neue, kräftige Auftriebe geben. Schon damals zeigte es sich, daß man nicht einerseits die Industrialisierung des Landes immer weiter ausbauen und damit die Urbanisierung der Bevölkerung in ihrer Gesamtheit vorantreiben und andererseits die Entrechtung des schwarzen Bevölkerungsteils forcieren konnte. Die natürliche Folge einer Verstärkung des Industrialisierungs- und Urbanisierungsprozesses hätte die Verbesserung der Bildungsmöglichkeiten und der Rechte aller Betroffenen – und nicht nur der Weißen – sein müssen. Jeder Industrialisierungsprozeß, der erfolgreich sein soll, erfordert verbesserte Möglichkeiten zur Persönlichkeitsbildung für alle, die in diese Entwicklung einbezogen werden. Nur dann wird der Mensch in die Lage versetzt, sowohl den neuen technologischen Anforderungen gerecht zu werden als auch die Eindrücke der neu entstehenden industriellen Umwelt zu verarbeiten. Wurden zwischen Menschen, die von der gleichen Entwicklung in gleicher Weise erfaßt waren, Unterschiede gemacht, die sich nicht aus sachlichen, sondern aus sachfremden – zum Beispiel rassischen – Gründen ergaben, dann mußten sich Widerstände erheben. Das zeigte sich in Südafrika schon vor dem Ersten Weltkrieg. Allerdings war damals der Industrialisierungsgrad des Landes noch relativ gering und die Rassengesetzgebung noch in ihrem Anfangsstadium. Die Verhältnisse änderten sich jedoch entscheidend, als Hertzog Mitte der zwanziger Jahre mit seiner forcierten Industrialisierungspolitik als einer Politik zur Förderung der »verarmten Weißen« begann. Der Industrialisierungspolitik trat gewissermaßen eine den industriellen Erfordernissen nicht gerecht werdende Rassenpolitik entgegen.

Daraus ergab sich ein Sprengstoff, dessen Explosivität mit fortgesetztem Wachstum stieg. Je mehr Schwarzafrikaner als Industriearbeiter benötigt wurden und Beschäftigung fanden, desto eindrücklicher wurde das Bild, das sich für sie in der engen Zusammenarbeit der Menschen in einem Industriebetrieb ergab, daß nämlich für jedermann sichtbar Rassekriterien keine Leistungskriterien sind. Hier in dem dichten Aufeinandergeworfensein einer Werkshalle war es nicht mehr zu verbergen, wenn leistungsfähige und leistungswillige Schwarze in ihren Möglichkeiten behindert wurden, während leistungsschwache Weiße in ihren Positionen oft überfordert waren, aber durch ihre Rasse vor dem Abstieg bewahrt blieben. Es gehörte zu einem der bleibenden Eindrücke von südafrikanischen Industriebetrieben, wie oft man dort bei einem Gang durch das Werk darauf hingewiesen wurde, daß an dieser oder jener Stelle ein Schwarzer die Arbeit tat, für die ein Weißer sein Gehalt bezog.

60. Hertzog steht zu seinem Wort

Hertzog rechnete es sich zunächst als einen großen persönlichen Erfolg an, daß es ihm in der Zeit der Krise gelungen war, Smuts mit der »Südafrikanischen Partei« in sein Lager zu ziehen und dessen Partei mit seiner eigenen zu der »United Party« zu vereinigen. Nach seiner Auffassung mochte dies auch zum richtigen Zeitpunkt die richtige Schlußfolgerung aus seiner »Zwei-Ströme-Theorie« gewesen sein. Nun waren die »beiden Ströme« des weißen Südafrikanertums in einer Partei vereinigt – und als man nach der Zeit schwerer wirtschaftlicher Depression die Köpfe wieder zu heben begann, konnte man feststellen, wie sehr das Burentum inzwischen auch in der Atmosphäre eines Landes mit weltweiter Aufgeschlossenheit und weltumspannenden Verbindungen an Format und Selbstbewußtsein gewonnen hatte.

Der Zeitpunkt der Vereinigung der beiden »Ströme« des Burentums und Britentums schien daher durchaus richtig gewählt – nun konnte nach Hertzogs Auffassung die gemeinsame Arbeit beginnen. Doch wurde auch sein fundamentaler Irrtum deutlich. Das gefestigte, aus den Werten der eigenen Art begründete Selbstbewußtsein hatte die Buren im Grunde nicht bereiter gemacht, sich mit dem Britentum zusammenzutun – und damit auf den Genuß eines Teils der neugewonnenen Werte zu verzichten. Die Buren waren nicht kompromißbereiter, sondern herrischer geworden, eine späte, jedoch bedeutungslos gewordene Rechtfertigung für Bothas gescheiterte Politik.

Es zeigte sich bald, daß die im allgemeinen liberal bestimmten Ideen der Briten nicht mit den völkisch-religiösen Überzeugungen eines »Afrikaner Broederbond« in einer Partei zusammengebunden werden konnten. Wenn dies doch geschah, dann konnte das nur ein Zweckbündnis sein; nur opportunistische Gründe konnten den Zusammenhalt einer solchen Partei bestimmen. Und diese hatte es im Tiefpunkt der Wirtschaftskrise zweifellos gegeben. Es gab sie später auch noch in rassenpolitisch bestimmten Vorhaben: Ohne das Zusammenspiel von Hertzog und Smuts wäre die Abschaffung des Wahlrechts der Schwarzen in der Kapkolonie nicht möglich gewesen.

Jedoch war es Hertzog nicht gelungen, alle Abgeordneten seiner ehemaligen »Nationalen Partei« für die Fusion mit der »Südafrikanischen Partei« zu gewinnen. Es scheint mir bezeichnend, daß die Opposition gegen dieses Zusammengehen von einem Theologen der Niederdeutsch-Reformierten Kirche, Daniel François Malan, ausging, einem alten Verehrer Hertzogs und Mitbegründer seiner »Nationalen Partei«. Ihm war der opportunistische Zug der neuen Partei zuwider. So gründete er mit 18 anderen Abgeordneten die »Gesäuberte Nationale Partei« (Gesuiwerde Nasionale Party), aus der später die heutige »Nationale Partei«, seit 1948 die Regierungspartei Südafrikas, hervorging.

Schon früher habe ich gesagt, daß Hertzog »handelte, wie er redete«. Auch jetzt stand er zu seinem Wort und seiner Meinung. Er war der Auffassung, daß der Gleichstand von Burentum und Britentum erreicht war und daß von Stund' an alle Sonderförderungen des Burentums zu unterbleiben hätten. Jedoch wurde er »die Geister, die er gerufen hatte, nicht mehr los«.

Als er sah, wie die Dinge liefen, griff er den »Afrikaner Broederbond«, diese mächtige Geheimorganisation, die ihn bisher unterstützt hatte, frontal an und sagte, 1935, in einer aufsehenerregenden Rede: »Was sehen wir heute um uns? Unermüdlich hitzige Versuche . . . nationale Uneinigkeit, unversöhnliche Abneigung und Haß zwischen den Rassen (gemeint waren Buren und Briten) hervorzurufen; Versuche, unsere kulturellen Werte, unsere Sprache und Religion, unsere Geschichte und unsere Abstammung zu feindlichen Angriffsinstrumenten herabzuwürdigen.« Offene Worte, die seine Geradlinigkeit und Ehrenhaftigkeit deutlich zeigen. Und noch 1938 erklärte er seinem chauvinistisch-nationalistischen Sohn Albert gegenüber, daß er »niemals seine Unterstützung Personen geben werde, die nicht bereit wären, Gleichheit und gleiche Rechte für die Afrikaans und die Englisch sprechenden Gruppen der südafrikanischen Nation anzuerkennen«.

Doch mit solchen Äußerungen hatte er sich jeder politischen Deckung begeben. Er selbst hatte die Buren auf den Kurs gebracht, der zu einem ausgeprägten völkischen Chauvinismus führen mußte. Dieser Zug war nicht mehr zu bremsen, auch nicht von Hertzog – und wenn er absprang, dann blieb er allein. Zwar hatte ihn der Pakt mit Smuts in den Verdacht eines britenhörigen Mannes gebracht, und seine Ablehnung weiterer Sonderförderungen des Burentums konnte solche Meinungen unterstützen. Doch mehr als Duldung konnte er auch von britischer Seite nicht erwarten.

61. Hertzog resigniert

Das Jahr 1938 wurde vom burischen Südafrika als das »Jahr der Mirakel« gefeiert. Es war das Jahr der hundertjährigen Wiederkehr des »Großen Trecks«, vor allem auch das Jahr der »Schlacht am Bloedrivier«. Am »Dingaanstag« – dem Tag der Vernichtung von Dinganes Zuluarmee – sollte bei Pretoria der Grundstein zu dem großen Voortrekker-Denkmal gelegt werden (1949 vollendet). Für diesen Tag war zu einem gewaltigen Ochsenwagentreck als »Sternfahrt« zur Grundsteinlegung aufgerufen worden. Von allen Dörfern aus starteten nach Voortrekker-Art ausgerüstete Ochsenwagen mit historisch gekleideten »Voortrekkers«. Es wurde ein großes Volksfest mit unzähligen vaterländischen Reden. Gleichzeitig kam es zur Gründung einer Reihe burisch-nationalistischer Vereine, darunter auch der paramilitärischen »Ossewa-Brandwag«.

Die Regierung hatte große Summen für den Bau des Monuments gespendet, aber das Festkomitee beschloß – welch ein Affront gegen Hertzog! –, keine prominenten Festteilnehmer zuzulassen, die der »United Party« angehörten. Hertzog, der Ministerpräsident – einst das Idol der Nationalen –, blieb zu Hause. Smuts nahm als einfacher »Afrikaner« teil. Man mag mit der Politik, die Hertzog betrieben hat, nicht übereinstimmen, man mag die Theorien, die er entwickelt hat, ablehnen. Trotzdem kann man ein gewisses Mitgefühl für die menschliche Tragik empfinden, die jetzt sein Lebensende überschattete.

Als der Zweite Weltkrieg ausbrach, war Hertzog schon ein gebrochener Mann. Er wollte den Kriegseintritt Südafrikas vermeiden, um das Land nicht noch weiter zu entzweien. Doch nun stellte Smuts sich ihm entgegen. Es kam zu der ersten und einzigen spektakulären Konfrontation zwischen diesen beiden so verschiedenartigen Männern, seit sie ihre Parteien sechs Jahre zuvor verbunden hatten. Smuts setzte seinen Standpunkt in Kabinett und Parlament mit jeweils nur sehr geringen Mehrheiten durch. Anstatt nun das Parlament aufzulösen und Neuwahlen auszuschreiben, trat Hertzog resigniert zurück. Er räumte kampflos das Feld und verließ mit 38 Abgeordneten seine Partei. Mit dem Auszug von Hertzogs Gruppe veränderte die »United Party« vollkommen ihr bisheriges Gesicht und wurde wieder zu einer stärker britisch orientierten Partei. 70 000 burische Südafrikaner versammelten sich an dem noch unfertigen Voortrekker-Denkmal und feierten frenetisch die »Rückkehr« Hertzogs und seiner Anhänger als die Rückkehr der verlorenen Söhne in die Gemeinschaft der Nationalen.

Hertzog geriet unter den Druck der Masse. Wiewohl er sehr genau wußte, wie verschieden die Auffassungen seiner Gruppe von denjenigen der Partei Malans waren, glaubte er sich doch gezwungen, der allgemeinen Stimmung nachgeben und sich mit Malans Leuten zusammenschließen zu müssen. Hieraus entstand die heutige »Nationale Partei«. Diese Partei aber war nicht mehr bereit, seiner Doktrin von den zwei gleichwertigen Strömen zu folgen. Die Gleichberechtigung der englischen Sprachgruppe wollte man nur noch im kulturellen, aber nicht mehr im politischen Bereich anerkennen, wie sich auf einem großen Parteikongreß zeigte. Als Hertzog dies erkannte, stand er auf und ging, wiederum kampflos, gefolgt lediglich von seinem früheren Finanzminister N. C. Havenga und wenigen Getreuen. Er gab alle seine Parteiämter auf und legte auch sein Parlamentsmandat nieder. Damit schied ein Mann aus dem politischen Leben Südafrikas, der mit eiserner Grundsatztreue »den burischen Südafrikaner aus dem Zustand der Inferiorität und Benachteiligung zu einer Position gehoben hatte, in der er . . . den Kopf hochtragen konnte« (René de Villiers). Sein Volk wußte ihm dies nicht zu danken. Hertzog starb zurückgezogen, enttäuscht und verbittert am 21. November 1942.

Politisch gesehen hinterließ Hertzog nach einer fünfzehnjährigen Regierungszeit ein Land, dessen heterogene Elemente in keinem Punkt zusammengeführt worden waren. Im Gegenteil: alle politischen und ethnischen Gegensätze waren während dieser Zeit in hohem Maße radikalisiert worden. Wieweit diese Entwicklung einer Zeitströmung entsprach oder wieweit sie durch Hertzog herbeigeführt worden war, vermögen wir nicht voll zu entscheiden. Sicher scheint auf jeden Fall, daß Hertzogs Politik bestehende Tendenzen zur Radikalisierung nicht gedämpft, sondern gefördert hat.

62. Smuts am Ende seiner Laufbahn

Eine offene Rebellion gegen die Kriegsteilnahme wie zu Beginn des Ersten Weltkriegs wurde bei Eintritt Südafrikas in den Zweiten Weltkrieg vermieden. Zwar forderte die bei der Einweihung des Voortrekker-Denkmals gegründete »Ossewa-Brandwag« lautstark die Ausrufung einer »autoritär-korporativen Republik«. Hierbei scheute diese Gruppe auch vor Bombenanschlägen nicht zurück. Doch dieses Mal rebellierte nicht das Militär, vielmehr ging die aufrührerische Stimmung von nationalistischen Kräften aus, die sich in ihren Tendenzen eher mit der nationalsozialistischen SA oder SS vergleichen lassen. Manche Führer dieser Bewegung hatten auch tatsächlich einen längeren Aufenthalt in Deutschland hinter sich.

Malan, der persönlich allzu radikalen Auswüchsen in seiner Partei ablehnend gegenüberstand, gelang es bald, den ausgebrochenen Rechtsextremismus wieder im Zaun zu halten. Smuts seinerseits war zeit seines Lebens mit Inhaftierungen nie zimperlich umgegangen. Er ließ auch nun wieder eine Reihe der aktivsten Radikalen in Sicherungshaft nehmen. Zu ihnen gehörte der spätere Minister und dann auch Staatspräsident Baltazar Johannes Vorster, der damals im Alter von 25 Jahren »General« der »Ossewa-Brandwag« war.

Smuts hatte es nach seinem Sieg über Hertzog im Kabinett und im Parlament nicht gewagt, sich in einer Wahl das Vertrauen des Volkes aussprechen zu lassen. So regierte er mehr als drei Jahre mit einer Parlamentsmehrheit, die Hertzog erworben hatte. Das war zumindest ein »Schönheitsfehler«. Als sich zu Anfang des Jahres 1943 das deutsche Kriegsglück gewendet hatte und die alliierten Truppen in Rußland (Stalingrad) und Afrika siegreich waren, benutzte Smuts deshalb die durch diese Kriegslage geschaffene euphorische Stimmung, um sich jetzt in einer Wahl ein Regierungsmandat zu holen. Dies gelang ihm zwar, die Parlamentsmehrheit fing aber bald an, wieder abzubröckeln.

Die eitle Seite von Smuts' Wesen trat bei dem am Kriegsende fünfundsiebzigjährigen Mann noch stärker als früher in Erscheinung. Auf der internationalen Bühne hielt er während des Krieges und auch danach viele schöne Reden. Jedoch wurde er nicht mehr in eine so entscheidende Rolle gerufen, wie er sie während des Ersten Weltkriegs hatte spielen können. Auch an der Ausarbeitung der »Charta der Vereinten Nationen« war er nicht mehr beteiligt worden. Das mochte ihn wehmütig an die Zeiten erinnern, als er entscheidend an der Schaffung der Völkerbundssatzung mitgearbeitet hatte.

Er begann bald, den Entwurf der UNO-Charta zu kritisieren und ihn als zu »legalistisch« zu bezeichnen. Auf diese Weise gelang es ihm noch einmal, den Auftrag zum Entwurf einer Präambel zu dieser Charta zu erhalten. Diese so schön formulierte, »zu Herzen gehende« Arbeit sollte sich allerdings bald als ein Bumerang erweisen. Zunächst konnte er jedoch auf der Konferenz von San Francisco ein letztes Mal die Achtung genießen, die man einem würdigen alten Staatsmann entgegenzubringen bereit war. Jedoch war nach einem Urteil der Zeit auch hier schon sein Auftreten »eher würdevoll als nützlich«. Ein erstes Zeichen für sein gemindertes Ansehen war es, daß ihm die amerikanische Regierung – nach anfänglicher Zusage – die Erlaubnis verweigerte, vor den beiden Häusern des Kongresses zu sprechen.

Smuts verließ 1946 erneut sein Land für ein halbes Jahr. Währenddessen wurde Südafrika von schwarzen und weißen Streiks erschüttert, und die von ihm weiterhin sehr unglücklich behandelte indische Frage führte zum Abbruch der Beziehungen zwischen Indien und Südafrika – zwei Commonwealth-Ländern.

Aber Smuts hielt zunächst in London belehrende Reden über das britische Commonwealth und die Kräfteverhältnisse in der Welt. Nach Teilnahme an der Pariser Friedenskonferenz sprach er im belgischen und niederländischen Parlament, auch in der Schweiz. Er fuhr nach Amerika zur UNO-Vollversammlung, wo er einer gereizten und feindlichen Stimmung begegnete. Die Vertreter Indiens und der Sowjetunion hatten die volle Sympathie des Hauses hinter sich, als sie Smuts' rassistische Inderpolitik unnachsichtig angriffen. Dabei ließen sie sich die Gelegenheit nicht entgehen, die von ihm so wohlklingend verfaßte Präambel zur UNO-Charta nun hämisch gegen ihn selbst ins Feld zu führen. Bei derselben Tagung mußte er auch in der Südwestafrika-Frage eine empfindliche Niederlage hinnehmen, vor allem, weil er nicht ausreichend vorbereitet war. Dieser einstige Völkerrechtsexperte ließ sich durch seine Eitelkeit zu Nachlässigkeiten verleiten, die seinem und Südafrikas Ansehen empfindlich schadeten. Ja, in der UNO war er mitunter direkt der Lächerlichkeit preisgegeben.

Erneute Möglichkeiten, seiner Eitelkeit zum Nachteil seiner politischen Stellung zu frönen, ergaben sich für Smuts im Jahr vor der entscheidenden Wahl von 1948 anläßlich des Besuches der britischen Königsfamilie in Südafrika und anläßlich seiner Teilnahme an der Hochzeit der späteren Königin Elisabeth mit Prinz Philipp in London. In beiden Fällen versäumte Smuts eine Reihe wichtiger politischer Pflichten, um sich als »Freund des britischen Königshauses« herauszustellen. Bei dieser Gelegenheit wurde Smuts als »Südafrikas größter Brite« apostrophiert, fürwahr kein gutes Signum für ihn in einem burischen Wahlkampf.

Die Wahl von 1948 führte die »Nationale Partei« Malans zu einem wenn auch keineswegs überzeugenden Sieg. Smuts hatte trotz seiner eklatanten Schwächen noch eine Mehrheit von 150 000 Stimmen erreicht, und nur das südafrikanische Wahlsystem, nach dem in jedem Wahlkreis die Reststimmen verfallen und keine Verrechnung über eine Landesliste erlaubt ist, ließ die »Nationalen« die Mehrheit der Sitze im Parlament erzielen. Da es dieses Wahlsystem jedoch ebenfalls mit sich bringt, daß Parteien, die mit Sicherheit in einem Wahlkreis nicht gewinnen können, dort überhaupt auf eine Kandidatur verzichten, läßt sich Smuts' Stimmenmehrheit auch nicht im Sinne einer echten Proporzwahl deuten. Es ist allerdings sicher, daß die Wahl von 1948 die »Nationale Partei« nur mit einer hauchdünnen Mehrheit an die Macht führte. Sie hatten im Wahlkampf ihren Slogan »Apartheid« sehr stark herausgestellt. Smuts dagegen war nun Führer einer Partei, die den größten Teil der britischen Wählerschaft und liberale Kreise des Burentums umfaßte. Er mußte im Wahlkampf betont liberale Thesen vertreten. Dabei konnte er gleichzeitig sein Image als liberaler Grandseigneur pflegen, was er im Alter ohnedies besonders gern tat. Wenn man berücksichtigt, wie sehr Smuts das für ihn ungünstige Wahlergebnis durch seine Eitelkeit selbst bewirkt hatte, dann kann man auch mit Gewißheit sagen, daß das Wahlergebnis kein Votum für die Apartheididee enthielt. Trotzdem brachte diese Wahl eine historische Entscheidung für Südafrika: Die »Nationale Partei« regiert seit weit mehr als 30 Jahren.

Smuts schied aus der Politik aus – und begab sich auf Vortragstournee nach England. Er starb, von Ehrungen überhäuft, am 11. September 1950 auf seinem Gut Doornkloof bei Pretoria. Er hat den heutigen Staat Südafrika so entscheidend mitgestaltet wie kein zweiter. Es scheint mir das Unglück Südafrikas zu sein, daß diese Macht in die Hände eines Mannes gelegt war, in dem sich scharfer Intellekt und menschliche Wärme nicht die Waage hielten. Die in entscheidenden Punkten von Smuts geschaffene südafrikanische Verfassung verhindert, daß sich die Menschen in diesem Land mit Offenheit begegnen können und daß die sozialen Abgrenzungen, die Abgrenzungen der Macht, durchlässig bleiben für alle.

Mit der Verhinderung eines – wie auch immer strukturierten – »farbenblinden« Wahlrechts wurde in die politischen Strukturen Südafrikas ein Gift eingesenkt, das dieses Land, je länger es wirkt, um so mehr gefährdet.

Schwarzafrikaner und das weiße Rassedenken

63. Der sozialpolitische Raster Südafrikas

Wir müssen uns jetzt wieder der schwarzen Bevölkerungsgruppe zuwenden, den Menschen, die drei Viertel der Gesamtbevölkerung des Landes ausmachen, denn auch wir sind ja gezwungen, nach dem Schwarzweißschema vorzugehen, das die verfassungsrechtliche Struktur des Landes uns auferlegt. Der gesellschaftspolitische Raster Südafrikas sieht nun einmal so aus, daß sich über der unprivilegierten Bevölkerungsgruppe der Schwarzen eine kaum privilegierte Gruppe, die aus Coloureds und »Asiaten« – hauptsächlich Indern – besteht (und 9 beziehungsweise knapp 3 Prozent der Gesamtbevölkerung beträgt), aufbaut. Über diesen lagert die voll privilegierte Schicht der Weißen (knapp 16 Prozent der Gesamtbevölkerung).

Schwarze, Coloureds und Inder bilden die soziale Unterschicht des Landes, wobei die große Masse der Schwarzen die unterste Ebene einnimmt und nur wenige von ihnen sowie einige Coloureds und Inder in eine soziale Mittelschicht aufsteigen konnten, die jedoch keinerlei rechtliche Privilegien besitzt. Die Gruppe der Weißen setzt auch heute noch, gestützt durch ihre Privilegien, mit geringen Ausnahmen erst in dieser Mittelschicht an und nimmt die gesamte Oberschicht ein.

Dieser Aufbau der südafrikanischen Gesellschaft ist, da es noch nie anders war, nicht nur durch den verfassungsmäßig festgelegten Raster erzwungen. Es wird in der heutigen Diskussion vielmehr meist zu sehr übersehen, in welchem Maße die jeweils gegebenen Umweltverhältnisse die Auswirkungen der verfassungsrechtlich festgelegten sozialen Strukturierungen verstärkten. Die Einflüsse, welche die Menschen im Sinne einer Beibehaltung ihrer sozialen Ausgangsposition prägen, beginnen ja schon vor der Geburt mit den Umweltverhältnissen, in die sich die Eltern zu fügen haben, und sie setzen sich das ganze Leben hindurch fort. So ist beispielsweise auch die Ausbildung der minderprivilegierten Gruppen mit geringen Ausnahmen fast ausschließlich Menschen überantwortet, die in den gleichen gedrückten sozialen Verhältnissen aufgewachsen sind wie diejenigen, die sie unterrichten. Das heißt, daß auch die Lehrkräfte der Minderprivilegierten schlechter qualifiziert sind als die der Privilegierten.

Es scheint mir gerade für die Beurteilung der südafrikanischen Verhältnisse wichtig, zu sehen, wie sehr eine benachteiligende Ausgangssituation unausgesetzt Folgewirkungen hat, welche die ursprüngliche Benachteiligung fort und fort – nach dem Schneeballsystem – verstärkt.

64. Möglichkeiten schwarz-weißer Begegnung

Gehen wir nun kurz in der Geschichte einen Schritt zurück und betrachten das schwarzafrikanische Verhalten gegenüber der Herausforderung, ja Bedrohung, die das Auftauchen der Europäer am Kap für sie bedeutet hatte, dann können wir vier Stufen der Reaktion feststellen.

Solange die Zahl der Weißen gering blieb, begegnete man den fremdartigen europäischen Menschen mit Liebenswürdigkeit oder, je nach Lage, auch mit Zurückhaltung. Dies galt für Kleingruppen selbst noch während der Zeit, als im großen schon schwere Kämpfe ausgebrochen waren.

Die zweite Stufe der Reaktion auf das nun als Gefahr erkannte Aufeinandertreffen war ein Jahrhundert voll verzweifelter Abwehrkämpfe gewesen. Sie hatten schließlich in einer Folge von Katastrophen geendet.

Diese Abwehrkämpfe waren jedoch, drittens, auch untermischt mit einigen Versuchen zur Kollaboration zwischen

Schwarz und Weiß. Das hervorragendste Beispiel dafür hat der große König Moshweshwe in Lesotho geliefert. Erfolgversprechende Ansätze zeigten sich aber auch bei Jonker Afrikaner in Südwestafrika. Selbst ein Shaka Zulu hatte in geringem Umfang eine Zusammenarbeit versucht. Kurz gestreift haben wir gleichfalls die Episode, wo der Abenteurer Coenrad van Buys als »Berater« des Xhosafürsten Ngqika wirkte. Dem können wir zur Vervollständigung des damaligen Szenenbildes noch hinzufügen, daß sich an Ngqikas Hof in der gleichen Zeit auch Johannes Theodorus van der Kemp aufhielt, eine schillernde Persönlichkeit, ehemals holländischer Offizier und Freund des Prinzen von Oranien. Später war er Arzt geworden, und nun stand er am Anfang einer erfolgreichen Tätigkeit als Missionar in Südafrika. Diese Versuche, gemeinsam neue Lebensgrundlagen in Südafrika zu schaffen, scheiterten letzten Endes jedoch immer wieder daran, daß die europäische Kolonialmacht – vor allem Großbritannien – sie unterband.

So blieb schließlich, viertens, nur ein Weg, der es Schwarzafrikanern ermöglichte, aus der Begegnung mit dem Europäertum und seiner Kultur positive Ergebnisse zu ziehen. Die einzelnen Menschen selbst mußten versuchen, sich persönlich einen Zugang zu dem geistigen und technischen Bildungsstand der westlichen Welt zu verschaffen, Ideen und Techniken zu erwerben, um die neue Zeit zu bestehen.

Dieser Weg wurde seit der ersten Hälfte des 19. Jahrhunderts, seitdem deutlich geworden war, daß sich militärische Erfolge gegen die Weißen nicht erzielen ließen, beschritten. Die schwarzafrikanische Bereitschaft, diesen Weg zu gehen, entwikkelte sich gleichzeitig mit den philanthropischen europäischen Bemühungen, gesellschaftsrechtliche Veränderungen in den Kolonien durchzusetzen (Abschaffung der Sklaverei usw.) – vor allem aber auch parallel mit dem handfesten Angebot christlicher Missionen, durch Missionsschulen den Angehörigen der Kolonialvölker Zugang zu den westlichen Bildungswerten zu verschaffen.

Gelang es den Schwarzafrikanern, diesen vierten Weg, den Bildungsweg, erfolgreich zu durchlaufen, dann war eine neue Ausgangssituation geschaffen, und es war wiederum offen, ob die weitere Zukunft bei gleichem Bildungsstand durch Konfrontation oder durch Zusammenarbeit bestimmt sein würde. Ich bin der Auffassung, daß wir heute energisch und überlegt beginnen müssen, diese neue Ausgangssituation zu formen.

65. Die christliche Mission

Die Missionare hatten mit ihren Bildungsbemühungen stets ganz unten anzusetzen – »in the grass roots«, wie es im heutigen entwicklungspolitischen Jargon heißt. Die Aufnahme europäischer Bildungselemente war im Schwarzafrikaner ja durch nichts vorbereitet. Unterschiedlichkeit wirkte sich auch in den verschieden gearteten Erwartungen aus, die beide Seiten – weiße Missionare und schwarze Missionsschüler – in die christliche Mission setzten.

Die Schwarzen hatten in einer Kultur gelebt, in der sich alle Aspekte des Lebens gegenseitig durchdrangen. Das »jenseitige« Leben der Ahnen webte am »diesseitigen« Leben der Lebenden mit. Die Lebenden beeinflußten durch ihr Verhalten das »Schicksal« der Verstorbenen. Wirtschaftliche Mißstände oder Krankheiten waren die Folgen falschen religiösen Verhaltens. Doch die geistigen, die göttlichen Kräfte waren wiederum abhängig von bestimmten liturgischen, ökonomischen oder auch technischen Verhaltensweisen. Kurz, die bunte Vielfalt des Lebens, das sich weit über Geburt und Tod hinaus erstreckte, ließ eine abgesonderte Betrachtung und Behandlung von Einzelaspekten nicht zu.

Wenn die Schwarzen sich den Missionsschulen zuwandten, dann im allgemeinen deshalb, weil sie ihnen die Eingangspforte zu dem Leben zu sein schienen, das dem Weißen seine Überlegenheit über den Schwarzen vermittelte. Der Gesamtaspekt weißer Überlegenheit war weithin das Kriterium, das den Besuch von Missionsschulen oder Einzelkonversion bewirkte.

Auf der anderen Seite stand der Missionar. Er war als Einzelpersönlichkeit keineswegs ein echter Repräsentant der europäischen Kultur seiner Zeit. Im allgemeinen hatte er sogar außerordentlich wenig Kontakt zu all den Seiten des Europäertums, die – vordergründig gesehen – dessen äußere Erfolge bewirkten. Er besaß meist nur sehr geringe technische, ökonomische, militärische usw. Kenntnisse. Ja, sogar sein theologisches und religionswissenschaftliches Wissen war gering. Hingegen war ihm meistens eine tiefe Gläubigkeit eigen, die er mit einer relativ einfachen Schulbildung, einigen handwerklichen Fertigkeiten und einfachen theologischen Grundvorstellungen verband. Der christliche Missionsbefehl, alle Völker zu lehren, wurde von diesen Missionaren oft sehr eng verstanden. Vielen ging es darum, möglichst viele »Schafe« für ihre spezielle Kirche (Denomination) zu gewinnen. Für andere wiederum stand die Verbreitung bestimmter europäisch-christlicher Ausdrucksformen der Liturgie, der Lebensgestaltung oder auch des Verhaltens im Vordergrund. Sehr selten waren die Missionare Persönlichkeiten, deren theologischer und psychologischer Horizont es ihnen ermöglichte, auf die kulturelle und psychische Situation ihrer Zöglinge einzugehen. Die Tatsache, daß die christlichen Missionsgesellschaften im allgemeinen Missionare in die Missionsgebiete entsandten, deren Ausbildung und Bildung bei weitem nicht den Erfordernissen genügten, versinnbildlicht im übrigen auch einen Aspekt christlicher Überheblichkeit.

Die unterschiedlichen Erwartungshaltungen, die in all dem zutage traten, mußten letzten Endes auf beiden Seiten immer wieder zu tiefen Enttäuschungen führen – wenn auch keinesfalls ausgeschlossen werden darf, daß das persönliche Beispiel wahrer Selbstaufopferung im Glauben, das viele Missionare gaben, oft eine tiefe und überzeugende Wirkung ausübte.

Namibia. In einem schwarzen katholischen Missionskrankenheim

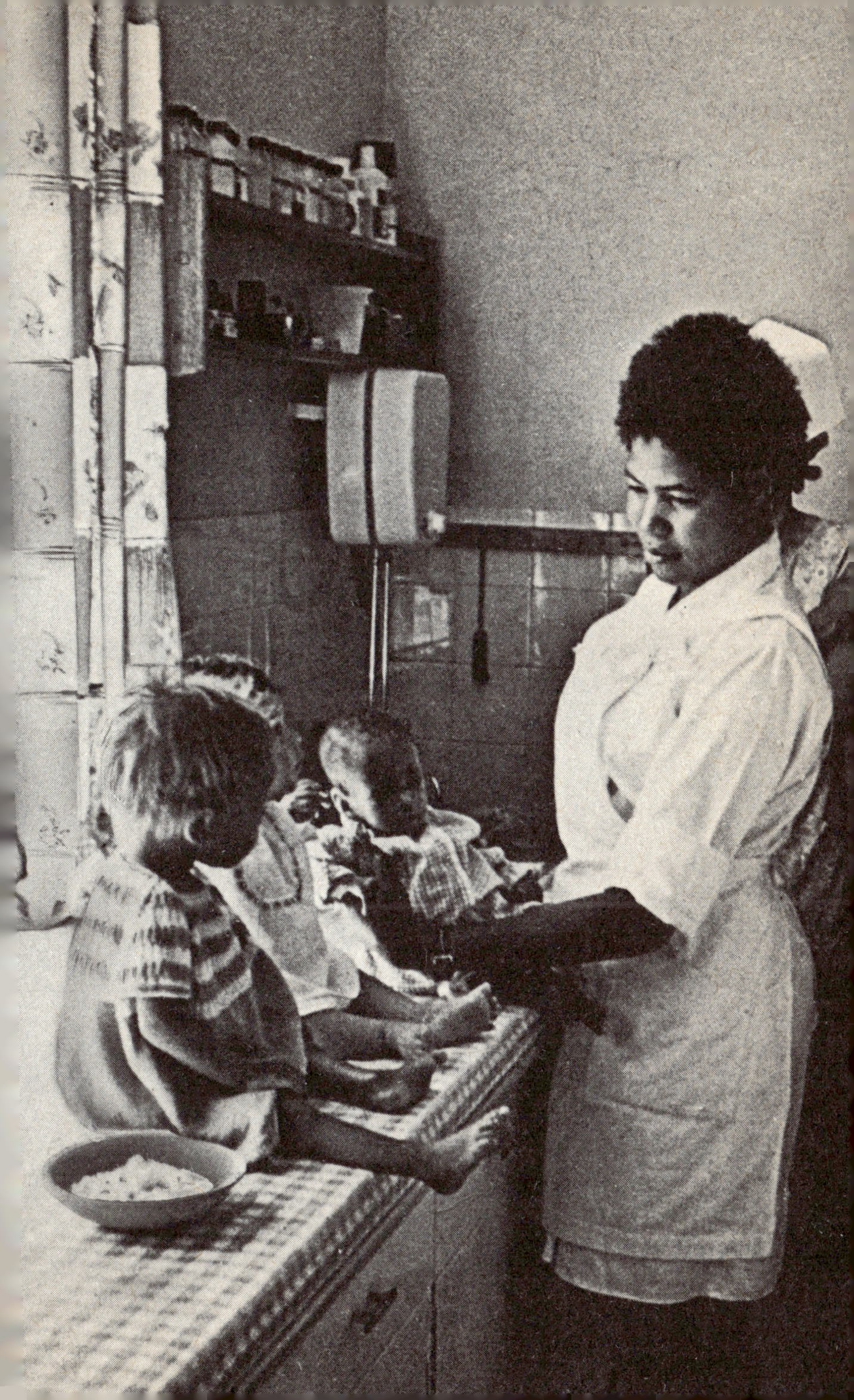

Bei dem damaligen Stand ihrer Ausbildung konnte es den wenigsten Missionaren bewußt sein, wie wenig es einem Menschen möglich ist, selbst bei einem lebensverändernden Schritt die eigene Vergangenheit abzuschütteln. Und doch war es unvermeidbar, daß auch die Missionsschüler und christlichen Konvertiten weiterhin den Einflüssen ausgesetzt blieben, die von den »Roten« – den Anhängern der alten afrikanischen Ordnungen – ausgingen. Diese »Roten« (so genannt, weil sie sich mit rotem Lehm schminkten – in abgelegenen Teilen der Transkei kann man dies bei besonderen Gelegenheiten noch heute finden) betrugen um das Jahr 1880 etwa 80 Prozent der schwarzen Bevölkerung. Wie stark diese Einflüsse heute noch sind, läßt sich zahlenmäßig überhaupt nicht abschätzen. Immerhin geben die knapp 50 Prozent der Schwarzafrikaner, die sich heute als Mitglieder »schwarzafrikanischer unabhängiger Kirchen« und »anderer Religionen« offiziell kennzeichnen lassen, einige Fingerzeige.

Die Vielfältigkeit der Erwartungen, mit denen Schwarze in eine Missionsschule eintraten, entspricht in gewissem Umfang natürlich auch der Vielfältigkeit der Motivationen, die sie dort aufnahmen und mit denen sie die Schule verließen.

Eine der bekanntesten Missionsschulen wurde das 1824 von Presbyterianern gegründete Lovedale. Diese Schule liegt im Ortsbereich des heutigen Städtchens Alice – 120 Kilometer westlich von East London. Mit ihrem Wirken hängt sowohl die spätere Gründung der angesehensten schwarzen Universität, Fort Hare, als auch die ebenfalls neuere Errichtung eines theologischen Seminars – beide am selben Ort – zusammen. Lovedale haben so unterschiedliche Persönlichkeiten durchlaufen wie Tiyo Soga (1829–1871, Sohn eines Beraters des Xhosafürsten Ngqika und der erste in Europa – wo er eine Schottin heiratete – ordinierte schwarze Theologe) oder John Tengo Jabavu (1859–1921, er wurde einer der führenden gemäßigten schwarzen Politiker; 1909 war er Mitglied einer anläßlich der Unionsverhandlungen nach London entsandten schwarzafrikanischen Delegation, seit 1888

Herausgeber einer gut redigierten schwarzafrikanischen Zeitung; zahlreiche weiße Persönlichkeiten der Zeit gehörten zu seinen Freunden, so Bothas Minister für Eingeborenenangelegenheiten J. W. Sauer und die beiden Ministerpräsidenten der Kapprovinz J. X. Merriman und W. P. Schreiner), Mpambane J. Mzimba (gestorben 1911, als erster Lizentiat von Lovedale; er enttäuschte seine frühere Schulleitung sehr, als er eine der ersten »Äthiopischen Kirchen«, eine afrikanische Absplitterung von einer Missionskirche, gründete), Z. K. Matthews (1901–1968; er wurde nach dem Studium der Rechte in Fort Hare, Yale/USA und London Professor für afrikanische Studien in Fort Hare; später war er Gastprofessor am Theologischen Seminar in New York; 1961 wurde er mit dem Ehrendoktorat der – weißen – Universität Grahamstown ausgezeichnet; in den sechziger Jahren bereiste er Afrika im Auftrag des Weltkirchenrats; 1966 wurde er zum Botschafter von Botswana in Washington ernannt). Aber auch die bekannte südafrikanische (weiße) Sozialanthropologin und Historikerin Monica Wilson (geboren 1908) saß auf der Schulbank in Lovedale – wie sie berichtet, neben einer Nachfahrin des Xhosafürsten Ngqika.

Mission und Missionsschulen versuchten sicherlich in den meisten Fällen ihren schwarzen Zöglingen und Konvertiten ein möglichst geschlossenes, bruchfreies und idealisiertes Bild des Christentums zu vermitteln. Dieses Bemühen konnte von den Schülern innerlich akzeptiert werden, es konnte aber auch zu schweren Enttäuschungen führen, wenn gläubige Schwarze später mit den Realitäten des europäischen Christentums konfrontiert wurden und dann die Mission als eines der Mittel zu interpretieren begannen, die die weiße Vorherrschaft untermauern sollten.

So gibt es durchaus unterschiedliche Resonanzen auf die weißen Missionsbemühungen. J. E. K. Aggrey, ein Mann, der in den zwanziger Jahren großen Einfluß auf die Entwicklung panafrikanischer Ideen ausübte, schreibt beispielsweise: »Wenn ich . . . auf mein Leben zurückblicke, dann würde ich es gern noch einmal erleben, wenn diese sich aufopfernden Lehrer – weiße Missionare, Männer und Frauen – auch dabei wären.« Ähnlich hatte sich auch John Langibalele Dube – der wenig später der erste Vorsitzende des ANC (African National Congress) wurde – 1911 geäußert: »Die weißen Missionare gehören zu den Besten ihres Heimatlandes. Dort hätten sie Reichtum und Ansehen erwerben können. Statt dessen krochen sie auf Händen und Knien in Zuluhütten ... Die Missionare haben nicht nur das Evangelium gebracht, sondern auch den Pflug und Schulen. Sie haben den Zulu wieder Selbstvertrauen gegeben.« Man muß annehmen, daß derartige positive Urteile über das missionarische Wirken besser überliefert wurden als gegenteilige Aussagen. Wenn man jedoch berücksichtigt, wer solche Urteile abgab und wie sich die gebildeten Schwarzafrikaner zu Anfang unseres Jahrhunderts verhielten, dann scheint es doch sicher, daß die positiven Urteile aus dieser Zeit echt und qualifiziert waren.

In dem Maße, in dem das Ansehen der Europäer sank und die Fragen nach der Begründung ihres Führungsanspruchs akzentuierter gestellt wurden, waren auch die schwarzen Urteile über die Mission differenzierter. So schreibt Lawrence B. Zulu, einer der ausgewogeneren Theologen der heutigen mittleren Generation: »Die Missionare des 19. Jahrhunderts brachten den schwarzen Menschen die christliche Religion ... Mit dieser christlichen Religion empfingen die Schwarzen die zerrissene und gespaltene Kirche, die Europa sowohl erträgt als auch liebt. Es ist interessant, daß in jener Kirche kaum ... die Rede davon war, daß Christus der Grund der Einheit der Kirche ist. Statt dessen wurde rigoros verboten, Gott nach einem anderen Bekenntnis als dem eigenen zu verstehen. Daß das Evangelium überhaupt gepredigt wurde, ist etwas, was mich erstaunt ... Aber irgendwie taten es die Missionare. Es ist schwer zu sagen, ob sie wirklich – wie Paulus – Christus predigten ... Jedenfalls scheint das Christentum, das auf uns gekommen ist, zu sehr mit dem Bau von Kirchen und der Heiligung des Sonntags verbunden ... Ich weiß nicht, wieweit den schwarzen Bekehrten wirklich die Liebe Gottes verkündet wurde oder wieweit die christliche Verkündigung von ihnen im Zusammenhang mit intensiven Beschreibungen der Hölle und ihrer Qualen angenommen wurde ... Die Bezeichnungen Eingeborener und Kolonist waren bequem zur Hand ... Ich bin überzeugt, daß die meisten Missionare ... sich einem echten Dilemma gegenübersahen. Sie waren Weiße, Bürger ihrer Heimatländer in Übersee ... Sie schuldeten ihren Heimatländern ein gewisses Maß an Loyalität. Gleichzeitig hatten sie als Diener Christi schwarze Heiden zu bekehren. Für ihren Schutz und ihre Sicherheit waren sie abhängig von kolonialen Regierungen ... So wurden einige von ihnen Pseudokolonisten und benutzten die Religion, um die Schwarzen der weißen Herrschaft zu unterwerfen. Andere stellten sich gegen ihre Landsleute und traten der schlechten Behandlung der Schwarzen durch die Weißen entgegen.«

66. Äthiopische und zionistische Kirchen

Die sicherlich nicht aus der Luft gegriffenen Darstellungen Lawrence Zulus machen es deutlich, und Erfahrungen, wie sie beispielsweise Jonker Afrikaner in Südwestafrika mit den von ihm herbeigerufenen Missionaren oder Moshweshwe in Lesotho mit den ihn bekämpfenden Missionaren machten, veranschaulichen es noch mehr, daß es im 19. Jahrhundert einen großen Teil von christlichen Glaubensboten gab, die ihren Aufgaben nicht gewachsen waren. Solche Theologen wirkten allerdings wohl kaum an Schulen, die die ersten westlich gebildeten schwarzafrikanischen Bildungsschichten erzogen. Die Kirchenmänner, die Lawrence Zulu teilweise in den Vordergrund seiner Betrachtungen stellte, hatten großenteils selbst auch nur eine sehr einfache theologische Ausbildung erfahren. (Natürlich stellt sich hier im Rückblick die Frage, wieweit durch eine unzureichende Vorbereitung der christlichen Sendboten bis heute fortwirkende Spannungen in das Verhältnis von Schwarz und Weiß getragen worden sind.)

Der Eindruck, den theologisch schlecht ausgebildete Vertreter des Christentums bei den nach neuer Lebensorientierung suchenden schwarzen Menschen hervorriefen, wird oft schon von Anfang an kontrovers gewesen sein. Viele Missionserfolge waren nur möglich, weil die schwarzafrikanischen Konvertiten glaubten, auf diesem Wege den Anschluß an das »westliche« Bildungssystem oder gar auch nur den Anschluß an westliche Machtstrukturen erreichen zu können.

Aber ein Christentum, das unter solchen Bedingungen vermittelt wurde, konnte kein Christentum sein, das den Menschen eine religiöse Heimat schenkte. Es konnte niemals wirklich an die Stelle des alten religiösen Erlebens afrikanischer Völker treten, schon gar nicht, wenn Missionare alle Erscheinungsformen alter Religiosität rundweg als Heidentum und sündhafte Götzenverehrung abtaten und alte Institutionen, wie die Polygamie, als schwere Sünde verdammt oder menschliche Nacktheit als sündige Unkeuschheit bestraft wurden.

Konvertiten fanden in ihren neuen Kirchen häufig kein Verständnis für die Probleme, die ihnen alte Glaubensvorstellungen auch noch nach ihrer Konvertierung bereiteten. Menschen, die von Jugend an gewohnt waren, unter dem Blick ihrer Ahnen zu leben, werden kaum in der Lage gewesen sein, diese Vorstellungen wirklich aufzugeben, mochten sie auch noch so sehr versuchen, ihre Gedanken und Gefühle zu verdrängen. Ebenso wird es Menschen, die sich bisher in der Gemeinschaft ihres Stammes behütet gefühlt hatten, kaum möglich gewesen sein, soziale Bindungen aufzugeben, die bisher als wesentlich empfunden worden waren.

Diese Schwierigkeiten steigerten sich natürlich noch, wenn ernsthafte schwarze Konvertiten mit dem seichten und oberflächlichen Christentum zahlreicher Europäer konfrontiert wurden oder wenn schwarze Christen feststellen mußten, daß es Unterschiede zwischen weißen und schwarzen »christlichen Brüdern« zu geben schien, die eine Trennung der christlichen Gemeinschaft begründen sollten. Wen kann es wundern, daß man die »Gemeinschaft« einer Kirche verließ, die keine Gemeinschaft zu geben vermochte, und selbst Kirchen gründete, die der eigenen Art angemessener waren.

Die ersten »Kirchen« dieser Art entstanden bereits in den achtziger Jahren des 19. Jahrhunderts. Schon bald wurden sie »äthiopische« Kirchen genannt. Dieser Name hängt damit zusammen, daß Äthiopien 1868 durch den britischen Feldzug gegen Kaiser Tewodros das Weltinteresse auf sich gezogen hatte. Damals war es den schwarzen Christen in Afrika deutlich geworden, daß Christen nicht nur in Europa lebten, sondern auch in Afrika. Ja, es gab sogar ein genuin afrikanisches Kaiserreich, das schon in der Frühzeit der Christenheit christlich geworden war.

Als gar 1896 die Äthiopier die Italiener – also Europäer – bei Adua besiegten, verklärte sich der Name Äthiopiens noch mehr: Die Äthiopier waren nicht nur früher als die meisten Europäer Christen geworden, sie hatten noch in jüngster Zeit Europäer sogar im Kampfe besiegt. »Äthiopisch« wurde nun zum Sammelbegriff für alle schwarzen Kirchen, die sich aus den verschiedenen Missionskirchen herauslösten. Ihre religiösen Vorstellungen füllten sich zwar immer mehr mit den unterschiedlichsten Afrikanismen an, jedoch blieben im allgemeinen strukturelle Ähnlichkeiten und theologische Bezüge zu den ursprünglichen Mutterkirchen bestehen.

Eine ganz andere Herkunft hatten die sogenannten »zionistischen« Kirchen in Südafrika. Sie entstanden wesentlich später, meist erst nach dem Ersten Weltkrieg, und sie hatten einen direkten Zusammenhang mit der amerikanischen »Pfingstlerbewegung«, die vor allem »Zungenrede«, »Glaubensheilung« und »Prophetie« pflegte. Die 1896 in »Zion City« bei Chicago gegründete »Christian Catholic Apostolic Church in Zion« hatte ihre Abgesandten auch nach Südafrika geschickt, wo der Name »Zion« natürlich sofort mit dem Berg Zion in Jerusalem in Verbindung gebracht wurde – was ja letzten Endes, wenn auch auf dem Wege über Chicago, richtig ist. Der afrikanische »Zionismus« hat somit nichts mit dem jüdischen »Zionismus« zu tun.

Der bekannteste schwarzafrikanische zionistische Prophet war Isaiah Shembe (1870–1935), ein – in westlichem Sinne – völlig ungebildeter Mann. Er übte durch Jahrzehnte einen gewaltigen Einfluß im Zululand aus. Die Opferbereitschaft, die er anregte, war so groß, daß er bei seinem Tode 13 ihm geschenkte Farmen hinterließ. Shembe hat an die 200 Hymnen gedichtet. Schon als junger Mann zog er predigend und heilend durch die Lande. Er sprach offensichtlich eine tiefe religiöse Sehnsucht der in allen ihren Grundlagen verunsicherten schwarzen Menschen an. Sein Einfluß war so stark, daß die Regierung ihm 1928 nachgeben mußte, als er sich gegen den Impfzwang wandte. Schließlich erlangte Shembe messianisches Ansehen. Von einer Angehörigen seiner »Nazarener«-Sekte wird berichtet, daß sie einem Frager geantwortet habe: »Jesus?! Den haben wir nur auf Bildern gesehen. Aber ich kenne Shembe und glaube an ihn. Er schuf Himmel und Erde; er ist für uns der schwarze Herrgott.« Derartige Vorstellungen konnten dann in der Idee von einem Himmel gipfeln, in den ein schwarzer Christus nur Schwarzen Einlaß gewährt. An Shembes Grab jubilierte die Menge: »Er ist heilig!« Sicherlich – dies sind alles ekstatische Visionen, aber sie hatten ihre Kraft – und wie viele Menschen gab es doch, die diese Kraft suchten und brauchten!

Heute bestehen in Südafrika schätzungsweise 3000 unabhängige schwarze »Kirchen«, die alle reinen Sektencharakter haben. Sie gehen in der Regel auf die Erleuchtungen einer als heilig verehrten Person zurück, sehen sich aber auch als Christen an. Ihre Mitgliedszahlen schwanken zwischen einigen Dutzend Gläubigen und Zehntausenden von Anhängern.

67. Verbitterung der gemäßigten Schwarzafrikaner

Die Sehnsucht nach innerer Befreiung und äußerer Anerkennung lebte in den schwarzen Menschen schon lange, bevor sie intellektuell reflektiert wurde. Die neue schwarzafrikanische Bildungsschicht benötigte eine lange Zeit, bis sie erkannte, daß die europäische Machtgruppe nicht bereit war, sie in ihre Gemeinschaft aufzunehmen. Das Wahlrecht der Kapprovinz und das Verhalten einer ganzen Anzahl der dortigen Europäer hatten zunächst den Eindruck entstehen lassen, daß sich in Südafrika eine neue Gesellschaft bilden könnte, deren Kriterien vor allem religiöse Gemeinschaft, gleichartige Bildung und ein einheitliches Wirtschaftssystem sein würden. Aus solchen Auffassungen entstand dann die Erwartung, daß die an eine neue Führungsschicht zu stellenden Anforderungen sich aus den neuen kulturellen Verhältnissen ergeben würden – und rassische Kriterien hierbei keine Rolle spielten. Männer wie etwa der schon genannte John Tengo Jabavu wurden ein Opfer solcher Auffassungen.

Derartige Täuschungen hatten dazu geführt, daß die schwarzafrikanische Seite lange nichts unternahm, um sich als eine rassebezogene politische Machtgruppe mit entsprechenden rassisch ausgerichteten politischen Ansprüchen zu profilieren und zu organisieren. Jabavu unterstützte beispielsweise 1911 einen weißen Kandidaten in den Provinzwahlen am Kap. Noch 1920 standen zwei der ältesten Vertreter der schwarzen Bildungsschicht in der Politik, Jabavu und Walter Rubusana, gegeneinander im Wahlkampf, wobei jeder den anderen am Erfolg hinderte und ein Weißer der »lachende Dritte« wurde.

Der »African National Congress« (ANC) war zwar 1912 als eine Organisation zur Vertretung schwarzafrikanischer Interessen gegründet worden, aber er hatte zunächst große Schwierigkeiten, Popularität zu gewinnen. Ja, er wurde als eine Angelegenheit geltungsbedürftiger schwarzer Intellektueller angesehen. Sein erster Vorsitzender, John Langibalele Dube (1871–1946, Theologe; Studium in den USA; stark engagiert in der

Verbesserung des Schulwesens für Schwarze; Journalist und Schriftsteller), war ein Mann, der noch große Achtung vor dem europäischen und amerikanischen Missionswesen hatte. Männer wie Jabavu hielten sich vom ANC fern, der 1928 schließlich kommunistisch unterwandert wurde und auch nach Revidierung dieses Einbruchs bis 1940 ohne besondere politische Bedeutung blieb.

Inzwischen hatten aber Smuts und Hertzog eine Reihe von Gesetzen verabschieden lassen, welche die ohnehin nur geringen Rechte der Schwarzafrikaner weiter einschränkten. Smuts hatte als Ministerpräsident 1923 die rassische Trennung der Wohngebiete in den Städten gesetzlich verfügt und 1924 mit dem sogenannten »Industrieschlichtungsgesetz« (durch seine Definition des »Angestellten«) die meisten Schwarzafrikaner von der Mitgliedschaft in registrierten Gewerkschaften ausgeschlossen. 1927 hatte Hertzog mit der »Immorality Act« den nichtehelichen Geschlechtsverkehr zwischen Weißen und Schwarzafrikanern verboten; 1930 wurde das Gesetz über die städtischen Wohngebiete verschärft; ein anderes Gesetz führte damals die rassische Trennung in öffentlichen Transportmitteln ein. Der schwerste Schlag war 1936 erfolgt, als Hertzog und Smuts ihre gemeinsame Regierung gebildet hatten und die Schwarzafrikaner ihr Wahlrecht in der Kapprovinz verloren.

Damals war allerdings ein »Rat der Eingeborenenvertretung« geschaffen worden, der unter dem Vorsitz des Ministers für Eingeborenenangelegenheiten tagen und besondere schwarze Anliegen beraten sollte. Die schwarze Seite besetzte diesen Rat mit ihren hervorragendsten damaligen Vertretern; hierzu gehörten Dube, der neue aktive Vorsitzende des ANC, Alfred B. Xuma, Matthews und der spätere Friedensnobelpreisträger Albert Luthuli. Bei einer so qualifizierten Besetzung wäre es möglich gewesen, diesen Rat zu einem politisch wertvollen Instrument zu machen. Die Gelegenheit wurde versäumt. Der Rat wurde – nach den Worten Luthulis – zu einem »Kindertelephon ohne Amtsanschluß«, das heißt »zu einer unverbindlichen Schwatzbude«.

Hierdurch wurden – jetzt erst – die gemäßigten schwarzen Politiker endgültig vor den Kopf gestoßen. Mit Verbitterung erkannten sie die Notwendigkeit, radikalere Methoden zur Durchsetzung schwarzer Anliegen anzuwenden. Hier zeigt sich deutlich, in welch geringem Maße die in parteipolitischen Querelen und burisch-britischem Antagonismus befangenen weißen südafrikanischen Politiker damals die geistige Entwicklung, die auf der schwarzen Seite stattfand, im Blick hatten und richtig einzuschätzen verstanden. Das sture Festhalten an altväterlichen Klischeevorstellungen führte zu oft krassen Fehlbeurteilungen der schwarzafrikanischen geistigen Entwicklung und zu einem Verhalten, das von schwarzer Seite nur als in höchstem Maße arrogant empfunden werden konnte.

Um einen Eindruck von dem Bildungsstand und der Fähigkeit zu wahrhaft weiser Reflexion zu geben, die führende Schwarze damals erreicht hatten, möchte ich einige Sätze von Davidson Don Tengo Jabavu (1885–1959), dem Sohn von J. T. Jabavu, zitieren. (Jabavu war Philologe und Politiker; er hatte in Fort Hare und London studiert; zum Zeitpunkt der zitierten Rede lehrte er als Professor für Bantusprachen an der Universität Fort Hare.) Er sagte 1936, wenige Monate nach der Verabschiedung des Gesetzes, das den Schwarzen ihr Wahlrecht genommen hatte, auf einem Kongreß der »Allafrikanischen Versammlung«, die er nach Bloemfontein einberufen hatte: »Alle Schwarzafrikaner und alle nichtweißen Rassen der Welt waren entsetzt über den zynischen Überfall Italiens auf den letzten unabhängigen Staat, der eingeborenen Afrikanern gehört (italienische Besetzung Äthiopiens 1935/36). Nachdem wir 20 Jahre lang sehr viel über Rechte kleiner Nationen, Selbstbestimmung, christliche Ideale, Unverletzbarkeit von Verträgen, humane Kriegführung, die Heiligkeit des gegebenen Wortes, die Gloriole der europäischen Zivilisation und vieles mehr gehört hatten, hat die kurze Geschichte der letzten acht Monate diese europäische Tünche entfernt und den weißen Barbaren gezeigt, der dahinter verborgen war.« Danach kam Jabavu darauf zu sprechen, daß »die Rassengesetze die bestimmende Philosophie der Selbsterhaltung zeigten, die der Ministerpräsident (Hertzog) in seiner letzten Rede über alle christlichen Prinzipien stellte«. Nun folgen Einsichten, die in damaliger Zeit nur wenigen vergönnt waren: »Zu unseren Aufgaben gehört es, unseren Herrschern in der Union unsere Sicht der Dinge und die Gründe klarzumachen, warum wir gleiche Rechte verlangen. Denn unsere Situation ist symptomatisch für die weltweiten Qualen aller unterdrückten Gemeinschaften und aller von anderen beherrschten sozialen Klassen. Es ist dies ein Phänomen, das unabhängig ist von den Problemen der Hautfarbe, welche die wahren Hintergründe dessen, warum eine Menschenklasse eine andere unterdrückt, nur noch undurchsichtiger und komplizierter machen. Unser Denken muß so lange korrigiert werden, bis wir das Zentralproblem, warum wir Menschen in der uns gestellten Aufgabe, in Freundschaft miteinander zu leben, fortwährend versagen, nüchtern erkennen, und zwar in Fehlern, denen die ganze Menschheit ausgesetzt ist – in Fehlern, die wir alle begehen können; unser Denken muß so lange korrigiert werden, bis wir dann auch verstehen, daß hier allen Völkern eine gemeinsame Aufgabe gestellt ist.«

Hier hatte ein schwarzer Gelehrter, der von den Erscheinungen des Rassismus persönlich auf das schärfste bedrängt war und eigentlich hätte kurzschlüssig reagieren können, in weiser Abgeklärtheit erkannt, daß der Rassismus nur eine Nebenerscheinung eines tief im Menschen verwurzelten Verhaltens ist – eines Verhaltens, das der menschlichen Einsicht durch die einseitige Betonung des Rassismusaspektes nur verstellt wird. Auch heute noch wäre manches einfacher in unserer internationalen Diskussion und in der Abklärung der weltweit gegenseitig erhobenen Vorwürfe, wenn die Weisheit eines D. D. T. Jabavu weiter verbreitet wäre.

Apartheid beherrscht Südafrika

68. Der Apartheidslogan bringt Malan in Verlegenheit

Daniel François Malan (1874–1959), dem nach dem Wahlsieg seiner »Nationalen Partei« die Ministerpräsidentschaft in Südafrika als Vierundsiebzigjährigem zufiel, hatte persönlich einen derart durchschlagenden Erfolg bei dieser Wahl kaum erwartet. Für ihn war das Wahlergebnis vom 26. Mai 1948 eine Überraschung – wie für die meisten Südafrikaner und für die Welt.

Der Wahlsieg der »Nationalen«, der das Schicksal Südafrikas bis zum heutigen Tage bestimmte, war auf drei sehr unterschiedliche Ursachen zurückzuführen.

An erster Stelle muß sicherlich die nachlässige und psychologisch naive Führung des Wahlkampfes durch Smuts, den bisherigen Regierungschef, genannt werden. Dessen überall zur Schau getragene senile Eitelkeit forderte manchen Wähler geradezu heraus, ihm einen »Denkzettel« zu geben. Darüber hinaus hatte Smuts in den letzten Jahren aber auch deutlich gezeigt, daß er den Aufgaben als Regierungschef sowohl im Bereich der Außenpolitik als auch in der Innen- und Sozialpolitik nicht mehr gewachsen war. Smuts war als Spitzenkandidat seiner Partei eine schlechte Wahl gewesen, wenn auch seine Nominierung wahrscheinlich nicht zu vermeiden gewesen war.

Im Gegensatz zu der konfusen und durch Smuts' ungeschicktes Verhalten fortgesetzt gestörten Führung des Wahlkampfes von seiten der »United Party« besaß die »Nationale Partei« in dem jungen, energischen und ideenreichen »P. W.« Botha (dem heutigen Ministerpräsidenten) einen sehr fähigen Wahlkampfleiter. Da auf Grund des südafrikanischen Wahlgesetzes in jedem Wahlkreis jeweils nur der Kandidat als gewählt gilt, der die Mehrheit der Stimmen erzielt, und sämtliche Reststimmen verfallen, konzentrierte Botha die Bemühungen seiner Partei auf ausgewählte Wahlkreise, in denen Erfolgsmöglichkeiten bestanden. Dort setzten die »Nationalen« alle ihre Mittel ein. Dagegen vernachlässigten sie die allgemeine Stimmungsmache durch die Presse. Die großen Tageszeitungen des Landes waren ohnehin alle englischsprachig und neigten schon deswegen der »United Party« zu.

Erst an dritter Stelle der Ursachen, die den Wahlerfolg der Nationalen bewirkten, nenne ich deren Wahlslogan »Apartheid«. Als »Apartheid« zum Motto für die Führung des Wahlkampfes der »Nationalen Partei« erkoren wurde, war es noch nicht zu erkennen, daß diese Partei überhaupt eine Siegeschance hatte – Smuts und die »United Party« hatten ihre grundlegenden Fehler im Wahlkampf noch nicht begangen. So wurde der Apartheidslogan als Wahlmotto aus taktischen Gründen auch von den vielen maßgebenden Mitgliedern der Partei akzeptiert, die die echte Durchführung eines Apartheidprogramms in Südafrika für unmöglich hielten. Man erwartete nicht, durch den Slogan auch tatsächlich in die Pflicht genommen zu werden. Das galt auch für Malan und Botha.

Doch das Wahlmotto zeigte eine überraschende Attraktivität. Es fand nicht nur in der weißen Arbeiterschaft und beim Kleinburentum Resonanz, sondern es erreichte auch zahlreiche Menschen, die eine stärkere burisch-völkische Selbstbesinnung für erforderlich hielten. Damals konnte ein solches Denken eine weitgehend emotional bestimmte Reaktion auf zwei bedeutsame Veränderungen der internationalen Szenerie sein, die von völkisch-nationalen Buren als eine Gefährdung der eigenen Position und damit als eine Herausforderung zu stärkerer eigener Aktivität empfunden wurden. Eine solche Herausforderung war für viele der Beginn eines – zunächst mit sowjetischer Rückendekkung – immer selbstbewußter werdenden Auftretens ehemaliger Kolonialländer beziehungsweise der Länder der Dritten Welt auf dem internationalen Forum. Smuts' ungeschicktes Agieren auf dieser Bühne hatte die neuen Verhältnisse gerade in Südafrika besonders deutlich gemacht. Die zweite als Herausforderung empfundene Veränderung der internationalen Szene war der Zusammenbruch Europas als Zentrum weltpolitischer Machtentfaltung, der nun, 1948, für alle Welt klar erkennbar wurde. Vor allen Dingen hatte dieser Zusammenbruch diejenigen Mächte in seinen Strudel gerissen, die bisher noch, als nahezu letzte, aus dem Sozialdarwinismus stammende völkisch-nationale Ideen hochgehalten hatten, das nationalsozialistische Deutschland und das faschistische Italien. Aber auch Großbritannien und Frankreich – Länder mit kolonialpolitischem Hintergrund – waren ins zweite Glied der Weltmächte zurückgetreten. So mag der Slogan »Apartheid« im damaligen Zeitpunkt zum ersten Mal einer Art von »Wagenburgpsychose« entgegengekommen sein, einer Psychose, von der Menschen ergriffen waren, die ihre – wie auch immer innerlich begründeten – Auserwähltheitsvorstellungen bedroht sahen und es nun für erforderlich hielten, eine eigene Verteidigungsstellung auszubauen, eine »Wagenburg«, wie sie einst den Voortrekkers Schutz geboten hatte.

Als Ministerpräsident versuchte Malan es zunächst zu vermeiden, daß aus dem Apartheidslogan des Wahlkampfes ein Apartheidprogramm der Regierung entwickelt wurde. Er setzte zwar die Rassenpolitik der früheren Regierungen fort, aber er vermied es nach wie vor, ein Grundsatzprogramm aufstellen zu lassen. Diese politische Vorsicht darf aber nicht mit seiner Auffassung verwechselt werden, die ihn als burischen reformierten Theologen prägte. Er hatte in den ersten Jahren unseres Jahrhunderts, als sozialdarwinistische Ideen weitgehenden Einfluß auf das Denken der westlichen Intelligenz ausübten, in Stellenbosch und Utrecht studiert. Für ihn stand es stets außer Frage, daß Gott der Welt bestimmte bis ins Ethnische gehende Ordnungen gegeben hatte, die der Mensch nicht durchbrechen durfte. So konnte man ihn oft sagen hören: »Was Gott getrennt hat, darf nicht vereinigt werden.« Die in der »Zwei-Ströme-Theorie« gegebene klare Trennung des burischen vom britischen »Strom« hatte ihn einst zu einem begeisterten Anhänger Hertzogs gemacht, und konsequent fiel er von seinem Idol ab, als Hertzog später die Vermischung dieser beiden »Ströme« konzedierte. So taktierte Malan vorsichtig, er wollte jedoch durchaus die Gesetzgebung fortsetzen, die der Durchsetzung und Aufrechterhaltung der von ihm als göttliche Ordnung verstandenen gesellschaftspolitischen Ordnung galt – wenn er auch seinen Gott weniger im Munde führte als seine beiden späteren Nachfolger, Strydom und Verwoerd, die keine Theologen, dafür aber um so härtere Apartheidpolitiker waren.

Es bereitete Malan keine inneren Schwierigkeiten, das von Hertzog 1927 erlassene »Gesetz gegen die Unmoral«, das den nichtehelichen Geschlechtsverkehr zwischen Weiß und Schwarz verboten hatte, 1949 durch die »Prohibition of Mixed Marriages Act« logisch ergänzen zu lassen. Nun wurde auch die Ehe zwischen Weißen und Nichtweißen verboten.

Dieses Gesetz zwang dazu, näher zu definieren, was unter »Weiß« und »Nichtweiß« jeweils zu verstehen war. Auch das wurde gesetzlich geregelt: In einem amtlichen Register wurde die Rassezugehörigkeit aller Einwohner des Landes aufgenommen. Zum Unterschied von der entsprechenden deutschen – nationalsozialistischen – Gesetzgebung spielte für die Festlegung der Rassezugehörigkeit einer Person in Südafrika nicht nur deren Abstammung eine Rolle. Es konnten vielmehr auch noch andere Kriterien in Betracht gezogen werden, wie »Aussehen, allgemeines Akzeptiertsein und Ansehen«. Die Gleichsetzung von Japanern mit Europäern, die schon Hertzog gesetzlich verankert hatte, blieb auch weiterhin erhalten. In der sogenannten Rassengesetzgebung Südafrikas ging es also von vornherein weniger als in der entsprechenden nationalsozialistischen Gesetzgebung um eine wirkliche Privilegierung beziehungsweise Diskriminierung von Rassen. Manche Verordnungen muten wie ein Versuch an, die unterschiedlichen Privilegien unterschiedlicher sozialer Schichten, die nicht exakt rassisch definiert sein mußten, festzuschreiben.

Die Grobklassifizierung der südafrikanischen Bevölkerung

erfolgte zunächst nach den vier Hauptrassen »Weißer«, »Coloured« (»Farbiger« = Mischling), »Asiate« und »Eingeborener«, später in »Bantu« umbenannt und hier als »Schwarzer« oder »Schwarzafrikaner« bezeichnet. Während der Ministerpräsidentschaft des pedantischen Apartheidtheoretikers Verwoerd wurde 1959 eine weitere Aufgliederung der Coloured- und Asiaten-Gruppen in »Cape (Kap-)Coloureds«, »Kapmalayen«, »Griquas«, »Inder«, »Chinesen«, »andere Coloureds« und »andere Asiaten« vorgenommen. Diese Untergliederungen blieben jedoch stets von untergeordneter Bedeutung.

In die Amtszeit Malans fällt auch der Erlaß des »Gesetzes zur Unterdrückung des Kommunismus« von 1950. Die Kennzeichnung des Gesetzes als gegen den Kommunismus gerichtet war in jener Zeit politisch außerordentlich opportun. Seinem Inhalt nach wendet sich dieses Gesetz gegen alle »ordnungstörenden« Kräfte. So konnten in Südafrika auch sehr gläubige Menschen, wie etwa der alles andere als kommunistische, integre Theologe Christian F. B. Naudé (ich werde im Schlußkapitel noch auf ihn zu sprechen kommen), als »Kommunisten« angesehen werden. Nach dem Wortlaut des Gesetzes sind »Kommunisten« nicht nur Marxisten, sondern »alle Anhänger von Ideen und Lehren, die eine politische, industrielle, soziale oder wirtschaftliche Veränderung in Südafrika durch das Hervorrufen von Unruhe und Ordnungslosigkeit bewirken wollen, sei es durch gesetzwidriges Handeln oder durch Unterlassungen«. Auch das Erregen feindlicher Gefühle zwischen Schwarz und Weiß wird als »kommunistisches« Handeln gewertet. Dieser Auslegungsbreite des Gesetzes muß man sich stets bewußt sein, wenn man in Südafrika auf Vorwürfe »kommunistischer« Aktivitäten stößt. Das »Antikommunismusgesetz« bildete den Auftakt zu einer langen Reihe von Gesetzen und Verordnungen, die immer mehr dazu führten, daß bestimmte Sektoren des gesellschaftlichen Lebens in Südafrika mit polizeistaatlichen Methoden geregelt werden.

Auf Grund des neuen Gesetzes konnte der Justizminister aus eigener Vollmacht öffentliche Versammlungen verbieten, »Bannungen« (Hausarreste) für Einzelpersonen aussprechen, Einzelpersonen den Besuch öffentlicher Veranstaltungen untersagen, aber auch ganze Organisationen verbieten. Eine »gebannte« Person hat keine Möglichkeit, Gerichte anzurufen oder auch nur eine Begründung des Bannspruchs zu verlangen. In der Regel ist die Bewegungsfreiheit eines Gebannten auf wenige Kilometer in der Umgebung seiner Wohnung begrenzt. Er darf nur Umgang mit jeweils einer Person haben – auch an der Arbeitsstätte.

Hin- und hergerissen zwischen der Sorge um die Erhaltung liberaler Freiheiten und der Angst vor dem Kommunismus stimmte damals selbst die Opposition diesem allen rechtsstaatlichen Normen widersprechenden Gesetz zu. Seine parlamentarische Verabschiedung dauerte kaum 30 Stunden. Der Appell an die Kommunismusfurcht hatte sich als geschickter Schachzug erwiesen.

Malan mochte diesen Gesetzgebungsakt aber auch unter einem anderen Gesichtspunkt als geschickten Schachzug ansehen, denn nun ließ es sich vermeiden, aus den im Wahlkampf gegebenen Apartheidversprechen sofort in die Pflicht genommen zu werden.

69. Der »Tomlinson-Bericht«

Malan hatte mit der Verabschiedung des Antikommunismusgesetzes zwar eine kurzfristige Beruhigung in der Apartheidfrage erreicht, er hatte sie jedoch noch nicht gelöst. So blieb er weiterhin unter dem Druck der radikaleren Kräfte der Partei, deren Exponenten der Chefideologe der Apartheidtheorie Werner Willi Max Eiselen (Sohn eines deutschen Missionars; Professor für Sozialanthropologie) und Hendrik Frensch Verwoerd (geborener Niederländer; Professor für angewandte Psychologie), der neu ernannte Minister für Eingeborenenangelegenheiten, waren. Malan sah sich genötigt, die Praktikabilität einer echten Apartheidpolitik zu klären. Durch derartige Voruntersuchungen ließen sich die Dinge gleichzeitig auf die lange Bank schieben. Und Malan setzte es durch, daß die Vorarbeiten zu einer eingehenderen Bearbeitung des Apartheidproblems einem Ausschuß übertragen wurden, dem Verwoerd und Eiselen nicht angehörten. Es wurde nun – zweieinhalb Jahre nach der Wahl, im November 1950 – eine zehnköpfige Kommission unter Leitung von Frederik R. Tomlinson ernannt, die sich der schwierigen Aufgabe zu widmen hatte, »einen umfassenden Vorschlag für den Wiederaufbau der Eingeborenengebiete zu erarbeiten mit dem Ziel, in diesen Gebieten eine Sozialstruktur zu entwickeln, die auf die Kultur der Eingeborenen abgestimmt ist und eine leistungsfähige sozioökonomische Planung zur Grundlage hat«.

Diese Formulierung zeigt, daß der Arbeit mit dem Auftrag auch eine fixierte Zielsetzung aufgegeben war. Sie hatte einen Vorschlag für eine Sozialstruktur der Homelands zu erarbeiten. Sie war nicht beauftragt, festzustellen, ob die für die Durchführung des zu erarbeitenden Vorschlags erforderlichen Voraussetzungen beispielsweise infrastruktureller oder finanzieller Art überhaupt sichergestellt waren. (Jedoch erstellte die Kommission aus freien Stücken in ihrer Arbeit auch eine eingehende topographische Beschreibung der Homelands.) Nach vier Jahren lieferte die Tomlinson-Kommission ein Werk von 18 Bänden mit 7755 Seiten, 597 Tabellen und einem Atlas mit 66 Karten ab: eine gewaltige Fleißarbeit zweifellos und eine sehr eingehende Arbeit.

Der grundlegende Fehler dieses Werkes war es jedoch, daß es von viel zu optimistischen Bevölkerungsprojektionen ausging. Beispielsweise wurde die niedrigere der beiden für das Jahr 2000 prognostizierten Bevölkerungszahlen (26 Millionen Einwohner) 1976 überschritten, die höhere (31 Millionen Einwohner) dürfte 1982 erreicht werden! Der Anteil der Schwarzafrikaner hieran wird von 71 Prozent (1976) auf voraussichtlich 74 Prozent (1982) zunehmen.

Der Bericht gab eine Menge Empfehlungen, die sich im landwirtschaftlichen Bereich vor allem mit der Stabilisierung des Landes (Verhinderung des Erosionsverfalls) und der Heranführung der Bevölkerung an moderne Landwirtschaftsmethoden befaßten. In dem Bericht wird ferner eine nachhaltige Industrialisierung der Homelands verlangt. Jährlich sollten 50 000 neue Arbeitsplätze in der Sekundär- und Tertiärindustrie geschaffen werden. (Da diese Zahl von einer falschen Bevölkerungsprojektion ausgeht, liegt sie viel zu niedrig. Um dem wirklich Erforderlichen zu entsprechen, hätte sie doppelt so hoch angesetzt sein müssen.)

In ihren Schlußbemerkungen stellte die Kommission fest, daß Südafrika nur die Wahl zwischen der von ihr empfohlenen getrennten Entwicklung (wobei eine gewaltige Industrialisierung der Homelands gefordert wurde) oder einer völligen Integration (gleichbedeutend mit völliger Aufgabe des Apartheidgedankens) habe. Ein Zwischenweg sei nicht gangbar. So befürwortete die Kommission zwar mehrheitlich eine Apartheidlösung. Sie tat dies aber ausdrücklich unter dem Vorbehalt, daß die von ihr genannten Grundvoraussetzungen für eine solche Lösung gegeben sein müssen. Jeder nüchterne Rechner konnte feststellen, daß ebendies nicht möglich war. Allein die Beschaffung von 50 000 neuen Arbeitsplätzen im Jahr war weder vom Arbeitsvolumen noch von den Finanzierungsmöglichkeiten her zu leisten. Die Schaffung von industriellen Arbeitsplätzen in derart abseitigen und infrastrukturell so vernachlässigten Gebieten, wie es die Homelands in der Regel waren, hätte zusätzlich zu den direkten Kosten für den Arbeitsplatz auch noch einen riesigen Erschließungsaufwand in Gebieten verlangt, die im Grunde kaum erschließbar waren. Stellte man noch in Rechnung, daß die falschen Bevölkerungsvorausschätzungen, also die Basis des Gutachtens, unrealistisch waren, dann mußte man zu dem klaren Ergebnis kommen, daß eine Apartheidpolitik, die im Endergebnis dem Wohle aller Bewohner Südafrikas dient, undurchführbar ist.

Niemand stellte dies jedoch ausdrücklich fest. Der achtzigjährige Malan fühlte zweifellos nicht mehr die Kraft in sich, mit der fanatischen jungen Garde um Eiselen und Verwoerd, zu der auch der theoretischen Diskursen abgeneigte Strydom in seiner Art gehörte, den Kampf um eine praktikable Gestaltung einer nicht unbedingt ideologiegerechten Apartheidpolitik aufzunehmen. Er kündigte, für jedermann überraschend, gleichzeitig mit der Fertigstellung des Tomlinson-Berichtes seinen Rücktritt an.

Seine Nachfolger hatten eine ganz andere Art von Apartheid im Blick, als sie im Tomlinson-Bericht avisiert war. Der Tomlinson-Bericht verschwand, in seiner Essenz unbeachtet, in den Schubladen.

70. Strydoms rigorose Entrechtungspolitik

Malans Nachfolger als Ministerpräsident wurde Johannes Gerhardus Strydom (1893–1958). Er war der erste Ministerpräsident Südafrikas, der ohne persönlichen Kontakt zu den minderprivilegierten Bevölkerungsgruppen dieses Landes aufgewachsen war und der daher auch nur wenige persönlich erlebte Eindrücke von deren Umwelt und Lebensweise erhalten hatte. Zwei ihn charakterisierende Namen hatte er sich bei seinem Amtsantritt schon erworben: »der kleine Kruger« und »der Löwe des Nordens«. Wie Kruger hatte er sehr enge fundamentalistisch-orthodoxe Glaubensvorstellungen. Im Gegensatz zu Malan, der sich auf »gemäßigtere« nationale Kreise im Süden des Landes, in der Kapprovinz, gestützt hatte, suchte er seine Anhängerschaft im Norden, in Transvaal, dessen Nationale noch immer die nationalistischsten in der ganzen Union waren – und dies auch heute noch sind. Alle Vorstellungen, die den Apartheidgedanken als eine Ideologie auslegen wollten, die dem Besten aller ethnischen Gruppen in Südafrika zu dienen hätte, schob Strydom rigoros zur Seite. In der ersten Rede, die er, frisch im Amt, hielt, sagte er: »Nennt es Vorherrschaft, Herrentum (»baasschap«) oder was ihr wollt, es geht auf jeden Fall um die Beherrschung der anderen ... Der einzige Weg, der die Aufrechterhaltung der Herrschaft der Weißen erlaubt, liegt in der Verweigerung des Stimmrechts für die Schwarzen ... Es ist völlig unrealistisch anzunehmen, der Weiße könnte die Führung lediglich auf Grund seines größeren Wissens behalten . . .« Ein solcher Appell an die Gewalt mag auf den ersten Blick zwar sehr selbstbewußt und kräftig klingen. In Wirklichkeit spiegelt er jedoch totale Unsicherheit, ja Angst wider. In jeder Gesellschaft führen Minderheiten. Eine Minderheit aber, die ihre Führung mit Gewalt aufrechterhalten möchte, hat ihre Führungsqualitäten bereits verloren. Der Appell an die Gewalt ist das Zeichen ihrer Unsicherheit.

Wie einst Kruger schmückte Strydom seine Reden mit einer Unmenge von Bibelzitaten. A. E. Johann, ein bekannter deutscher Journalist, berichtete 1958 über ein Interview, das er mit Strydom gehabt hatte: »Es war kein Politiker, mit dem ich gesprochen hatte . . . sondern ein Prophet . . . ein Messias der weißen Rasse . . . Um diesen Mann zu kennzeichnen, genügt ein Zitat aus einer Wahlrede: ›Wir Afrikaner glauben, daß Gott uns an das Südende des afrikanischen Kontinents gesetzt hat, um . . . hier die weiße Kultur zu erhalten. Wer sich zum Anwalt der Bastardisierung macht, den müssen wir vernichten.‹« Immer wieder bedachte dieser Ministerpräsident eine Gegnerschaft zu seiner Version von Apartheid mit dem Vorwurf des Hochverrats.

Seine Laufbahn krönte Strydom – als Rechtsanwalt mit Paragraphen vertraut – durch eine unglaubliche Rechtsbeugung. Zweifellos sah er es als eine Sünde wider den Geist eines »Afrikaner«-(Buren-)Staates an, daß die Coloureds in der Kapprovinz, also beinahe in der Hälfte des Staatsgebietes der Union, das Wahlrecht besaßen. Um diesen »Mißstand« beseitigen zu können, bedurfte es einer Zweidrittelmehrheit in einem Gremium, das aus sämtlichen Mitgliedern des Abgeordnetenhauses und des Senats gebildet wurde. Durch diese Vorschrift sollte in die Unionsverfassung eine Sperre eingebaut sein, die allzu willkürliche Veränderungen der Verfassung verhinderte. Strydom beseitigte dieses Hindernis, indem er die Zusammensetzung des Appellationsgerichts veränderte, damit dieses die dann folgenden Maßnahmen nicht als Verfassungsbruch brandmarkte: Mit der Strydom zur Verfügung stehenden einfachen Parlamentsmehrheit ließ sich eine Erhöhung der Zahl der Mitglieder des Appellationsgerichts von fünf auf elf beschließen. Dem Ministerpräsidenten sollte die Auswahl der neuen Mitglieder dieses Gerichts überlassen werden. Und nun der eigentliche Trick und die eklatante Rechtsbeugung: Auch im Senat wurde die Zahl der Sitze auf die gleiche Weise von 48 auf 89 erhöht. Dies aber war eine verfassungändernde Maßnahme. Sie hätte vor ihrer Durchführung eines Beschlusses der schon genannten Zweidrittelmehrheit bedurft. Da aber nach den in der Zusammensetzung des Appellationsgerichts vorgenommenen Veränderungen eine Verfassungsbeschwerde gegen diesen klaren Verfassungsbruch aussichtslos erschien, wurde sie auch nicht eingereicht, und das blamable Manöver blieb offiziell unbeanstandet. Wo aber kein Kläger ist, da ist kein Richter – damit hatte Strydom gerechnet. Im nachhinein erst ließ er dann seine Manipulationen durch eben das Gremium sanktionieren, das seine neue Zusammensetzung Strydoms Manipulationen verdankte – ein Vorgang, der in keinem wirklichen Rechtsstaat unbeanstandet geblieben wäre.

Als die Zweidrittelmehrheit für Strydom gesichert war, fand die Abstimmung statt, die jetzt auch die Coloureds in der Kapprovinz ihres Wahlrechts beraubte. Dadurch verloren damals 47 000 Coloureds ihr Stimmrecht. Einige Jahre später wurde der von Strydom allzusehr aufgeblähte Senat wieder auf seine normale Größe zurückgeführt!

Auf diese zynische Rechtsbeugung reagierte die Öffentlichkeit mit zahlreichen Protestaktionen. Das änderte an den neugeschaffenen Fakten aber nichts mehr. Immerhin wurde nun auch den weißen Liberalen bewußter, auf welchen Kurs sie das Staatsschiff teilweise mitgesteuert hatten.

In dieser Zeit entstand die heute noch überall im Lande aktive Frauenvereinigung »Black Sash« (Schwarze Schärpe), deren Name daher rührt, daß die liberalen Frauen damals bei ihren Protestkundgebungen schwarze Schärpen als Zeichen der Trauer um die »vergewaltigte« Verfassung trugen.

Heute ist »Black Sash« noch immer eine angesehene liberale

Frauenorganisation, die es sich angelegen sein läßt, in Bedrängnis geratenen Mitgliedern aller unterprivilegierten Bevölkerungsgruppen in Südafrika mit Rat und Tat zur Seite zu stehen. In dem Jahresbericht dieser Organisation für 1980 heißt es: »Black Sash« bekämpfte auch in diesem Jahr mit allen ihm zur Verfügung stehenden Mitteln das Unrecht in diesem Lande. Es protestierte gegen Inhaftierungen ohne Gerichtsverfahren, gegen die Fortsetzung der Arrestierungen wegen Verstößen gegen die Paßgesetze oder auch gegen ›Bannungen‹. Die Verwerflichkeit solcher Maßnahmen wurde auch in Briefen an die Presse, an Parlamentsabgeordnete, an Kabinettsmitglieder und an die Lobby von Abgeordneten der Opposition dargestellt.« Da es Zielsetzung von »Black Sash« ist, sich nur mit Auswirkungen von Unrechtssituationen im persönlichen Bereich der Menschen zu beschäftigen – womit eine solche Frauenorganisation in Südafrika auch heute noch voll ausgelastet ist –, enthält dieser Bericht keinerlei Hinweise auf die rücksichtslose Politik, die allein auf die Sicherung der eigenen Privilegierung abgestellt war, und auf die Folgen, die sie in allen menschlichen, sozialen und wirtschaftlichen Bereichen haben mußte.

Große Teile der weißen Öffentlichkeit, insbesondere der »Afrikaner« (Buren), ließen sich aber auch gerne durch die sanften, realitätsfernen Worte beruhigen, die der damalige Minister für Eingeborenenangelegenheiten, Hendrik Verwoerd, im Blick auf die »Eingeborenenpolitik« allgemein fand: »Apartheidpolitik ist die Politik des Wachstums aus den eigenen Wurzeln, den eigenen Strukturen und der eigenen Kraft. Das ist eine Politik der langsamen Entwicklung: Es geht darum, mit den Mitteln der Muttersprache und der Erziehung durch die eigene Umwelt gebildete und im eigenen Kreis nützliche Menschen zu schaffen. Das kann geschehen durch Stabilisierung des Landes . . . und durch Hilfsdienste für eine gute wirtschaftliche Anpassung aller auf der Basis der traditionellen Stammesautorität . . . Das kann geschehen durch eine Elementarerziehung für alle, um eine breitere Grundlage dafür zu schaffen, daß Fortschritt möglich wird.«

Man fragt sich, welchen Realitätsbezug solche Worte in einem Lande haben konnten, das damals schon etwa drei Millionen Schwarze in den verschiedenen Zweigen seiner eigenen »weißen« Wirtschaft beschäftigte (bei etwa 900 000 weißen Arbeitskräften). Heute dürften diese Zahlen auf das Doppelte angestiegen sein. (Seit 1976 ist das veröffentlichte Material so lückenhaft, daß es nur angenäherte Schätzungen zuläßt.) Man fragt sich aber vor allem, welchen Realitätsbezug solche Darstellungen in einem Lande haben konnten, das sich schon seit anderthalb Jahrhunderten gerade in den schwarzen Wohngebieten mit den unterschiedlichsten Folgen von Übervölkerungsproblemen auseinanderzusetzen hatte und das durch zahlreiche Katastrophen hätte gelernt haben müssen, daß es seine Probleme nur auf dem Wege technisch-wirtschaftlichen Fortschritts meistern konnte. Das hatte ja selbst die Tomlinson-Kommission festgestellt und daher gefordert, daß jährlich 50 000 Arbeitsplätze in den Homelands errichtet würden. Und nun verkündet Strydoms Eingeborenenminister, der bald darauf selbst Ministerpräsident werden sollte, daß man all dieser drängenden Probleme mit einer langsamen Entwicklung und den Mitteln der Muttersprache auf der Basis traditioneller Stammesautorität Herr werden sollte. Dieser Mann lebte in Klischees, die nie Gültigkeit gehabt, die aber auch den äußeren Schein der Richtigkeit schon vor 150 Jahren verloren hatten.

Strydom starb 1958 am Ende seiner Amtszeit. Die zynische Rigorosität, mit der er die minderprivilegierten Gruppen der südafrikanischen Bevölkerung behandelt hatte, brachte eine neue Dimension des Hasses in die Rassenbeziehungen Südafrikas.

71. Verwoerds Apartheidpolitik

Wer war Hendrik Verwoerd, dessen falsches Bild von den Lebensverhältnissen der Schwarzafrikaner in solch starkem Maße die Rassenpolitik Südafrikas beeinflussen konnte? Er war vor allem kein Südafrikaner! Das mag eine erste Erklärung dafür sein, daß er sich in der Atmosphäre Südafrikas so fremd ausnimmt. Er war in Holland geboren. Seine Eltern lebten dort in ärmlich-kleinbürgerlichen Verhältnissen und wanderten zu Beginn des Jahrhunderts bald nach der Geburt des kleinen Hendrik nach Südafrika aus. Aber auch hier verbesserten sich die wirtschaftlichen Verhältnisse der Familie nicht. Schließlich wurde Vater Verwoerd von der Niederdeutsch-Reformierten Kirche als Laienprediger und später als Verkäufer religiöser Schriften angestellt.

Etwas von dem Geist eines Traktätchenverkäufers war auch in dem jungen Hendrik. Er war zwar stets ein guter Schüler, aber er war kontaktarm. Zu seiner burischen Umwelt fand er keinen Zugang und blieb ein einsames Kind. Nach dem Abitur (Matrik) studierte er zunächst Theologie, doch fand er darin keine Befriedigung, wahrscheinlich, weil er hier zuviel Theorie und zuwenig Verkündigung begegnete. Bei dem dann aufgenommenen Psychologiestudium interessierten ihn vor allem die praktischen Anwendungsmöglichkeiten. Es ging ihm um die Verbesserung seiner »Verkündigungstechniken«. Seinen Glauben hatte er in sich; was er verkündigen wollte, das wußte er. Schon als Kind war es sein Ziel, Erziehungsminister zu werden. Doch seine Kontaktarmut hatte ihm gezeigt, daß es ihm an den »psychotechnischen« Kenntnissen fehlte, die er aber brauchte, um das zu ersetzen, was ihm an natürlichem Einfühlungsvermögen fehlte. Charakteristisch für ihn ist es im übrigen, daß er ein englisches Stipendium für ein Zusatzstudium ablehnte, ein deutsches hingegen annahm, was gewiß die burischen Sympathien für ihn förderte.

Nach einem Deutschlandaufenthalt (1925–1927) wurde Verwoerd Professor für angewandte Psychologie und Psychotechnik an der Universität Stellenbosch. Verwoerds Fleiß, seine Leistungen und seine Rednergabe verschafften ihm in burischen Kreisen Achtung und Anerkennung. Freundschaft allerdings brachte man ihm nur zögernd entgegen. Seine spätere Amtsführung zeigte sehr deutlich, daß er nie ein innerliches und vertrautes Verhältnis zu der Welt hatte, aus der das Burentum lebte und schöpfte. Nie erlangte er ein Gespür für den gemeinsamen Urgrund menschlichen Erlebens, der Buren und Schwarzafrikaner miteinander verbindet. Vor allem dort, wo diese miteinander aufgewachsen waren – was auf dem Lande doch die Regel war –, bestand im Innersten zwischen den beiden sich mit zunehmender Bitternis, ja mit wachsendem Haß begegnenden Gruppen immer auch noch ein Gefühl der Zusammengehörigkeit. Dieses aber blieb Verwoerd fremd. Wahrscheinlich wäre kein Bure je in der Lage gewesen, eine derart pedantische Apartheidpolitik mit so strenger theoretischer Folgerichtigkeit zu betreiben, wie es Verwoerd tat – beraten durch Eiselen, auch er kein Bure, sondern Sohn eines deutschen Missionars.

Verwoerd war schon 1950 unter Malan Minister für Eingeborenenangelegenheiten geworden. Die gesetzlichen Erlasse aus dieser Zeit haben vor allem ordnenden Charakter. Eine ganze Reihe von schon bestehenden Rassengesetzen wurde exakter gefaßt, ihre Auslegungsbreite verringert. Neue Anordnungen enthielten aber auch Verschärfungen. So wurde es nun ebenfalls für schwarze Frauen Pflicht, stets ein Referenzbuch (Paß) bei sich zu führen, das nur Schwarze erhalten, die eine Aufenthaltserlaubnis für ein bestimmtes Gebiet haben.

Von 1954 bis 1966, während Strydoms Ministerpräsidentschaft und der ihr folgenden Regierungszeit Verwoerds, verschärfte sich die Rassengesetzgebung erheblich. Mit Recht wird behauptet, daß sich in dieser Zeit Südafrika für alle nichtweißen ethnischen Gruppen und ihre Sympathisanten endgültig in einen Polizeistaat verwandelte. Malans Antikommunismusgesetz hatte ganz ohne Zweifel dafür entscheidende Voraussetzungen geschaffen. Zahlreiche Ergänzungsgesetze erweiterten die Rassengesetzgebung zu einem undurchdringbaren und bald auch undurchschaubaren Netz von Paragraphen. Darüber hinaus erhielt in den Jahren 1955 bis 1958 die Polizei zusätzliche Vollmachten, Hausdurchsuchungen auch ohne Durchsuchungsbefehl durchzuführen. Die Regierung wurde ermächtigt, durch öffentliche Bekanntmachung zu verfügen, daß kein Gericht Aufhebungen oder Aussetzungen von Maßnahmen anordnen durfte, die die zwangsweise Umsiedlung von schwarzen Bevölkerungsgruppen betrafen. Die Registrierung von weiß und nichtweiß gemischten Gewerkschaften wurde verboten. Gleichzeitig wurde die Arbeitsplatzreservierung für bestimmte rassische Bevölkerungsgruppen (»job reservation«) eingeführt. Schwarzafrikaner durften in »weißen« Stadtteilen keine Gottesdienste mehr besuchen und keine Schulen, Krankenhäuser, Clubs usw. unterhalten. Eine Sondersteuer wurde eingeführt, die die unteren Einkommensklassen der Schwarzafrikaner mehr als die unteren Einkommensklassen der anderen Bevölkerungsgruppen belastete. (Dieses Gesetz nannte sich zynischerweise »Gesetz zur Besteuerung und Entwicklung der Eingeborenen«.) Die Einreise in schwarzafrikanische Reservate wurde einer Sonderkontrolle unterworfen.

Während Verwoerds Regierungszeit (1958–1966) wurde die Vertretung der Schwarzafrikaner und später auch der Coloureds durch weiße Abgeordnete im Parlament beendet. Sie war jeweils bei der Aufhebung der beiden Stimmrechte als »Ersatz« eingeführt worden. Die eigentliche Homeland-Gesetzgebung begann damit, daß acht schwarzafrikanische »Nationale Einheiten« als deren Grundlage eingeführt und »anerkannt« wurden. Daraufhin entstand 1963 als erstes Homeland die Transkei.

Oben links: Cecil John Rhodes, 1853–1902, Ministerpräsident der Kapkolonie
Oben rechts: Jan Christian Smuts, 1870–1950, Burengeneral und Ministerpräsident der Südafrikanischen Union
Unten links: Hendrik Frensch Verwoerd, 1901–1966, Ministerpräsident der Südafrikanischen Union bzw. der Republik Südafrika
Unten rechts: Pieter Willem Botha, geb. 1914, Ministerpräsident der Republik Südafrika seit 1978

Es gibt wohl kein Lebensgebiet, das von Verwoerds Umgestaltungseifer nicht erfaßt wurde. Die Grundlagen für rassisch getrennte Universitäten wurden geschaffen. Die Regierung erhielt Vollmacht, Organisationen zu verbieten, die »die öffentliche Sicherheit gefährdeten«. Sie erhielt nun auch das Recht, Militär und Polizei sowie die neugeschaffene Reservepolizei (Bürgerwehr) bei inneren Unruhen einzusetzen. In wirtschaftlichen Organisationen und im Sport wurde die Rassentrennung eingeführt. Die Regierung konnte auf Grund neuer Ermächtigungen politische Gefangene nach Verbüßung einer gerichtlich verfügten Gefängnisstrafe auch weiterhin in Haft halten. Inhaftierungen konnten ohne Haftbefehl vorgenommen werden, offiziell bis zu 90 Tagen. Jedoch konnten diese 90 Tage beliebig oft wiederholt werden – auch direkt im Anschluß an die vorausgegangenen Inhaftierungen. Schließlich wurden alle Veranstaltungen verboten, bei denen mehr als zehn Schwarzafrikaner anwesend waren, ausgenommen religiöse, sportliche und gesellschaftliche Veranstaltungen.

Die ethische und moralische Beurteilung dieser Gesetzgebungsaktivität Verwoerds möchte ich dem Leser überlassen, wobei ich mir bewußt bin, daß es schon heute durchaus verschiedene Ansätze der Beurteilung geben kann. Ich meine allerdings, daß es nie in die Hand des Menschen gelegt ist, die jedem Menschen eigene Würde anzutasten.

Die Entfremdung der Rassen, die Verwoerd mit seiner Politik herbeigeführt hatte, mußte eine ausgesprochen innen- und außenpolitische Schwächung des Staates Südafrika nach sich ziehen. Wenn trotz aller diskriminierender Maßnahmen der Regierungen Hertzog und Smuts auch während des Zweiten Weltkriegs noch immer ein gewisses staatsbezogenes Zugehörigkeitsgefühl in den nichtweißen Bevölkerungsgruppen bestanden haben mochte: Verwoerd hat alles getan, um es zu zerstören. Und er hat eine völlige Isolierung der ständig abnehmenden weißen Bevölkerungsgruppe innerhalb der gesamten südafrikanischen Gesellschaft erreicht. Der Anteil der Weißen an der Bevölkerung ging während Verwoerds verschiedenen Regierungstätigkeiten um zwei Prozent auf 18,5 Prozent zurück, während gleichzeitig im nichtweißen Bereich nicht nur zahlen-, sondern auch bildungsmäßige Fortschritte gemacht wurden.

Politisch nicht minder nachteilig mußte es sich für das Land auswirken, daß Verwoerd eine andere seiner fixen Ideen durchzusetzen vermochte: die Umwandlung Südafrikas in eine Republik und seine Herauslösung aus dem Commonwealth. Als Herausgeber der in Afrikaans geschriebenen Tageszeitung »Die Transvaaler« (1937–1948) hat er diese Idee auch publizistisch propagiert. Das Zögern, das viele Buren – so auch Hertzog (nach Louis Bothas Tod) und Malan – in dieser Frage zeigten, blieb Verwoerd unverständlich. Seine Theorie ging von der Annahme aus, daß der burisch-britische Gegensatz durch das Gefühl der Loyalität verursacht sei, das die Südafrikaner britischer Abstammung gegenüber Großbritannien und dem britischen Königshaus empfanden. Er glaubte, daß sich dieser Konflikt auflösen werde, wenn Südafrika eine Republik würde. Verwoerd, nicht gerade ein konsequenter Denker, mag es zunächst wirklich nicht in den Blick bekommen haben, daß seine Theorie nicht nur die Umwandlung Südafrikas in eine Republik, sondern auch den Austritt des Landes aus dem Commonwealth erforderte. Da Verwoerd aber ganz von dem Willen beseelt war, das von ihm heroisierte Burentum zu fördern, kam er gar nicht auf den Gedanken, daß die Annäherung der beiden weißen Bevölkerungsteile Südafrikas auch auf dem Grunde einer gemeinsamen Loyalität gegenüber Großbritannien möglich gewesen wäre – was seinerzeit Louis Botha erstrebt hatte. Noch viel weniger wurde es Verwoerd klar, daß der burisch-britische Antagonismus kaum mit einer Loyalitätsfrage zu tun hatte, sondern daß er sich aus der Verfassung ergab. Infolge der Kanalisierung der sozialen Gegensätze nach Rassenkriterien und der ausschließlichen Beschränkung des Wahlrechts auf die Weißen konnte sich innerhalb der südafrikanischen Wählerschaft keine andere soziale Spannung artikulieren.

72. Verwoerd isoliert Südafrika

Kaum war Verwoerd Ministerpräsident geworden, begann er auch schon die Umwandlung des Staates in eine Republik zu betreiben. 1961 fand die entscheidende Volksabstimmung statt. Mit einem Stimmverhältnis von 52,3 zu 47,7 Prozent hatte sie ein für eine derart wichtige Frage äußerst knappes Ergebnis zugunsten von Verwoerds Plänen. Dieses Ergebnis war überdies durch die Zusage erreicht worden, daß Südafrika auch als Republik im Verband des Commonwealth verbleiben solle. Ob Verwoerd erst in den Auseinandersetzungen des Wahlkampfes erkannte, wie sehr diese Wahlzusage im Gegensatz zu dem von ihm angestrebten Ziel stand, alle Loyalitätsbrücken zu Großbritannien abzubrechen, oder ob er mit unlauterer Argumentation für seine Idee kämpfte, müssen wir dahingestellt sein lassen. Tatsache ist, daß er schon wenige Wochen nach der Wahl die Gelegenheit nutzte, die sich ihm bei seiner Teilnahme an einer Commonwealth-Konferenz in London bot, den Austritt Südafrikas aus dem Commonwealth zu erklären (15. März 1961). Als Begründung dienten ihm die Angriffe, denen er auf der Konferenz wegen der südafrikanischen Rassenpolitik ausgesetzt war.

Es gelang ihm bei seiner Rückkehr nach Südafrika verhältnismäßig leicht, diesen eigenmächtigen Schritt zu entschuldigen; seine Wählerschaft war jetzt stolz darauf, daß Südafrika dem Commonwealth und der Welt seine »Stärke« gezeigt hatte. In der bald folgenden Parlamentswahl verbesserte sich das Wahlergebnis der »Nationalen Partei« erneut. Aber die Wählerschaft des Landes hatte nicht bemerkt, wie sehr dieser Akt die Position Südafrikas in der Welt geschwächt hatte. Das Land begab sich ohne ersichtlichen Nutzen zahlreicher internationaler Verbindungen und des – allerdings immer fraglicher werdenden – Wertes der Rückendeckung durch das Commonwealth. Es muß offenbleiben, ob und wie die Spannungen der Rassenpolitik innerhalb des Commonwealth zu überwinden gewesen wären. Zweifellos wären Zugeständnisse nötig und möglich gewesen, hätte man rechtzeitig den Wert erkannt, den ein Verbleib im Commonwealth gehabt hätte. Heute, mit wachsender Erkenntnis, daß Verwoerds Apartheidpolitik zu erschreckenden Fehlentwicklungen im sozialen und menschlichen Bereich und zu einer entscheidenden Schwächung des Landes geführt hat, wäre eine auf Revidierung der Apartheidpolitik bedachte Regierung froh, wenn sie hierzu einige Schützenhilfe aus dem Commonwealth erfahren könnte – mag dieses auch nur noch ein Schatten seiner selbst sein.

So aber mußte die Tatsache, daß die Republik Südafrika ihre zahlreichen Schwächen ungeschützt darbietet, sehr schnell dazu führen, daß sie die Machtinteressen der Welt – die politischen wie die ideologischen – auf sich zog und damit zu einem der großen Reibungszentren der Weltpolitik wurde. Als Folge von Verwoerds Politik ist heute kein anderes Land so viel äußerer Anfeindung und so starker Einmischung in seine inneren Verhältnisse ausgesetzt wie Südafrika.

In all seiner Betulichkeit war Verwoerd so blind gewesen für die Konsequenzen seiner Politik wie seine Wählerschaft, die ihm noch kurz vor seinem Tode das beste Wahlergebnis bescherte, das die »Nationale Partei« bis dahin erzielt hatte. Bald nach dieser Wahl, am 6. September 1966, wurde Hendrik Frensch Verwoerd beim Betreten des Parlaments von einem Bürodiener aus ungeklärten Gründen ermordet.

73. Auswirkungen der Sozialpolitik

Die Tomlinson-Kommission hatte vorgeschlagen, die schwarze Arbeiterschaft in Südafrika durch die Industrialisierung der Homelands zu fördern. Gerade diesen Gedanken lehnte Strydom rundweg ab. So mußten sich aus der Unvereinbarkeit einer auf Förderung der Industrie bedachten Wirtschaftspolitik mit einer restriktiven Sozial- und Rassenpolitik zahlreiche Metastasen ergeben.

Am augenfälligsten wurden diese durch und durch schädlichen Veränderungen in der nun rasch fortschreitenden Slumbildung, äußerlich sichtbar in den nichtweißen Townships (Gettostädten) der Industriegebiete. Diese Städte konnten nur einem sehr beschränkten Teil der von der Industrie benötigten Arbeiterschaft eine einigermaßen ordentliche Unterkunft bieten. Ständig bestand hier ein riesiger Wohnungsbedarf, der nicht befriedigt werden konnte. Er ergab sich einerseits aus dem wachsenden Arbeitskräftebedarf der Industrie; andererseits trieb die Verelendung der Homelands, die bei der dortigen starken Bevölkerungsvermehrung rasch fortschritt, zahlreiche Menschen dazu, irgendeine Beschäftigung in den Industriegebieten zu suchen – und sei es auch auf illegale Weise. Überbelegung der in den Townships vorhandenen Wohnungen und darüber hinaus auch Errichtung von Notunterkünften allerprimitivster Art waren die Folge. Aus Blechkanistern, Brettern, ja selbst aus Pappe wurden solche Behausungen gebaut, die natürlich keinerlei hygienische Einrichtungen enthielten.

Solche Quartiere wurden zwar immer wieder von der Polizei geräumt und niedergewalzt, doch lösten Gewaltmaßnahmen das Problem nicht, sondern brachten noch mehr menschliche Härten mit sich. Vor allem verstärkten sie das allgemeine Unsicherheitsgefühl in diesen Städten. Die Folgen zeigten sich am deutlichsten im Schicksal der Menschen mit den geringsten Rechten, der Arbeiter, die von der Industrie zwar benötigt wurden, die aber keine Zuzugsberechtigung in den Townships erhielten. Mit ihnen wurden Arbeitsverträge für die Dauer von einem bis anderthalb Jahren abgeschlossen. Dadurch erhielten sie einen Arbeitsplatz in einem gewerblichen – oder auch landwirtschaftlichen – Betrieb im »weißen« Gebiet und einen Schlafplatz in einem »Compound« (einem kasernenartigen Lager) gesichert. Sollte ein solcher Vertrag erneuert werden, dann war dies zwar möglich; die Verlängerung mußte jedoch bis 1980 im Homeland durchgeführt werden. Erst neuerdings kann sie auch am Ort der Arbeit erfolgen. Die Familie eines solchen Wander- oder Kontraktarbeiters aber erhält keinerlei Zuzugsrechte in den Townships.

Die Zahl der aus Südafrika selbst und den inzwischen »selbständig« gewordenen Homelands (Transkei, Bophuthatswana, Venda, Ciskei) stammenden Wanderarbeiter lag seit den sechziger Jahren stets bei etwa 1,5 Millionen Menschen. Hinzu kamen noch Kontraktarbeiter aus mehr als zehn Nachbarländern Südafrikas. Deren Zahl sank im letzten Jahrzehnt von etwa 450 000 auf 300 000 ab. Die größten Kontingente dieser ausländischen Kontraktarbeiter stammten aus Lesotho (etwa 150 000) und aus Moçambique (etwa 60 000).

Bei diesen Zahlen bleibt es jedoch nicht. Der Wanderarbeiter ist ja nicht nur allein, als Einzelperson, von den mißlichen Auswirkungen seiner Situation betroffen. In Mitleidenschaft gezogen ist vielmehr seine ganze Familie. So müssen wir davon ausgehen, daß im südlichen Afrika mindestens sieben Millionen Menschen durch das Wanderarbeitssystem der Republik Südafrika direkt betroffen werden. Die Wanderarbeit ist heute das folgenschwerste soziale Problem in Südafrika.

Die Wanderarbeiter vermindern zwar die Zahl der »Esser« in ihren Herkunftsländern. Im allgemeinen transferieren sie auch ein höheres Einkommen dorthin, als sie es zu Hause erzielen könnten. Sie tragen jedoch nur wenig zur Behebung des Übervölkerungszustands der Homelands bei. Die in die Homelands transferierten Einkommen der Wanderarbeiter sind nie so hoch, daß sie die Belastungen der Bevölkerungszunahme ausgleichen könnten.

Soziologisch gesehen bedeutet das Wanderarbeitssystem für die Homelands, daß die unternehmungsfreudigsten und leistungsfähigsten Mitglieder der Gesellschaft sich ständig außer Landes befinden. Sie entziehen damit dem Homeland nicht nur ihre Arbeitskraft, sondern auch ihren Unternehmungsgeist und die Kraft ihrer Ideen. Die weniger aktiven Menschen bleiben zurück.

Die schwerwiegendsten Folgen hat die Wanderarbeit in ethischen und moralischen Bereichen. Familien, die über viele Jahre hin getrennt leben müssen, werden völlig zerrissen. Zwangsläufig entstehen aus solchen Verhältnissen Prostitution, Bigamie, uneheliche Geburten und andere Folgen gestörter Eheverhältnisse. Wo der innere Halt der Menschen zerstört wird, da machen sich Trunk- und Drogensucht, Korruption, Gewaltverbrechen breit. Es verfällt die Achtung vor den Organen eines Staates, der so pervertierte Zustände heraufführt.

74. Die Problematik der Grenzlandindustrie

Verwoerd war sich der Gefahr bewußt, daß sich die gesamte industrielle Entwicklung Südafrikas fast ausschließlich in den vier Ballungsräumen Johannesburg/Pretoria, Kapstadt, Port Elizabeth/East London und Durban vollzog. Eine doppelte Gefahr entstand: eine verteidigungsstrategische, die sich aus der Konzentration der gesamten Industrie des Landes auf vier Punkte ergab, und eine sozialpolitische, die in der Zusammenballung großer unzufriedener Arbeitermassen auf kleinen Räumen bestand. Verwoerd lehnte zwar jede Industrialisierung der Homelands nach wie vor ab. Er griff aber den auch von der Tomlinson-Kommission vorgetragenen Gedanken auf, Industrie in den an die Homelands angrenzenden Gebieten anzusiedeln (»border industries«). Nach den Überlegungen der Tomlinson-Kommission kam diesem Vorschlag allerdings eine untergeordnete Bedeutung zu, die Grenzlandindustrie sollte die Industrialisierung der Homelands nur begleiten.

Volkswirtschaftlich gesehen war jedoch das ganze Projekt unsinnig. Die Grenzgebiete waren wie die Homelands selbst – abgesehen von wenigen Regionen, wie etwa dem an das heute »selbständige« Homeland Bophuthatswana grenzenden westlichen Einzugsgebiet von Pretoria – kaum erschlossen. Überall fehlte es an Wasser, Strom und Verkehrsmöglichkeiten. Die Absatzmärkte waren fern. Der einzige Vorteil dieses Projektes war die Nähe sehr vieler billiger Arbeitskräfte, was wiederum sozialpolitisch Schwierigkeiten, besonders auch für die Homelands, ergab. Überall, wo jenseits der Grenze neue Industriegebiete errichtet wurden, schossen Wohnstädte empor, die von vornherein Slums waren. Dieser »Städtebau« in den Homelands wurde oft von Städten im »weißen« Gebiet mitfinanziert, die daran interessiert waren, die Belastung ihrer eigenen Townships abzubauen. Die sozialen Kosten der Industrialisierung wurden in die Homelands abgeschoben, während die wirtschaftlichen Ergebnisse dem »weißen« Gebiet zugute kamen. So gesehen hatten die Grenzlandindustrien einen sehr nachteiligen Einfluß auf die wirtschaftliche Entwicklung der Homelands.

Infolge der schlechten infrastrukturellen Verhältnisse in den Grenzgebieten hatte das Gesamtprojekt aber für die Industrie letztlich nur beschränkte Attraktivität. Selbst der Versuch, mit »Zuckerbrot und Peitsche« dem Grenzlandindustrie-Projekt doch noch zum Erfolg zu verhelfen, schlug weitgehend fehl. In den ersten sechs Jahren nach Erlaß eines Verbots für weitere industrielle Investitionen in den alten Industriegebieten waren 15 000 Ausnahmeanträge gestellt worden, von denen 91 Prozent bewilligt werden mußten.

Selbst dort, wo sich die Wirtschaft durch die für Grenzlandindustrien gewährten Vergünstigungen in Gebiete bewegen ließ, die den Grenzlandkriterien genügten und doch gute infrastrukturelle Voraussetzungen boten, weil sie im Bereich der alten industriellen Ballungszentren lagen – wie dies beispielsweise im Raum westlich von Pretoria der Fall war –, erfüllten sie ihre wesentliche Aufgabe, die Auflösung der Ballungsgebiete, nicht. Im Gegenteil, sie verstärkten deren Bedeutung und Problematik noch weiter.

75. Der schwarze Widerstand wird in den Untergrund gedrückt

Es dauerte in Südafrika außerordentlich lange, bis dem Schwarzafrikanertum eine Führungsschicht entstand, die bereit war, ausschließlich dem schwarzen Gruppeninteresse zu dienen. Jahrzehntelange harte Zurückweisungen durch die »weiße« Gesellschaft mußten erst durchlitten werden.

Ein erstes Zeichen dafür, daß ein Teil der schwarzen Führungsschicht begann, diesen neuen Weg zu gehen, war die Gründung des ANC (African National Congress) im Jahre 1912 gewesen. Dessen erster Präsident John Langibalele Dube war aber noch immer ein Mann, der an eine rationale Annäherung zwischen Schwarz und Weiß glaubte. 1948 allerdings hatte sich dies geändert. Die damalige Haltung der schwarzafrikanischen Intelligenz beschrieb Albert Luthuli, der 1952 selbst Präsident des ANC wurde und 1961 den Friedensnobelpreis erhielt: »Es spielte nun keine Rolle mehr, ob die Weißen uns noch länger Smuts zumuteten oder ob sie auf Malan umschalteten: Unser Los hatte sich ständig verschlechtert, und keine Wahl schien etwas daran zu ändern . . . wenn wir auch nicht die Schnelligkeit voraussahen, mit der sich die Nationalisten daranmachen würden, uns der wenigen noch verbliebenen Fetzen menschlichen Ansehens und Vermögens zu berauben. Wir hatten das Verhängnis bereits mit den Hertzog-Gesetzesvorlagen (Entzug des Wahlrechts in der Kapkolonie) kommen sehen . . . Wir rüsteten bereits gegen das Regime von Smuts, als Malan an seine Stelle trat.«

Luthuli hatte damals schon die Vorbereitung eines »passiven Widerstandes« (heute auch »soziale Verweigerung« genannt) im Sinn. Er selbst war in Natal geboren und aufgewachsen und hatte dort in seiner frühesten Jugend noch die ersten Versuche Gandhis miterlebt, einer ungerechten staatlichen Gewaltausübung mit passivem Widerstand zu begegnen. Luthuli erreichte durch seine Aktivität eine gewisse Solidarisierung der Schwarzafrikaner mit den anderen minderprivilegierten Gruppen der südafrikanischen

Gesellschaft. 1952 (Dreihundertjahrfeier der Landung Riebeecks am Kap) kam es daraufhin zu der ersten gemeinsamen »Widerstandskampagne« aller nichtweißen Gruppen. Anfänglich entwickelte sie sich nur langsam und wurde nirgends zu einer mitreißenden Volksdemonstration. Trotzdem verhaftete die Polizei innerhalb weniger Monate etwa 8000 Widerstandskämpfer, wobei man betonen muß, daß es in dieser Zeit kaum je mehr als 2000 »Widerstandskämpfer« gleichzeitig gegeben hatte. Erst diese Verhaftungswelle machte die Widerstandskampagne dann doch noch populär, so daß nun die Mitgliederzahlen des ANC rapide von 7000 auf 100 000 anstiegen. Sehr zum Leidwesen Luthulis und anderer Organisatoren dieser Kampagne wurden jedoch die Grundsätze des passiven Widerstands von den Demonstranten nicht immer eingehalten, und es kam gelegentlich auch zu Ausschreitungen und Schießereien.

1955 fand unter Mitwirkung eines so gemäßigten Mannes wie des eben von einer Gastprofessur in den USA zurückgekehrten Matthews eine Großveranstaltung im Gebiet von Johannesburg (Kliptown) statt, an der etwa 3000 Personen teilnahmen, eine erste Auswirkung des härter werdenden Regierungsstils des Duos Strydom/Verwoerd. Von der Versammlung in Kliptown wurde ein »Freiheitsmanifest« verabschiedet, das für einige Zeit das weitere Vorgehen der schwarzen Widerstandsgruppen bestimmte. Es begann mit den Worten: »Wir, das Volk von Südafrika, erklären ...: Südafrika gehört allen, die darin leben, Schwarzen und Weißen ...« Das Manifest zeigte noch immer eine gewisse Ausgewogenheit. So wird beispielsweise gefordert: »Alle nationalen Gruppen und Rassen sollen den gleichen Status in staatlichen Körperschaften, in den Gerichten und in den Schulen haben ...« Doch während hier das gleiche Recht gefordert wird, heißt es bei den Ausführungen zum Wahlrecht nur: »Jeder Mann und jede Frau sollen das Recht haben zu wählen.« Daß hier das Attribut »gleich« fehlte, geschah bei der Qualität der Autoren, zu denen Matthews und auch der damals schon »gebannte« Luthuli gehörten, ohne Zweifel mit Absicht – es war noch nicht an eine uneingeschränkte Majorisierung der Minderheitsgruppen gedacht, wie sie sich heute aus dem weitgehend propagierten »one man – one vote«-Stimmrecht ergeben würde.

Bald darauf jedoch begannen die Dinge zu eskalieren. Der jede Gewalt ablehnende Luthuli blieb bis zu seinem Tode 1967 gebannt, er war in der Wahrnehmung seiner Geschäfte als Präsident der ANC dadurch stark behindert. So konnte er auch nicht mehr verhindern, daß sich schon 1958 die radikalere Gruppe des »Pan African Congress« (PAC) unter Führung des inzwischen zu einem Idol des schwarzen Widerstands gewordenen Robert Sobukwe vom ANC absplitterte. Sobukwe wollte den Machtübergang sofort mit einem festen Programm, das in einen Generalstreik einmünden sollte, erzwingen. Aber bereits die Anfangsphasen dieser Aktion riefen eine derartige Nervosität im Lande hervor, daß es im Frühjahr 1960 überall zu Schießereien kam.

Der tragischste Vorfall ereignete sich in Sharpeville (bei Vereeniging/Transvaal), wo die Polizei am 21. Mai 1960 auf einen Zug unbewaffneter Schwarzafrikaner feuerte, die gegen die »Paßgesetze« demonstrierten. (Die Paßgesetze schrieben vor, daß Schwarzafrikaner stets besondere Ausweise mit sich zu führen hatten, aus denen ihre Identität, Beschäftigung usw. hervorgingen. Nichtbefolgung dieser Vorschriften konnte zu Festnahmen und Bestrafungen führen. Diese Gesetzgebung ist heute modifiziert, jedoch noch nicht aufgehoben.) Hierbei wurden 69 Schwarzafrikaner getötet und 178 verwundet. »Sharpeville« wurde zu einem Fanal. Die Entwicklung überschlug sich nun. In Kapstadt legten Trauerfeiern die Industrie eine Woche lang lahm. Die Regierung Verwoerd griff rücksichtslos durch. Der öffentliche Notstand wurde ausgerufen. Ein neues, scharfes »Gesetz gegen gesetzeswidrige Organisationen« wurde erlassen. ANC (der die Aktion des PAC nicht unterstützt hatte) und PAC wurden verboten und verschwanden im Untergrund. Vor dem

Kinder vor ihrer Kirche in Soweto, der schwarzen Trabantenstadt Johannesburgs (unten)

Parlament erklärte der Justizminister, daß 98 Weiße, 36 Coloureds, 90 Inder und etwa 18000 Schwarzafrikaner inhaftiert worden seien. Diese Rigorosität hatte vordem Smuts sogar bei der weißen Wählerschaft in Mißkredit gebracht; Verwoerds Wahlerfolge steigerten sich dagegen unentwegt weiter – auch nach Sharpeville.

Eine Woge der Erschütterung über diese Ereignisse ging um die Welt. Der damalige Generalsekretär des Weltkirchenrates, Willem Adolph Visser 't Hooft, ein niederländischer Theologe von hohem internationalen Ansehen, fuhr nach Südafrika, wo in Cottesloe (Teil der Universität von Witwatersrand in Johannesburg) eine große Kirchenkonferenz stattfand. Auch die Niederdeutsch-Reformierten Kirchen nahmen teil, deren Doktrin doch weitgehend die theologischen Begründungen der Apartheidideologie lieferte. Nach dem Zeugnis von Visser 't Hooft »herrschte auf dieser Konferenz ein tiefes Gefühl geistiger Zusammengehörigkeit«. Die Konferenz erarbeitete eine Erklärung, in der die Rassengesetzgebung Südafrikas eingehend kritisiert wurde. In diesem Kommuniqué wurde beispielsweise ausgeführt: Es gibt keine biblischen Gründe, die gegen gemischte Ehen sprechen; niemand kann wegen seiner Hautfarbe von Gottesdiensten ausgeschlossen werden; die Wanderarbeit ist ein soziales Übel; jeder muß das Recht haben, an seinem Wohnort Grund und Boden zu erwerben; Bestrafungen dürfen nicht ohne ein ordentliches Gerichtsverfahren durchgeführt werden.

Über den Abschluß dieser Konferenz schreibt Visser 't Hooft: »Als wir diese Resolution bei einer ... Pressekonferenz vorlasen, stand ein Reporter auf und sagte: ›Meine Herren, haben Sie wohl verstanden, daß das, was Sie da bringen, Dynamit ist?‹ Man konnte nur antworten: ›Ob Dynamit oder nicht, das ist, was wir alle wirklich als Wahrheit sehen.‹«

Der Ökumenische Rat der Kirchen (Weltkirchenrat) hatte damals unter der Leitung von Visser 't Hooft entscheidend dazu beigetragen, einen Prozeß des Umdenkens in den südafrikanischen Kirchen einzuleiten – auch in den Niederdeutsch-Reformierten Kirchen. Daß diese »Burenkirchen« den in Cottesloe eingeschlagenen Kurs nicht durchzuhalten vermochten und sich nach wenigen Monaten von dem dort beschlossenen Dokument wieder distanzierten, mag nicht überraschend sein. Viel überraschender war das, was vorher geschehen war, daß nämlich zumindest bei den Delegierten dieser Kirche in Cottesloe unter dem Einfluß von Visser 't Hooft neue theologische Einsichten wachgerufen worden waren, ein erstes Zeichen für die aufkeimende Bereitschaft zum Überdenken der eigenen Thesen.

Es kam jedoch nie mehr ein zweiter Visser 't Hooft nach Südafrika, um persönlich, in mühsamer und unablässiger Kleinarbeit, die theologisch-dogmatischen Positionen der reformierten Theologen allmählich und nachhaltig aufzulösen. Statt dessen schloß sich der Weltkirchenrat unter der Leitung von Visser 't Hoofts Nachfolger Eugene Carson Blake, einem amerikanischen reformierten Theologen, dem Kreis derjenigen weltweiten Organisationen an, die Südafrika für unbelehrbar halten und meinen, nur mit internationalen Druckmitteln könne es zur Vernunft gebracht werden.

Ungelöste Probleme des Apartheidstaates

76. Das Apartheid-Bildungssystem erzieht die Gegner der Apartheid

Albert Luthuli hat zeit seines Lebens den in den Untergrund gedrückten ANC auf dem Kurs des passiven Widerstandes gehalten. Er gehörte noch zu der Generation, die auf einer Missionsschule ausgebildet worden war – und Luthulis Haltung ist charakteristisch für die Generationen, die den Weißen nicht nur als kaltherzigen Dogmatiker und als Polizisten, sondern auch als einen Christen kennengelernt hatten, der sich dem anderen, auch dem andersartigen, brüderlich zuwandte. Inzwischen sind aber die jüngsten derjenigen, die den Bildungsweg der Missionsschulen durchlaufen haben, über 50 Jahre alt. Eine neue Generation schwarzer Gebildeter wächst heran. Sie haben Apartheidschulen besucht und sind voller Ressentiments gegen das System, das ihnen dort »nahegebracht« worden ist.

Begonnen hat die neue Entwicklung des Schulwesens damit, daß Malan sich im Jahre 1953 durch seinen damaligen Eingeborenenminister Verwoerd zu einem »Bantu-Erziehungsgesetz« hatte verleiten lassen, das völlig neue Erziehungsprinzipien und ein neues Erziehungssystem für Schwarzafrikaner einführte. Bis dahin hatten weitgehend Missionsschulen das schwarze Erziehungswesen in der Hand gehabt. Sie hatten durch das Weltbild, das sie übermittelten, sicherlich stark dazu beigetragen, die Achtung vor dem Europäer bei den Schwarzen zu erhalten – trotz einer damals schon bald ein halbes Jahrhundert dauernden Politik, die sie immer mehr ihrer Rechte und ihrer Würde entkleidete. Doch die Brüderlichkeit zwischen den Menschen, die in den Missionsschulen als eine Essenz christlichen Glaubens verkündet wurde, ließ sich mit den von Eiselen und Verwoerd formulierten Apartheidvorstellungen nicht mehr in Einklang bringen. Auch wenn hinter diesen Formulierungen christliche Prinzipien standen – und das war bei Eiselen und Verwoerd durchaus der Fall –, unterschieden sie sich im Kern von dem Bibelverständnis, das die Missionsschulen vertreten hatten.

Durch das Schulgesetz hatte »der Staat die Kontrolle über den Unterricht der Bantuvölker übernommen«, er bestimmte nun nicht nur die Curricula, sondern das gesamte Schulwesen. Schon bisher überstieg es die Möglichkeiten aller christlichen Missionen, ein auch quantitativ befriedigendes Schulsystem zu tragen. Das konnte nur Aufgabe des Staates sein. Wie enorm diese Aufgabe in Südafrika war, zeigt schon ein kurzer Blick allein auf die Zahl der schwarzafrikanischen Kinder. 1960 gab es 2,8 Millionen schwarze Kinder im Alter von 5 bis 14 Jahren und eine Million schwarze Jugendliche im Alter von 14 bis 19 Jahren. Allein die Einschulung der Gruppe der 5- bis 14jährigen bei Klassenstärken von durchschnittlich 40 Schülern hätte 70 000 Klassenräume erfordert. Eine überschlägige Berechnung ergibt, daß damals allenfalls 25 000 Klassenräume vorhanden waren. In ihnen wurden jeweils 60 Schüler unterrichtet. (Für die weißen Schulen läßt sich zur gleichen Zeit eine Klassenstärke von 25 Schülern errechnen.)

Bis 1980 haben sich inzwischen die Vergleichszahlen auf etwa 6,4 Millionen schwarze Kinder im Alter von 5 bis 14 Jahren und 2,3 Millionen Jugendliche im Alter von 15 bis 19 Jahren erhöht. 1980 wären demnach für die Volleinschulung im Primarschulbereich und eine entsprechende Einschulung im Sekundarbereich 160 000 Schulräume für je 40 Schüler erforderlich gewesen. Das heißt, im Schnitt der letzten 20 Jahre wären pro Jahr 7250 Schulräume zu bauen gewesen. Diese Zahl hätte sich aber verdoppelt, wenn man den schwarzen Schülern die gleichen Einschulungsmöglichkeiten und Klassenstärken wie den weißen hätte bieten wollen.

Von Lehrerausbildung war überhaupt noch nicht die Rede. Gleiche Qualifikation der schwarzen wie der weißen Lehrer kann jedoch auch erst dann erreicht werden, wenn die Lehrer ein qualitativ gleichwertiges Schulsystem durchlaufen haben.

1980 bestand bei einem Schulbesuch von etwa 77 Prozent der im Schulalter befindlichen schwarzen Kinder ein Lehrer-Schüler-Verhältnis von 1 : 48. Im weißen Bereich betrug es damals bei voller Schulpflicht 1 : 17,6.

Die Aufgabe, die sich der Regierung allein im schulischen Bereich stellt, ist gewaltig. Selbst bei gutem Willen würde es lange Zeiträume erfordern, die Probleme auch nur annähernd zu lösen. »Guten Willen«, die gleichen Schulverhältnisse für schwarze wie für weiße Kinder zu schaffen, gab es aber bei den Verantwortlichen nicht. Erst in den letzten Jahren läßt sich eine veränderte Haltung der Regierung ausmachen – mit gutem Willen. Die Einführung der allgemeinen Schulpflicht ist für 1982 geplant.

Die Lehrer an den schwarzen Schulen wissen heute nichts mehr zur Besänftigung der Verbitterten beizutragen – so wie das früher die Missionare getan haben. Im Gegenteil, gerade sie haben häufig ihren Beruf ergriffen, weil sie hier eine der wenigen Möglichkeiten sehen, ihren Willen zur Veränderung der Verhältnisse auf die nächste Generation zu übertragen.

Besondere Bitterkeit mußte es erregen, daß im Gegensatz zu den weißen an den schwarzen Schulen Schulgeldpflicht und nur beschränkte Lernmittelfreiheit bestand. Die staatlichen Ausgaben je Schüler im weißen Sektor liegen etwa zehnmal höher als im schwarzen. Das hängt zwar damit zusammen, daß die Weißen mehr höhere Schulen besuchen; aber auch diese Ungleichheit ist natürlich Stein des Anstoßes.

Sehr oft bekommt man im Land das Argument zu hören, daß die Schwarzen kaum etwas zur Finanzierung ihres Schulsystems beitrügen und die Weißen den Löwenanteil für alles aufzubringen hätten. Doch nirgends auf der Welt bezahlen die Nutznießer der Bildungseinrichtungen auch deren volle Kosten.

77. *Schwarze Universitäten als Getto*

Das System der getrennten Entwicklung wurde 1959 auch an den Universitäten eingeführt. 1980 gab es in Südafrika neben einer allen zugänglichen Korrespondenzuniversität, der »Universität von Südafrika« (50 441 eingeschriebene Studenten, davon 33 584 weiß, 9519 schwarz, 2603 coloured, 4735 asiatisch), zehn weiße Universitäten mit knapp 85 000 eingeschriebenen Studenten (davon etwa 4000 nichtweiß) und drei Universitäten für Schwarze mit 7300 eingeschriebenen Studenten. Eine weitere Universität für Schwarze soll nach dem augenblicklichen Stand der Dinge 1982 in Pretoria gebaut werden.

Zu den schwarzen Universitäten müssen wir auch noch die Universität der Transkei mit etwa 900 Studenten rechnen. Ferner gibt es noch eine Universität für Inder (etwa 5000 Studenten) und eine Universität für Coloureds (etwa 4000). An allen Universitäten zusammen waren etwa 120 000 Weiße (2,7 Prozent der Bevölkerungsgruppe), etwa 10 000 Schwarze (0,05 Prozent), etwa 16 000 Coloureds (0,6 Prozent) und etwa 12 000 Inder (1,5 Prozent) eingeschrieben.

Die Universitäten für die nichtweißen Bevölkerungsgruppen sind alle mit hohem Kostenaufwand gebaut und architektonisch oft ausgezeichnet gestaltet. Doch gerade die am schönsten angelegten Universitäten, Ngoye im Zululand und Turfloop, die »Universität des Nordens«, befinden sich in völlig abgelegenen Gebieten. Es bestehen kaum direkte Kommunikationsmöglichkeiten mit der Außenwelt, ganz zu schweigen von den kulturellen Anregungen, die größere Städte im allgemeinen bieten. Dadurch erhöht sich der Gettocharakter dieser Institute erheblich.

Es war ein besonders unglücklicher Gedanke, auch das Universitätsleben nach den Apartheidstrukturen umzugestalten. Diese entscheidenden Bildungseinrichtungen des Landes mußten dadurch zu einer Quelle ständiger Unruhe werden. Nach dem Verständnis derer, die gezwungen sind, hier zu studieren, äußert sich ja gerade im apartheidlich gestalteten Universitätsleben am stärksten die fehlende Bereitschaft der weißen Privilegiertengruppe, die menschliche Gleichwertigkeit der diskriminierten Rassen anzuerkennen.

Dementsprechend läßt die Atmosphäre, die im Wohn- und Lehrbereich dieser Hochschulen herrscht, auch nichts von einem »universitären Höhenflug menschlichen Geistes« verspüren. Schon allein die Tatsache, daß die weißen Dozenten dieser Universitäten bis vor kurzem angewiesen waren, »zurückhaltend« im Umgang mit ihren farbigen Kollegen zu sein, mußte von vornherein einen Bruch der »universitas« nach sich ziehen.

Ich halte diese Hochschulen nicht nur für die unglückseligsten, sondern vor allem auch für die unheilvollsten Einrichtungen Südafrikas, denn hier wird der Rassenhaß geradezu gezüchtet – dies nicht einmal so sehr durch den Sinngehalt der Vorlesungen, sondern vielmehr durch die Gestaltung der Lebensumstände. Daß Apartheid hier gelehrt wird, ist weniger wichtig, als daß sie hier von geistig aufgeschlossenen Menschen in ihrer ganzen brutalen menschlichen Härte erfahren und erlebt wird.

Die jungen Leute, die sich hier immatrikulieren, sind ja auch schon keine »reinen Toren« mehr. Sie stammen zum größten Teil aus städtischen Gebieten und waren schon von Jugend an den Bedrückungen eines Quasigettodaseins ausgesetzt. Nur ein verschwindend kleiner Teil dieser Studentenschaft hat noch die auf ein versöhnliches Leben einstimmende Nestwärme einer traditionellen afrikanischen Kindheit erlebt.

So ist denn das Leben an diesen Universitäten von einer ununterbrochenen sozial- beziehungsweise rassenpolitisch bestimmten haßerfüllten Hektik beherrscht. Es vergeht kaum ein Monat, in dem nicht irgendwo im Bereich der nichtweißen Universitäten irgendwelche Unruhen aufflackern. Die Bandbreite der dabei eingesetzten Maßnahmen erstreckt sich von Vorlesungsboykotten bis hin zu Universitätsschließungen. In den letzten Jahren springen Funken solcher Brände meistens auch sehr schnell auf die höheren Schulen über. Dort findet der revolutionäre Geist der schwarzen Studentenschaft selbstverständlich am schnellsten begeisterten, aber auch tatenfreudigen Widerhall.

Am bedrückendsten sind die Zukunftsperspektiven, die sich hier eröffnen. Das ganze skizzierte System führt dazu, daß die zukünftigen Führungskräfte des Landes ohne jede gegenseitige persönliche Kenntnis ausgebildet werden. Der zukünftigen Führungsschicht fehlt damit einer der wichtigsten menschlichen Bildungsinhalte: die lebendige Erfahrung, die aus dem vertrauten Umgang mit dem Nächsten zu gewinnen ist. Die Bedeutung, die dieser Faktor hat, fällt immer erst dann auf, wenn man auf ihn verzichten muß. Gerade in einem Lande, in dem die Rassenbeziehungen so ungemein strapaziert werden, wäre es von allererster Bedeutung, daß zumindest die Führungseliten eine aus vertraut-zuverlässigen Erfahrungen stammende Kenntnis voneinander besäßen.

In Südafrika erlebt man heute mit Schrecken den abgrundtiefen Haß, den viele junge schwarze Akademiker gegen alle Weißen empfinden (mag er oft auch durch eine angeborene Neigung zur Liebenswürdigkeit zunächst überdeckt werden). Auf der anderen Seite erfährt man dann mit Erstaunen, mit welcher Harmlosigkeit die Verhärtungen der schwarzen Vorstellungswelt auf weißer Seite übergangen werden und unbeachtet bleiben. Häufig ist man sich kaum dessen bewußt, daß die Generation der heute fünfzigjährigen schwarzen Akademiker immer weniger repräsentativ für den Geist der schwarzen Führungsschicht wird. Diese Menschen waren noch in einem letzten Endes auf Versöhnlichkeit ausgerichteten Geist erzogen worden. Doch das endete spätestens mit der Einführung des Apartheidsystems im gesamten Bildungsbereich.

Es ist völlig müßig, darauf hinzuweisen, daß kein anderes Land in Afrika so gute Bildungsmöglichkeiten für Schwarzafrikaner anbietet und daß auch kein anderes Land in Afrika eine so hohe schwarzafrikanische Akademikerquote besitzt wie Südafrika. Das ist noch immer richtig, trifft jedoch keineswegs den Kern der schwarzen Beschwernisse. Den Schwarzafrikanern geht es zunächst ausschließlich um die menschliche Anerkennung, um ihre menschliche Würde. Das ist ihr Kernproblem. In diesem Punkt fühlen sie sich zutiefst beleidigt und verletzt. Schon die Gestaltung des schwarzafrikanischen Lebens in Südafrika allgemein läßt die Schwarzen äußerst empfindlich reagieren. Doch diese Empfindlichkeit wird durch den Ungeist an den Universitäten ins Unerträgliche gesteigert.

78. Schwarze Theologie, schwarzes Selbstbewußtsein

Die »Apartheidtheologie«, die die Niederdeutsch-Reformierte Kirche in der Praxis des Alltags vertritt, mußte Reaktionen schwarzer Theologen hervorrufen. 1972 schrieb der auch in Deutschland bekannte heutige lutherische Bischof von Johannesburg Manas Buthelezi (ein entfernter Vetter des Ministerpräsidenten von Kwa Zulu, Gatsha Buthelezi, der Anglikaner ist; in den gleichen Familienkreis gehört auch der römisch-katholische Bischof von Johannesburg, Peter Buthelezi): »Eine wahre Theologie entwickelt sich aus den dynamischen Kräften des Lebens, sie entwickelt sich aus den Kräften, die das tägliche Leben bestimmen . . . ›Schwarze Theologie‹ ist nur eine methodologische Formel, die . . . dem Rechnung trägt, daß eine aufrichtige Theologie von den Besonderheiten der Situation des schwarzen Menschen ausgehen muß.«

Eine solche Auffassung bedeutet unter südafrikanischen Verhältnissen, daß hier »schwarze Theologie« weitgehend Defensivcharakter annahm, was in den Worten von Simon S. Maimela, einem Dozenten für systematische Theologie an der »Universität von Südafrika«, noch deutlicher wird: »Schwarze Theologie muß

Umntwana M. Gatsha Buthelezi, heute Ministerpräsident des Homeland Kwazulu

die Tatsache unterstreichen, daß Schwarze dazu bestimmt sind, politisch und psychologisch frei zu sein, und zugleich muß sie das Gewissen derer stärken, die im Freiheitskampf engagiert sind ... Schwarze Theologie ist funktionale Theologie ... als solche muß sie gegen alles kämpfen, was die Menschlichkeit der Schwarzen, seinen Stolz und sein Selbstbewußtsein zerstört.«

Zum Wesen des burisch-orthodoxen Calvinismus gehörte der Glaube an die Auserwähltheit des eigenen Volkes aus göttlicher Offenbarung. Die »schwarze Theologie« wollte sich der Aufgabe widmen, einem entwurzelten Volk aus der Verkündigung des göttlichen Willens wieder Halt und Widerstandskraft im Glauben an die eigene Art zu vermitteln. Im burisch-orthodoxen Falle war der Wille zur Erhaltung der eigenen Art Folge einer erfahrenen Offenbarung. Die »schwarze Theologie« aber traf auf ein Volk, das eben gerade keine göttliche Offenbarung erfahren hatte – und sie selbst war auch keine prophetische Kraft, die Ausdruck einer solchen neuen Offenbarung hätte sein können. Die »schwarze Theologie« war und ist nicht Prophetie, sondern Theologie. Sie gibt einem in tiefer Not befindlichen Volk Auslegungen der Bibel.

Im Gegensatz zu der »schwarzen Theologie« geht es der »Black Consciousness«-Bewegung weniger um die Vermittlung theologischer Grundlagen für eine neue Lebenshaltung schwarzer Menschen als vielmehr um diese Haltung selbst. Die »Black Consciousness«-Bewegung zielt auf ein kämpferisches schwarzes Selbstbewußtsein ab. Sie hat ihren Ursprung in den USA und wurde von den zahlreichen südafrikanischen schwarzen Studenten, die dort studierten, nach Süfafrika übertragen. Hier fand sie ihre aktivsten Vertreter wiederum vor allem in schwarzen akademischen Kreisen. Dabei tat sich die damals unter Leitung des 1977 an Mißhandlungen bei seiner Inhaftierung gestorbenen Steve Biko stehende Studentenvereinigung SASO (South African Students Organization) besonders hervor. Biko hatte 1972 geschrieben: »In Kenntnis dessen, wie religiös unser afrikanisches Volk war, begannen die Missionare ihren Schreckensangriff auf die Emotionen des Volkes mit ihren Einzelberichten über ewiges Fegefeuer, Zähneklappern und Knochenmahlen ... Letzten Endes gingen mit der Annahme der westlichen Religion unsere kulturellen Werte verloren.« So hieß es denn auch in dem »Policy-Manifesto« der SASO unter anderem: »Das Grunddogma des schwarzen Selbstbewußtseins ist, daß der Schwarze alle Wertsysteme zurückweisen muß, die aus ihm einen Fremdling im Land seiner Geburt machen wollen und die seine menschliche Würde beeinträchtigen. Der Schwarze muß sein eigenes Wertsystem errichten, sich selbst definieren und sich nicht von anderen definieren lassen.« Weiter heißt es in dem Dokument: »SASO glaubt, daß keine der weißen Gruppen, die in Südafrika mit dem Ziel der Integration arbeiten ... für eine Integration arbeitet, die für den Schwarzen annehmbar wäre. Ihre Bestrebungen gehen lediglich dahin, eine bestimmte oppressive Gesetzgebung aufzuweichen und den Schwarzen den Zugang zu einer Gesellschaft weißer Art zu gestatten.«

Hier zeigt sich erneut, wie stark das Denken der sehr radikal auftretenden neuen akademischen schwarzen Führungsschicht das defensive Element gegenüber dem konstruktiven in den Vordergrund treten läßt. Erkennbar wird aber auch die genauso bedeutungsvolle wie tragische Tatsache, daß die Ausschließung ganzer Generationen von Schwarzen von allen mittleren und höheren Positionen in der Industrie und ganz allgemein in der Wirtschaft einen großen Teil der schwarzen Intelligenz dazu verleitet hat, die industrielle Gesellschaft als ein Spezifikum der weißen Welt anzusehen. Südafrika ist aber mit seinen heute etwa 30 Millionen Einwohnern (einschließlich der »unabhängig« gewordenen Homelands) ein vom Funktionieren seiner Industrie abhängiges Land geworden. Da die neue schwarze akademische Führungsschicht Südafrikas bis heute noch kein Verhältnis zu den Anforderungen einer Industriegesellschaft besitzt, könnte sie leicht zu Aktionen verleitet werden, die die wirtschaftliche Basis des ganzen Landes gefährden könnten.

Es kann in Südafrika heute nicht mehr darum gehen, Schwarze in der weißen Kultur aufgehen zu lassen. Es kann auch nicht mehr um eine nostalgische Rückbesinnung auf die eigene Tradition gehen. Der Industrialisierungsprozeß ist eine Herausforderung an alle Kulturen, die in ihn hineingezogen werden. Da er räumlich und sozial das ganze Land verändert, müssen sich in ihm auch ehemalige kulturelle Kleingruppen zu einer ganz neuen Kultur verschmelzen.

79. Namibia ist kein juristisches Problem mehr

Namibia, das ehemalige Südwestafrika, steht heute noch immer im Mittelpunkt internationaler Diskussion. Südafrika hat seine Ansprüche auf dieses Gebiet bis heute nicht aufgegeben. Das Land ist weiterhin ein integraler Bestandteil der südafrikanischen Politik. So ist es erforderlich, daß wir uns auch mit ihm befassen.

1920 erklärten sich »entsprechend Artikel 22 des Völkerbundsvertrages die alliierten und assoziierten Mächte damit einverstanden, daß das Mandat für Südwestafrika auf Seine Britische Majestät mit der Maßgabe übertragen werden solle, es in seinem Auftrag durch die Regierung der Union von Südafrika auszuüben. Sie war ermächtigt, die Gesetze der Union von Südafrika auf das Territorium anzuwenden, mit der Maßgabe, daß regionale Modifikationen, die die Umstände erforderten, durchgeführt werden konnten. Es wurde festgelegt, daß die Mandatsmacht alle Anstrengungen unternehmen solle, um das materielle und seelische Wohlbefinden sowie die soziale Entwicklung der Einwohner des Territoriums entsprechend dem Mandatsauftrag zu fördern« (Muriel Horrell, südafrikanische Soziologin, Herausgeberin zahlreicher Veröffentlichungen des »South African Institute of Race Relations« in Johannesburg).

Diese Bestimmungen entsprachen der in den Völkerbundstatuten festgelegten Beschreibung eines C-Mandats. Smuts hatte diese Mandatsform in den Entwurf der Völkerbundssatzungen eingefügt, nachdem er festgestellt hatte, daß die direkte Angliederung Südwestafrikas an die Union am Widerstand des amerikanischen Präsidenten Woodrow Wilson scheitern würde. Noch 1925 interpretierte Smuts das Verhältnis zwischen Südwestafrika und der Union folgendermaßen: »Das Mandat überträgt der Union die volle Souveränität nicht nur in der Verwaltung, sondern auch in der Gesetzgebung, so daß kein Grund dafür besteht, irgend etwas Zusätzliches zu fordern.«

Auch noch während des Zweiten Weltkriegs hielt Smuts es nicht für erforderlich, Südwestafrika voll in die Union einzugliedern, obwohl ihm dies verschiedentlich nahegelegt worden war und es auch wahrscheinlich ohne Schwierigkeiten durchführbar gewesen wäre.

Bei der Gründung der Vereinten Nationen und der wenige Monate später erfolgenden Auflösung des Völkerbunds fand kein automatischer Übergang der Völkerbundsmandate auf die UNO statt. Den Mandatsmächten wurde vielmehr nur nahegelegt, von sich aus die UNO um die Übernahme einer Treuhandschaft für die Mandatsgebiete des Völkerbunds zu ersuchen. Man wollte wegen dessen Anrüchigkeit als Vertretungsorganisation der Kolonialmächte jeden Schein einer Verbindung zwischen Völkerbund und UNO vermeiden.

Vom Standpunkt Südafrikas aus gesehen beging Smuts nun eine Reihe von grundlegenden juristischen Fehlern, die um so schwerwiegender waren, als sich Smuts früher das Ansehen eines Experten in Fragen des Völkerrechts erworben und auch selbst maßgebend an der Völkerbundssatzung mitgearbeitet hatte. Insbesondere stammten ja die Sonderbestimmungen für C-Mandate wesentlich aus seiner Feder.

Als Südafrika verschiedentlich die Aufforderung der UNO erhalten hatte, »freiwillig« einen Antrag auf Übernahme der UNO-Treuhandschaft für sein Völkerbundsmandat über Südwestafrika zu stellen, wies Smuts diese nicht etwa als jeder Rechtsgrundlage entbehrend entschieden zurück. Er stellte statt dessen – bei der UNO (!) – den Antrag, die Eingliederung Südwestafrikas in die Südafrikanische Union zu genehmigen. Der Antrag wurde mit kritischen Hinweisen auf Südafrikas Rassenpolitik abgelehnt. Smuts erstattete von da an – wiederum an die UNO – jährliche Berichte über die Mandatsverwaltung. Damit hatte er ohne rechtliche Notwendigkeit der UNO zumindest die Möglichkeit zugestanden, die südafrikanische Politik in diesem Land fortgesetzt zu kritisieren. Auf diese Weise hatte er die rechtliche Ausgangssituation Südafrikas für zukünftige gerichtliche Auseinandersetzungen erheblich verschlechtert. Erst 1948 erklärte die Regierung Malan, daß »die Union dem Treuhandschaftsrat der UNO nicht das Recht zugestehen kann ... zu entscheiden, ob die Union in angemessener Weise ihre Pflichten aus dem Mandat erfüllt«.

Wir müssen die zwei Jahrzehnte dauernden komplizierten Auseinandersetzungen Südafrikas mit der UNO vor dem Haager Internationalen Gerichtshof hier übergehen. Die Situation wurde für Südafrika in diesen Prozessen in dem Maße ungünstiger, wie sich die Zusammensetzung dieses internationalen Gerichts änderte und vermehrt Juristen aus der Dritten Welt zu Richtern gewählt wurden. Das Hin und Her von Gerichtsbeschlüssen und Resolutionen fand seinen Abschluß in zwei 1966 und 1967 gefaßten Beschlüssen der UNO-Vollversammlung, mit denen diese, in einer emotionellen Aufwallung, das Mandat Südafrikas über Südwestafrika für beendet erklärte. Die Beschlüsse mögen zwar einer ordentlichen Rechtsgrundlage entbehren, sie sind aber zu einer politischen Waffe geworden und daher auch ein politischer Tatbestand, mit dem um so mehr gerechnet werden muß, als diese Beschlüsse immer wieder Grundlage für neue gegen Südafrika gerichtete Entschließungen bilden.

Nach den Besuchen des UNO-Generalsekretärs Kurt Waldheim und seines Beauftragten Alfred Escher, eines Schweizers, in Südafrika und Namibia im Jahre 1972 schwenkte die südafrikanische Regierung auf eine Linie außenpolitischen Verhandelns in der Namibiafrage und gewisser Reformen im Innern dieses Landes ein.

80. Namibischer Grenzkrieg ohne Ende

Seitdem die südafrikanische Regierung auf den Verhandlungsweg einging, ist die Frage nahezu belanglos geworden, wie es um das Interventionsrecht der UNO in Namibia rechtlich gesehen bestellt ist. Juristisch begründete Standpunkte lassen sich immer nur so lange durchsetzen, wie dies durch die politischen Machtverhältnisse abgedeckt wird. Man mag die dieser Feststellung zugrundeliegenden Tatsachen bedauern – doch »such is life«, das ist nun einmal politische Realität, und man verbessert eine Lage nicht, wenn man sich den politischen Realitäten verschließt. Das mußte auch die südafrikanische Regierung, zu diesem Zeitpunkt unter Leitung des Pragmatikers Vorster, einsehen. Vom Standpunkt dieser Regierung aus gesehen war durch die Konzentrierung Südafrikas auf die juristischen Auseinandersetzungen um die Namibiafrage schon allzuviel Terrain im Lobbyvorfeld der UNO verlorengegangen. Die SWAPO (South West African Peoples Organization), die sich hauptsächlich aus dem Stamm der Ovambo (46 Prozent der Gesamtbevölkerung Namibias) rekrutierende Befreiungsorganisation für Namibia, beziehungsweise ihre Vorläufergruppen hatten es verstanden, sich schon bald nach der Gründung der UNO vor allem bei der schnell wachsenden Zahl der UNO-Mitglieder aus der Dritten Welt ausgezeichnete Lobbypositionen aufzubauen. Von hier aus war es denn auch letzten Endes gelungen, die juristische Erörterung des Namibiaproblems vom Tisch zu fegen.

Die UNO erkannte 1973 die SWAPO als die »authentische Repräsentantin des Volkes von Namibia« an und blieb seither bei dieser Entscheidung. Diese Organisation ist in Namibia zwar nicht verboten, jedoch sind zahlreiche der ihr angehörenden Aktivisten in den Untergrund ausgewichen. Sie hatten sich anfänglich vor allem nach Sambia und Tansania abgesetzt, um von dort aus subversive Tätigkeiten ausüben zu können.

Dieser »in den Untergrund« gegangene, vom Ausland her arbeitende Teil der SWAPO steht heute unter Leitung von Sam

Nujoma. Der Teil der SWAPO, der im Lande verblieben war, wurde 1979 erneut von Andreas Shipanga – der in Tansania inhaftiert war, weil er Nujomas Führungsstil kritisiert hatte – zusammengefaßt und nannte sich »SWAPO-Demokraten« (SWAPO-D). Nujomas SWAPO arbeitet inzwischen von vielen der afrikanischen »Frontstaaten« (»Front« gegen Südafrika) aus. Heute – nach dem Zusammenbruch der portugiesischen Kolonialherrschaft (April 1974) – hat sie ihre stärksten Stützpunkte in Angola. Dabei kommt es ihr zugute, daß der Süden Angolas auch von Ovambo bewohnt wird.

Die südafrikanische Armee, die gegen diese angolanischen Stützpunkte operiert, besteht jetzt zu etwa 20 Prozent aus schwarzen und weißen Namibiern. In den südafrikanischen Verbänden kämpfen in Namibia aber auch Coloured-Infanterieeinheiten aus Südafrika. Über diese in Namibia eingesetzten Coloured-Truppen hinaus hat die südafrikanische Armee seit 1974 weitere Einheiten aufgestellt, die aus Angehörigen verschiedener schwarzer Stämme bestehen. Die Gesamtzahl der »nichtweißen« Truppen in Südafrika soll 1979 12 000 Mann betragen haben.

Von der südafrikanischen Armee wurden entlang der fast 1500 Kilometer langen Grenze zu Angola zahlreiche Stützpunkte und Flugplätze angelegt. Diese Befestigungslinie ist heute Ausgangspunkt für wiederholte Offensivoperationen in das Hinterland von Angola hinein. Es wird vermutet, daß dort gegenwärtig etwa 8000 bis 10 000 Mann SWAPO-Kampftruppen stationiert sind, deren Ausrüstung sich fortgesetzt verbessert. Die südafrikanischen Offensiven in das Innere von Angola dienen vor allem dem Zweck, zu verhindern, daß in diesem Land eine tragfähige Basis für größere Angriffe gegen den namibischen Raum entsteht. In Namibia selbst kam es bisher nur zu Sabotageakten und kleineren Überfällen der SWAPO, aber noch zu keinen größeren Kampfhandlungen.

Die Kämpfe an dieser Grenze werden wohl so lange weitergehen, bis das Namibiaproblem gelöst ist. Wie lange dies dauern wird, ist heute überhaupt noch nicht abzusehen. Mag auch dann und wann dieser oder jener Hoffnungsschimmer einmal aufleuchten, noch sind die politischen Fronten viel zu verhärtet, als daß man eine baldige Friedensregelung für dieses Gebiet erwarten könnte.

Es geht bei diesen Grenzkämpfen ja nicht etwa um irgendwelche schwarzen Stammesstreitigkeiten, sondern um Auseinandersetzungen zwischen den Machtblöcken der Erde – mag dies dem einzelnen SWAPO-Angehörigen bewußt sein oder nicht. Die Tatsache, daß das gegenwärtige angolanische Regime aber auf der Anwesenheit sowjetischer Berater und kubanischer Truppen fußt und diese auch in die Grenzkämpfe im Süden Angolas verwickelt werden, gibt zweifellos den USA Anlaß zu weltstrategischen Befürchtungen. Hinzu kommt, daß die SWAPO, die lange über ihre politischen Absichten geschwiegen hatte, neuerdings über die »Stimme Namibias« in Addis Abeba ein Dreipunkteprogramm folgenden Inhalts verbreitet: »1. Abschaffung aller Formen der Ausbeutung des Menschen durch den Menschen, des destruktiven Geistes des Individualismus, der Vergrößerung von Reichtum und Macht durch Individuen, Gruppen und Klassen. 2. Sicherstellung, daß alle Produktionsmittel und Kapitalien sich in Volkseigentum befinden. 3. Schaffung von Bauerngenossenschaften und Kollektiven.«

Wer Weltmachtinteressen verfolgt, muß angesichts der strategischen Bedeutung Südafrikas die Aktivitäten einer konkurrierenden Weltmacht mit Mißtrauen verfolgen, die sich mit Moçambique, Angola und mit dem Blick auf Namibia an den Flanken Südafrikas Einflußgebiete aufbaut. Es kommt dabei die Erinnerung auf, daß ein knappes Jahrhundert zuvor eine strategisch gesehen ähnliche Situation zu Spannungen geführt hat, die schließlich im Burenkrieg endeten – wenn ein solcher Vergleich auch einen einzelnen Aspekt der heutigen Situation allzusehr überbetonen mag.

81. Ungelöste Unrast um Namibia

Grundlegende Veränderungen begannen in Namibia, als am 1. September 1975 in der »Turnhalle« in Windhoek – das Gebäude trägt, wie so manches in Windhoek, seinen Namen noch aus der deutschen Zeit – die erste Konferenz der elf Bevölkerungsgruppen des Landes zu Verfassungsgesprächen zusammentrat. Ich freute mich damals zu hören, daß diese Konferenz B. Africa zu ihrem Vorsitzenden gewählt hatte, den Vorsitzenden der Rehoboth-Basters. Ich hatte ihn als besonders sympathischen und geschickten Mann in Erinnerung und war der Auffassung, daß er das Bestmögliche aus der Versammlung machen könnte. Immerhin war es eine schwierige Sache, eine von der südafrikanischen Regierung initiierte Konferenz zu leiten, die in völligem Gegensatz zu den Absichten stehen mußte, die die UNO mit Namibia hatte. Die Absichten der UNO zeigen sich ja deutlich darin, daß man dort bis heute nicht bereit ist, irgendeine andere Organisation, und sei es auch nur neben der SWAPO Nujomas, als Vertreterin Namibias zuzulassen.

So sind die verschiedenen Beschlüsse, die – sei es durch die »Turnhallen-Konferenz«, sei es durch die UNO – gefaßt worden sind, bis zu dem Augenblick belanglos, als die südafrikanische Regierung 1977 den Richter am obersten Gerichtshof der Republik, Marthinus T. Steyn, zum »Generaladministrator für das Territorium von Südwestafrika« ernannte und ihn mit Vollmachten zum Erlaß von verfassungändernden Gesetzen in Namibia ausstattete. Steyn hob bald nach seinem Eintreffen eine Reihe von Apartheidgesetzen auf, so zum Beispiel die Gesetze, die Heirat und nichtehelichen Verkehr zwischen verschiedenen ethnischen Gruppen verboten; ebenso wurden die Bestimmungen über unterschiedliche Löhne und unterschiedliche Unterrichtscurricula beseitigt. Im Dezember 1978 wurde eine »Verfassunggebende Versammlung« gewählt. (Die Wahl wurde durch die SWAPO beider Prägungen boykottiert.) Diese Versammlung wurde bald darauf in eine »Nationalversammlung«

umgestaltet und erhielt Gesetzgebungsbefugnisse. Ebenso wählte sie eine Regierung. Mit diesen Entscheidungen wurde die Lage in Namibia zwar von Grund auf verändert; jedoch kann auch der gegenwärtige Zustand nur als ein Provisorium angesehen werden, denn international ist das Namibiaproblem noch keineswegs gelöst.

Seit 1977 bemüht sich eine Kontaktgruppe der Westmächte, bestehend aus den Außenministern der Vereinigten Staaten, Großbritanniens, Frankreichs, Kanadas und der Bundesrepublik, um die Lösung des Problems. 1981 glaubte man vor einem allgemein akzeptierten Abschluß der Vorverhandlungen zu stehen. Jedoch widerriefen die im Auftrag der SWAPO handelnden »Frontstaaten« (Angola, Botswana, Sambia, Tansania und Simbabwe) in letzter Minute die bisherigen Absprachen. Im Juli 1982 einigte man sich schließlich über die Grundprinzipien, nach denen in der zukünftigen Verfassung Rechtsstaatlichkeit und Minderheitsrechte gesichert werden sollten. De facto bleibt jedoch alles offen, da diese »Einigung« nur dann wirkliche Gültigkeit erlangt, wenn in Zukunft auch Übereinstimmung über einem endgültigen Wahlmodus und über die Aufgaben erzielt wird, die weiterhin von der UNO wahrzunehmen sind.

Inzwischen sind in Namibia eine Reihe weiterer Apartheidgesetze aufgehoben worden. So wurden weiße Wohngebiete für alle Rassen geöffnet, ebenso auch Hotels, Kinos usw. Doch stockt es auch hier. Der burischen Opposition gelang es zu erreichen, daß einzelne der neuen Gesetze durch Regionalbehörden ausgesetzt werden können. So gibt es auf Grund dieser Verfügung in Windhoek noch immer getrennte Schulen.

Dies wiederum droht die »Demokratische Turnhallen-Allianz« (DTA), in der alle ethnischen Gruppen (jedoch nicht die SWAPO) vertreten sind, zu sprengen. Präsident war bisher der Chefminister des Ovambolandes (»Owambo«) Peter Kalangula, Vorsitzender der Weiße Dirk Mudge, der auch der Vorsitzende des Ministerrates ist. Ende 1981 bereiste Kalangula Europa, um für die Turnhallen-Allianz zu werben. Während ich dies schreibe, kommt die Nachricht, daß Kalangula aus der Turnhallen-Allianz ausgetreten ist. Welche Folgen dieser Entschluß einer im Zentrum der Entwicklungen stehenden Persönlichkeit haben wird, ist nicht abzusehen. Veranlaßt ist er sicher durch das nun schon seit Monaten dauernde Stocken der Reformmaßnahmen, das hauptsächlich von konservativen Buren veranlaßt wurde, während »verligte« Buren, Deutsche und Engländer im allgemeinen den neuen Kurs mitgetragen haben. Ob die Turnhallen-Allianz, das Bündnis aller ethnischen Gruppen, an diesen Spannungen zerbricht, kann gegenwärtig noch nicht gesagt werden.

Apartheid vor der Veränderung

82. Vorsters Entspannungspolitik – nur eine Episode

Die Ermordung Verwoerds auf dem emotionsgetragenen Höhepunkt seiner Laufbahn hatte seiner Anhängerschaft einen schweren Schock versetzt, der die Ängste wieder auferstehen ließ, die diese biedermännische Gallionsfigur vorübergehend eingelullt hatte.

Nun rief man nach einem »starken Mann« – und diesen glaubte man in Balthasar Johannes Vorster (geboren 1915) zu finden. Er hatte sich in den vergangenen Jahren als Polizeiminister besonderes Ansehen durch konsequentes und hartes Handeln erworben. Jetzt verschaffte ihm dieses Ansehen den Stuhl des Ministerpräsidenten.

Die politische Karriere Vorsters war zunächst nicht sonderlich erfolgreich gewesen. Doch 1953 glückte es ihm im Alter von 38 Jahren, Parlamentsmitglied zu werden. Er konnte als Abgeordneter der »Nationalen Partei« nun wieder Kontakt mit Verwoerd aufnehmen, bei dem er während seines Jurastudiums um 1935 Psychologievorlesungen gehört hatte. In jener Zeit mochte Verwoerd die Loyalität des jungen Mannes und seine Neigung zu einer gewissen Gefolgschaftstreue kennengelernt haben. So nahm er denn auch 1958 Vorster als Erziehungsminister in sein erstes Kabinett auf.

Als Verwoerd 1960 nach den Ereignissen von Sharpeville den Posten des Justiz- und Polizeiministers neu besetzen wollte, schien ihm Vorster, den er für besonders entschlußfreudig hielt, der richtige Mann für dieses wichtige Amt zu sein. Seine Bereitschaft, sich für die nationale Sache rücksichtslos einzusetzen, hatte Vorster ja schon als junger Mann gezeigt, als er General des Ossewa-Brandwag gewesen war. Als Justiz- und Polizeiminister

Verwoerds mußte er dessen ganze – zwar immer romantisch dargestellte, aber trotzdem sehr harte – Rassenpolitik und -gesetzgebung mittragen.

Doch Vorster war im Gegensatz zu Verwoerd vor allem Pragmatiker. Solange der die Politik des Landes bestimmt hatte, konnte er ein kluges Werkzeug der Verwoerdschen Politik sein. Vorster wußte wohl, daß die Partei, die ihn an die Spitze des Landes gestellt hatte, von ihm Härte erwartete. Er war sich aber auch im klaren darüber, daß Verwoerd ihm ein Land hinterlassen hatte, das wegen seiner borniert-weltfremden Rassenpolitik zur Zielscheibe der Angriffe der Staaten der Dritten Welt geworden war und das damit auch den machtpolitisch sehr engagierten Ostblockländern günstige Gelegenheit zur Einmischung bot.

Als Pragmatiker und wenig doktrinärer Mann erkannte Vorster sofort, daß seine Aufgabe nicht mehr in der Fortsetzung von Verwoerds Rassenpolitik bestehen konnte. Die Konfrontation mit der Außenwelt aufzulösen mußte sein erstes Anliegen sein.

Deshalb begann Vorster nach seinem Regierungsantritt ohne Zögern mit den ersten Annäherungsversuchen an schwarzafrikanische Staaten. Die südafrikanische Rassenpolitik wurde im gesamten Schwarzafrika auf das schärfste verurteilt, und die OAU (Organization of African Unity), eine Vereinigung der afrikanischen Staaten, suchte seit 1963 auch darüber zu wachen, daß ihre Mitgliedsstaaten Linientreue bewiesen. Seine Position war also nicht leicht. Nur die Tatsache, daß der größte Teil dieser Staaten zu den ärmsten Ländern der Welt gehörte und daß ihre Regierungssysteme im allgemeinen wirtschaftlich ausgesprochen ineffektiv waren, konnte Vorster hoffen lassen, daß einige dieser Länder seine Annäherungsversuche – wenigstens »unter der Decke« – begrüßen würden. Denn Südafrika hatte all das zu bieten, was in diesen Ländern fehlte, vor allem Kapital und technisches sowie wirtschaftliches Know-how.

Tatsächlich erzielte Vorster mit seiner Politik zunächst einige kleinere Erfolge. Ja, es kam sogar zu der offiziellen Aufnahme von diplomatischen Beziehungen und zu wechselseitigen

»Staatsbesuchen« mit Malawi. Dabei hatte das südafrikanische Protokoll mit der schwierigen Frage fertig zu werden, daß alle diplomatischen Vertreter Malawis in allen Ehren ihren weißen Kollegen gleichgestellt werden mußten, während die einfachen Bürger dieses Landes, die damals in großer Zahl in den südafrikanischen Bergwerken arbeiteten, allen Restriktionen der Rassengesetzgebung unterworfen waren.

Neben der Intensivierung der Beziehungen zu den mit Südafrika schon seit der britischen Zeit in einer Zollunion verbundenen »BLS«-Ländern (Botswana, Lesotho, Swasiland) gelang es Vorster, auch mit den Präsidenten Kaunda (Sambia), Houphouet-Boigny (Elfenbeinküste), Senghor (Senegal) und Tolbert (Liberia) teils offizielle, teils geheimgehaltene Gespräche zu führen.

Doch dann kam 1974 der Zusammenbruch des portugiesischen Kolonialreiches. Das war nach schwarzafrikanischer Auffassung ein Ergebnis des Kampfes der Befreiungsbewegungen. Sie hatten sich nun in einer ganzen Reihe von schwarzafrikanischen Ländern durchgesetzt und verstärkten den gegen Südafrika gerichteten Druck auf die schwarzafrikanische Meinungsbildung, was die Beziehungen der schwarzafrikanischen Länder zu den südafrikanischen Untergrund-(Befreiungs-)Organisationen (ANC, PAC, SWAPO) intensivierte. Gespräche mit der südafrikanischen Regierung waren verpönter denn je. Die Episode von Vorsters »Dialogpolitik« war beendet.

83. Neue Spannungen

Nach dem Zusammenbruch der portugiesischen Kolonialherrschaft waren 2000 Kilometer einer gemeinsamen Landgrenze mit einem befreundeten Regime weggefallen. Von den neuen Regierungen in den ehemaligen portugiesischen Kolonien war eine vorwiegend feindselige Haltung zu erwarten. Auch schien es nur noch eine Frage der Zeit, bis sich jenseits der ungefähr 300 Kilometer langen Grenze zu Rhodesien (Simbabwe) ähnliche Veränderungen vollziehen würden.

Die Politik, die Südafrika nun gegenüber seinen »neuen« Nachbarn betrieb, war sehr unterschiedlich. In Angola unterstützten südafrikanische Truppen im Spätsommer 1975 die dortigen nichtkommunistischen Befreiungsbewegungen. Südafrikanische Armee-Einheiten waren im Dezember bis in die Nähe der Hauptstadt Angolas, Luanda, vorgedrungen. Doch da begannen die Sowjets massiv, kubanische Truppen zur Unterstützung der kommunistischen MPLA-Regierung einzufliegen. Das scheint der Augenblick gewesen zu sein, wo die Regierung Gerald Ford, insbesondere deren Außenminister Henry Kissinger, »kalte Füße« bekam und Südafrika veranlaßte, sein Invasionsunternehmen zu beenden. Fortan beschränkte sich die südafrikanisch-namibische Aktivität in Angola auf militärische Einfälle, die vor allem verhindern sollten, daß die SWAPO an der Nordgrenze Namibias ihrerseits eine schlagkräftige Invasionsarmee aufbaute.

Ganz anders gestalteten sich anfänglich die Beziehungen Südafrikas zu dem kommunistischen Frelimo-Regime unter Samora Machel in Moçambique. Hier sorgten südafrikanische »Beraterstäbe« zunächst dafür, daß der Betrieb der Eisenbahnstrecke nach dem bedeutenden Hafen Maputo (vordem Lourenço Marques) unter den neuen Machtverhältnissen ebenso ungestört weiterging wie der Hafenbetrieb selbst. 1976 wurden die ersten Energielieferungen der Cabora-Bassa-Kraftwerke nach Südafrika versuchsweise aufgenommen und inzwischen weiter ausgebaut – obwohl Machel noch am Tage der Unabhängigkeit Cabora Bassa als »kriminelles Projekt« bezeichnet hatte. Allerdings hatte die Frelimo de facto nie ernsthafte Versuche unternommen, den Bau des Kraftwerks zu behindern. Auch der Zufluß von Arbeitskräften aus Moçambique zu den südafrikanischen Bergwerken wurde nie unterbrochen. Während der Kämpfe um die Unabhängigkeit hatte die Frelimo-Propaganda dieses Kraftwerksprojekt, an dessen Bau südafrikanische, französische, deutsche, italienische und portugiesische Firmen beteiligt waren, als ein Musterbeispiel »kolonialer Ausbeutung« dargestellt. Sie hatte mit diesen Behauptungen auch kräftige Resonanz bei einem breiten Publikum in Europa gefunden. Doch hatten derartige Darstellungen nie mehr als propagandistische Bedeutung gehabt.

Insgesamt gesehen ist das Verhältnis aller Nachbarländer Südafrikas zu der Republik in den letzten Jahren zwiespältiger geworden. Auf der einen Seite nahmen die wirtschaftlichen Schwierigkeiten dieser Länder zu. In gewissem Umfang mochte sich darin die weltweite Entwicklung der Ölpreise auswirken. Dahinter verbarg sich aber auch eine sehr viel tiefer liegende Krise. Die eigentlichen Ursachen für die wachsenden wirtschaftlichen Mißerfolge der schwarzen Nachbarländer Südafrikas (offenbar mit Ausnahme Botswanas und auch Swasilands) waren breiter gefächert. Das Grundübel war sicherlich, daß die Märkte aller dieser – trotz teilweise guter natürlicher Ressourcen – recht armen Staaten viel zu klein waren und daher auch keine Anreize für eine wirtschaftliche Belebung bieten konnten. Die zu geringe Kompetenz der meisten Verantwortlichen verschlimmerte diese Situation. Auch die innenpolitischen Schwierigkeiten wuchsen: Angola ist seit dem Abzug der Portugiesen noch nicht zur Ruhe gekommen, in Moçambique nahmen die Aktivitäten der NRM (Nationale Widerstandsbewegung) erneut zu; in Sambia kam es im Herbst 1980 und im Sommer 1981 zu Putschversuchen, auch wurde hier häufig illegal gestreikt; Simbabwe hatte 1981 noch immer mit den Schwierigkeiten zu kämpfen, die sich aus der Abrüstung der etwa 50000 ehemaligen Guerilleros ergaben. Auch die Spannungen zwischen den beiden Befreiungskämpfern Mugabe und Nkomo schwelen noch weiter.

So war es eigentlich eine »natürliche« Reaktion, von den wachsenden Schwierigkeiten im jeweils eigenen Lande dadurch abzulenken, daß man die ideologischen Angriffe auf das südafrikanische Regime verstärkte, die Schuld an allem dort suchte und auch die entsprechenden subversiven Tätigkeiten des ANC und PAC unterstützte. Die südafrikanische Regierung sah sich veranlaßt, ihrerseits ihre Aktivitäten in den Nachbarländern zu verstärken und dort diejenigen zu unterstützen, die den jeweiligen Regierungen Schwierigkeiten bereiteten; darüber hinaus drangen südafrikanische Armee-Einheiten wiederholt nicht nur nach Angola, sondern auch in das Gebiet von Moçambique ein, um ANC-Lager auszuheben oder dort wenigstens Zerstörungen anzurichten. Selbst in Simbabwe kam es nach dem dortigen Regierungswechsel (1979/80) zu gelegentlichen Aktionen südafrikanischer Truppen.

Die Kosten dieser zahlreichen militärischen Unternehmen sind für alle Beteiligten enorm. Die politisch-wirtschaftliche Unruhe und Unsicherheit, die sich daraus ergeben, verhindern in den meisten dieser Länder wiederum den bei dem völligen Mangel an eigenen Mitteln dringend erforderlichen Zufluß von wirtschaftlich wirksamem Auslandskapital.

Alles deutet heute darauf hin, daß der seit Jahrzehnten im Süden Afrikas ausgetragene ideologische Kampf die wirtschaftlich schwachen schwarzen »Frontstaaten« – von denen manche nur durch fortgesetzte Auslandshilfe vor dem Staatsbankrott bewahrt werden – weit stärker schädigt als das angegriffene Südafrika. Aber auch diesem Land verlangen die außerordentlich hohen Kosten seiner Apartheidpolitik, die innenpolitischen Verkrampfungen, in die es durch diese Politik gerät, und die fortgesetzten außenpolitischen Spannungen enorme, völlig unwirtschaftliche Aufwendungen ab – ganz zu schweigen von den gewaltigen Kosten, die sowohl die Beibehaltung des großen militärischen Apparates (etwa 100 000 Mann im aktiven Dienst) als auch dessen Aktionen erfordern.*

* Der Verteidigungshaushalt der Republik erreichte in den letzten fünf Jahren folgende Höhe: 1977/78 = 1,7 Mrd. Rand; 1978/79 = 1,6 Mrd. Rd.; 1979/80 = 1,7 Mrd. Rd.; 1980/81 = 2 Mrd. Rd.; 1981/82 = 2,6 Mrd. Rd.

84. Südafrika als Wirtschaftsmacht

Seit dem Beginn von Vorsters Dialogpolitik vor etwa 15 Jahren propagiert Südafrika unausgesetzt eine Politik der gegenseitigen Annäherung und des Ausbaus der Gemeinsamkeiten im südlichen Afrika. Immer wieder werden durch die südafrikanische Regierung Pläne für eine »Constellation« ins Gespräch gebracht – »Constellation of Southern African States« (Zusammenarbeit der Länder des südlichen Afrika) ist das neue, noch recht wirkungslose südafrikanische Zauberwort. Sowohl Ministerpräsident Botha als auch einzelne Minister seines Kabinetts äußern sich trotz der so wenig versprechenden Wirklichkeit des Augenblicks fortwährend zu diesen Ideen, die gegenwärtig kaum mehr als eine Fata Morgana, allenfalls eine optimistische Zukunftsvision sein können.

In solchen Ausblicken wird beispielsweise davon gesprochen, daß eine »Constellation«-Vereinbarung einen Sicherheitspakt und eine Erweiterung der Zollunion (die in gewissem Umfang mit Botswana, Lesotho und Swasiland besteht) umschließen könne. Das wiederum hätte größere Märkte und einen besseren Kapitalfluß, aber auch einen besseren Technologietransfer zur Folge. Der Minister für Zusammenarbeit und Entwicklung Piet Koornhof sagte 1980 in einem solchen Zusammenhang, daß die Mitglieder einer »Constellation« sich gegenseitig nicht bedrohen, daß sie vielmehr eine gemeinsame Front gegenüber Bedrohungen von außen bilden würden. Der Außenminister R. F. »Pik« Botha spekulierte gleichzeitig darüber, daß eine »Constellation« auch Fernmelde- und Medienvereinbarungen, Regelungen des Transportwesens, der landwirtschaftlichen Organisation sowie der Lebensmittelverteilung umfassen und sich auch auf entwicklungspolitische Maßnahmen erstrecken könne.

Leider unterscheidet sich diese Perspektive nur allzusehr von den Tagesrealitäten. Im Augenblick umfaßt die »Constellation« nur das südafrikanische Staatsgebiet einschließlich der »selbständig« gewordenen Homelands, die heute »national states« heißen.

Wie weit entfernt jedoch eine wirkliche »Constellation« noch ist, ergibt sich daraus, daß 1979 diejenigen Länder, die die Republik mit ihrer »Constellation«-Idee eigentlich erreichen wollte: Sambia, Tansania, Angola, Moçambique, Botswana, Lesotho, Swasiland und Malawi, eine Gegen-Constellation gründeten, die sie SADCC = Southern African Development Coordination Council (Rat zur Koordinierung der Entwicklung im südlichen Afrika) nannten. Diese Organisation muß ebenfalls bedeutungslos bleiben, solange sie die stärkste Wirtschaftsmacht Südafrikas nicht umschließt und solange die Freundschaft zwischen den SADCC-Ländern selbst vorwiegend verbaler Art ist. Andererseits muß auch die »Constellation« in der Praxis eine Farce bleiben, solange in Südafrika die augenblickliche Rassenpolitik weiter betrieben wird und dadurch den Mitgliedern des SADCC de facto der Beitritt zu ihr verwehrt bleibt.

Man wird in nicht allzu ferner Zukunft zu irgendwelchen gemeinsamen Regelungen kommen müssen, wenn die Menschen im südlichen Afrika ohne existenzbedrohende Katastrophen überleben sollen. Bevor aber solche Vereinbarungen zum Tragen kommen können, muß mindestens eine minimale Vertrauensbasis geschaffen sein, stark genug, daß der Bestand der erforderlichen Vertragswerke nicht mehr gefährdet wird. Vorläufig ist diese Vertrauensbasis aber weder innerhalb der einzelnen Länder gegeben, wo sich feindliche Gruppen nur allzu häufig sogar mit Waffengewalt und Sabotageakten bekämpfen, noch besteht eine – über gelegentliche verbale Deklamationen hinausgehende – Vertrauensbasis zwischen den einzelnen SADCC-Ländern und schon gar nicht zwischen diesen und der Republik Südafrika.

Und doch – auch wenn heute im südlichen Afrika das Wort »Vertrauen« eher ein Fremdwort ist, besonders im politischen Umgang der Menschen und Staaten miteinander, und wenn auch eine friedliche Harmonie zwischen den Menschen und Staaten in

Oben: Johannesburg bei Nacht
Unten: Kapstadt mit Tafelberg

diesem Teil der Erde eine Utopie zu sein scheint: Utopien sind häufig das Samenkorn, das sich öffnen muß, damit daraus eine neue Pflanze wächst. Ein Nährboden dafür könnte sich einfach aus dem Zwang ergeben, die wachsende wirtschaftliche Not und die immer bedrängender werdenden politischen Probleme zu lösen. Wenn sich auch bisher gezeigt hat, daß sowohl die südafrikanische »Constellation«-Idee als auch der Grundgedanke der SADCC wenig Realitätsbezüge haben, so entspringen sie doch dem gleichen Wunschdenken. Sie sind Ausdruck eines im ganzen südlichen Afrika virulenten Bedürfnisses nach Gemeinsamkeit.

Tatsächlich läßt sich ein »kleinster gemeinsamer Nenner« auch heute schon im südlichen Afrika feststellen. Er ist allerdings noch sehr unscheinbar und wird offiziell so gut wie möglich verschwiegen. Es ist der ständig wachsende Handel zwischen der Republik und Schwarzafrika, an dem bisher schon nahezu alle schwarzafrikanischen Länder auf die eine oder andere Weise beteiligt waren. Er hatte (ohne den Handel der mit der Republik in einer Zollunion zusammengeschlossenen BLS-Länder) im Jahre 1979 ein Volumen von 700 Millionen und 1980 von 1,1 Milliarden Rand. 1981 soll sich dieser Handel noch erheblich ausgeweitet haben. Das heißt, er umfaßt schon jetzt mehr als fünf Prozent des Außenhandels der Republik. Was noch bedeutungsvoller ist: die Lieferungen Südafrikas stellen bei einer erheblichen Zahl der Partnerländer einen gewichtigen Teil der Gesamtimporte dar (und liegen bei zahlreichen Ländern in der Größenordnung von 20 bis 50 Prozent der Importe aus den EG-Ländern). Dies alles geht aber möglichst unter dem Siegel der Verschwiegenheit vor sich! Hier zeigen sich Ansätze, wo faktische Zwänge dazu geführt haben, daß Utopien zu Realitäten werden.

85. Streiks und Aktivitäten des Auslands

Noch in der ersten Hälfte der siebziger Jahre schienen die Verhältnisse in Südafrika erstarrt zu sein. Damals konnte man in der liberal denkenden weißen Intelligenz zahlreiche jüngere Menschen treffen, die tief deprimiert waren. Darin zeigte sich nicht so sehr das Mitleiden mit den Menschen, die Opfer der vielen polizeistaatlichen Gesetze und Maßnahmen geworden waren. Deprimiert waren die jungen Liberalen vor allem durch die Starre, durch die das ganze gesellschaftliche Leben gelähmt zu sein schien. Viele ideenreiche junge Menschen hatten den Eindruck, daß man für lange Zeit werde resignierend unter dem Druck der Polizeigewalt dahinleben müssen. Die allgemeine, oft gegenseitige Bespitzelung war gewaltig. Niemand fand mehr den Mut zu einem offenen Gespräch, es sei denn, er wußte sich vollkommen sicher oder er wollte zum Märtyrer werden, oder aber er sah – gleichgültig aus welchen Gründen – die Verhältnisse durch die Brille des Regimes.

Jedoch war man damals einer Täuschung erlegen. Eine dynamische Gesellschaft kann niemals stagnieren. Eine Industrie- und Wettbewerbsgesellschaft ist eine dynamische Gesellschaft. Das Apartheidsystem hatte inzwischen Tausende, ja Zehntausende von schwarzen Akademikern erzogen, die den Weißen vor allem als Polizisten kennenlernten und sahen. In der düsteren Atmosphäre der schwarzen Townships waren ganze Generationen junger Schwarzer herangewachsen, die nicht mehr – wie ihre Vorfahren – eine behütete Kindheit erlebt hatten. Sie waren schon als Kind der Hektik und Unsicherheit ihrer Umgebung ausgesetzt gewesen und hatten auch ständig Beispiele eines entwurzelten und pervertierten Menschentums um sich gehabt. Gleichzeitig hatten sich aber doch auch noch genügend Möglichkeiten für Ausblicke auf die wohlbestallten Verhältnisse der in jeder Beziehung privilegierten Weißen geboten. Schon das allein war ausreichend Nährboden für tiefgehende Haßgefühle, die über die vielen in den Untergrund entwichenen Menschen und durch die immer zahlreicher werdenden radikalisierten Schwarzen in den Townships noch verstärkt wurden.

Die Folge war eine ständig zunehmende soziale Unruhe. Kleinere und größere Streiks waren an der Tagesordnung. Deren jeweils zum Ausdruck gebrachte Motive sind für uns nicht bedeutungsvoll. Ihr eigentlicher Untergrund waren stets Gefühle tiefer Enttäuschung, ein beschämender Verlust an Selbstachtung, Verletzung der menschlichen Würde, ein Gefühl völliger Rechtlosigkeit oder einfach tiefe innere Not.

Trotz des bestehenden Verbots kam es ständig zu zahllosen Streiks. Deren größte Intensität während des letzten Jahrzehnts wurde 1973 erreicht, als mehr als 200 000 Arbeitstage ausfielen. In der Regel gingen in diesen Jahren jeweils etwa 20 000 Arbeitstage je Jahr durch Streiks verloren. Dabei muß berücksichtigt werden, daß die schwarze Arbeiterschaft bisher nicht über nennenswerte Streikkassen verfügt.

1976 wurde die Welt durch die Nachrichten von blutigen Schülerdemonstrationen in der Millionenstadt Soweto (Teilstadt von Johannesburg) aufgeschreckt. Diese Unruhen breiteten sich bei der spannungsgeladenen Atmosphäre, die heute überall in den schwarzen Townships herrscht, rasch weit im Lande aus. Sie griffen auf Pretoria und das nahe liegende Homeland Bophuthatswana über, aber auch Kapstadt und Port Elizabeth wurden von dieser Welle erfaßt. Immer wieder war es die junge Intelligenz, die den Funken zündete. Schließlich hatten sich diese Ereignisse zu den blutigsten Rassenkrawallen summiert, die seit den Tagen von Sharpeville 1960 stattgefunden hatten. Es gab 176 Todesopfer, 1139 Verletzte und zahlreiche Festnahmen.

Die Unruhe im Lande wird zweifellos vom Ausland her erheblich geschürt, wenn es auch falsch wäre, anzunehmen, daß der ausländische Einfluß stets die Hauptschuld an solchen Ereignissen trägt. Ohne die bedrückende Spannung, die in den Quartieren der schwarzen Industriearbeiterschaft herrscht, wären Vorkommnisse wie die großen Streiks oder die Schülerdemonstrationen von 1976 nicht möglich.

Die Einflüsse aus dem Ausland gehen einmal auf die Aktivitäten der Untergrundorganisationen zurück, die ihre Hauptstützen in der Sowjetunion und im Ostblock – hier vor allem in der DDR – haben. Doch scheinen sich diese Untergrundorganisationen in den letzten Jahren auch im Lande selbst besser als bisher etabliert zu haben. Das zeigt die langsam zunehmende Zahl von Sabotageakten. Allein 1980 wurden von der Polizei fünf zum Teil ziemlich umfangreiche Waffenlager ausgehoben; in den SASOL-Kohleverflüssigungswerken fand ein kleinerer Sabotageakt statt, zwei weitere wurden vorzeitig aufgedeckt; die Eisenbahnlinie zwischen Soweto und Johannesburg wurde gesprengt, was eine Verkehrsunterbrechung von vier Tagen verursachte.

Vor allem die UNO und der Ökumenische Rat der Kirchen (ÖRK) machen durch zahlreiche Verlautbarungen und Beschlüsse die Weltöffentlichkeit aufmerksam und versuchen zu Boykottmaßnahmen gegen das Apartheidregime zu stimulieren, wobei die Haltung des Ökumenischen Rates in allerjüngster Zeit auch durch den »Südafrikanischen Rat der Kirchen« (dem weder die Niederdeutsch-Reformierte noch die römisch-katholische Kirche angehören) gefördert wird.

Die beiden genannten Organisationen unterstützen darüber hinaus aber auch die gegen das Apartheidregime kämpfenden Untergrundorganisationen. UNO und ÖRK tragen natürlich durch ihre große internationale Bedeutung in entscheidendem Maße zur Meinungsbildung in der Welt bei. Bei all dem zeigt sich sehr deutlich, in eine wie gefährliche Situation die Apartheidpolitik Südafrika geführt hat. Es gibt wohl kaum ein anderes Land von weltpolitischer Bedeutung, in dem sich über 80 Prozent der Bevölkerung feindlich gegenüber der Regierung verhalten, wobei sie einer der großen Machtblöcke der Welt darin unterstützt und große Weltorganisationen wie die UNO und der ÖRK in gleichem Sinne einzuwirken versuchen.

Über derartige Aktivitäten des Auslands kann man durchaus geteilter Meinung sein. Ich persönlich habe den Eindruck, daß dieses Verhalten gewaltiger internationaler Pressure-groups den

Fortgang der Liberalisierung in Südafrika seit Jahren weit entscheidender gehindert als gefördert hat. Die Haltung des Auslands hat es der herrschenden Minderheit in Südafrika immer wieder deutlich gemacht, daß sie von dort keinerlei zuverlässige Sicherheitsgarantien erwarten kann. So kann es ihr nicht gewährleistet erscheinen, daß Vereinbarungen, die gegebenenfalls mit der schwarzen Mehrheit ausgehandelt werden könnten, später auch tatsächlich eingehalten werden und daß sie nicht einfach durch Entwicklungen zur Seite geschoben werden, die keiner der Vertragschließenden mehr in der Hand hat.

Die weiße Minderheit in Südafrika ist heute darauf angewiesen, ihre Risikoabsicherungen selbst zu treffen. Die Meinungen darüber, wie das geschehen könnte, sind außerordentlich geteilt. Wieder einmal erweist sich Smuts' »Erfolg« in der Durchsetzung eines ausschließlich weißen Wahlrechts als eine möglicherweise existenzgefährdende Zeitbombe für Südafrika. Es ist noch immer nicht abzusehen, ob es den liberalen und »verligten« Kräften im Lande gelingt, rechtzeitig ausreichende Reformen durchzusetzen, um diese Zeitbombe zu entschärfen und schließlich zu beseitigen. Noch brauchen wir die Zeit, die dafür zur Verfügung steht, nicht unbedingt mit unserem Maß zu messen. Noch immer gehen – auch in Südafrika – die afrikanischen Uhren anders als unsere. Je mehr aber auch dort die Menschen von unserer Hektik ergriffen werden, desto mehr gleicht sich das afrikanische Zeitmaß an das unsrige an, desto unduldsamer und ungeduldiger werden die Menschen.

Je mehr in Südafrika die Gefahren sichtbar werden, die von außen drohen, desto mehr neigt sich im Lager der Weißen die Waage denjenigen zu, die eine rücksichtslos harte Linie verfechten, weil alles andere doch nichts nützen würde, viel zu spät käme und zudem von all denjenigen mißbraucht würde, die so sehr daran interessiert seien, im südafrikanischen Kessel mitzurühren.

Harte Aktionen der Weißen werfen aber ihrerseits immer wieder bei den minderprivilegierten Gruppen jede Hoffnung und

Kontaktbereitschaft über den Nullpunkt hinaus zurück. Ständig muß man feststellen, daß ausländische Druckmaßnahmen sich wie das »Trampeln eines Elefanten im Porzellanladen« auswirken. Ausländer können kein Gespür für die atmosphärischen Verbindungen haben, die weitgehend, oft unbewußt und dennoch nicht ohne Einfluß, zwischen den unterschiedlichsten Menschen in Südafrika wirken. Ausländer können deshalb leicht solche Verbindungen, Ansatzpunkte von Hoffnungen, blind zerreißen.

Wo sind die Menschen, wo die Weltorganisationen, die – wie einst Visser 't Hooft – Südafrika ihre helfende Hand bieten und die bereit sind, dies auch dann immer wieder zu tun, wenn sie in anfänglicher Erregung zurückgestoßen werden sollten?

86. Noch besteht Bereitschaft für gemeinsame Lösungen

Nachdem wir uns mit radikalen schwarzen Kräften beschäftigten, müssen wir uns – um ein einigermaßen korrektes Bild zu geben – nun auch dem gemäßigteren Schwarzafrikanertum zuwenden. Dieser Bevölkerungsteil stellt heute sicherlich noch die Mehrheit der Schwarzen dar, doch nimmt seine Bedeutung mit der fortschreitenden Verstädterung und der allmählichen Generationenverschiebung stetig ab. Dieser gemäßigte schwarze Bevölkerungsteil hat seine Kraftzentren in den Homelands und auf dem Lande. Seine Haltung wirkt sich aber – allein schon auf Grund der immer noch sehr verpflichtenden Familienbindungen – bis in die Townships hinein aus.

Die Hauptrepräsentanten dieses Schwarzafrikanertums sind neben einigen Kirchenführern, die der neuesten Politik des Südafrikanischen Rates der Kirchen nicht folgen, einige der Homeland-Führer (beziehungsweise Präsidenten der »national states«). Der Raster der Homelands scheint heute schon so eingefahren zu sein, daß es wahrscheinlich zweckmäßig ist, es als

Ansatzpunkt für alle notwendigen politischen Reformen zu berücksichtigen – wobei allerdings erhebliche Gebietsausweitungen, -zusammenschlüsse und -arrondierungen noch durchgeführt werden müßten.

Wir brauchen uns nicht sonderlich mit der Tatsache zu beschäftigen, daß innerhalb des südafrikanischen Machtbereichs einige der Homelands als »souverän« gelten, während andere diese »Souveränität« noch nicht zuerkannt erhalten oder aber bisher abgelehnt haben. Souverän sind die Transkei seit 1976, Bophuthatswana, entlang der Grenze von Botswana, seit 1977, Venda im Norden der Republik seit 1979 und die Ciskei, auf die auch die Transkei Anspruch erhebt, seit 1981.

Der Pragmatiker Vorster hatte nach 1966, zwölf Jahre nach der Veröffentlichung des Berichts der Tomlinson-Kommission, zögernd mit der Industrialisierung der Homelands begonnen, aber infolge seiner in diesem Punkte unentschlossenen Haltung nur geringe Erfolge erzielt. Was bedeutete es angesichts eines in den Homelands seit 1954 bestehenden jährlichen Bedarfs von 100 000 Arbeitsplätzen, wenn vor 1968 nichts geschehen war und von 1968 bis 1973 insgesamt knapp 12 000 neue Arbeitsplätze in den Homelands entstanden?

Ohne eigene Meinung in der Sache und schwankend zwischen den verschiedenen Ansichten, versuchte Vorster schließlich, die Verantwortung allmählich auf die Homeland-Führer zu übertragen. Damit begann die schon erwähnte Entlassung einzelner Homelands in die sogenannte Selbständigkeit. Alle diese Gebiete waren jedoch wirtschaftlich völlig abhängig von der Republik geblieben – diese mußte auch den Staatshaushalt der »Staaten« nahezu voll decken. Die Verselbständigungsakte waren nicht viel mehr als eine Farce. Sie lasteten jedoch die Verantwortung für die Verwaltung im großen und ganzen unwirtschaftlicher Gebiete der einheimischen Regierung an und beraubten die Bürger dieser Länder der südafrikanischen Staatsangehörigkeit.

Wie unterschiedlich die schwarzen Führer sich gegenüber der von Vorster eingeleiteten neuen Politik verhielten, sei kurz am

Beispiel der beiden größten Homelands Transkei (Xhosa-Homeland; De-facto-Bevölkerung 1980 = 2,6 Millionen; De-jure-Bevölkerung* etwa 4,5 Millionen) und Kwa Zulu (Zulu-Homeland; De-facto-Bevölkerung 1980 = 3,2 Millionen; De-jure-Bevölkerung etwa 5,7 Millionen) dargestellt.

Der Ministerpräsident der Transkei, Paramountchief Kaiser (= Vorname) Matanzima, betrieb die Verselbständigung seines Landes mit allem Nachdruck. Sie wurde jedoch von niemandem außer von Südafrika anerkannt, obwohl Matanzima schon wenige Tage nach Erlangung der »Selbständigkeit« verlauten ließ, daß er die in der Republik verbotenen schwarzen Widerstandsorganisationen ANC und PAC in seinem Lande zulassen wolle. Bald darauf drohte Matanzima, der gern die Allüren eines »starken Mannes« zur Schau trägt, der Republik Südafrika mit bewaffnetem Kampf. 1978 brach er die Beziehungen zur Republik ab und schickte seine südafrikanischen Berater nach Hause. Die Republik beachtete diesen ganzen Theaterdonner jedoch nicht sonderlich, sondern überwies der Transkei weiterhin die erforderlichen Haushaltsmittel. Schließlich wurden die »Beziehungen« wieder aufgenommen, Matanzima wurde Staatspräsident und sein Bruder George Matanzima Ministerpräsident.

Ganz anders verhielt sich Umntwana (Prinz) Mangosuthu Gatsha Buthelezi, der Ministerpräsident von Kwa Zulu. Er, wahrscheinlich der begabteste, sicher aber der aktivste und geschickteste Homeland-Führer und ein routinierter Politiker, lehnt die Verselbständigung nicht lebensfähiger Staaten – und damit das gegenwärtig gültige Homeland-Konzept – rundweg ab. Für ihn ist dieses Konzept aber ein Werkzeug, mit dem er arbeitet. Seine Position als Ministerpräsident eines Homeland verleiht ihm Einfluß, und diesen nutzt er. Sein Ziel ist letzten Endes (wenn er es selbst in dieser extremen Form auch nicht ausspricht)

* De-jure-Bevölkerung sind sämtliche Angehörige des in dem jeweiligen Homeland offiziell beheimateten Stammes, gleichgültig, wo sie leben. Sie alle haben Heimatrechte nur in den Homelands und können juristisch jederzeit aus der Republik dorthin ausgewiesen werden.

die Wiederherstellung der alten Provinz Natal als Kwa Zulu und die Bildung eines südafrikanischen Staatenbundes aus Teilstaaten, die volkswirtschaftlich vernünftig arrondiert sind. Buthelezi ist einer der wenigen schwarzen Führer, der ein realisierbares Konzept für die Lösung des südafrikanischen Problems entwikkelt hat. Er möchte auf dem Wege über eine »Nationalversammlung« zu einem Staatenbund kommen, dessen Regierung einem Organ gegenüber verantwortlich sein sollte, das aus Delegierten der Bundesstaaten besteht. Die Einführung eines aus allgemeinen Wahlen hervorgegangenen Parlaments sollte nach seiner Auffassung zurückgestellt werden, bis der neue Staat sich konsolidiert hat. Das sollte nicht verhindern, daß die einzelnen Bundesstaaten für sich schon früher Parlamente bilden.

Heute ist Buthelezi soweit, daß er durch ein seiner »Inkatha«-Organisation unterstehendes Institut, für das er angesehene Wissenschaftler gewonnen hat, Sanierungspläne für den Gesamtraum von Natal und Kwa Zulu erarbeiten läßt – womit er weit über den ihm augenblicklich zugestandenen Machtbereich hinausgreift. Jedoch gewinnt man immer mehr den Eindruck, daß er sich zumindest in diesem Punkt mit den Auffassungen des Ministerpräsidenten Botha trifft. Buthelezi hat richtig erkannt, daß dieses großenteils übervölkerte und oft hoffnungslos erodierte Gebiet nur dann wieder zu einer volkswirtschaftlich zweckmäßigen Nutzung gebracht werden kann, wenn sein Ausbau im Zusammenhang mit infrastrukturellen Maßnahmen erfolgt, denen eine eingehende Erforschung der effektiv gegebenen geographischen und anderen Grundlagen für das Gesamtgebiet Natal/Kwa Zulu vorausgegangen ist.

Als agiler Politiker gründete Buthelezi 1975 die »Inkatha«-Bewegung, eine politisch-kulturelle Organisation, teils nichtkämpferische Befreiungsbewegung, teils Partei. Nach Buthelezis Auffassungen muß sich Südafrika entscheiden, ob es den Weg der Gewalt gehen will, den sowohl die »verkrampten« Teile der Weißen als auch die kämpferisch-fanatischen Teile der Schwarzen eingeschlagen haben, oder ob es den anderen Weg gehen will, den des Verhandelns und des Aufeinander-Hörens. Nach Buthelezis Auffassung muß der Weg der Gewalt ins Chaos führen. »Es ist daher Politik der ›Inkatha‹, die Eskalation der Gewalt dadurch zu vermeiden, daß man auf eine nationale Konvention (Nationalversammlung) hinarbeitet.« Immer wieder fordert Buthelezi, daß auch der ANC und andere die Gewalt propagierende Organisationen die Möglichkeiten friedlicher Lösungen aus ihren Überlegungen nicht völlig ausschließen sollten. Nach seiner Auffassung kann sich die »Qualität des sozioökonomischen Zusammenlebens« auch schon verbessern, bevor entsprechende verfassungsrechtliche Akte erfolgt sind – man muß nur wollen. Das Problem der Wahrung von Minderheitsrechten zumindest für einen längeren Zeitraum nach Beginn des Zusammenlebens scheint auch Buthelezi ein wichtiges Diskussionsthema zu sein.

Die eigentliche Machtbasis Buthelezis ist noch immer die Anhänglichkeit seines Sechsmillionenvolkes der Zulu, wenn er allmählich auch hier in der Jugend gelegentlich mehr Widerstand findet. Mit seiner »Inkatha«-Bewegung, die über ganz Südafrika verteilt 1980 offenbar 300 000 Mitglieder hatte und zu der eine Jugendabteilung von 120 000 Mitgliedern gehört, verfügt er nicht nur über eine einsatzbereite Organisation, sondern auch über ein Instrument, das einen erheblichen Multiplikatoreffekt hat. Es gelang auch, die »Inkatha« in die »South African Black Alliance« einzubauen, eine Organisation, die ähnlich denkende Verbände aus dem Lager der Coloureds und Inder umfaßt. Diese Organisation steht gleichfalls unter der Leitung von Buthelezi.

So lautstark Buthelezi auch gelegentlich angegriffen werden mag, er ist noch immer eine gewichtige Größe in der südafrikanischen Politik. 1978 ergab eine Umfrage des Bergsträsser-Instituts in Freiburg im Breisgau, daß Buthelezis Beliebtheitsgrad haushoch über demjenigen anderer schwarzer Führerpersönlichkeiten liegt. Mit einem Alter von 54 Jahren gehört er aber schon einer Generation an, deren guter Wille genutzt werden muß, wenn er noch Früchte tragen soll. Nachfolger seiner Qualität wird er kaum mehr finden.

Noch gibt es im schwarzafrikanischen Bereich durchaus besonnene und überlegte Persönlichkeiten, die geeignet und möglicherweise auf der Grundlage ihrer persönlichen Ausstrahlung auch weitgehend in der Lage wären, die längst überfälligen sozialen Reformen in Südafrika in einem gemeinsamen Bemühen aller integrationswilligen Kräfte in Angriff zu nehmen. Doch wie lange wird es solche Männer noch geben? Jeder Tag, der für Reformen gewonnen werden kann, ist kostbar, denn die Zeit scheint die radikalen Kräfte zu unterstützen.

87. Wachsende Reformbereitschaft

Man kann nicht abstreiten, daß sich seit der Mitte der siebziger Jahre auch innerhalb der »Nationalen Partei« eine gewisse Bereitschaft zu einer Revidierung der Apartheidpolitik zeigte. Bei der jungen Intelligenz der Nationalen waren die ersten Anzeichen dafür sogar schon früher zu erkennen. 1972 hat jedoch der Beschluß des Zentralausschusses des Ökumenischen Rates in Utrecht, die Unterstützung der Untergrundorganisationen in Südafrika zu verstärken (Aufstockung des Sonderfonds des Antirassismusprogramms), zu einem erheblichen Rückschlag der Liberalisierung burischen Denkens geführt.

Während die Antirassismuspolitik des Weltkirchenrates und anderer Organisationen dazu angetan waren, bei den Buren eine harte Abwehrhaltung hervorzurufen, bewirkten die schweren Streiks der Schwarzen, die 1973 in Durban stattgefunden hatten, das Gegenteil. Sie machten der Regierung offenbar deutlich, daß es sich bei solchen Unruhen um ein Aufbegehren gegen Fehler des Regierungskonzepts handeln mußte. Damals sagte Vorster vor dem Parlament: »Meine Erfahrung sagt mir, daß Arbeitgeber ... in ihren Arbeitnehmern nicht nur eine Einheit sehen sollten, die ihnen so und so viele Arbeitsstunden je Tag liefert, sondern sie sollten auch sehen, daß sie Menschen sind, Menschen mit einer Seele.« Auf die hier durchschimmernde humane Denkweise antwortete der Zuluführer Gatsha Buthelezi öffentlich: ». . . die bedeutungsvolle Erklärung des Herrn Ministerpräsidenten . . . daß wir Menschen mit Seelen sind, kann in die Geschichte eingehen als die wichtigste Feststellung, die je ein weißer Ministerpräsident in Südafrika gemacht hat.« Andere schwarze Führer schlossen sich dieser Erklärung an. Es ist geradezu grotesk, auf welchem Niveau des gegenseitigen Verständnisses man damals beginnen mußte. Schon die Erklärung eines Ministerpräsidenten der Republik, daß auch Schwarze eine Seele hätten, erregte höchste Aufmerksamkeit!

Langsam, sehr langsam ging Vorster weiter. Seit 1974 kam es unter seinem Vorsitz zu einer Reihe von Konferenzen der Homeland-Führer mit Mitgliedern der Regierung. 1975 erklärte Professor Moolman vom »Africa Institute of South Africa«, einem Institut, dessen Schirmherr der Staatspräsident war: »Trennungen, insbesondere Trennungen auf Grund der Hautfarbe, erzeugen oft mehr Spannungen und Zerrissenheit als Vermischung und Integration . . . Etwas ist entscheidend falsch in der Art unserer gegenseitigen Beziehungen.«

Es mag Vorster in dieser Zeit ähnlich gegangen sein wie 20 Jahre zuvor Malan angesichts des Berichtes der Tomlinson-Kommission: Er sah Aufgaben auf sich zukommen, denen er sich nicht mehr gewachsen fühlte. Bei Vorster waren hierfür vielerlei Gründe maßgebend: Die neuen Aufgaben, die weltanschaulich-religiöse Auseinandersetzungen erforderten, entsprachen nicht seiner Veranlagung; er besaß nicht die Robustheit, die bei einer Lockerung der Apartheidpolitik zu erwartenden harten Angriffe aus seinem eigenen Lager abzuschütteln; sein Gesundheitszustand hatte sich verschlechtert; er blickte auf eine Vergangenheit zurück, die sein Image geprägt hatte und ihn mit einer Reihe von harten Apartheidmaßnahmen verband; Reformpolitik entsprach nicht seinen Neigungen – ihre Notwendigkeit allerdings hatte er erkannt und anerkannte sie auch.

Als der Pragmatiker, der Vorster war, wird er gesehen haben, daß innere Reformen in dem Augenblick unvermeidlich geworden waren, als die von ihm zunächst mit gewissen Erfolgen eingeleitete Politik der »Dialoge« mit den schwarzafrikanischen Staaten nicht mehr weiter verfolgt werden konnte.

Besonderen Eindruck müssen auf Vorster die von Soweto ausgehenden blutigen Unruhen des Frühsommers 1976 gemacht haben. Wir haben ja schon gesehen, wie schnell er 1973 auf die Streiks in Durban reagiert hatte. Vorster besaß sicherlich mehr Selbstkritik als Verwoerd, der 1960 Sharpeville zu verantworten gehabt hatte. So beauftragte er im Spätjahr 1976 – im unmittelbaren Anschluß an die Sowetounruhen – den energischen damaligen Verteidigungsminister (und heutigen Ministerpräsidenten) »P. W.« Botha mit der Leitung eines Ausschusses, der Pläne für eine Verfassungsreform erarbeiten sollte. Dieser Ausschuß sollte besonders auch Untersuchungen anstellen über »mögliche und wünschbare Angleichungen des politischen Systems der coloured und indischen Gemeinschaften an die bestehende Verfassungsordnung«.

Die von Bothas Kommission erarbeiteten Vorschläge sahen über diese Auftragsformulierung hinaus auch eine Beteiligung der Coloureds und der Inder an der Wahl des Staatspräsidenten vor. Als ein Entwurf der geplanten Verfassungsänderungen konzipiert war, wurden für das Jahresende 1977 Neuwahlen ausgeschrieben. Ihr Ergebnis war der höchste Wahlsieg, den die »Nationale Partei« je errungen hatte. Es bleibt allerdings offen, ob dieser Wahlsieg der Tatsache zu verdanken war, daß die Regierung es gewagt hatte, über eine neue Verfassung zu sprechen, die auch Coloureds und Inder an der Regierung beteiligen sollte, oder ob dieser Sieg darauf zurückging, daß vor der Wahl ein Bündel von Strafmaßnahmen verfügt worden war, durch die regierungskritische Persönlichkeiten, Institutionen und Organisationen mit Verboten, Bannungen und anderen Strafen belegt wurden – alles Maßnahmen, die besondere Härte demonstrieren sollten.

88. Durch einen Skandal von Vorster zu Botha

Sein Wahlsieg gab Vorster eine gute Gelegenheit, sich aus den Tagesgeschäften der Regierung zurückzuziehen, was zweifellos aber auch schon vorher geplant war. Man sprach davon, daß die stärkere Heraushebung der Position des Staatspräsidenten durch die neuen Verfassungsvorschläge gerade auch im Blick auf Vorster erfolgt sei, den man als nächsten Kandidaten für dieses Amt ansah. Die Gelegenheit, sich in dieses Amt wählen zu lassen, ergab sich sehr schnell, als der bisherige Staatspräsident Nicolaas Diederichs im August 1978 starb.

Wahrscheinlich hatte Vorster auch gehofft, sich durch sein Ausscheiden aus dem zentralen Regierungsamt den Auswirkungen eines Gewitters entziehen zu können, das in jener Zeit heraufzog und schließlich als »Informationsskandal« tiefgreifende innenpolitische Erschütterungen in Südafrika bewirkte.

Bei dieser Affäre handelte es sich um Regierungsmaßnahmen, die nur in Demokratien als »Skandal« ausgelegt werden und auch nur dort entsprechende Konsequenzen haben. Da die Vorgänge letzten Endes zum Sturz Vorsters führten, sind sie immerhin auch ein Hinweis darauf, daß es in Südafrika noch einen Bereich der Politik gibt, in dem demokratische Spielregeln funktionieren.

Zunächst hatte die Sache damit begonnen, daß eine englischsprachige südafrikanische Zeitung (»The Citizen«) entgegen ihren früheren Gepflogenheiten plötzlich in ihrer Berichterstattung die Politik der Regierung zu vertreten begann und damit den Verdacht ihrer Konkurrenz und der Liberalen im Lande wachrief. Journalisten stellten sehr bald die Behauptung auf, daß der Übergang von »The Citizen« in das Regierungslager mit Geheimmitteln der Regierung erkauft worden sei. (»The Citizen« war nun in Südafrika die einzige englischsprachige Zeitung, die die Regierungspolitik vertrat.) Einmal auf derartige Vorgänge aufmerksam geworden, begann man das Verhalten des Informationsministeriums, das von einer der führenden Persönlichkeiten der »Nationalen Partei«, C.P. (»Connie«) Mulder, geleitet wurde, unter die Lupe zu nehmen. Eine Regierungskommission deckte immer mehr Vorgänge auf, bei denen Regierungsgelder ohne entsprechende offizielle Ermächtigungen geheim zur Verstärkung der Propagandamöglichkeiten der »Nationalen Partei« – aber auch der Republik – verwendet worden waren.

Vorster hatte sich schon in einem frühen – »taktisch« zweifellos zu frühen – Stadium in die Untersuchungen eingeschaltet. Er versuchte die Vorkommnisse damit zu begründen, daß es in der Situation, in der Südafrika sich befinde, erforderlich gewesen sei, »auf delikate und unkonventionelle Weise . . . die psychologischen und propagandistischen Angriffe auf die Republik . . . abzuwehren und der Zerstörung des guten Ansehens und der Stabilität des Landes« entgegenzuwirken. Der sehr gewissenhaft geführte Prozeß förderte viel Material zutage, das auch Vorster – der sich in den Verhandlungen oft ungeschickt verhalten hatte – belastete, ohne daß allerdings seine persönliche Integrität in Zweifel gezogen werden konnte. Doch das Gesamtergebnis zeigte, daß Vorster unlautere, erst in zweiter Linie der Republik, vor allem aber der »Nationalen Partei« dienende Machenschaften seines Informationsministers gedeckt hatte – möglicherweise um einen das Ansehen des Staates schädigenden Skandal zu verhindern, möglicherweise aber auch, weil er die Zielsetzungen der praktizierten Finanzmanipulationen billigte, obwohl er die angewandten Methoden ablehnte. Doch wenn auch noch heute manches in dieser Sache unklar ist: Vorster sah sich gezwungen, nach achtmonatiger Tätigkeit als Staatspräsident am 4. Juni 1979 zurückzutreten.

Dieser Prozeß hatte schon geschwebt, als im September 1978 der Regierungswechsel stattfand und Vorster vom Stuhl des Ministerpräsidenten auf denjenigen des Staatspräsidenten übergewechselt war. Zu diesem Zeitpunkt war der ursprüngliche Favorit für das Amt des Ministerpräsidenten, der Informationsminister Mulder, schon sehr stark durch die Vorgänge in seinem Ministerium belastet. So wurde Botha Ministerpräsident. Er war in den letzten Jahren dadurch hervorgetreten, daß er einerseits als Verteidigungsminister 1975 maßgeblich verantwortlich für den Vormarsch der südafrikanischen Truppen auf die angolanische Hauptstadt Luanda gewesen war und daß er andererseits die Leitung der von Vorster 1976 eingesetzten Kommission übernommen hatte, die Vorschläge für eine Umgestaltung der Verfassung ausarbeiten sollte. Er hatte gezeigt, daß er hart und systematisch durchzugreifen verstand. Es war aber auch deutlich geworden, daß er ein kreativer und neuen Ideen gegenüber aufgeschlossener Mann war. Der 1916 geborene Botha war schon als Jurastudent in die »Nationale Partei« Malans eingetreten, in der er sich schnell nach oben gearbeitet hatte. Im Alter von 30 Jahren übernahm er die Leitung der Wahlkampagne, die dann schließlich zu dem unerwarteten Wahlsieg seiner Partei im Jahre 1948 führte.

Ich habe inzwischen den Eindruck gewonnen, daß die Umstände, die letzten Endes zur Wahl Bothas zum Ministerpräsidenten führten, eine glückliche Fügung für Südafrika gewesen sein könnten. Botha hat gerade die Eigenschaften, die Vorster für die Durchsetzung einer Reformpolitik fehlten: Er ist innerlich von der Notwendigkeit der Reformen überzeugt; er besitzt die Robustheit, Anfeindungen aus den eigenen Reihen zu bestehen; er ist kreativ und kann seine Maßnahmen den Verhältnissen anpassen, ohne das Ziel aus den Augen zu verlieren; er ist ein geschickter Taktiker; von maßgeblichen Politikern des Landes hörte ich die Auffassung, daß Botha auch die Sprengung seiner Partei in Kauf nehmen würde, wenn er auf diese Weise seine Reformpolitik durchsetzen könne.

89. Große Pläne für die Industrie

Außerordentlich weitreichend sind die gegenwärtigen Pläne der Regierung, die Wirtschaftskraft Südafrikas soweit wie nur irgend möglich zu stärken. Im Vordergrund steht der Ausbau der eigenen Energiegrundlagen und damit der Unabhängigkeit des Landes von auswärtigen Energiequellen. Tatsächlich ist die Republik Südafrika auf dem besten Wege. Die Kohlevorräte des Landes bilden eine reiche Grundlage dafür. Schon heute ist der Energiebedarf nur noch zu einem geringen Teil (etwa 20 Prozent = 15 Millionen Tonnen Öl pro Jahr) abhängig vom Öl.

Bereits 1955 war das Kohleverflüssigungswerk Sasol 1 in Betrieb genommen worden. Es arbeitet nach dem Fischer-Tropsch-Verfahren, das während des Zweiten Weltkriegs in Deutschland von Gelsenberg angewandt und inzwischen für Sasol weiterentwickelt worden war. Sasol 1 wurde die erste – und ist noch heute zusammen mit den neueren Sasol-Werken die einzige – wirtschaftlich arbeitende Kohleverflüssigungsanlage der Welt. Diese Rentabilität mag sich zunächst teilweise aus dem niedrigen südafrikanischen Lohnniveau ergeben haben; heute ist sie durch die Entwicklung des Ölpreises am Weltmarkt gesichert.

Inzwischen ist auch das wesentlich größere Werk Sasol 2 angelaufen. Es wird erwartet, daß es im Sommer 1982 seine Kapazität voll erreicht. Das 1979 begonnene Werk Sasol 3 war Ende 1981 zu 90 Prozent fertiggestellt. Die gesamte Sasol-Gruppe deckt inzwischen etwa die Hälfte des südafrikanischen Ölbedarfs – und die Pläne für Sasol 4 (Coalplex) sind bereits fertiggestellt (Bauzeit etwa fünf Jahre).

Mittlerweile entsteht in der Nähe von Kapstadt (Koeberg) auch das erste südafrikanische Kernkraftwerk. Da heute schon eine Uranreserve von etwa einer halben Million Tonnen in Südafrika als gesichert angesehen werden kann, zeichnet sich auch hier eine zukunftsträchtige Entwicklung ab. Als erster Schritt auf diesem Wege war 1974 in Pelindaba bei Pretoria ein Versuchsreaktor in Betrieb genommen worden, der nach einem in Südafrika (weiter)entwickelten, offenbar besonders wirtschaftlichen, Anreicherungsverfahren arbeitet. Bald darauf wurde in dessen Nähe, in Valindaba, mit dem Bau einer Urananreicherungsanlage begonnen, die nach ihrer Fertigstellung (1984) jährlich 2400 Tonnen Kernbrennstoff herstellen soll.

Die Elektrizitätskapazität Südafrikas soll in der Zeit von 1979 bis 1989 mit einem Aufwand von 13 Milliarden Rand weiter ausgebaut werden. Bis 1990 ist die Erzeugung von 28 000 Megawatt elektrischem Strom auf der Grundlage von Kohle und Wasserkraft geplant.

Eine 800 Kilometer lange Eisenbahnstrecke wurde von dem Bergwerksgebiet Sishen bei Kuruman nach Saldanha Bay gebaut. Diese schon geschichtlich bekannte Bucht ist inzwischen zum wahrscheinlich größten Erzverschiffungshafen in Afrika ausgebaut worden. 17 Millionen Tonnen Eisenerz sollen hier umgeschlagen werden. Der riesige staatliche Stahlkonzern Iscor beabsichtigt, hier ein neues Stahlwerk zu errichten, das zunächst pro Jahr drei Millionen Tonnen Halbfertigprodukte für den Export produzieren soll.

In ähnlicher Weise soll der in den siebziger Jahren völlig neu entstandene Hafen Richards Bay in Natal (Gatsha Buthelezi, der Ministerpräsident von Kwa Zulu, beansprucht den Hafen für sein Land) ausgebaut werden. Er wurde durch eine über 500 Kilometer lange Eisenbahnstrecke mit den neuerschlossenen Kohlegebieten in Osttransvaal verbunden. Diese Eisenbahnstrecke soll für eine Jahreskapazität von 50 Millionen Tonnen Kohle ausgelegt werden. Auch in Richards Bay ist in den letzten Jahren eine umfangreiche Industrie entstanden.

Wir können hier die verschiedenen, oft ins Riesenhafte gehenden, Industrialisierungsvorhaben in Südafrika nicht im einzelnen verfolgen. Schon die genannten Projekte zeigen jedoch, mit welchen Maßstäben heute gemessen wird. Berücksichtigt man dazu noch die reiche Rohstoffausstattung des Landes, dann stellt sich Südafrika als eines der förderungswürdigsten Industrieländer der Welt dar – wäre nicht seine Rassenpolitik. Sie aber muß trotz aller vielversprechenden Entwicklungen in der Wirtschaft das Land eines Tages in den Ruin treiben, wenn es nicht gelingt, entscheidende sozialpolitische Reformen durchzuführen.

Ende und Anfang

90. Umdenken für die Wirtschaft

Schon heute ist Südafrika an einem Punkt angekommen, an dem weiterer wirtschaftlicher Fortschritt nur noch parallel zu einer immer stärker intensivierten Integrierung des schwarzen Bevölkerungsteils in den Wirtschaftsprozeß möglich ist. Einerseits gibt es gewaltige Industrialisierungsvorhaben der Regierung, andererseits leidet die südafrikanische Wirtschaft schon seit langem an einem permanenten Auszehrungsprozeß qualifizierter Führungskräfte. Die Weißen, die die qualitativ beste Schulbildung durchlaufen haben, treten in ihrer quantitativen Bedeutung immer mehr zurück. Die Schwarzen, die sich mit einem ausgesprochen schlechten Schulsystem zu bescheiden hatten, spielen zahlenmäßig eine zunehmend größere Rolle. Das heißt, in Südafrika wird der Anteil der für die Anforderungen einer industriellen Wirtschaft gut oder doch hinreichend ausgebildeten Menschen immer geringer.

Selbst wenn man alle ethnischen und humanen Gesichtspunkte außer acht lassen wollte, erfordert daher schon die volkswirtschaftliche Entwicklung eine grundlegende und durchgreifende Verbesserung der für Schwarzafrikaner bestehenden Ausbildungs-, Schul- und Studienmöglichkeiten. Die weitgehenden Industrialisierungspläne Südafrikas können nur realisiert werden, wenn die bisherige Rassenpolitik nicht nur »neu bedacht«, sondern wirklich grundlegend verändert wird. Sicher ist, daß die heutige Situation jedem Einsichtigen klargemacht hat, wie wenig rassische Diskriminierungen sich mit einer wachsenden Wirtschaft vereinbaren lassen. Der industrielle Ausbau des Landes schafft Mangelsituationen, die ihr Eigengewicht entwickeln müssen, besonders wenn dieser Ausbau noch mit einem Wirtschaftsboom, wie 1980, verbunden ist. Das ist für marktwirtschaftlich denkende Unternehmer nichts Neues. Auch in Südafrika waren deshalb herausragende Unternehmerpersönlichkeiten stets sehr aktiv als Apartheidgegner hinter den Kulissen der Politik tätig. Trotz dieser sich aus wirtschafts- und sozialpolitischen Überlegungen ergebenden Einsichten neigten bis in die siebziger Jahre hinein zahlreiche Persönlichkeiten auch im unternehmerischen Bereich noch immer zur Auffassung von der natürlichen Überlegenheit der Weißen.

Wie fremd sich die einzelnen Rassen inzwischen geworden waren, zeigte uns schon 1972 das Erlebnis einer Autofahrt mit einem in gehobener Position in der Wirtschaft tätigen knapp dreißigjährigen akademisch gebildeten Buren. In einiger Entfernung von der Straße sah man gerade noch die Umrisse einer schwarzen Township liegen. Unser Führer machte uns darauf aufmerksam. So fragten wir ihn, ob er solche Orte schon von innen gesehen habe. (Wir hatten gerade eine ganze Reihe dieser Wohnstädte ohne Schwierigkeiten besucht – »moderne« Viertel sowohl als auch trostlos verfallene Slums. Teilweise waren wir dort auch zu Gast gewesen.) Er verneinte, erzählte uns aber dann, daß er am Wochenende eine Fahrt nach der Insel Robben Island machen möchte, wo man sich bei einer »Party« von den dortigen politischen Gefangenen bedienen lassen könne. Das galt ihm als Wochenendattraktion! (Auf Robben Island waren die wichtigsten politischen Gefangenen teils mit, teils ohne Gerichtsverfahren inhaftiert.) Der junge Mann fand die Rassentrennung zwar völlig unnütz, aber das ganze Problem interessierte ihn nicht weiter.

91. Neue Auffassungen vom Schwarzen setzen sich durch

Das Mitte der siebziger Jahre noch fast unbekannte Phänomen der Verknappung qualifizierter Arbeitskräfte machte den engen Zusammenhang bewußt, der innerhalb jeder Volkswirtschaft zwischen dem wirtschaftspolitischen und dem sozialpolitischen Sektor besteht. Hatte man bisher auch als leitender Mann in der Industrie die Bearbeitung des sozialpolitischen Sektors weitgehend den Politikern und den Kirchen überlassen und deren Thesen mehr oder weniger unbesehen übernommen, so begann man jetzt, sich eingehender auch persönlich mit sozialpolitischen Fragen zu beschäftigen. Je mehr man aber über die Problematik dieses Bereichs nachdachte, desto deutlicher wurde es, daß man über Jahrzehnte hin Ansichten unreflektiert weitergeschleppt hatte, die inzwischen schon längst einer Revision bedurft hätten.

Die Behauptung, der »Schwarze sei faul, kindlich und wenig leistungsfähig«, wurde als Vorurteil deutlich. Es entstammte dem Vorstellungsarsenal einer Generation, die geglaubt hatte, das Erscheinungsbild einer anderen Kultur nach eigenen Kriterien beurteilen zu können. In der Vorstellung vom faulen, kindlichen und leistungsunfähigen Schwarzen waren die Ergebnisse eines Jahrhunderts anthropologischer und psychologischer Forschung noch nicht verarbeitet.

Nachdem die Revision der althergebrachten Standardbeurteilung des Schwarzen erst einmal begonnen hatte, war es erstaunlich, festzustellen, wie schnell und wie allgemein sich in den führenden Kreisen der südafrikanischen Industrie die Auffassung durchsetzte, daß der Schwarzafrikaner von seinen Anlagen her durchaus befähigt sei, auch in der modernen Industrie zu allen Positionen aufzusteigen – wobei sich individuelle Unterschiede selbstverständlich genau wie bei allen anderen Rassen ergeben. Als ich 1980 Topmanager von etwa 15 Großunternehmen besuchte, traf ich unter ihnen niemanden mehr an, der noch der Mär vom nicht leistungsfähigen Schwarzen angehangen hätte.

Inzwischen wurde aber auch erkannt, in wie starkem Maße die Welt, in die der Schwarzafrikaner in Südafrika seit Generationen gepreßt worden war, ihn in seiner Entwicklung behindert hatte. Die schwarzafrikanische Gesellschaft insgesamt war bis heute durch die Konfrontation mit dem rassebezogenen europäischen Herrschaftsanspruch – gleichgültig, ob dieser auf Auserwähltheits-, Überlegenheits- oder Apartheidvorstellungen basierte – gezwungen, sich in einer Form weiterzuentwickeln, wie sie einer modernen Industriegesellschaft unangemessen ist – und dieser Zwang besteht auch weiterhin.

Selbst all das, was zur Förderung des schwarzen Bildungswesens bisher getan worden war – und dies war bis hin zu den relativ aufwendig gebauten schwarzen Universitäten nicht einfach »nichts« –, war ungeeignet. Es verstärkte die Benachteiligung der Schwarzen in der Wirtschaft, weil es ihnen eine Bildung vermittelte, die wirtschaftsfremd war. Naturwissenschaftliche und wirtschaftskundliche Fächer wurden kaum gelehrt. So wurde eine Führungsschicht erzogen, die von den ökonomisch-technischen Grundlagen, auf denen ein Industrieland wie Südafrika beruht, keine Vorstellung hatte. Da aber der schwarze Bevölkerungsteil – wenn man die fiktiven selbständigen Homelands (»national states«) einrechnet – drei Viertel der Gesamtbevölkerung umfaßt, läßt sich deren Einfluß auch auf die Gestaltung der Wirtschaft des Landes gar nicht vermeiden. Das war bisher aber undenkbar; kaum, daß in jüngster Zeit hier und da einige Schwarze – neben zahlreichen Indern und Coloureds – bis zur Ebene des mittleren Managements vorgedrungen sind.

Diese Situation stellt im Augenblick eine ganz besondere Gefährdung der Industrie dar, denn wenn je in näherer Zukunft politische Kräfteverschiebungen im Lande eine sofortige stärkere Beteiligung Schwarzer im industriellen Management erzwingen würden, dann müßte dies zu einem für die gesamte Industrie bedrohlichen Kompetenzverlust der Führungskräfte führen. Da aber Südafrika heute ohne seine funktionierende Industrie nicht mehr lebensfähig ist, würde ein wirtschaftlicher Zusammenbruch das Land in eine Katastrophe ziehen. Dies aber müßte für die ganze Welt unabsehbare Gefahren heraufbeschwören.

Deshalb scheint es mir eines der Grunderfordernisse für die langfristige südafrikanische Entwicklung zu sein, daß so schnell wie möglich aus der schwarzafrikanischen Bevölkerungsgruppe kompetente Führungskräfte in genügender Zahl für die Wirtschaft herangebildet werden. Da diese Aufgabe bisher völlig vernachlässigt wurde und da das schwarze Bildungssystem für eine solche Zielsetzung ungeeignet ist, wird es ohnehin lange Zeit (mindestens eine Generation?) in Anspruch nehmen, bis wenigstens einige durch ihr Schicksal heute schon bevorzugte schwarze Persönlichkeiten für die Übernahme von echten Führungspositionen in der Großindustrie ausgebildet sind.

Der enorme Boom des Jahres 1980, der großenteils auf Grund der weltweiten Goldhausse entstanden war, ließ alle diese Zusammenhänge besonders klar erkennbar werden; gelang doch schon die volle Ausnutzung der plötzlich sich ausweitenden wirtschaftlichen Möglichkeiten sehr häufig deshalb nicht mehr, weil es im Spezialisten- und Führungsbereich an den entsprechend ausgebildeten Kräften fehlte. Die Folge war, daß nun überall in der Wirtschaft damit begonnen wurde, auf allen möglichen mehr oder weniger provisorischen Wegen wenigstens einem Teil der begabten Schwarzen eine bessere Ausbildung zu verschaffen. Zahlreiche Programme zur Förderung der Schwarzen entstanden, beginnend von der Vorschulzeit bis hin zu der Zusatzausbildung zur schwarzen Matrik (Abitur), die für naturwissenschaftliche Studien an weißen Universitäten Voraussetzung ist.

Allerdings waren alle diese Projekte zunächst in ihrem Ansatz sehr provisorisch und in der Ausführung unkoordiniert. Sie entsprangen ja weitgehend der privaten Initiative einzelner Wirtschaftsunternehmen oder Kammern, wie der Deutsch-Südafrikanischen Handelskammer, sowie auch der Initiative von Institu-

Oben: Südsothohäuser mit der stammesüblichen Bemalung
Unten: Die schwarze »Universität des Nordens« in Turfloop

ten, die, wie das Südafrikanische Institut für Rassenbeziehungen, sich den Abbau der Rassenschranken zum Ziel gesetzt hatten. Häufig wußte ein Unternehmen nicht, was das andere tat.

Schnell zeigte sich, daß es in der Zwangslage, in der man sich nach Jahrzehnten der Versäumnisse befand, nun notwendig war, doppelgleisig zu fahren. Einmal mußten Lösungen für den Sofortbedarf geschaffen werden. Derartige Maßnahmen werden stets einen provisorischen Charakter tragen müssen und die Privilegierung von Menschen verstärken, denen das Leben schon bisher gewisse Vorteile gegönnt hatte.

Es mußte aber auch eine Langzeitplanung gemacht werden. Im schwarzen Schulwesen kann in Zukunft nicht mehr so fortgewurstelt werden, wie das bisher geschehen ist. Diese neue Aufgabe wurde auch von der Regierung erkannt, und es wurde damit begonnen, das Schema eines zumindest im Curriculum integrierten südafrikanischen Schulwesens zu erarbeiten. Da jedoch auch eine von evolutionären Vorstellungen zumindest angeregte Regierung – wie diejenige Bothas – auf Grund der verfassungsmäßigen Lage in Südafrika zahlreichen bremsenden Einflüssen ausgesetzt ist, beschäftigt sich auch eine von der Wirtschaft, besonders von den beiden führenden südafrikanischen Großindustriellen H. F. Oppenheimer und A. Rupert, ins Leben gerufene Stiftung, die »Urban Foundation«, mit einer solchen Aufgabe.

92. Neue Wege in der Sozialpolitik

Schon Vorster hatte 1977 zwei Ausschüsse ins Leben gerufen, die eine völlige Umstrukturierung der südafrikanischen Arbeitswelt vorbereiten und Vorschläge für eine Neugestaltung machen sollten: die nach ihrem Vorsitzenden benannte fünfzehnköpfige »Wiehahn-Kommission«, deren offizieller Name »Ermittlungsausschuß für Fragen der Arbeitsgesetzgebung« lautete, und die »Riekert-Kommission«, zunächst ein Einmannausschuß, dessen

»Vorsitzender« P. Riekert persönlicher Berater des Ministerpräsidenten war. Dieser Ausschuß nannte sich offiziell »Ermittlungsausschuß für Fragen der Gesetzgebung zur Nutzung der Arbeitskräfte«.

Die Arbeit beider Ausschüsse hat inzwischen nicht nur zu einer umfangreichen Bestandsaufnahme und zu entsprechenden Vorschlägen geführt. Sie hat auch schon konkrete Schritte auf neuen Wegen ermöglicht, deren wichtigster möglicherweise die offizielle Zulassung schwarzer Gewerkschaften als Tarifpartner ist. Die Tatsache, daß sich fast alle schwarzen Gewerkschaften zu dieser Mitarbeit bei der Umstrukturierung der Arbeitswelt entschlossen haben, kann man wohl als Zeichen für die auch auf schwarzer Seite immer noch bestehende Bereitschaft ansehen, die Lösung der tiefgreifenden südafrikanischen Probleme auf friedliche Weise zu versuchen. Damit hat aber ein Experiment begonnen, das gelingen muß – andernfalls zweifellos »alle Zeichen auf Sturm stehen« würden. Das heißt, die schwarzen Gewerkschaften müssen nun sichtbare Erfolge erzielen, Erfolge gegenüber der Unternehmerseite und Erfolge gegenüber den weißen Gewerkschaften.

Die augenblicklich auch bei den Gewerkschaften noch im allgemeinen befolgte Rassentrennung ergibt sich vor allem aus Gründen der Zweckmäßigkeit: Die schwarzen Gewerkschaften müssen Profil gewinnen und vertreten hauptsächlich ungelernte Arbeiter. Die weißen Gewerkschaften vertreten Facharbeiter. Auch die Coloureds und Inder haben in vielen Bereichen noch Sonderinteressen. Für die Arbeitgeberseite erschwert diese Vielfalt der Besprechungspartner die Verhandlungen. Sie versucht deshalb meist, die unterschiedlichen Gewerkschaften an einen gemeinsamen Tisch zu bringen.

Eine wichtige Neuerung ist es, daß die Industrie seit dem 1. Januar 1980 auch Schwarze in ein Lehrverhältnis nehmen kann. Als erster Betrieb in Südafrika begann damals Siemens mit bisher gutem Erfolg, seine Lehrlingsausbildung für Schwarz und Weiß gemeinsam durchzuführen; andere Betriebe folgten inzwischen. Das mag sich nur wie ein schwaches Rinnsal ausnehmen. Doch gerade im Ausbildungssektor geschieht auf Grund privater Initiative auf allen Stufen des beruflichen Fortkommens sehr viel mehr – oft sogar auch mit einer häufig noch verdeckten Unterstützung der Regierung.

Inzwischen sind gelegentlich schon Schwarze als Vorgesetzte anzutreffen – was noch vor wenigen Jahren keinesfalls geduldet worden wäre. So ist diese Entwicklung nicht mehr nur ein Rinnsal, das beliebig wieder verstopft werden könnte. Aus vielen Rinnsalen sind schon Wasserläufe geworden, die bald ihre Eigengesetzlichkeit zeigen werden.

Selbst im Bereich des Wohnungswesens beginnen sich Veränderungen abzuzeichnen. Im Dezember 1978 wurde in den schwarzen Townships für Schwarze die Möglichkeit eingeführt, Erbpachtverträge über 99 Jahre abzuschließen. Das heißt, daß nun in diesen Gebieten ein Eigentumserwerb, wenn auch noch in eingeschränkter Form, möglich geworden ist. Gleichzeitig wurde der gesetzwidrige Zuzug in diese Townships, zum Beispiel durch Erhöhung der hierfür festgesetzten Strafen für den Arbeitgeber, erschwert. (Manche Arbeitgeber hatten bisher dazu geneigt, Schwarze, die sich unberechtigterweise in den Townships aufhielten und die daher auch weniger »wählerisch« in den Arbeitsbedingungen waren, bevorzugt einzustellen.)

Noch immer nicht gelöst ist das Problem der Wanderarbeit. Auch wenn man die Schwierigkeiten anerkennt, die sich, angesichts des Arbeitsmangels, der in allen Nachbarstaaten der Republik, aber auch noch in großen Teilen der Homelands herrscht, bei einem ungehinderten schwarzen Zuzug in die Industriegebiete Südafrikas ergeben würden, ist trotzdem die augenblickliche Situation äußerst unbefriedigend.

Da ein Wanderarbeiter auch nach jahrelanger Beschäftigung in den »weißen« Gebieten keinen Anspruch auf eine Zuzugsgenehmigung für sich und seine Familie erwirbt – ein Anspruch, der früher schon einmal bestanden hatte –, bleibt er heute auch von all den Förderungsmaßnahmen ausgeschlossen, die Wirtschaft,

Hilfsorganisationen und Staat den in den Townships wohnberechtigten Menschen anbieten – eine Benachteiligung, die sich nun noch den inhumanen Begleiterscheinungen der Wanderarbeit hinzurechnen läßt.

Immer deutlicher scheint mir heute eine Tendenz der Regierungspolitik erkennbar, auch in der Gruppe der Schwarzen so etwas wie einen »Mittelstand« zu schaffen und damit die sozialen Spannungen aus dem Bereich der Rassengegensätzlichkeiten wegzuverlagern. Ein solcher – vermuteter – Plan könnte aber zweifellos erst dann gelingen, wenn Schwarze in großer Breite Vertrauen in die neue Entwicklung gewonnen haben und entsprechend bereit werden, die Sicherungen aufzugeben, die sich bisher für sie aus der Solidarität der Entrechteten ergeben hatten. So fügt sich die Gegenwart noch längst nicht zu einem geschlossenen Bild und läßt viele Entwicklungsmöglichkeiten offen.

93. Industrialisierung und schwarze Gemeinschaft

Wenn die heutige Entwicklung sich fortsetzt, der Schwarze als volle Arbeitskraft akzeptiert wird und auf Grund seiner nun geförderten Fähigkeiten in der Wirtschaftshierarchie aufzusteigen beginnt, dann stellt sich ihm ein neues Problem. Sein Vorwärtskommen in der Wirtschaft hängt nicht nur davon ab, ob er die entsprechende Begabung besitzt, sondern er muß den Aufstieg auch wollen. Das »Wollen« aber hat unausweichlich die Konsequenz, daß er sein bisheriges soziales Ordnungssystem aufgeben und sich dasjenige einer Industriegesellschaft zu eigen machen muß. Wenn der Schwarze, vor allem der urbanisierte Schwarze, heute auch nicht mehr nach den Normen der Gesellschaftsordnung seiner Väter lebt, so lebt er doch keineswegs nach den Normen einer Industriegesellschaft. Im heutigen schwarzen Gesellschaftssystem haben sich vielmehr verschiedene jeweils situationsbedingte gesellschaftliche Übergangssysteme entwickelt, Notgemeinschaften, die ein Ausbrechen des einzelnen nicht erlauben. Genau dieses »Ausbrechen des einzelnen« muß aber kommen.

Die Schwarzen in diesem Land befinden sich somit in einem Dilemma. Sie wissen – und ich zitiere dafür den schwarzen Soziologen an der »Universität von Südafrika« (Korrespondenzuniversität) Alfred Tabane –, daß »die Erschließung und Entwicklung des Leistungswillens eine Voraussetzung für die wirtschaftliche Entwicklung eines Landes« ist. Diese wirtschaftliche Entwicklung müssen sie angesichts der Bevölkerungsziffern wollen. Tatsächlich wollen sie sie auch, und doch wirkt die Erfahrung von Generationen, wie sehr die Schwarzen des Schutzes der Gemeinschaft bedürfen, natürlich noch immer sehr stark.

Da die südafrikanische industrielle Wirtschaft heute noch ausschließlich von Weißen geleitet wird, muß sich ein Schwarzer – wenn er in der Wirtschaft vorwärtskommen will – die Frage stellen, wieweit er Vertrauen in eine weiße Führung haben kann, die bisher das schwarze Vertrauen stets enttäuscht hat – eine schwierige psychologische und soziologische Situation. Nicht jeder Schwarze wird mit Freuden bereit sein, eine ihm angebotene Förderung in der Industrie anzunehmen. Mancher Schwarzafrikaner wird sich fragen, ob es wirklich ein so erstrebenswertes Ziel ist, dieser weißen Gesellschaft nachzueifern, die in ihrer Unausgefülltheit und Oberflächlichkeit noch keine neue industriegerechte Kultur gefunden hat.

Der gesamte Industrialisierungsprozeß ist ein Massenprozeß. Er ist bedingt durch die rasche Zunahme der Überbevölkerung. Für die Massen schafft er Beschäftigung. Er benötigt Massen von Rohstoffen und schafft Massen von Produkten. Das unterscheidet diesen Prozeß grundlegend von all den Kulturen, die auf dem menschlichen Individuum aufgebaut waren. Sie hatten den Menschen von vornherein in einer engen Gemeinschaft beheimatet. Gemeinschaft aber wird durch den Industrialisierungsprozeß zunächst aufgelöst. Schon das Leistungserfordernis bringt es mit sich, daß der arbeitende Mensch zu einem isolierten Individuum wird.

Heute kennen wir die Folgen. Sie waren nur für uns während der ersten Erfahrungszeit »systemimmanent«. Sie sind dies nicht grundsätzlich. Deshalb sollten wir auch alles tun, um zu vermeiden, daß Gesellschaften, die in den Industrialisierungsprozeß neu hineingehen, in das gleiche geistige Vakuum hineinrennen, wie wir das taten. Hier sehe ich eine große Aufgabe, die besonders den Kirchen angemessen sein könnte.

Im Blick auf Südafrika bedauere ich deshalb zutiefst die heutige Situation im »Südafrikanischen Rat der Kirchen« (South African Council of Churches = SACC), dem die römisch-katholische Kirche und die Niederdeutsch-Reformierten Kirchen nicht angehören. Die ausgesprochene Konfrontation von Schwarz und Weiß, welche die Apartheidpolitik bewirkt hat, machte es mit Rücksicht auf die Zusammensetzung der Mitgliedskirchen erforderlich, daß dieser Kirchenrat seit 1978 von einem Schwarzafrikaner, Bischof Desmond Tutu, geleitet wird. Das hat jedoch zur Folge, daß diese Organisation, von der in sozialpolitischen und in theologischen Fragen Aktivität auf höchster Führungsebene erwartet wird, durch derartige Aufgaben in der kritischen und wahrscheinlich entscheidenden augenblicklichen Phase der südafrikanischen Entwicklung rundweg überfordert erscheint.

Die Zusammensetzung dieses Kirchenrates ist nun schon seit Jahrzehnten – neben der wenig gesprächsoffenen Haltung der niederdeutsch-reformierten Theologen – Ursache dafür, daß es in Südafrika selbst nicht mehr zu einer qualifizierten Diskussion der theologischen Fragen kam, die der Apartheidideologie zugrunde liegen. Diese Verhältnisse führten auch dazu, daß die Besprechungen, die zwischen Regierung und Kirchenrat von Zeit zu Zeit stattfinden, praktisch stets ergebnislos und unbefriedigend verlaufen – trotz der profiliertesten Besetzung, die beide Seiten für eine solche Konferenz zu bieten haben. Da bei diesen Regierungstreffen die eine Seite emotionell bewegt deklamiert, die andere aber mit nüchternen Sachargumenten antwortet, wird im allgemeinen nicht einmal eine gemeinsam verstandene Sprache erreicht.

Es geht bei diesen Qualifikationsüberlegungen nicht um Fragen menschlicher und religiöser Integrität. Es geht ganz banal um das Problem der staatspolitischen und wirtschaftlich-technischen Erfahrung, die gefordert ist, wenn ganze Bevölkerungsgruppen auf dem Wege der Integrierung in einen modernen Industriestaat hilfreich begleitet werden sollen.

94. Reformpläne, Spannungen, Reaktionen

Seit den Wahlen vom April 1981 ist ein Jahr vergangen. In dieser Zeit war es zunächst leiser um die Reformbemühungen Bothas geworden, und die Stimmen mehrten sich, die an dem echten Reformwillen des Ministerpräsidenten zweifelten.

Doch der Wahlsieg von 1981 war nicht ein Wahlsieg Bothas, sondern ein Sieg des rechten Flügels der »Nationalen Partei« gewesen. Und die Bedeutung dieses Vorgangs war noch dadurch unterstrichen worden, daß die ganz »rechtsaußen« stehende, früher bedeutungslose »Herstigte Nasionale Party« (HNP) auf 14 Prozent der Stimmen gekommen war, wenn sie auch keinen Parlamentssitz erlangt hatte.

Da die Zahl der Sitze der Oppositionsparteien – »Progressive Federal Party« 26, »New Republic Party« 6 – die Bedeutung des rechten Flügels der »Nationalen« nicht aufwog, wäre direkt nach dieser Wahl ein Zerbrechen der »Nationalen Partei« dem Ende eines jeden Reformkurses gleichzusetzen gewesen. So war eine verlangsamte Fortsetzung des Reformkurses immer noch die weit bessere Lösung als das, was sich als Alternative angeboten hätte. Gleichzeitig scheint aber unter der Decke ein heftiges innerparteiliches Tauziehen stattgefunden zu haben.

Inzwischen verstärkt sich der Eindruck, daß der robuste Taktiker »P. W.« den richtigen Weg gegangen ist. Im März 1982 fühlte er sich offensichtlich stark genug, mit dem gewandten und klugen Haupt der Rechten, Andries Treurnicht, dem Parteivorsitzenden von Transvaal, zu brechen, obwohl dieser die Unterstützung des ehemaligen Staatspräsidenten Vorster gewonnen hatte. Tatsächlich errang Botha bei der entscheidenden Sitzung der »Nationalen Partei« von Transvaal, zu der er als Gast zugelassen worden war, in der Hochburg des »verkrampten« Burentums einen eindrucksvollen parteiinternen Sieg über seinen Widersacher. Diesem wurde mit einem Mehr von 83 Prozent der Stimmen das Vertrauen entzogen. Um dieser Szene den richtigen südafrikanischen Hintergrund zu geben, sei noch zweierlei erwähnt: Erstens ist Treurnicht – wie einst Malan – Theologe; zweitens waren vor dem Gebäude, in dem die entscheidende Sitzung stattfand, mehrere hundert »verkrampter« Buren mit Frauen und Kindern in Voortrekker-Tracht aufgefahren und gaben mit ihren Spruchbändern und Megaphonen eine geräuschvolle Vorstellung.

Dieser Sieg Bothas wurde wenige Tage später durch das Ergebnis der Kommunalwahlen in Transvaal bestätigt. Selbst in den »Burenkirchen« regten sich die apartheidkritischen Kräfte wieder. Im Juni 1982 veröffentlichten 123 Seelsorger, Theologen und Professoren der Niederdeutsch-Reformierten Kirche in der konservativen Kirchenzeitung »Die Kerkbode« eine aus der Bibel heraus begründete Forderung nach Abschaffung des Apartheidsystems. Profilierte Angehörige der als durch und durch »verkrampt« geltenden burischen Kulturvereinigung FAK (»Federatie van Afrikaanse Kulturvereniging«) stellten den Antrag, Afrikaans sprechende Coloureds und Asiaten zur Mitgliedschaft zuzulassen.

Doch dies alles darf keinesfalls darüber hinwegtäuschen, daß der Grat, den ein reformbereiter Ministerpräsident in Südafrika gehen kann, auch weiterhin sehr schmal ist.

In diesem Licht muß alles gesehen werden, was in den letzten Jahren neu geschaffen wurde, vor allen Dingen auch die umstrittene neue Einrichtung eines Präsidentschaftsrates. Dieser Rat soll Verfassungsvorschläge zur Beteiligung der Coloureds und Asiaten an der Staatsführung machen und den Staatspräsidenten in allen Fragen des öffentlichen Interesses beraten. Er setzt sich aus 41 Weißen, je sieben Coloureds und Indern und einem Chinesen zusammen. Zweifellos gibt sowohl das Ernennungsverfahren für diesen Rat wie auch die Ausklammerung der schwarzen Mehrheit des Landes Anlaß zu Kritik. Das streitet niemand ab. Doch ist andererseits der »Präsidentschaftsrat« ganz gewiß das äußerste, was im Augenblick ohne handfeste burische Revolte durchsetzbar ist. Selbstverständlich muß in nicht allzu ferner Zukunft der Tag kommen, wo auch die Schwarzen nicht weiter auf ihre »national states« verwiesen werden können, sondern handfest an der Regierung beteiligt werden müssen. Wenn man aber, wie Botha, der Auffassung ist, daß ein hartes weißes Rechtsregiment in Südafrika den Beginn einer Zeit von »Blut und Tränen« und schließlich den Untergang Südafrikas bedeutet, dann kann man zunächst nur mit kleinen Schritten beginnen und muß hoffen, daß noch genügend Zeit verbleibt, um mit friedlichen Reformen zu einem guten Ende zu kommen.

Zu diesem Weg gehört es auch, daß gelegentlich hier und dort, besonders aber vor Wahlen, den Rechten »ein Brocken hingeworfen« wird. So unmenschlich muß man es wohl ausdrücken, um klar darzustellen, was es bedeutet, wenn der strafende Blitz der Regierung plötzlich – wie man nur allzuoft meint, »aus heiterem Himmel« – auf so hervorragende und integre Persönlichkeiten wie den früheren Leiter des Christlichen Instituts, Christian Frederick Beyers Naudé, oder so hilfreiche Organisationen wie »Black Sash« niederfährt. Man muß in Südafrika eben einfach wissen, daß hier der »Himmel nie heiter« ist. Dann kann ein Blitz auch nie unerwartet sein. Die Menschen, die von ihm getroffen werden, sind im allgemeinen ein der burischen Rechten wohlgefälliges Ziel. Die nichtweiße Welt in Südafrika wiederum nutzt zwar ihre Hilfe, sie identifiziert sich jedoch nur wenig mit ihnen. Wenn man speziell gegen solche Menschen vorgeht, zeigt man daher der burischen Rechten linientreue Stärke, auf der nichtweißen Seite jedoch erregt man kaum Emotionen. Das kann nur ein winziger Hinweis auf das viele Leid sein, das der südafrikanischen Situation innewohnt.

Sehr viel deutlicher treten die Umrisse von Bothas Denken in den Vorschlägen zur Wirtschaftsplanung hervor, die in einer ihm direkt unterstehenden Arbeitsgruppe erarbeitet werden. Die gesamte industrielle Aktivität in Südafrika war bisher auf vier Ballungsräume zusammengezogen worden. Nun soll diese Zahl teils durch Erweiterung der alten Ballungsräume, teils durch Förderung neuer Industriegebiete verdoppelt werden, wobei ausgehend von diesen Ballungszentren auch an eine weitere regionale Streuung gedacht ist. Gesprochen wird von folgenden Regionen: Westkapland (bisher Kapstadt), Nordkapland – Westtransvaal, Oranjefreistaat, Ostkapland (bisher Port Elizabeth/East London), Osttransvaal, Natal (bisher Durban), Nordtransvaal, »PWV«-Region (Pretoria – Witwatersrand/Johannesburg – Vereeniging; bisher Johannesburg/Pretoria). Besonders bemerkenswert ist, daß die neue Planung praktisch keine Rücksicht mehr auf die Grenzziehungen nimmt, die sich aus der heute noch geltenden Homeland-Politik ergeben haben. Das Denken in Kategorien von »native states« ist offenbar von den Planern schon aufgegeben. Integrierte Wirtschaftsregionen setzen für jeden nüchtern denkenden Politiker aber integrierte politische Regionen voraus. Hier treffen sich offensichtlich Bothas Vorstellungen mit denjenigen von Gatsha Buthelezi.

Jedoch: es läßt sich zwar erahnen, daß solche Überlegungen bestehen – wehe aber, die Regierung begänne schon heute darüber zu reden. Ein Sturm der Entrüstung würde sich erheben. Auf der anderen Seite wird den Schwarzen weiterhin zugemutet, die bedrückende gegenwärtige Situation angesichts einer völlig ungewissen Zukunft noch und noch zu erdulden.

Ungewiß ist für die Schwarzen ja auch noch alles, was mit der Verbesserung ihres Bildungswesens zusammenhängt. Allzu vieles ist bisher versäumt worden. Und selbst wenn man davon ausginge, daß die Regierung sich fortan bemühen wollte, die schwarze Ausbildung auf ein der weißen Ausbildung entsprechendes Niveau zu bringen – es wurde bisher so viel versäumt, und es gilt, so viel nachzuholen, daß dies die zur Verfügung stehenden Mittel weit überschreiten würde. Aber auch wenn sich die finanzielle Seite des Problems eventuell mit substantieller Auslandshilfe lösen ließe – es gibt im Augenblick noch gar nicht die Lehrer für diese große Aufgabe. Hier bedarf es noch über Jahrzehnte hinaus der Geduld. Gerade weil das so ist, sind Pläne erforderlich, die den Betroffenen die Notwendigkeit des Abwartens verständlich machen. Eine solche Einsicht ist zweifellos von schwarzer Seite nie zu erwarten, solange den Schwarzen allein zugemutet wird, die Leidtragenden dieser Situation zu sein. Aber auch hier kann man bei den Buren nicht »mit der Tür ins Haus fallen«. Was dies alles an Anspannung der Nerven bedeutet, ist unvorstellbar.

Ich wäre glücklich, wenn es mir durch diese Darstellung gelungen wäre aufzuzeigen, wie empfindlich die heutige Situation in Südafrika ist und wie sehr es des feinsten Fingerspitzengefühls bedarf, um katastrophenträchtige Kurzschlußreaktionen zu vermeiden.

95. Die Gefahr der Auslandsaktivitäten

Gefährlich für Südafrika sind die unüberschaubar vielen Einmischungsversuche aus dem Ausland. Ich kenne kein anderes Land, das so sehr im Zentrum internationaler Agitationen liegt. Schuld ist zum einen die strategische und wirtschaftliche Bedeutung Südafrikas, zum anderen seine innen- und außenpolitische Schwäche, die im wesentlichen auf die in jeder Beziehung unglückliche Politik Verwoerds zurückzuführen ist. Er hat durch seine mit der ganzen Härte eines naiven Theoretikers durchgesetzte Apartheidpolitik die innere Kraft Südafrikas entscheidend geschwächt; er hat durch den Coup des Austritts aus dem Commonwealth das Land außenpolitisch isoliert, und er hat durch die Abdrängung des schwarzen Widerstandes in den Untergrund und in die Emigration dem entsprechend interessierten Ausland zahlreiche Ansatzpunkte für ein subversives Einwirken auf Südafrika gegeben.

Die zeitweilige Emigration der aktivsten schwarzafrikanischen Persönlichkeiten beziehungsweise ihre Dauerinhaftierung auf Robben Island hat den Dialog im Lande selbst unterdrückt und die schwarzen Führungskräfte radikalisiert. Die in den Untergrund getriebenen Organisationen wandten sich dorthin, wo sie Hilfe fanden. Diese wurde ihnen vor allem in kommunistischen Ländern geboten. Hier bestand nicht nur schon eine lange Erfahrung in der Ausbildung von Untergrundkämpfern, sondern auch die Methoden und Möglichkeiten des subversiven Einwirkens auf andere Länder waren hier – bewußt als Mittel der Machtpolitik – in besonderem Maße erforscht und ausgebaut worden. Dagegen wurde in den westlichen Ländern weitgehend der Grundsatz der Nichteinmischung vertreten. Subversive Tätigkeit dieser Länder hatte – wenn es sie gab – vorrangig Defensivcharakter, erst in jüngster Zeit wird auch von westlichen Staaten teils als »Vorwärtsverteidigung«, teils unter dem Druck von Ideologen der Nichteinmischungsgrundsatz mehr und mehr verlassen.

Gerade im Falle Südafrikas erwies es sich weitgehend als problematisch, daß westliche Länder geneigt waren, das Apartheidproblem als ein internes Problem Südafrikas zu betrachten, und daß sie mit den politischen Flüchtlingen aus Südafrika nichts Rechtes anzufangen wußten.

Inzwischen sind die aus dem Untergrund kämpfenden schwarzen »Freiheitsbewegungen« voll geschult und ausgerüstet, insbesondere durch die DDR und die Sowjetunion und durch afrikanische Länder, wie zunächst Tansania und Sambia, später auch Angola und Moçambique, die ihrerseits die Mittel dafür aus dem Ostblock geliefert bekommen. Die Tatsache, daß beispielsweise ANC, PAC und SWAPO uneingeschränkt von ausländischen Basen aus arbeiten konnten, führte aber auch dazu, daß der Aufbau und die Motivierung des Widerstandes im Lande selbst völlig vernachlässigt wurden. In immer stärkerer Weise klaffen inzwischen Emigrantenmentalität und die Mentalität der im Lande lebenden Schwarzen auseinander.

Doch während die bisher skizzierten Aktivitäten mehr im stillen vor sich gehen, betrieben UNO und Weltkirchenrat ihre Agitation mit um so größerer Lautstärke. Da Südafrika ein schwaches Land ohne eigentliche Bundesgenossen ist, läßt sich in Resolutionen, die gegen diesen Staat gefaßt werden, auch immer relativ leicht weitgehende Übereinstimmung erzielen. Bei Beschlüssen von derartig heterogen zusammengesetzten Gremien kann man jedoch niemals die Differenziertheit für sachgerechte und örtliche Gegebenheiten berücksichtigende Problemlösungen erwarten.

Seit Jahrzehnten stärken die Südafrika betreffenden Resolutionen von UNO, Weltkirchenrat und natürlich auch OAU (Organization of African Unity) in den allermeisten Fällen den Rükken derjenigen, die auf eine harte Konfrontation in Südafrika ausgehen. Das aber erleichtert den Weißen in diesem Lande ganz sicher nicht die Aufgabe, mit ihrer inhumanen Verfassung human umzugehen. Es stärkt die Weltsicht der »Verkrampten« im burischen Lager, das heißt, es behindert alle Bemühungen, die darauf gerichtet sind, in dem leidgeprüften Land eine Lösung der Vernunft herbeizuführen.

Angesichts dieses unheilvollen Verhaltens großer Weltorganisationen muß ich noch einmal mit großem Ernst darauf hinweisen, daß jeder Vorwurf, der in Europa und Amerika gegen Südafrika erhoben wird, auf die Kläger selbst zurückfällt: Was haben sie selbst getan, um den Weißen in Südafrika in der geistigen Verkrampfung zu helfen, in die sie geraten sind? Was haben sie insbesondere getan, um in der Nachfolge eines Visser 't Hooft die Apartheidvertreter von der unglückseligen Verkrampftheit ihrer theologischen Positionen zu überzeugen? Und was haben sie getan, um eine zügig vorangetriebene Verfassungsreform dagegen abzusichern, daß dabei das Land durch ideologisch oder machtpolitisch bestimmte Pressure-groups in den Abgrund getrieben wird? Gewaltandrohungen können in solchen Fragen keine Hilfe bedeuten.

Als Reisender in Südafrika

96. Hotels, Restaurants, Kasinos

Südafrika ist ein wunderbares Reiseland für Globetrotter. Schon zu Hause, in den Reisebüros, wird man mit hervorragend ausgearbeitetem und aufgemachtem Prospektmaterial versorgt. Die »Republik Südafrika« legt großen Wert auf Besucher, gerade aus »westlichen« Ländern. Überall in der Welt hat ja die Erfahrung gezeigt, daß Menschen, die in einem Lande Schönes erlebt haben, bereit sind, über all die Dinge hinwegzusehen, die diesen Eindruck verwischen und die Erinnerung daran verdunkeln könnten. Das weiß man auch in Südafrika, und man weiß es zu nutzen. In einem Werbeschreiben der Fluggesellschaft South African Airways heißt es: »Südafrika hat mehr Sonnenstunden als die klassische Sonneninsel Hawaii ... Es gehört zu den interessantesten und reizvollsten Ländern der Welt ... Mit seiner großzügigen Gastfreundschaft und niedrigen Preisen, hervorragender Gastronomie und Hotellerie, seiner vielgerühmten Flora mit über 16 000 Pflanzenarten, 800 Vogelarten sowie Großwild, mehr als irgendwo sonst in Afrika, dazu über 3500 Kilometer Strand ist Südafrika ein Land, das Ihnen alles bieten kann!«

Wenn man in froher Ferienstimmung – in seinen Träumen angeregt durch die wundervollen Bilder der Prospekte von weißen Stränden, vom Toben des Meeres gegen felsige Küsten, von alpinen Landschaften, von den Weiten der Wüsten oder fruchtbarer Ebenen, oder auch den Erlebnissen subtropischer Jagden und Photosafaris entgegenfiebernd – nach Südafrika fliegt, dann wird man dies alles dort tatsächlich finden, wenn man sich dieser vom Boden des Alltäglichen abgehobenen Atmosphäre überläßt.

Durban. Segelhafen

RIVIERA
HOTEL

Vielleicht löst man sich von den Armseligkeiten der Welt noch besser, wenn man sich den Freuden einer Seereise entlang den Küsten Afrikas hingibt und später im Luxuszug von Kapstadt nach Johannesburg fährt. Doch wie dem auch sei, um Südafrikas Reize als Reiseland genießen zu können, bedarf man dieser alles Niedere des Lebens hinter sich lassenden Stimmung. Im Lande selbst trifft man durchaus alle die Bequemlichkeiten an, die man als »Weltreisender« erwartet: ausgezeichnete Hotels und Restaurants, hervorragende Autostraßen, gute Flugverbindungen, wunderbare Strände, zahllose Tierparks (deren Tierbestand sich dem Besucher allerdings meist nicht so schnell erschließt wie in den Tierparks Ostafrikas.

Und wenn man in »verderbter« Stimmung ist, dann mag man von Johannesburg oder Pretoria aus in zwei Autostunden nach Sun City in Bophuthatswana fahren – oder entsprechend kürzer fliegen –, und man befindet sich im Las Vegas des südlichen Afrika mit allem, was dazugehört: Spielkasinos, Girlrevuen, Pornokinos usw. – und man tut, wenn man das alles genießt, auch noch ein gutes Werk, denn man leistet Entwicklungshilfe für ein armes Land, den »national state« Bophuthatswana. Ähnlich hilfreich kann man sich auch erweisen, wenn man die entsprechenden Etablissements der Hotelketten »Holiday Inn« oder »Southern Sun« in den Hauptstädten der »BLS«-Länder Gaberone (Botswana), Maseru (Lesotho), Mbabane beziehungsweise Manzini (Swasiland) besucht.

In allen diesen »ausländischen« Städten wird man auch zahllosen Südafrikanern begegnen, die rassebewußt genug sind, ihr Land vor solchen »Lasterhöhlen« zu bewahren, die aber doch auch wieder menschlich genug empfinden, um durch die Nutzung der Vergnügungsetablissements armer Länder das Ihre zur Entwicklung der dortigen Menschen beizutragen.

Die Vergnügungsstätten ihrerseits wollen es den Fremdlingen auch nicht zumuten, führungslos in den dunklen Gefahren von Entwicklungsländern zu bleiben. So können die weißen Söhne Afrikas denn auch sicher sein, daß genügend reizende Töchter des jeweiligen Landes zur Verfügung stehen, um ihnen bei ihren entwicklungspolitischen Bemühungen dienstbar zu sein.

Wer jedoch so lockere Wünsche nicht in seinem Herzen trägt, der mag beruhigt im Lande – nämlich in der »Republik« – bleiben. Sehnt er sich nach exquisiten Speisen, so kann er gewiß sein, daß diese ihm reichlich geboten werden, wenn auch die südafrikanischen »lobsters« im allgemeinen keine Scheren haben und Langusten sind. Die Kapweine sind vorzüglich – dank der Hugenotten, die vor 300 Jahren ins Land kamen.

Die Rassereinheit des Publikums in Hotels und Restaurants ist glücklicherweise nicht mehr in dem Maße gewährleistet wie früher. Ich habe schon von dem »indischen Märchenpalast« erzählt, in den wir 1972 geladen waren. Unser indischer Gastgeber holte uns damals in unserem Hotel – wir wohnten in einem Haus mit indischem (!) Personal – mit seinem Diplomaten-Mercedes (die in dem Märchenpalast wohnende Familie besaß acht Stück) persönlich ab. Es war uns aber unmöglich, diesen Inder zu einem Drink einzuladen, der ihm durch Inder geboten worden wäre; das Hotel ließ dies nicht zu.

Allerdings gab es auch schon in jener Zeit Ausnahmegenehmigungen für besonders herausgestellte Persönlichkeiten. Eine solche Erlaubnis hatte Gatsha Buthelezi (der Ministerpräsident von Kwa Zulu) einmal für ein Wochenende für das erste Hotel von Durban erhalten. Er hatte meine Frau und mich dorthin zum Abendessen eingeladen, und wir nahmen zunächst einen Drink auf seinem Zimmer. Doch welches Aufsehen, als wir – eine aus Gatsha, seiner Frau und einem Vertrauten, einer Inderin, einem amerikanischen Industriellen, meiner Frau und mir bestehende Gesellschaft – relativ spät zum Abendessen erschienen und an dem für uns in der Mitte des nicht allzu großen Restaurants reservierten Tisch Platz nahmen. Das weiße Personal erstarrte bei diesem Anblick keineswegs zu Salzsäulen. Im Gegenteil, wir waren ganz offensichtlich die Stargäste des Abends! Auch das konnte also schon 1972 passieren – allerdings in Durban und nicht in Pretoria.

97. Jeder Weiße ist »Teil des Problems«

Unser Globetrotter in gelöster und Probleme abschüttelnder Stimmung ist sich zweifellos nicht bewußt, daß er für die Schwarzen, denen er in Südafrika begegnet, trotz seines splendiden und jovialen Verhaltens »Teil ihres Problems« ist. Dieser Gedanke, daß alle Weißen – alle, die an den Privilegien des heute herrschenden Systems gewollt oder ungewollt teilnehmen – »Teil des Systems« sind, das das schwarze Leben verbittert, ist durch die Argumentation und Propaganda der »Black Consciousness«-Bewegung den Schwarzafrikanern nachhaltig zu Bewußtsein gebracht worden.

Die hier zum Ausdruck kommende Idee braucht in den Vorstellungen von einfachen Menschen gar nicht so ausgeprägt und bewußt zu sein – atmosphärisch empfinden sie das gespannte Schwarzweißverhältnis trotzdem. Diese innere Reserviertheit kann auch dann keinesfalls ausgeschlossen werden, wenn der Schwarze dem Weißen mit uneingeschränkter und echter Liebenswürdigkeit begegnet. Der Schwarzafrikaner Südafrikas ist – wie alle bantuiden Völker – vom Grunde seines Herzens her liebenswürdig, solange er nicht allzusehr Streßsituationen ausgesetzt war, wie sie sich beispielsweise aus der Urbanisierung der Schwarzen ergeben.

Die Vorstellung, der »Weiße sei Teil des Systems«, hat vor allem zwei Aspekte. Die primitivere Sicht läuft darauf hinaus, daß jeder Weiße ungerechtfertigte materielle Gewinne aus dem System zieht, das er den Schwarzen auferlegt hat, und daß das Gesetz der Gerechtigkeit deren Rückgabe erfordert. Die einfachste Form dieses Gedankens zeigt sich in der Darstellung, die Iki Mann, eine in Kenia aufgewachsene Deutsche, vor kurzem in der Wochenzeitung »Die Zeit« gegeben hat: »Wie sich unser Koch seine Zukunft nach der Unabhängigkeit vorstellte, wurde mir deutlich, als ich (15 Jahre alt) ihn eines Tages ertappte, wie er unser Auto bewunderte – das Auto, das er jeden Tag sah. An diesem Tag saß er drin, betastete die Druckknöpfe, probierte das

Lenkrad. Als er mich bemerkte, grinste er mich an . . . und sagte, das Auto würde ihm gehören, nach der Unabhängigkeit . . .« Diesen Vorstellungen begegnet man natürlich in Südafrika auch. Sie erstrecken sich auf alle Formen menschlichen Besitzes und menschlicher Macht bis hinauf zu den Ansprüchen, die sich ergeben, wenn man im Geiste »drin sitzt« an den Lenkrädern und Schaltknöpfen von Politik und Wirtschaft. Welche Gefahren solche Gedanken in sich bergen angesichts der zahlreichen Versäumnisse, die die Republik sich durch die Vernachlässigung der schwarzen Ausbildung in allen Sektoren einer modernen Staatsführung zuschulden kommen ließ, darauf immer wieder hinzuweisen ist mir ein zentrales Anliegen dieses Buches.

In der Idee, daß jeder Weiße »ein Teil des Systems«, ein Nutznießer der augenblicklich gültigen sozialen Ordnungen sei, liegt jedoch auch noch ein zweiter, ein tiefergehender Vorwurf. Er meint das zwischenmenschliche Verhältnis, er zielt auf eine Sozialordnung, die durch ihre Privilegierungsstruktur einem Menschen in allen Lebenslagen andere Chancen bietet als einem anderen, wobei der Angehörige der privilegierten Klasse durch die sich notwendigerweise ergebende Wahrnehmung seiner Vorteile gleichzeitig zur Stärkung des Systems beiträgt. Beispiel: Einem weißen Kind steht ein besseres Bildungssystem zur Verfügung. Es erfährt hierbei die Ausbildung, die eine entscheidende Grundlage seiner sozialen Führungsqualifikation ist. Das schwarze Kind kann infolge seiner benachteiligten Ausgangslage die gleiche Führungsqualifikation nicht nur deswegen nicht erreichen, weil es nicht »privilegiert« ist, sondern auch, weil das herrschende Bildungssystem seine »Qualifizierung« nicht ermöglicht hat.

Das Bewußtsein, »Teil eines oppressiven Systems« zu sein, beherrscht heute auch viele liberale Weiße in Südafrika. Sie leiden darunter, und es entsteht ein Schuldkomplex, der beitragen wird, dem erkannten Unrecht abzuhelfen. Es ist dies das Gefühl, das 1980 die burische Studentenvereinigung POLSTU (Political Students Organisation) entstehen ließ. Sie vertritt die Prinzipien sozialer Gleichberechtigung aller und wird gegenwärtig von einem Enkel Verwoerds (!), François du Bois, geleitet.

Dieses Schuldgefühl hat unser Globetrotter nicht. Sollen wir ihn so lässig und sorglos weiterlaufen lassen? Wird er dann nicht beim Schwarzen den Eindruck verantwortungsloser Impertinenz weiter verstärken, den er ohnehin schon von vielen Weißen hat?

Ich meine, ein normaler Ferienreisender muß sich nicht in allem und jedem, was er in Südafrika tut, ständig bewußt sein, daß er damit seine Zugehörigkeit zur privilegierten Seite des dortigen sozialen Systems, die sich nicht leugnen läßt, in sträflicher Weise nutzt. Vertiefen könnte sich in ihm jedoch ein Gefühl für die ungeheure Komplexität des menschlichen Lebens. Was ich schon zu Anfang dieses Buches sagte: Südafrika eröffnet uns einen neuen Blick in die Abgründe des Menschseins – sollte ein solches Erlebnis nicht auch ein positives Reiseergebnis sein? Doch Licht- und Schattenseiten stehen im menschlichen Leben immer nebeneinander. Der Ferienreisende sollte sich deshalb auch dessen freuen, daß Gott so viel Schönheit in den unterschiedlichen Landschaften Südafrikas und seiner Tierwelt geschaffen hat. Und er sollte über dem vielen menschlichen Leid des Landes auch sehen, wie viele und wie großartige menschliche Impulse gerade aus diesem Leid heraus ihren Ausgang nehmen – was keine Laudatio auf das Leid sein soll.

98. Gesprächsbereitschaft

Dem Neuankömmling fällt in Südafrika sofort die außerordentliche Sensibilisierung und Gesprächsbereitschaft der Menschen auf. Die Probleme des Landes brennen jedermann auf den Fingern. Gerne wird der Fremde auch zu irgendwelchen Zirkeln eingeladen, um von ihm etwas zu erfahren, vor allem aber, um ihm oft mit großer Vehemenz die eigenen Ansichten vorzutragen. Und diese eigenen Ansichten gibt es in Südafrika. Überall begegnet man kräftig artikulierten Auffassungen. Die »Lauen« scheinen mir in die Minderheit geraten zu sein. Alles ist in den letzten zehn Jahren lebhafter geworden. Während man früher nur von Apartheidbefürwortern Argumente aufgedrängt bekam – was an sich ja schon ein Zeichen von Unsicherheit war – und einige, die Angst vor ihren Zweifeln hatten, den Fremden gern dazu benutzten, um über ihre Zweifel hinwegzukommen, verhielten sich Apartheidkritiker in jener Zeit äußerst zurückhaltend. Die Generation der etwa dreißigjährigen liberalen Akademiker befand sich vor zehn Jahren weitgehend in einer Stimmung dumpfer Resignation. Auf ihnen lastete ja der Druck all der Gesetze und Verordnungen, die Südafrika weithin zu einem Polizeistaat machen. Auch für sie war das Land ein Polizeistaat.

Wir waren 1972 in Kapstadt zum Abendessen bei dem Leiter der dortigen Außenstelle des »Christlichen Instituts« (ich werde auf diese segensreiche Einrichtung, die vor den Wahlen von 1977 verboten wurde, noch zurückkommen), dem Methodistenpfarrer Theo Kotze, eingeladen. In meinem Tagebuch hatte ich notiert: »Kotzes holen uns ab, wir fahren zu ihrem hübschen Haus, das jetzt von Polizeistreifen bewacht wird, weil neulich vier Schüsse auf Haustür und Fenster abgegeben worden waren. Bei anderem Anlaß war im Büro Feuer gelegt worden. Kotze bekommt fortgesetzt Drohanrufe. Ein Paket ohne Absender hat er neulich der Polizei übergeben . . . Er ist mit großem Ernst an der Arbeit und sagt, er könne das auch sein, da seine Frau zu ihm halte und nicht hysterisch werde.« Kotze wurde vor den Wahlen von 1977 »gebannt«. Einige Jahre später entwich er nach den USA. Er hatte die Hoffnung auf Veränderung in Südafrika endgültig aufgegeben.

Kotze war damals einer der Apartheidkritiker, dessen Haltung schon so bekannt war, daß er sich auch einem fremden Besucher gegenüber schnell aufschließen konnte. Er war ohnehin polizeibekannt, seine Post wurde zensiert. Solche Menschen gab es aber relativ selten. Meistens brauchte man einige Stunden, um in einem Gespräch Vertrauen zu schaffen und dann zu offeneren

Meinungsäußerungen zu kommen. Daß dabei jede Mithörerschaft ausgeschlossen sein mußte, war ohnehin selbstverständlich.

Heute hat sich dies wesentlich geändert. Die Meinungsäußerungen sind allenthalben freier geworden, und auch kritische Darstellungen sind schnell zur Hand. Manche Menschen, die wir noch von unserem ersten Aufenthalt kennen, sind jetzt von der Resignation zur Aktivität zurückgekehrt. Das bedeutet jedoch längst nicht, daß sich eine allgemeine Hoffnungsfreude des Landes bemächtigt hätte. Im Gegenteil, noch immer sind die Stimmen sehr zahlreich, die bezweifeln, daß Botha seinen »disziplinierten« Reformkurs durchhalten kann – manche bezweifeln auch noch immer, daß er das will.

Gerade in dieser Situation halte ich es aber für sehr wichtig, daß Besucher aus dem Ausland sich den Problemen, die an sie herangetragen werden, nicht ausweichend verschließen und bei Gesprächen nicht nur hören, sondern auch ihre eigenen Gedanken, die auf einer ganz anderen Lebenserfahrung fußen, darlegen. Welcher Auffassung auch immer man anhängt, wenn sie fundiert ist, kann sie hilfreich sein. Der Zwang, sich mit einer fremden Gedankenwelt auseinanderzusetzen, klärt ja auch die eigene. Hilfreich bei solchen Gesprächen ist es selbstverständlich, wenn man sich nicht lediglich auf den mehr oder weniger guten und den mehr oder weniger einseitigen Informationsstand seines Partners zu verlassen braucht, sondern wenn man sich schon vor eingehenderen Gesprächen selbst etwas mit der Problematik dieses so zwiespältigen Landes auseinandergesetzt hat. Es gibt zahlreiche Informationsmöglichkeiten. Gute Anlaufstellen sind die Büros der politischen Parteien, die Pfarrämter der verschiedenen Kirchen, Arbeitgeber- und Arbeitnehmervereinigungen und Industrie-, Handels- und Handwerkskammern (auch solche ausländischer Interessengruppen, wie etwa die Deutsch-Südafrikanische Handelskammer in Johannesburg). In diesem Zusammenhang möchte ich aber auch noch einmal auf »Black Sash« hinweisen, die mutige Frauenorganisation, die 1956 als

Protestbewegung gegen den Entzug des Coloured-Wahlrechts gegründet wurde. Sie unterhält in allen wichtigeren Städten Büros.

99. Kapstadt – Glanz und Bitternis

Beginnen wir nun, uns das Land anzusehen! Der Tafelberg am Kap der Guten Hoffnung gehörte schon in meiner Kindheit zu den Träumen, die mit meinen Vorstellungen von der Weite der Welt verbunden waren. Meine Mutter hatte seine Schönheit – als die Familie 1895 nach Australien zog – während eines Tages Hafenaufenthalt als zehnjähriges Mädchen mit kindlichem Staunen erlebt; vielleicht hat sie mir ihre Sehnsucht weitergegeben. Meine Frau und ich erblickten diesen Berg zum ersten Mal, als wir uns mit dem Auto aus Namibia kommend von Norden der Table Bay näherten und wir nun, mitten in der Blumenpracht der dortigen Landschaft anhaltend, über das blaue Wasser hinweg die ebenmäßigen Formen dieses Berges in silberblauem Dunst zu Gesicht bekamen – meine Träume hatten mir nicht zuviel vorgegaukelt!

Wenn man den Tafelberg in all seiner Pracht vor sich sieht, dann sollte man ihn sofort besteigen (zu Fuß oder mit der Seilbahn). Allzuoft »breitet der Teufel sein Tischtuch über dieser Tafel aus« – wie es im Volksmund heißt. Die an dem Schnittpunkt von Strömungen des Atlantischen und Indischen Ozeans sich ergebende Hochnebeldecke kann manchmal von hartnäckiger Beharrlichkeit sein.

Zu Füßen dieses Berges liegt Kapstadt, die älteste europäische Stadt Südafrikas. Hier hatten die Engländer vor nun bald 400 Jahren den Hottentottenhäuptling Xhoré gekidnappt, um von ihm etwas über die Geheimnisse Afrikas zu erfahren, vergeblich, wie wir wissen. Der junge Hottentotte allerdings hatte sich in Sehnsucht nach seiner Heimat am Tafelberg verzehrt. Hier hatte Leendert Janzen ein Jahr lang mit der Mannschaft der gestrandeten »Nieuw Haerlem« gelegen und den begeisterten Bericht verfaßt, der zur Gründung Kapstadts führte. Jan van Riebeeck war 1652 mit seiner armseligen Mannschaft gelandet. Von hohen Steinsockeln grüßen er und seine Frau auch heute die Neuankömmlinge am Hafen. Kapstadt birgt viele Erinnerungen an die Anfangszeiten der Kolonie. Das mitten in der Stadt gelegene Parlamentsgebäude macht auf eine südafrikanische Besonderheit aufmerksam. Die Republik ist das einzige Land der Welt, in dem der Aufgliederung der Regierungsgewalt in Legislative, Exekutive und Rechtsprechung durch die Aufteilung auf drei verschiedene »Hauptstädte« sinnfälliger Ausdruck verliehen wird. Die weiteren auf diese Weise herausgestellten Städte sind Pretoria als Sitz der Exekutive und Bloemfontein als Sitz des Bundesgerichts. Auf Grund dieser Einteilung verwandelt sich Kapstadt jeweils in der ersten Jahreshälfte – während der Parlamentssession – in die politische Zentrale des Landes.

Ich übergehe hier alle die Hinweise, die in jedem guten Fremdenführer zu finden sind. Man sollte sich in Kapstadt aber auch »District Six«, seit 1979 offiziell wieder »Zonnebloem« (Sonnenblume) genannt, zeigen lassen. Dieses alte Quartier der Malaien-Coloureds (Nachkommen der in den ersten Jahrzehnten des Kapstützpunktes eingeführten Arbeitskräfte aus »Batavia«, Niederländisch-Indien – Indonesien) befand sich seit 1966 im Abbruch, und die Bewohner wurden ausgesiedelt. Zunächst war beabsichtigt, einen mitten in der Stadt gelegenen Unruheherd zu beseitigen. Inzwischen haben sich die Vorstellungen der Regierung geändert. Nach wie vor bereiten aber die Vorgänge in diesem Stadtteil erhebliche Probleme.

Auch ein Besuch der sehr unterschiedlichen, nunmehr außerhalb der Stadt gelegenen Wohnviertel für Coloureds ist außerordentlich instruktiv. Für das Arrangement einer solchen Führung setzt man sich am besten mit einer der Coloured-Kirchen in Verbindung, zum Beispiel mit der »NG. Sendingskerk« (Tochterkirche der Niederdeutsch-Reformierten Kirche) oder der »Moravian Church« (Herrnhuter Brüdergemeine).

Auf der Kaphalbinsel liegt Simonstown, das 1741 als Marinehafen gegründet wurde, etwa 40 Kilometer von Kapstadt entfernt. Auch hier bewahren eine Reihe von Gebäuden die Erinnerung an die über zweihundertjährige Geschichte dieser Stadt als Seestützpunkt.

In Bellville (20 Kilometer von Kapstadt nach Nordosten) befindet sich die einzige Coloured-Universität Südafrikas. Das allein ist schon einen Besuch der Stadt wert.

Die alte Universitätsstadt Stellenbosch, die zweitälteste Stadt Südafrikas (gegründet 1679), liegt etwa 50 Kilometer östlich von Kapstadt. Sie vermittelt noch heute in vielen Teilen den Eindruck einer holländischen Landstadt jener Zeit. Die Universität ist die angesehenste »Burenuniversität« des Landes.

Interessant ist auch ein Besuch der ältesten Missionsstation Südafrikas, Genadendal (30 Kilometer nordöstlich von Caledon, 120 Kilometer östlich von Kapstadt). Sie wurde 1737 von der Herrnhuter Brüdergemeine gegründet. Der erste Missionar, Georg Schmidt, begann sogar unter den Buschmännern zu missionieren und »taufte mindestens fünf« von ihnen. Da weder sein Bekenntnis noch sein Handeln mit den Vorstellungen der Niederdeutsch-Reformierten Kirche in Einklang zu bringen waren, mußte Schmidt 1744 das Land verlassen. Die Herrnhuter kehrten erst 50 Jahre später, Ende des 18. Jahrhunderts, wieder nach Genadendal zurück.

Wenn man zum Tafelberg hochsteigt, sieht man unten in der sonnenüberstrahlten Table Bay die Insel Robben Island liegen, eine Insel der Unglückseligen. Hierher hatten sich die letzten Überlebenden der als »Entwicklungshelfer« ans Kap entsandten englischen Verbrecher geflüchtet – um dann doch nach England gebracht und dort gehängt zu werden. Nach dem blutigen Sturm auf Grahamstown war 1819 der Prophet Makanda auf diese Insel gebracht worden. Er ertrank 1820 bei einem Fluchtversuch – doch sein Volk erwartete noch Jahrzehnte später seine rettende Rückkehr.

1908 wurde der unglückliche Zulukönig Dinuzulu (übrigens

der Großvater des heutigen Ministerpräsidenten von Kwa Zulu, Gatsha Buthelezi) dorthin verbannt, weil man ihm fälschlicherweise vorwarf, den Zuluaufstand des Jahres 1906 initiiert zu haben. Ich sagte schon, daß Louis Botha als »frischgebackener« Ministerpräsident der Union seine Freilassung von dort bewirkte.

1980 befanden sich 482 politische Gefangene auf der Insel. Davon waren 38 zu lebenslänglicher Haft verurteilt, unter ihnen Nelson Mandela, der frühere Präsident des ANC, während der frühere Präsident des PAC, Robert Sobukwe, nach seiner Freilassung von Robben Island in Kimberley inhaftiert ist. Sechs Gefangene waren erst 16 oder 17 Jahre alt. 1983 sollen alle Insassen von Robben Island in das Gefängnis Leeuwkop in Transvaal verlegt, die Insel soll vom südafrikanischen Militär übernommen werden.

100. Weinbau und eine Fahrt nach Norden

Schon Jan van Riebeeck hatte im Osten und Süden Kapstadts Reben pflanzen lassen. Doch was dabei herauskam, müssen entsetzliche Säuerlinge gewesen sein. Auch in dieser Hinsicht war die Ankunft der Hugenotten offenbar eine Wohltat für Südafrika. Jetzt erst zeigte es sich, ein wie vorzügliches Weinland das Kapgebiet sein konnte. Heute beginnen die Weinberge im Süden Kapstadts und ziehen sich weit hin bis in das Gebiet des 60 Kilometer nordöstlich der Stadt gelegenen Hugenottenstädtchens Paarl. Wenn die Sonne über dieses hügelige Weinland scheint, dann läßt sie leicht vergessen, daß man in Afrika ist. Überall gepflegte Weinkulturen. 10 000 Menschen sind heute im Weinbau beschäftigt.

In die Landschaft eingebettet liegen zahlreiche Häuser in dem anheimelnden »kapholländischen« Barockstil. Am bekanntesten ist das Weingut »Groot Constantia«, erbaut von dem Governor W. A. van der Stel (1699–1707). Aber auch das Gepräge alter

Städtchen, wie des ebengenannten Paarl oder der alten Universitätsstadt Stellenbosch, ist zu großen Teilen noch durch diesen Baustil bestimmt.

Die vom Kapgebiet nach Norden führende Straße bietet durch ihre reiche Flora, die ein fruchtbares Ackerland umrahmt, zahllose Schönheiten. Besonders fällt unter den zahlreichen Blumen die hier wie Unkraut wuchernde und als solches angesehene Calla auf. Ich erinnere mich gut an die betretene Überraschung einer Familie, als sie aus Deutschland anläßlich eines Todesfalles einen Kranz gesandt bekam, der mit eben diesem Unkraut prächtig geschmückt war.

Es gibt verschiedene Möglichkeiten, von der Hauptstraße nach Westen abzuzweigen und einen Abstecher nach dem 100 Kilometer nördlich von Kapstadt gelegenen Saldanha Bay zu machen, wo einst, 1510, der portugiesische Eroberer d'Almeida ums Leben gekommen war und wo 1781 die Engländer ihrem Ärger Luft gemacht hatten, als sie feststellen mußten, daß die Franzosen ihnen mit der Besetzung des Kaps zuvorgekommen waren. Während des Zweiten Weltkriegs war dieser Hafen zu einem Marinestützpunkt ausgebaut worden. Inzwischen hat sich Saldanha Bay zum größten Erzverschiffungshafen Afrikas entwickelt. Die Stadt vermittelt ein eindrucksvolles Bild südafrikanischen Aufbauwillens.

Doch fahren wir nun wieder zurück auf die Hauptstraße und setzen unseren Weg nach Norden fort. Bald umgeben uns wieder wohlbestellte Felder. In sie eingestreut liegen die ebenso wohlbestellten weißen Gutshöfe mit ihren häufig roten Toren im Schatten von Eukalyptusbäumen. Zunächst ahnt man die Berge nur im dunstverhangenen Hintergrund. Doch sie schieben sich, wenn man nach Norden fährt, immer näher, bis man in das Zedergebirge (Cedarberg, Sederberg) gelangt, ein oft phantastisch zerklüftetes Bergland. Es war dies eines der frühen Rückzugsgebiete der Buschmänner. In den Felsüberhängen der Berge befinden sich eine ganze Reihe von Felsmalereien, für deren Besichtigung es allerdings einer besonderen Abmachung bedarf.

70 Kilometer abseits der großen Straße liegt zwischen bizarren Bergen Wuppertal, eine alte Missionsstation der Rheinischen Mission. Ursprünglich wurden hier freigelassene schwarze Farmsklaven angesiedelt. Inzwischen ist die Betreuung des Dorfes von der Herrnhuter Brüdergemeine (Moravian Church) übernommen worden. Jetzt leben etwa 800 Coloureds hier. 1972 besuchten wir deren Betreuer, einen coloured Pastor namens Hansi Kronenberg, der sich zusammen mit einem deutschen Entwicklungshelfer, dessen Frau und einem energischen coloured Lehrer abmühte, in diesem abgelegenen Gebiet ausreichende Lebens- und Bildungsmöglichkeiten für seine Schützlinge zu schaffen. Das alles war eine äußerst mühsame, erbarmungswürdige und für uns bedrückende Angelegenheit – aber wir erlebten hier eines der zahllosen Beispiele menschlicher Aufopferung für den Nächsten, die es in Südafrika gibt. Das in einem ärmlichen kapholländischen Stil erbaute Dörfchen machte auf uns einen durchaus romantischen Eindruck, der sich ins Traumhafte steigerte, wenn man hinter dem Haus zur Mittagsstunde unter dem über und über mit roten Blüten übersäten Kafirbaum (Golden Tree, Flamboyant) lag und kleine bunte Vögel von Blüte zu Blüte schwirren sah – wie bei uns die Bienen. Doch solcher Stimmung konnte man sich nur kurz hingeben. Die Bitterkeit der Not und der seelischen Bedrängnis dieser Menschen ließ keine wohligen Schwärmereien zu.

101. Auf der »Garden Route«

Als eine der schönsten Straßen Südafrikas – ja, wie manche meinen, sogar der Welt – gilt die »Garden Route«, die Straße, die von Kapstadt entlang der Küste des Indischen Ozeans nach Osten führt und die sich dann später durch die Transkei nach Norden bis Durban fortsetzt. Hier war 1834 der Haudegen Henry Smith in einem Parforceritt zur Rettung der Situation in das von den

Xhosaheeren überschwemmte Grenzgebiet geeilt. Er hatte seinerzeit die landschaftliche Schönheit wenig beachtet. Ich fuhr diese Straße leider nur einmal, 1972. Noch vor Swellendam waren wir damals auf einer großen Obstfarm zum »Tee« eingeladen, der weitgehend aus »Apple-tizer« (in Anlehnung an »appetizer«, »Aperitif«), einem auf dem Nachbargut produzierten Apfelsaft, bestand. Unsere britisch-burischen Gastgeber befaßten sich in jener Zeit mit der Einarbeitung von Coloureds in die Arbeit auf einer Obstplantage. Sie erörterten damals schon mit uns die Möglichkeiten, wie diesen Nichtweißen trotz der Rassengesetze Selbständigkeit übertragen werden könnte.

Wir übernachteten anschließend in dem netten alten Städtchen Swellendam, der Hauptstadt einer der beiden winzigen Burenrepubliken des Jahres 1795. Präsident dieser »Republik« war ein Angehöriger der Familie Steyn, die später einen Präsidenten des Oranjefreistaates und eine ganze Reihe angesehener burischer Politiker stellte. Dieser Hermanus Steyn residierte in der Drosdy, einem ansprechenden Gebäude in kapholländischem Stil, das heute Museum ist.

Eine »Sehenswürdigkeit« dieser Stadt fanden wir nicht im Reiseführer, doch sollte sie erwähnt sein, wenn ich auch nicht weiß, ob sie heute noch erhalten ist. Es ist eine winzige Grünanlage, die damals durch das Schild »Slegs Blanke« bezeichnet, also nur für Weiße zugänglich war. Darin befand sich eine Zementsäule. Sie war durch die Aufschrift »Zur Ehre Gottes« und die Darstellung eines Voortrekker-Wagens als besonderes Monument gekennzeichnet. Doch was hatte dieses Monument zu bedeuten? Die ebenfalls eingemeißelte Jahreszahl 1938 brachte uns darauf: 1938 war das Jahr der »Mirakel«, das Jahr der Grundsteinlegung zum Voortrekker-Denkmal in Pretoria. Und siehe, nun entdeckten wir in einer kleinen Nische dieser Säule einen faustgroßen roten Stein. Darunter stand: »Vom Voortrekker-Denkmal«. Hatte da doch einer der Wallfahrer sich von dem großen Ereignis der Grundsteinlegung des Voortrekker-Denkmals eine »Reliquie« mit nach Hause genommen und sie zum

Grund eines weiteren Monumentes in seiner Heimatstadt gemacht!

War diese Entdeckung die richtige Einleitung zu einem Gespräch mit einem niederdeutsch-reformierten Dominé (Pfarrer)? Ich glaube, ja, denn nachdem das vorsichtige gegenseitige Abtasten, damals noch bei einem Gespräch zwischen sich gegenseitig Fremden üblich und auch erforderlich, vorbei war, versuchte dieser zweifellos sehr religiöse Mann uns davon zu überzeugen, daß es auf Grund der gottgegebenen Ordnungen religiöse Pflicht der Menschen sei, die rassische Sauberkeit der jeweiligen Völker, ihre völkische Integrität zu wahren. Es wurde eine lange Unterhaltung. Meine Frau vermerkte im Tagebuch: »Für sein Selbstbewußtsein ist es sicher besser, wenn er den nächsten Schritt allein geht. Der Floh sitzt ihm jedenfalls im Ohr.« Doch weiter auf der »Garden Route«.

Bald sieht man den blauen Ozean in der Ferne über eine grüne Hügellandschaft hinweg, bald mit seiner schneeweißen Brandung in der Nähe. Bald fährt man weiter landeinwärts, vorbei an bewaldeten Lagunen. Bei Knysna sollte man sich unbedingt die drei Kilometer bis ans Meer gönnen. Sicher ist es auch heute noch so hübsch wie damals, auf Leisure Islands zu übernachten. Ganz sicher aber kann man das homerische Schauspiel erleben, wo sich das Meer mit gewaltiger Gischt und Brandung den Durchbruch durch die Küstenfelsen zu einer Lagune erkämpft. Da sollte man möglichst zur Zeit der Flut zur Stelle sein.

In den Schluchten, die man zu durchfahren hat, findet man gelegentlich Hinweisschilder auf den »Groote Boom«, einen »Yellow Wood« ähnlich den »Red Woods« in Kalifornien. Schließlich gelangt man nach Port Elizabeth, einer Stadt, die den Beginn ihrer städtischen Entwicklung den britischen Siedlern von 1820 verdankt. Hier ist das Gebiet, in dem gegen Ende des 18. Jahrhunderts die hundertjährigen Kämpfe zwischen dem weißen Grenzertum und den Xhosa (und Zulu) begannen. Gra-

Plettenberg Bay. Ein beliebtes Seebad an der »Garden Route«

hamstown, Alice mit der Universität Fort Hare und der ehemaligen Missionsschule Lovedale sowie King Williams Town sind alles Städte, die bei diesen Kriegen ebenso eine Rolle spielten wie das landeinwärts von Port Elizabeth gelegene Graaff-Reinet, eine traditionsreiche Grenzerstadt, die einen Besuch lohnt. Diese Stadt trägt heute zu Recht den Beinamen »die Perle der Karroo«, einer trockenen, steinereichen Landschaft, die dem Menschen viel Schweiß abverlangt – und ihn dann doch noch lohnt.

Bei King Williamstown beginnt die Ciskei, jedoch sind die großen Städte wie Uitenhage und East London aus diesem sehr ärmlichen »national state« ausgeklammert. In den zuletzt genannten beiden Industriestädten haben sich die deutschen Automobilfirmen Mercedes-Benz und Volkswagen mit Montagewerken installiert. Wir finden hier aber auch die Städtenamen und Erinnerungsstätten, die auf die ein Jahrhundert früheren, weniger erfolgreichen Ansiedlungsversuche der »Deutschen Legion« hinweisen.

102. Durch die Transkei nach Durban

Als ich Anfang der siebziger Jahre zum ersten Mal von East London aus nach Umtata, der Hauptstadt der Transkei, fuhr, hatte ich an einer Tankstelle einen Wanderarbeiter als Begleitung aufgenommen. Darüber habe ich mir seinerzeit folgende Notiz gemacht: »Er war ein Xhosa, etwa Ende der 30 Jahre alt. Seine Familie lebte an einem kleinen Ort nördlich von Umtata. Er hatte in East London bei der Bahn (offenbar in einem Büro) gearbeitet und 50 Rand (damals etwa 150 DM) im Monat verdient. Zu Hause hatte er eine Frau und acht Kinder (16 Jahre bis 3 Monate). Das Jüngste hatte er noch nicht gesehen, denn er fährt einmal im Jahr für drei Wochen auf Urlaub in seine Heimat – das geschieht also jetzt gerade ... Zu Hause ist Landbesitz vorhanden. Nach der Beschreibung meines Fahrgastes möchte ich annehmen, daß es sich um zwei oder allenfalls drei Hektar handelt.

Er hat sechs afrikanische Kühe, drei Pferde und 50 Schafe, die einer seiner Söhne hütet. Die afrikanischen Kühe geben wenig Milch. Es könnte jedoch sein, daß er sie einmal für ›lobola‹ (Brautgeld) benötigt. Allerdings möchte er auch, daß alle seine Kinder ›educated‹ werden. Er selbst ging nur vier Jahre zur Volksschule. Der Schulbesuch seiner Kinder kostet ihn viel – nicht so sehr die Primarschule, aber dann die Sekundarschule. Alle Kinder sind begierig zu lernen. So wird er Kühe oder Schafe vielleicht auch für das Schulgeld brauchen. ›Lobola‹ beträgt manchmal zehn Kühe, auch Ochsen oder Schafe. Die Höhe von ›lobola‹ hängt vom Stand der Familie ab. Es kann auch in Raten bezahlt werden, aber innerhalb weniger Jahre. Die Abfindung in Geld ist nur dort möglich, wo die Familie des Bräutigams kein Vieh besitzt. Mein Begleiter hat eine jüngere Schwester in Kapstadt. Sie ist verheiratet und hat einen Buben von sechs Jahren. Diese Schwester ist Krankenpflegerin. Ihr Sohn ist seit zwei Jahren bei den Schwiegereltern. Sie hat ihrem Bruder Aussicht auf einen besseren Arbeitsplatz gemacht. Nach dem Urlaub will er dorthin gehen.«

Interessant waren auch die Erzählungen dieses Mannes über seine Kirchenzugehörigkeit. Er gehörte einer »Kirche« an, die »the Fathers« hieß. In meinem Tagebuch heißt es nun weiter: »Diese Kirche ist ›sehr groß‹, denn fast sein ganzes Dorf gehört zu ihr. Der ›Prophet‹ ist nicht immer an seinem Heimatort, da er oft als Wanderprediger umherreist. Gottesdienste in unserem Sinne finden nicht statt. Manchmal ist eben der Prophet zu Hause und verkündet seine Erleuchtungen. Jedenfalls hält sich mein Gast für einen ›Christen‹.«

Während aller dieser Erzählungen waren wir durch eine hügelige Landschaft gefahren, die eine signifikante Unterbrechung durch den tiefen Einbruch des Kei erfahren hatte. Die Felder und Weiden dieses Gebietes sind zwar gepflegter als beispielsweise in dem benachbarten Lesotho, aber Erosionserscheinungen zeigen sich auch an vielen Stellen. Gelegentlich finden sich die ersten Ansätze einer Industrialisierung.

Ich empfehle, in Umtata zu übernachten und sich einen Eindruck dieser Hauptstadt eines »national state« zu verschaffen. Dabei sollte man sich vor Augen halten, daß Umtata schon in der britischen Zeit ein Verwaltungszentrum gewesen war, daß es also nicht »auf die grüne Wiese« gebaut wurde wie andere Hauptstädte von »national states«. Bis vor wenigen Jahren war die Stadt noch eine »weiße« Stadt. Als ich bei meinem ersten Aufenthalt den damaligen Ministerpräsidenten Matanzima in seinem Regierungssitz, der aus britischer Zeit stammenden »Bunga«, besuchte, konnte er sich hier nur bei Tage aufhalten. Die Nacht mußte er mit seiner Familie noch in der schwarzen Township verbringen. Im übrigen war diese »Audienz« bei dem hohen Herrn infolge seiner hochfahrenden Art nicht sonderlich ergiebig.

Im Norden der Transkei fallen zahlreiche land- und forstwirtschaftliche Neuanlagen auf. Die Gegend ist dicht besiedelt, stets sieht man zahlreiche »Rondavels«, Rundhütten der Bevölkerung; nie eine Landschaft, die einen unbewohnten Eindruck macht. Man begegnet auch immer wieder Trachten tragenden Frauen. Sowie man mit dem Wagen hält, ist man von bettelnden Kindern umringt, oft aber auch von Frauen, die sich in allen möglichen photogenen Posen zur Schau stellen, um Geld zu erbetteln.

Das gleich jenseits der Transkei liegende Kokstad ist ein nettes kleines Städtchen, das einige Erinnerungen an das armselig-verlorene Ende des unglücklichen Stammes der Griqua birgt.

Nach dem Durchfahren einer kleineren Exklave der Transkei sind wir in Natal mit den typischen Zuckerrohrplantagen. Die Hütten der Schwarzen stehen hier in kleinen Gärten oder auf wohlbestellten Feldchen. Es empfiehlt sich, für die Fortsetzung der Fahrt nach Durban die Küstenstraße zu benutzen. Hier wird man in eine bunte subtropische Welt getaucht. Der Straße entlang reihen sich Ketten von Obst- und Gemüseständen; Körbe, Tonkrüge, Haushaltswaren und Batiken gibt es in buntem Wechsel zu kaufen.

Schließlich gelangen wir nach Durban, der bedeutendsten Hafenstadt der Republik. Durban ist ein vielbesuchtes Seebad und eine farbenfroh leuchtende Stadt. Überall schimmern in der Sonne die bunten Saris der Inderinnen und die farbenprächtigen Gewänder der Schwarzafrikanerinnen, aber oft auch die Kleider der Europäerinnen, die sich dieser allgemeinen, von der üppigen Blumenpracht gesteigerten Farbigkeit nicht verschließen können. Eine frohe, leichte Stimmung will einen überkommen – wüßte man nur nicht zuviel von den schweren zwischenmenschlichen Problemen, die hier existieren.

103. Im Land der Zulu

Durban ist eine Stadt von großer geistiger Lebendigkeit. Schon vor zehn Jahren nahm ich hier an einer Party teil, auf der man gleichzeitig die angesehensten Persönlichkeiten der südafrikanischen Wirtschaft, führende liberale Politiker, den Schriftsteller Alan Paton, die indische Schriftstellerin Fatima Meer, den damaligen Vorsitzenden des Indischen Rates A. M. Rajab (einen steinreichen Kaufmann) sowie die führenden coloured und schwarzen Politiker treffen konnte. Der Zuluschriftsteller Welcome Msomi, dessen Stück »Umabatha« gerade viele Wochen lang in London mit größtem Erfolg aufgeführt worden war, hatte einige Sketchs für diesen Abend verfaßt und trug sie gemeinsam mit einer lebhaften Amerikanerin vor. Es war ein Gemisch von Persönlichkeiten, wie man es sich in jener Zeit nirgends sonst in Südafrika vorstellen konnte.

Heute beschäftigen sich Professoren der Universität von Natal in Durban und Pietermaritzburg im Auftrag von Regierungsstellen, im Auftrag der Industrie, aber auch im Auftrag von Gatsha Buthelezi, dem Ministerpräsidenten von Kwa Zulu, mit großen Planungsvorhaben für das Gesamtgebiet von Natal und Kwa Zulu. Was man zunächst kaum zu hoffen wagte, hat sich inzwischen bestätigt: Zwischen den Trägern aller dieser Projekte bestehen rege Kontakte. Sie zeigen, daß die Dinge in Bewegung sind, denn noch vor ganz kurzer Zeit wäre eine solche Zusammenarbeit unmöglich gewesen.

Natal, dessen bedeutendste Stadt Durban ist (der Regierungssitz ist Pietermaritzburg), ist die einzige Provinz Südafrikas, in der die Inder den zweitgrößten Bevölkerungsteil bilden. In ihren Wohnstädten findet man Paläste von morgenländischer Pracht, aber auch Quartiere großer Armut. In Durban-Westville liegt die Universität dieser »Asiaten«. Die Inder selbst sind sehr bemüht, ihre Bildung zu fördern. Reiche Inder geben dafür gewaltige Summen aus. So ist beispielsweise das »M. L. Sultan Technical College« eine auf indische Initiative zurückgehende und wesentlich durch indische Mittel geförderte höhere technische Lehranstalt.

Die ganze Provinz Natal ist heute von zahlreichen Einsprengseln des Homeland Kwa Zulu durchzogen. Gerade hier wird die Widersinnigkeit der Apartheidpolitik besonders deutlich. Man betrachte die Karte, möglichst auch eine topographische Karte, dieses Gebietes mit den heutigen politischen Grenzen, und man wird sofort erkennen, daß Natal und Kwa Zulu wirtschaftlich und politisch überhaupt nur als Einheit bestehen können. Jede getrennte Politik der beiden als »Staaten« gedachten Gebilde muß unweigerlich zu einem Desaster führen. Dieser Eindruck wird sich noch verstärken, wenn man die Hauptstraßen in diesem Gebiet verläßt und auf kleineren Wegen durch das stark erodierende Bergland von Kwa Zulu fährt.

Eine solche Fahrt hatte mich zu Beginn der siebziger Jahre zu einer kleinen methodistischen Gemeinde geführt, bei der meine Landeskirche ein Entwicklungsprojekt gefördert hatte. Nachdem ich von der Hauptstraße abgefahren war und den Bereich einiger weißer Farmen verlassen hatte, wurde die Straße nahezu halsbrecherisch, ich mußte häufig aus meinem Wagen steigen, um eine erodierte Furt zu prüfen und sie notfalls mit Steinen passierbar zu machen.

In der Familie des dortigen schwarzen Pfarrers war ich mit aller Herzlichkeit für dieses Wochenende aufgenommen worden. Abends, in kleinem Kreise, wurde ein kräftiges Schaf in den Wohnraum geführt. Ich sollte die Gestalt dieses Tieres betasten und »entscheiden«, was mit dem Schaf zu geschehen habe. Doch tatsächlich war sein Schicksal längst besiegelt. Ich wurde gleich auf den richtigen Weg geleitet, der das Schaf in den Suppentopf führte, bevor ich auch nur eine schüchterne Bemerkung zugunsten des Schafes machen konnte. Schließlich war es ja als Mahl für die große Familie gedacht, die sich am Sonntag versammeln sollte. Ich war den Resten eines alten Brauchs begegnet, der mit den afrikanischen Vorstellungen von Lebenskraft zusammenhing und der den Gast über das gemeinsame Mahl eines geopferten Tieres mit der Familie verbinden sollte. Beim Gottesdienst am Sonntagmorgen wurde ich der ganzen Gemeinde vorgestellt. Ich war auch aufgefordert, ein paar verbindliche Worte zu sagen. Doch kaum hatte ich am Montag den gastlichen Ort verlassen, da erschien schon die Polizei, um Nachforschung anzustellen. Ich hatte tatsächlich keine Genehmigung zu diesem »Seitensprung« in das Innere eines Homeland gehabt. Es gab auch sonst schon verschiedentlich Anlaß für den Verdacht, überwacht zu sein. Belästigt wurde ich jedoch nie.

Auf der Hauptstraße von Durban nach dem Norden – auch sie bietet immer wieder schöne Ausblicke auf das Meer – gelangt man nach etwa 80 Kilometern nach Stanger. Hier befindet sich die Begräbnisstätte des gewaltigen Zulukönigs Shaka, an den auch einige Monumente im Städtchen und in seiner Umgebung die Erinnerung bewahren.

Ich denke noch sehr lebhaft an einen Besuch in dem benachbarten Eshowe bei dem verehrungswürdigen anglikanischen Lordbischof Alphaeus Hamilton Zulu. Er war damals, 1972, einer der Präsidenten des Weltkirchenrates und gerade aus Utrecht zurückgekommen, wo der Zentralausschuß dieses Rates die Südafrika in große Erregung versetzende erhebliche Erhöhung seiner Dotierungen an den Sonderfonds des »Programms zur Bekämpfung des Rassismus« beschlossen hatte und gleichzeitig die Mitglieder dieser weltweiten Organisation ersuchte, für den Rückzug der Investitionen aus Südafrika einzutreten. Bischof Zulu erzählte uns, wie er mit aller Energie versucht habe, diese unheilvollen Entschlüsse abzuwenden. Es sei ihm in Utrecht aber nur bedeutet worden, daß er wohl zu alt sei, um die Verhältnisse in Südafrika richtig beurteilen zu können. Da habe man bessere Gewährsmänner in den Vertretern der schwarzen Studentenvereinigung SASO, die in Utrecht auch zur Stelle waren. Nach Bischof Zulus – von mir noch heute geteilter – Auffassung mußte ein Rückzug des Auslandskapitals eine Katastrophe für die Schwarzen Südafrikas bedeuten. In wirklich ergreifender Weise trat dieser schwarze Bischof damals dafür ein, daß Schwarz und Weiß in Südafrika zusammenarbeiten müßten. Der Weiße brauche den Schwarzen und der Schwarze den Weißen. Es fehle den Schwarzen noch weitgehend an der für ein Industrieland geeigneten Bildungsschicht. Mit großer Besorgnis sah er die wachsenden Frustrationen. Von ihm hörte ich zum ersten Mal das Zebragleichnis, das man in Südafrika immer wieder erzählt: Gleichgültig, ob man ein Zebra in einen weißen oder schwarzen Streifen schießt, getötet wird immer das ganze Zebra.

Unsere Besprechung hatte in dem bischöflichen Amtssitz in der Stadt Eshowe stattgefunden. Hier hatte auch der weiße Vorgänger Zulus gewohnt. Doch er, der schwarze Nachfolger, mußte – es war inzwischen Abend geworden – zu seiner Familie in die schwarze Township zurückkehren.

In jenem Jahr hatten wir uns in Pretoria um die Erlaubnis bemüht, in einzelnen Homelands die Hauptstraße verlassen und jeweils auch abgelegene Gebiete besuchen zu dürfen. Die Genehmigung war uns zwar nicht verweigert worden, doch wurde die Entscheidung so lange verschleppt, daß wir sie nicht mehr abwarten konnten. So mußte seinerzeit Gatsha Buthelezi zu unserer ersten Besprechung in eine katholische Missionsstation in der

Vom Aussterben bedroht: der Gepard

Nähe seines Wohnorts kommen. Das allerdings hat sich inzwischen geändert. Bei meinem letzten Besuch konnte Buthelezi mich in seinem schönen großen Haus empfangen.

Kurz vorher hatte ihm ein deutscher Soziologe über den Lebensstil Vorwürfe gemacht, der sich in dem prächtigen Haus und einem Diplomaten-Mercedes zeigte. Doch Buthelezi war der Auffassung, daß sein Volk von ihm diese Herausstellung seiner Person erwarte. Auch seine Frau, die nach außen immer wieder als Prinzessin aufzutreten hat, bewahrt im häuslichen Kreis die devoten Formen, die nach alter Tradition der Häuptlingsposition ihres Mannes gebühren.

Die Buthelezi waren der erste Stamm gewesen, den einst Shaka Zulu sich unterworfen hatte. Seither hatte die Buthelezi-Familie, die Häuptlingsfamilie dieses Stammes, am Hofe der Zulukönige stets eine besondere Vertrauensposition innegehabt. Gatsha allerdings dürfte heute eine Rolle spielen wie einst die Hausmeier am Hofe der Merowinger. Der König selbst bleibt auf eine relativ unbedeutende repräsentative Rolle beschränkt.

Abseits der Hauptstraße fuhren wir zurück in Richtung Küste, und meine Frau notierte damals: »Es ist wunderschön, am frühen Morgen durch das Zululand zu fahren. Viele Rundhütten liegen an den Berghängen, Vieh wird aus den Kraals herausgetrieben. Gruppen von Menschen sind auf der Straße unterwegs oder warten an der Böschung auf den Bus, der sie in die ›weiße Stadt‹ zur Arbeit bringt. Im Tal sieht man das fruchtbare Farmland der Weißen. Drei Knaben kommen neugierig, aber langsam näher. Einer hat eine selbstgebastelte Laute – Blechkanister, Draht, Holz – sie klingt hübsch.«

So kamen wir nach Empageni, das wieder an der Küstenstraße liegt. In der Nähe, in Ngoye, befindet sich die Zulu-Universität, ein architektonisch sehr schöner Baukomplex, abseits jeder städtischen Kontaktmöglichkeit. Hier stießen wir damals zu einer Gruppe von weißen Oberschülern aus Johannesburg, die gerade vor der geplanten Besichtigung den Einführungsvortrag des Rektors hörten. Der Rektor unterbrach sich und empfing uns liebenswürdig auf deutsch. Als er sich eindringlich versichert hatte, daß wir auch Afrikaans verstünden, fuhr er mit seinen Erklärungen fort. Zur Rassenfrage meinte er, die Weißen müßten sich anstrengen zu lernen. Nicht die Hautfarbe, die Leistungen wären jetzt entscheidend und würden dies in Zukunft noch mehr sein. Die Resultate an den höheren Schulen seien bei den Schwarzen besser als bei den Weißen. Es gingen mehr Schwarze als Weiße zur Schule. Er beendete seine Ansprache mit dem Hinweis auf den Black-Power-Slogan »Black is beautiful«, so sei es, »schwarz ist schön«. Aber auch »white is beautiful«. Es seien eben zwei ganz verschiedene Kulturen, die eine sei zwar nicht »besser« als die andere, aber sie müßten sich doch verschieden entwickeln.

Leider war es Samstag. Wir – und auch die Schüler aus Johannesburg – bekamen weder schwarze Studenten noch schwarze Dozenten zu Gesicht. Wir wußten aber schon, daß das Verhältnis zwischen weißen und schwarzen Dozenten damals – oft auf Anordnung – sehr »distanziert« war. Dies scheint sich inzwischen zu ändern.

Ein besonderes Erlebnis ist Richards Bay, ein Hafen, der um 1970 gerade zu entstehen begann. Heute jedoch ist Richards Bay eine moderne Industriestadt mit bedeutenden Fabriken. Doch die imponierende industrielle Entwicklung hat auch eine Kehrseite. Teile des Landes, die für die Entwicklung des Hafens benötigt wurden, waren 1913 zu schwarzen Reservationen erklärt worden. Nun mußte dieser Status verändert, die Schwarzen mußten enteignet werden. 1976 begannen die Umsiedlungen ohne große Vorbereitungen und Erklärungen. Sehr viel Federlesens mit der Erläuterung solcher zutiefst in das Leben der Betroffenen eingreifenden Maßnahmen wird in solchen Fällen meistens nicht gemacht. Bei der gereizten Stimmung im Land wiegen derartige Vorfälle jedoch schwer.

In der Nähe von Richards Bay liegt eine Reihe kleinerer Wildreservate. Wenn man in dieser Gegend ist, sollte man das eine oder andere von ihnen besuchen – auch dies gehört zu Südafrika.

104. Lesotho

Der westliche Nachbar der Transkei und Kwa Zulu/Natals ist Lesotho, das von dem großen Moshweshwe gegründete Königreich. Der heutige König dieses Landes trägt den gleichen Namen: Moshoeshoe II. Er ist jedoch das genaue Gegenteil seines großen Vorgängers: ein westlich gebildeter Mann, der in Oxford studiert hat. Er aber besitzt keine Macht, und das Land, das er »regiert«, gehört zu den ärmsten der Welt. Die politische Macht liegt in den Händen des diktatorischen »Ministerpräsidenten« Chief Leabua Jonathan (geboren 1912).

Lesotho ist in starkem Maße abhängig von den Arbeitsverträgen, die seine Wanderarbeiter in der Republik Südafrika erzielen. Im Lande selbst gibt es nur einige kleine Ansätze im Bergbau (Diamanten, Kohle, Töpferton). Auch in der Landwirtschaft geht es nicht voran. Erosionsschäden breiten sich weiter aus. Der wenig effektive Regierungsstil des allgewaltigen Regierungschefs trägt ein übriges zur Behinderung der wirtschaftlichen Entwicklung des Landes bei.

So hat sich denn auch das Bruttoinlandsprodukt des Landes in den letzten Jahren kaum erhöht, wenn man seine inflationsbereinigten Werte betrachtet. Bezieht man diese Kennziffer gar auf den Kopf der Bevölkerung, dann ist das Bruttoinlandsprodukt sogar ständig gefallen, denn die Bevölkerung wächst wesentlich schneller als die Produktivität.

Lesotho ist ein ausgesprochenes Gebirgsland mit schroffen Bergen, die bis zu 3500 Meter Höhe ansteigen. Hier könnte es zahllose Möglichkeiten zu touristischer Erschließung geben. Doch sie werden nicht genutzt. So sind die Berge lediglich eine Behinderung jeder anderen wirtschaftlichen Entwicklung. Das Bild rundet sich, wenn man sich vergegenwärtigt, daß in Lesotho auf einer Gesamtfläche von 30344 Quadratkilometern annähernd 1,5 Millionen Menschen wohnen, also etwa 50 je Quadratkilometer. Wenn man nur die landwirtschaftlich und gewerblich nutzbaren Flächen des Landes in Betracht zieht, ergeben sich

Bevölkerungsdichten von mehreren hundert Menschen je Quadratkilometer.

So bilden die schon erwähnten internationalen Hotels und Vergnügungsstätten in diesem Land einen Kontrast zu ihrer ärmlichen Umgebung, wie man ihn sich kaum drastischer und demoralisierender ausmalen kann. Es ist grotesk zu sehen, was der südafrikanische Jet-set an solch einer Stelle zur Finanzierung eines Entwicklungslandes beiträgt!

Wer Lesotho besucht, sollte aber auch die Schönheiten genießen, die die Natur diesem Land geschenkt hat. Die Fahrt nach Thaba Bosiu, der nie eroberten Bergfeste des großen Moshweshwe, kann man in die Berge hinein fortsetzen oder mit einem Besuch der Missionsstation Roma verbinden. Die Straße von Maseru nach Mafeteng, an der auch Morija, die erste Missionsstation der Pariser Mission, liegt, führt aus dem Lande wieder heraus. Es bieten sich viele Einblicke in eine wundervolle Berglandschaft. Und urtümliche Szenen wird man hier erleben. Frauen waschen am Fluß. Moshweshwes Reiter traben durch die Landschaft, ja man kann sich in diesem Bergland sogar in eine Zeit zurückversetzt fühlen, als das Rad noch nicht erfunden war: Ochsengespanne ziehen als Transportmittel Kufenschlitten über das Land. Natürlich gibt es auch Autos, einen Omnibuslinienverkehr; die Hauptstadt Maseru besitzt einen Flugplatz. Vielleicht löst sich bei einer solchen Fahrt durch das Land die deprimierte Stimmung, in die man durch die niederdrückende entwicklungspolitische Situation dieses Landes versetzt sein mag.

105. Swasiland

Swasiland, das kleine Königreich, das nördlich an Natal und östlich an Transvaal angrenzt, erreicht man am schnellsten von Pretoria – und auch von Johannesburg – aus auf der Nationalstraße N 4 (etwa 350 Kilometer). Man kann natürlich dorthin auch fliegen, aber dann versäumt man vieles von den Schönheiten des östlichen Transvaal. Man kann, von Durban kommend, Swasiland auch von Süden anfahren und es später dann nach Norden hin verlassen, etwa um den Krugerpark zu besuchen. Diese Route bietet die Möglichkeit, selbst abgelegene Teile dieses reizvollen Landes kennenzulernen, die weniger von Fremden besucht werden. Der Zustand der Straßen erlaubt dies durchaus – sie sind im allgemeinen besser instand gehalten als die Straßen in Botswana und Lesotho.

Die Topographie Swasilands zeigt sich außerordentlich abwechslungsreich. Wenn man das Land an seiner Südostecke (bei Gollel/Lavumisa) betritt, gelangt man zunächst in das auf 200 bis 300 Meter Meereshöhe gelegene »Niederfeld«, das als weite Trockensteppe das Land von Süden nach Norden durchzieht. Es ist ein wenig kultiviertes, malariagefährdetes Gebiet, das etwa 40 Prozent der Fläche Swasilands einnimmt und von ungefähr 25 Prozent seiner Bevölkerung bewohnt wird. An der Ostgrenze wird diese Tiefebene durch einen vulkanischen Höhenzug (Ubombo) begrenzt. Hier und da sieht man Viehherden weiden. Die Menschen machen auch in ihrer Kleidung einen traditionsgebundenen, altertümlichen Eindruck. Es wird mehr gebettelt als im Zululand (aber weniger als in der Transkei). Nach etwa 100 Kilometern trifft man auf eine geteerte Straße, die nach Westen hinauf auf das »Mittelfeld« und nach Manzini führt. Das Mittelfeld durchzieht das Land ebenfalls in nord-südlicher Richtung. Es liegt zwischen 500 und 1000 Metern Meereshöhe. Diese Region umfaßt über 50 Prozent der Ackerfläche des Landes. Es leben hier etwa 40 Prozent seiner Bevölkerung.

Im Frühjahr (wenn es bei uns Herbst ist) fährt man nach Manzini durch eine Allee blühender Jakarandabäume. Auch hier wieder Vergnügungsstätten für die südafrikanische Lebewelt. Die Weiterfahrt nach der Hauptstadt des Landes Mbabane geht verhältnismäßig steil bergan. Sie bringt uns auf das »Hochfeld«, eine auf über 1200 Metern Meereshöhe gelegene Berglandschaft. Im Norden steigen hier die Berge sogar bis auf 2000 Meter an.

Quadratkilometern (etwa das 2,3fache der Bundesrepublik) nur 850 000 Einwohner (1,5 je Quadratkilometer). Das Land ist eine Präsidialrepublik.

Präsident der Republik war seit ihrer Gründung 1966 der mit einer Engländerin verheiratete Sir Seretse Khama (1921–1980). Er entstammte einer der angesehensten Häuptlingsfamilien des Tswanalandes. Nach seinem Tode folgte ihm, vorläufig ohne Schwierigkeiten, der bisherige Vizepräsident und Finanzminister Quett Masire.

Die Hauptstadt Botswanas ist das 1965 für diesen Zweck neugegründete Gaberone. Sie ist von Johannesburg und Pretoria aus auf guter Straße leicht zu erreichen. Gaberone ist eine auf dem Reißbrett entworfene, mit viel Grün durchsetzte Stadt. Das hübsche kleine Regierungsviertel präsentiert eine mit afrikanischem Stilempfinden angenehm durchmischte westliche Architektur.

Über 70 Prozent des Bodens in Botswana befinden sich noch in Stammesbesitz, so daß die Häuptlinge weitgehend das Geschehen auf dem Lande bestimmen können. Das ist die Grundlage einer Viehzüchtergesellschaft. Der Getreideanbau genügt noch nicht zur Deckung der eigenen Bedürfnisse. Außerdem ist er sehr anfällig gegen Dürrekatastrophen, die in diesem an sich ariden Gebiet sehr häufig sind.

Bergbau und Industrie sind im wesentlichen auf einen schmalen Streifen entlang der Ostgrenze des Landes konzentriert. Das Bruttoinlandsprodukt von Botswana nahm – inflationsbereinigt – von 1976/77 bis 1977/78 um 49,6 Prozent und im darauffolgenden Jahr um 30,7 Prozent zu. Es betrug 1978/79 502 Millionen Pula (1,3 Milliarden DM). Dieses sehr schnelle wirtschaftliche Wachstum ist hauptsächlich auf die Entwicklung des Diamantenbergbaus zurückzuführen. 1979 wurden in den beiden Diamantenminen von Orapa und Lethlhakane (diese erst seit kurzem erschlossen) 57 Prozent mehr Diamanten gefördert als 1978. 1980 soll sich diese Förderung um weitere 15 Prozent erhöht haben. Eine weitere starke Erhöhung wird die neue Diamantenmine in Iwaneng, die gegenwärtig 130 Kilometer westlich von

Gaberone erschlossen wird, bringen. Gegenwärtig leidet diese Industrie allerdings unter der weltweiten Diamantenbaisse.

Die Diamantenförderung liegt in den Händen einer Gesellschaft (Debswana), an der je zur Hälfte der Staat Botswana und die De Beers Consolidated Mines Ltd., der größte Diamantenproduzent der Welt, eine zur südafrikanischen Anglo American Corporation gehörende Gruppe, beteiligt sind. Die Regierung von Botswana erhält – entgegen dem Beteiligungsverhältnis – 70 Prozent des Reingewinns der Gesellschaft. Der Diamantenexport hatte 1980 am Gesamtexport Botswanas einen Anteil von etwas mehr als 60 Prozent.

Doch auch der übrige Bergbau ist wichtig für Botswanas Entwicklung. Vor allem in dem am weitesten nach Osten ragenden Gebiet um Selibe-Pikwe befinden sich große Lager an Kupfer, Nickel und Kohle. Sowohl der Kupfergehalt von 0,66 bis 1,54 Prozent als auch der Nickelgehalt von 1,05 bis 1,57 Prozent müssen allerdings als relativ niedrig angesehen werden.

Die industrielle Entwicklung wurde an einigen Stellen des Landes so rasch vorangetrieben, daß die gleichzeitige Entwicklung gesunder sozialer Strukturen nicht möglich war. So bieten die industriellen Entwicklungszentren Botswanas mitunter immer noch ein weitgehend frühkapitalistisches Bild: rasch aufgebaute Industriebetriebe; punktuell schnell entstehender Reichtum; Vernachlässigung der Wohnhygiene; Erziehungsprobleme; ungenügende innere Vorbereitung von Kirchen und anderen Kulturträgern auf die Aufgabe, Wegbereiter zur inneren Verwurzelung einer neuen, von der Industrie bestimmten Kultur zu sein.

Die »BLS-Länder« unterhalten gemeinsam eine Universität, deren Fakultäten und Institute sich auf alle drei Länder verteilen. Sie sind mit Südafrika in einer Zollunion zusammengeschlossen. Botswana ist jedoch aus der Währungsunion zwischen diesen Ländern ausgetreten. Die wirtschaftlichen Verflechtungen, besonders im Import, aber auch im Export, sind eng. Sosehr diese Länder den südafrikanischen »Constellation«-Gedanken augen-

108. Am Rande der Kalahari nach Namibia

Wir sprachen schon von der großen Entfernung, die Südafrika von Europa trennt – jedoch: von Johannesburg nach Windhoek ist es noch einmal mehr als 1500 Kilometer weiter; und diese Strecke führt großenteils durch Wüstengebiete.

Natürlich kann man auch fliegen, ja, man kann Windhoek sogar direkt von Europa aus anfliegen. Doch das sollte man möglichst nicht tun. Ein Flug von irgendeinem internationalen Flughafen der Welt direkt nach Windhoek läßt diese beiden Punkte viel zu sehr benachbart erscheinen. Das schafft von vornherein ein falsches Bild. Zwischen Windhoek und jedem anderen großen Flughafen liegen Welten – und diese Welten sollte man nach Möglichkeit wenigstens am Rande erleben. Ich empfehle deshalb, die Reise mit dem Wagen zu machen. Wenn man nicht die Schwierigkeiten einer Fahrt durch die nördliche Kalahari auf sich nehmen kann, dann sollte man allerdings auch nicht nur auf der wohlausgebauten Hauptstraße über Upington fahren, denn dabei erlebt man die Wüste, die Namibia von der Welt trennt, nicht.

Ich schlage vor, eine Route zu benutzen, für die einerseits eine normale Ausrüstung genügt und die andererseits doch schon einen recht intensiven Eindruck der Wüste vermittelt. Es ist dies die Straße, die von Kuruman (nördliche Kapprovinz) aus anfänglich nach Norden und dann entlang der Grenze von Botswana durch die Ausläufer der Kalahariwüste nach Westen führt. Diese Straße ist zwar in keinem gepflegten Zustand, aber mit jedem verläßlichen Auto gut befahrbar.

Wenn man von Osten kommt und diese Route einschlagen will, passiert man zunächst die Stadt Vryburg. Sie war von 1882 bis 1885 der Hauptort der »Burenrepublik Stellaland«. Diese kurzlebige »Republik« war damals zusammen mit der nördlich davon gelegenen »Burenrepublik Goshen«* unter Umgehung

* »Gosen« war das Land, das den Israeliten von Jakob zugewiesen worden war (1. Mose 45.10: »Du sollst im Lande Gosen wohnen und nahe bei mir sein.«).

der Bestimmungen der »Convention of Pretoria« (1881) und der »Convention of London« (1884) von Transvaal aus gegründet worden. In jener Zeit erhöhten derartige »Staaten« jedoch in britischer Sicht die Gefahr eines deutsch-burischen West-Ost-Riegels durch das südliche Afrika, und sie behinderten gleichzeitig Cecil Rhodes in der Realisierung seines Traums: ein vom Kap bis an den Nil reichendes britisches Afrika. So hatte Großbritannien damals auch bald eingegriffen und diesen burischen Traum schnell beendet.

Zwischen Vryburg und Kuruman durchfährt man ein längeres Stück des »selbständigen« Homeland Bophuthatswana, ein recht ödes, mit Buschwerk bestandenes Gebiet. Nur einzelne Bohrbrunnen mit Windrädern und die sie umgebenden Kulturen zeigen, daß es sich auch hier um erschließbares Land handelt. Allerdings müssen die Bohrbrunnen oft bis zu 150 Meter Tiefe vorgetrieben werden.

Kuruman selbst spielte in der Missionsgeschichte des gesamten Tswana-(»Sotho«-)Gebietes eine große Rolle. Daran erinnert heute noch die 1838 gegründete, inzwischen restaurierte Kirche. Die zahlreichen Windräder, die Wasserpumpen betreiben, verleihen der Stadt einen malerischen Anblick. Die in der Nähe gelegenen Asbestwerke produzieren »blauen Asbest«, der hauptsächlich zur Herstellung von Asbestplatten (Eternit) verwendet und exportiert wird. 70 Kilometer südwestlich befindet sich das bedeutende Erzbergbaugebiet von Sishen, das in jüngster Zeit durch eine Eisenbahn mit dem Erzhafen Saldanha Bay verbunden wurde.

Die zunächst in nordwestlicher Richtung führende Straße nimmt nach etwa 100 Kilometern bei Vanzylrus einen westlichen Verlauf. Die Vegetation trägt hier schon wüstenartigen Charakter. Der die Straße begleitende Kurumanfluß führt während langer Zeiten des Jahres kein Wasser. In den Bäumen, die vereinzelt um eine menschliche Siedlung stehen, hängen oft mehr als meterlange Webervogelnester. Strauße trifft man auf den weit auseinanderliegenden ärmlichen kleinen »Farmen« gelegentlich auch als Haustiere an. Beeindruckend sind die jeweils in der Nähe solcher Pioniersfarmen gelegenen kleinen Familienfriedhöfe. Der Dünencharakter der Landschaft verstärkt sich, wenn sich die Straße nach weiteren 150 Kilometern scharf nach Norden wendet und nun direkt auf der Grenze von Botswana verläuft. Gelegentlich trifft man auch hier auf äußerst armselige einheimische Siedlungen. Dann beginnt der »Kalahari Gemsbock National Park«. Will man den reichen Tierbestand dieses Parks, verschiedene Antilopen- und Gazellenarten (die Oryx-Antilope heißt hier »Gemsbock«), Gnus, Löwen, Geparde, Hyänen, Strauße usw. beobachten, dann muß man sich – wie in allen südafrikanischen Tierparks – Zeit lassen. (Übernachtungsmöglichkeiten sind vorhanden.) Dieser »Park«, 120 Kilometer lang, präsentiert sich hauptsächlich als eine Sandlandschaft mit spärlicher Vegetation und großer Vielfalt an Tieren. Bei Mata Mata gelangt man an die Grenze von Namibia.

109. Kreuz und quer durch Namibia

Windhoek überrascht noch heute durch den deutschen Charakter seiner Innenstadt. Nicht nur daß die Straßen und Gasthöfe teilweise deutsche Namen tragen (zum Beispiel Kaiserstraße, Dr.-Göring-Straße, Leutweinstraße, Thüringer Hof, Berg Hotel), schon in der Kaiserstraße, der Hauptstraße der Stadt, erinnern zahlreiche Gebäude noch an die deutsche Zeit. In ganz besonderem Maße wird der neugotische deutsche Baustil der Jahrhundertwende durch die die Stadt überragende Lutherkirche repräsentiert. Vor der in der Nähe befindlichen »Alten Feste« (so der offizielle Name) steht das Standbild eines berittenen deutschen Schutztruppenoffiziers zur Erinnerung an den Herero- und Hottentottenaufstand. In der »Alten Feste« befand sich noch 1972 ein Museum der deutschen Kolonialzeit. Man fand dort aber auch Exponate des Deutschen Soldatenbundes, bis hin zu hakenkreuzgezierten Schützendiplomen. Das im Volksmund »Tintenpalast« genannte Verwaltungsgebäude aus deutscher Zeit besticht durch einen guten klassizistischen Kolonialstil. Die deutsche »Turnhalle« hat in den letzten Jahren ja weltweite politische Berühmtheit erlangt. Es kann hier auch passieren, daß ein schwarzer Kellner in einem Restaurant plötzlich fließend deutsch mit einem spricht.

Für deutsche Besucher des Landes ist es immer interessant, Verbindung mit Deutschen aufzunehmen, die in Namibia wohnen. Ein solcher Kontakt läßt sich sehr häufig schon in Deutschland vorbereiten. Es ist hierfür keineswegs erforderlich, daß man nahe Verwandte in Namibia hat. Viele der dort oft weitab von allen kulturellen Kontakten lebenden 28 000 Deutschen lechzen geradezu danach, durch Besucher wieder einmal mit der deutschen Heimat in Berührung zu kommen. So ist es durchaus möglich, sich auch durch nur entfernte Bekannte in Deutschland Besuchsadressen in Namibia vermitteln zu lassen. Man wird dort sicherlich mit herzlicher Gastfreundschaft aufgenommen werden, auch wenn man sich vorher völlig fremd war. Solche Besuche – insbesondere auf den oft ein riesiges, aber arides Gelände umfassenden und entsprechend abgelegenen Farmen – lassen sich häufig noch im Lande selbst arrangieren. Darüber hinaus gibt es eine Reihe derartiger Farmen, die Pensions- und Jagdgäste auf Pensionsbasis aufnehmen. Diese sind jeweils den Reisebüros in Windhoek bekannt.

Das wichtigste Thema in Namibia sind jetzt die inzwischen weitgehende Aufhebung der Apartheidgesetze und die Auswirkungen dieser Maßnahmen. Selbstverständlich sind die Urteile, die man hierüber wie auch über die politische Entwicklung des Landes hört, außerordentlich widersprüchlich und ändern sich auch ständig.

Die Eindrücke und Einsichten lassen sich natürlich sehr erweitern, wenn man versucht, verschiedenartige Menschen kennenzulernen. Eine gute Gelegenheit dafür ist zum Beispiel die katholische Missionsstation Gobabis auf der ehemaligen Farm

Doringsfeld, etwa 200 Kilometer östlich von Windhoek, geleitet von deutschen Ordensschwestern aus Münster. Eine Internatsschule für etwa 550 Kinder (achtjährige Grundschule, zwei Drittel Mädchen, ein Drittel Buben) ist das Zentrum dieser Station. Unter den Schülern sind alle nichtweißen Rassen und Stämme vertreten: Nama, Herero, Damara, Tswana, aber auch Buschmänner und Coloureds.

In nordwestlicher Richtung von Windhoek liegt Okombahe (westlich von Omaruru), eine höhere Schule mit Matrik (Abitur) der lutherischen Kirche. Sie ist – mit verändertem Curriculum – nach ähnlichen Prinzipien geleitet wie Gobabis. Der Besuch dieser Schule gibt ganz besondere Einblicke in die Problematik des Landes, denn das Schulareal grenzt direkt an das ehemalige Damara-Homeland. Hier hat die Landschaft schon weitgehend einen wüstenähnlichen Charakter. Bereits nach wenigen Kilometern präsentierten sich uns die bedrückenden Mißstände dieses im Übergangsbereich von aridem Busch zur Wüste geschaffenen Wohngebiets für zahllose erwerbslose oder gar erwerbsunfähige Menschen.

In ganz Namibia wird es interessant sein, festzustellen, welche Auswirkungen die 1981 beschlossene Aufhebung der Apartheidgesetze hat. Hier hatten ja noch vor wenigen Jahren zahlreiche Weiße sogar die Bedienung durch Schwarze in Restaurants abgelehnt.

Wenn man zur Rückfahrt in die Kapprovinz die gut ausgebaute Straße von Windhoek nach Kapstadt (1540 Kilometer; bis zur Grenze von Namibia 850 Kilometer) benutzt, gelangt man zunächst nach Rehoboth, der Heimat der »Rehoboth-Basters«, einer Coloured-Gruppe, die schon zur deutschen Kolonialzeit bestimmte Sonderrechte besessen hatte. So hatten beispielsweise die – heute etwa 15 000 – Rehoboth-Basters nie das Recht auf Grundbesitz verloren, wie dies allen anderen nichtweißen Völkern nach dem Herero- und Hottentottenaufstand geschehen war. In Rehoboth konnten die Basters auch einen Rat bilden, der zusammen mit einem – bis in die jüngste Zeit hinein weißen –

Administrator über die Geschicke der Stadt entschied. (Bei den Rehoboth-Basters handelt es sich um einen Mischlingsstamm aus der Kapkolonie, der unter Führung eines Missionars Heidmann 1840 eingewandert und schließlich in Rehoboth angesiedelt worden war. Die Basters unterstützten im allgemeinen die deutsche Verwaltung – beispielsweise auch während des Herero- und Hottentottenkrieges. Daher resultierten ihre Sonderrechte.)

Vor einigen Jahren erlebten wir hier, daß ein Arzt, der schon erwähnte Dr. Africa, von dem Gespräch, das wir mit ihm führten, durch einen Pfarrer weggeholt wurde. Beide mußten sie im Gefängnis einer offiziellen Prügelstrafe beiwohnen. Diese Überwachung einer solchen Strafe war vorgeschrieben.

In Mariental liegt eine große katholische Missionsstation mit Krankenhaus und Schule. Schon seit langem sind hier deutsche, coloured und schwarze Schwestern gemeinsam tätig.

In Keetmanshoop verdient die alte Kirche der Rheinischen Mission besonderes Interesse. Die Stadt ist ein Zentrum der Karakulschafzucht. Von hier führt die Straße durch das eindrucksvolle, über 2000 Meter hohe Karasgebirge weiter nach Süden. Ringsum dunkelgraue Erde mit großen schwarzen Steinblöcken, bestanden mit Köcherbäumen. Wenn man sich Vioolsdrif am Abend nähert, macht es seinem Namen (veilchenblaues Dahinfließen) alle Ehre. Das durch die untergehende Sonne rotgolden überstrahlte blauschwarze Land ist dann in einen violetten Lichtschein getaucht. Unten liegt im Abendschatten das grüne Tal des Oranje. Die Südgrenze von Namibia ist erreicht.

110. Transvaal und der Oranjefreistaat

Am Ende unseres Aufenthaltes in Südafrika wollen wir nun noch einmal kurz in dem alten Voortrekker-Gebiet von Transvaal und dem Oranjefreistaat verweilen.

Noch immer ist Pretoria, der Sitz der Regierung des Landes,

eine der burischen Hochburgen. Die kleine Episode der »Voortrekker«-Demonstration gegen P. W. Botha im Jahre 1982 von der ich kurz berichtet habe, konnte nur in Pretoria stattfinden, in Durban oder Kapstadt wäre sie undenkbar gewesen. Pretoria erhielt seinen Namen von Andries Pretorius. Es wurde von Paul Kruger geformt, das ist noch immer spürbar, mag es inzwischen auch zu einer Großstadt von Rang herangewachsen sein. Man sollte es nicht versäumen, in dieser Stadt Krugers Spuren nachzugehen, auf die man überall stößt. Das wenige Kilometer außerhalb der Stadt in Richtung Johannesburg liegende Voortrekker-Denkmal gehört natürlich dazu.

Johannesburg, die überragende wirtschaftliche Metropole des Landes (ohne einen verfassungsmäßigen Hauptstadtstatus), ist durch einen liberaleren Geist gekennzeichnet. Selbst sein Stadtparlament hat eine »progressive« Mehrheit. Diese junge Stadt kann noch keine Tradition gebildet haben, doch sollte man es keinesfalls versäumen, einen Einblick in ihre »Grundlagen« zu nehmen: Der Besuch einer Goldmine gehört zu den Ereignissen, die man in Johannesburg unbedingt erleben muß. Und wenn man Soweto – durch Bekannte geführt – einen privaten Besuch abstatten kann, dann wird man tiefere Eindrücke von dieser deprimierenden Millionenstadt mit ihrer durch Hunderttausende von Herdfeuern gasgeschwängerten Luft und der entsprechenden Atmosphäre haben, als dies bei einer in ein offizielles Stadtbesichtigungsprogramm eingeplanten Fahrt der Fall sein kann.

Bloemfontein, die Hauptstadt des Oranjefreistaates und als Sitz des Bundesgerichtshofes eine der drei Hauptstädte der Republik, liegt etwa 400 Kilometer südlich von Johannesburg. Es ist eine schöne, überschaubare Stadt, mit zahlreichen Erinnerungen an die »große Zeit« des Oranjefreistaates und mit guten neuen Gebäuden und Wohnvierteln.

Jeder interessierte Besucher wird in diesen Städten zahlreiche Menschen finden, die ihm Antwort auf seine Fragen geben können – oder ihm auch ihre Ratlosigkeit zeigen werden.

Im allgemeinen sind in Transvaal und im Oranjefreistaat die

meisten Sehenswürdigkeiten durch den offiziellen Tourismus erschlossen. Wenig bekannt ist es noch, daß sowohl ganz im Norden, am Soutpansberg, als auch in dem Naturschutzgebiet westlich des Krugerparks sowie an der Südküste im Gebiet zwischen Kapstadt und Port Elizabeth eine Reihe von Wanderpfaden eingerichtet wurden.

In den Bergen rings um Lesotho gibt es zahlreiche Felsüberhänge mit Felszeichnungen. Im allgemeinen bedarf es auch hier einer örtlich erteilten Anleitung, um sie auffinden zu können. Im Oranjefreistaat sind als Ruinen auch noch einige Beispiele sehr alter (»prähistorischer«) Rundhütten in mörtelloser Bauweise zu sehen, so etwa bei Vegkop und bei Lindley.

Bei Pretoria reichen einige Gebiete des »selbständigen« Homeland Bophuthatswana sehr nahe an die Stadt heran. Hier haben sich in den vergangenen Jahren zahlreiche Mißstände und soziale Schwierigkeiten ergeben. Sofern man genügend Zeit zur Verfügung hat, ist es zweifellos sehr instruktiv, sich einen persönlichen Eindruck von einem Homeland-Gebiet zu verschaffen, das sowohl innerhalb wie außerhalb seiner Grenzen einem starken Industrialisierungsprozeß unterworfen ist.

111. Erinnerungen

Meine nachdrücklichsten Erinnerungen an Südafrika beziehen sich auf Menschen. Die progressive Studentenbewegung, die Ende der sechziger Jahre um die Welt ging, hatte in Südafrika möglicherweise ihre engagiertesten und kultiviertesten Anhänger. Hier brannten die eigenen Probleme direkt auf den Nägeln, es ging nicht um den Schah von Persien, auch nicht um Ho Chi Minh. In Südafrika hatte man es auch nicht mit zufälligen oder opportunistischen, sondern mit überzeugten Gegnern zu tun, mit Gegnern, deren Glaube so tief saß, daß sie ihn mit aller Härte vertraten.

Tiefe Enttäuschung bereitete der damaligen weißen Studentengeneration das Abschwenken der schwarzen Studentenschaft in die SASO und die Black-Consciousness-Bewegung. Man hatte zwar Verständnis für diese Entwicklung, und doch fühlte man sich verlassen. Die Welle des schwarzen Rassenbewußtseins war über die integrationswillige weiße Jugend hinweggeschwappt. Verständige Schwarze, wie etwa Gatsha Buthelezi, hatten dies vergeblich zu verhindern versucht. In Kapstadt bekamen wir einmal nächtlichen Besuch von einer Gruppe solcher weißen Studenten, wir hatten lange Gespräche mit ihnen. Wenig später hörten wir, sie seien alle verhaftet und gebannt. Sie hatten weiter geschrieben, geredet und demonstriert, obwohl diejenigen, um die es ging, begonnen hatten, ihnen die kalte Schulter zu zeigen.

Viele Gespräche führten wir damals auch mit jungen Angehörigen der »Nationalen Partei«, die ihrerseits die polizeistaatliche Entwicklung der Apartheidpolitik nicht verstanden.

In Durban kannten wir ein Industriellenehepaar, die in ihrem Hause ein schwarzes Kind erzogen, das eine Bedienstete dort hinterlassen hatte. Das war 1972, niemand durfte davon wissen. Die Pflegeeltern hingen an diesem Kind. Es kam in das Alter, um in die Schule zu gehen. Der kleine schwarze Junge konnte bei den weißen Vizeeltern, an denen auch er hing, nicht bleiben. Doch wohin? Wir hatten gerade Kontakt mit einer guten schwarzen Internatsschule und konnten – hinter vorgehaltener Hand – vermitteln. Wir hoffen, daß dies eine gute Lösung war.

Bei unserem ersten Aufenthalt in Südafrika hatte es sehr lange gedauert, bis wir endlich einen wirklichen »Verkrampten« getroffen haben. Und auch bei ihm waren wir uns nicht sicher, ob er nicht zu gewissen Einsichten zu bringen gewesen wäre, wenn ihn nicht sein Amt gezwungen hätte, der offiziellen politischen Linie zu folgen. Auch die Personen, die Regierungskreisen angehörten und entsprechende Zeitungen schrieben und herausgaben, erwiesen sich immer wieder »als Menschen«. Irgendwo in ihrem Inneren war ein unsicherer Punkt.

In Südafrika kämpfen die Menschen um Überzeugungen. Sie kämpfen mit sich selbst, sie kämpfen mit anderen um einen glaubhaften Standpunkt in dieser Welt. Es gibt in Südafrika sicher nicht mehr Verbrecher als anderswo. Möglicherweise gibt es aber mehr verklemmte Menschen als in anderen Ländern. Ganz sicher gibt es genauso viele irrende Menschen wie anderswo. Was diese Auffassung bedeutet, können wohl nur die nicht erkennen, die ihren eigenen irrigen Standpunkt für den unfehlbar richtigen halten.

Ich habe in diesem Südafrikabuch zahllose Menschen erwähnt und versucht, sie in den Grenzen ihrer Persönlichkeit und Gesellschaft zu skizzieren. Bei zweien, denen ich meine besondere Verehrung gern gezeigt hätte, ist mir dies nicht geglückt. Ich möchte das nun am Ende dieser Arbeit nachholen.

Eine dieser Persönlichkeiten ist eine Frau, Helen Suzman. Ich bin ihr persönlich leider nur wenig und dann auch nur sehr flüchtig begegnet. Doch habe ich ihr Handeln stets mit außerordentlicher Hochachtung verfolgt. Ihr Vater war als junger, mittelloser Mann um die Jahrhundertwende aus Litauen in Südafrika eingewandert. Mit einem Fleischgroßhandelsunternehmen hatte er es bald zu Wohlstand gebracht. Helen Suzman ist 1917 in der zwischen Johannesburg und Pretoria gelegenen Stadt Germiston geboren. Als bereits verheiratete Frau und Mutter zweier Töchter schloß sie ihr Studium der Volkswirtschaft und Wirtschaftsgeschichte mit einem glänzenden Examen ab. Ihr Interesse an der südafrikanischen Sozialpolitik wurde geweckt, als sie im Zusammenhang mit den Recherchen der Tomlinson-Kommission Material über die Lebensbedingungen der Schwarzen in südafrikanischen Städten zu sammeln hatte.

Wie die meisten weißen Südafrikaner hatte auch sie bis dahin diesen zu den alltäglichen Erscheinungen gehörenden Dingen kein besonderes Augenmerk geschenkt. Nun, da sie durch die bekannte Oberfläche nach unten dringen mußte und die zerrüt-

Zwei junge Zulu

tete soziale Situation der Schwarzen sah, wurde sie zutiefst erschüttert, und sie sagte sich: »Du mußt in die Politik gehen und etwas dagegen tun.«

1952 wurde Helen Suzman im Wahlbezirk Houghton, einem der vornehmsten Wohnviertel Johannesburgs, als Vertreterin der »United Party« ins Parlament gewählt. Sie brach jedoch bald mit dieser Partei, die zwar trügerische Varianten der Apartheidpolitik anzubieten wußte, aber keine echten Alternativen zu dieser Ideologie vertreten wollte. Tatsächlich wurde die »United Party« immer rückgratloser und löste sich schließlich auf. Helen Suzman hatte 1960 nach ihrem Austritt, den sie mit einigen Gleichgesinnten vollzogen hatte, die »Progressive Party« gegründet. Diese Partei erlitt in den bald nach ihrer Gründung stattfindenden Wahlen von 1961 sofort eine schwere Niederlage. Helen Suzman blieb 13 Jahre lang die einzige Vertreterin ihrer Partei im Parlament, fort und fort wiedergewählt von ihrem Wahlbezirk der reichen Leute. Ich betone dies, weil es ein Charakteristikum für die südafrikanische Situation ist, daß die Apartheidpolitik in den führenden Kreisen der Wirtschaft nie umfangreiche Unterstützung hatte. Seit 1974 haben sich die Progressiven – als dezidierte Nachfolger der »United Party« – zu der eigentlichen Opposition im Parlament entwickelt.

Unnachsichtig deckte Helen Suzman fortgesetzt die sozialen Notstände des Landes auf und prangerte sie innerhalb und außerhalb des Parlaments an. Von allen Seiten wurde sie auf das heftigste angefeindet. Die einen bekämpften sie als »Kommunistin« und »Verräterin«, die anderen als unentschlossene Liberale, die gerne die Vorteile, die sie als Nutznießerin des Systems wahrnahm, mit schönen Worten verbrämte. Aber Helen Suzman blieb unbeirrt auf ihrem Weg der Gewaltlosigkeit und des Appells an die Vernunft der Menschen – nie eine politische Megäre, sondern stets eine kluge und attraktive Frau.

Eines der letzten wichtigen Ergebnisse ihrer Politik war eine Milderung der Kontrollen der illegalen schwarzen Zuwanderung in die Townships. Und es war Helen Suzman, die es durchsetzte, daß 84 000 bisheriger Illegaler eine legale Arbeitserlaubnis erhielten. Inzwischen ist sie eine international hochgeehrte Frau geworden, Ehrendoktor von sechs Universitäten, unter ihnen Oxford und Harvard, mit dem »Human Rights Award« der Vereinten Nationen ausgezeichnet und, wie Zeitungen berichten, auch für den Friedensnobelpreis vorgeschlagen.

Die andere Persönlichkeit, der ich hier noch meine tief empfundene Hochachtung ausdrücken möchte, ist Christian Frederick Beyers Naudé. Seine drei Vornamen sind schon ein Bekenntnis – das Bekenntnis seines Vaters, denn sie sind der Name des Oberkommandierenden der südafrikanischen Armee, der 1914 seinen Dienst quittierte, um sich der Rebellion gegen das Britentum anzuschließen und für die »Befreiung« des Burentums zu kämpfen. Für Vater Naudé war General Christian Frederick Beyers, der durch seinen Tod im Verlauf dieser Rebellion zu einem burischen Heros geworden war, ein Vorbild, dem der bald nach diesen Ereignissen, am 10. Mai 1915, geborene Sohn nacheifern sollte. Die Naudés waren und sind eine der zum burischen Kern gehörenden Hugenottenfamilien. C. F. B. Naudés Vater war 1918 folgerichtig einer der Mitbegründer des »Afrikaner Broederbond« gewesen.

Naudé hatte zunächst auch selbst eine Laufbahn, wie sie einem Mann aus so angesehener Familie gebührte, eingeschlagen. Er studierte Theologie, trat im Alter von 25 Jahren dem »Afrikaner Broederbond« bei und wurde schließlich 1963 zum Moderator (Bischof) der Niederdeutsch-Reformierten Kirche in Südtransvaal gewählt. Doch Naudés Lebensentscheidung, er gehörte damals der Delegation der Transvaalkirche an, fiel 1960 in Cottesloe.

Als nämlich die Niederdeutsch-Reformierte Kirche sich später von den Beschlüssen von Cottesloe zu distanzieren begann, machte er diese Entwicklung nicht mehr mit. »Gott muß man mehr gehorchen als den Menschen«, das ist die Überzeugung, die diesen Mann zutiefst bewegt. In einem späteren Prozeß, in dem Naudé unter Anklage stand, sagte der Richter zu ihm: »Das

Gericht hat den Eindruck, daß Sie durch eine tiefe Überzeugung als Christ zu dem Standpunkt gekommen sind, den Sie einnehmen.« Cottesloe hatte Naudé gezeigt, wieviel christlicher Arbeit die südafrikanische Gesellschaft noch bedurfte, und Cottesloe hatte ihm gezeigt, daß der einzige Weg, der gegangen werden konnte, wenn man den Menschen gewinnen wollte, der Weg des Überzeugens war. Er hatte die Widersinnigkeiten der Apartheidideen erkannt und wollte ihnen ein vertieftes Christentum entgegenstellen. So gründete er bald nach Cottesloe das »Christliche Institut im südlichen Afrika«. An dieser Gründung waren Pfarrer der Niederdeutsch-Reformierten Kirchen und ihrer farbigen Tochterkirchen sowie Laien beteiligt gewesen. Es sollte dem sehr allgemein umschriebenen Zweck dienen, die Beziehungen zwischen den verschiedenen Konfessionen, zwischen Buren und Briten sowie zwischen Schwarz und Weiß zu verbessern. Das Institut entwickelte eine Vielzahl von Programmen, die alle zur Aufgabe hatten, die Menschen aus den verkrampften und heillosen Vorstellungen rassebezogener Ideologien zu befreien.

Bald zeigte es sich, daß diese Arbeit sich mit Naudés Ämtern in der Niederdeutsch-Reformierten Kirche nicht länger verbinden ließ. Er gab sie alle auf, blieb aber Mitglied seiner Kirche. Das »Christliche Institut« wurde bald auch zur Anlaufstelle für diejenigen Kirchen im Ausland, welche die immer mehr auf harte Konfrontation gehende Politik des Weltkirchenrats nicht mittragen wollten (wozu auch die Evangelische Kirche in Deutschland gehört). In Wort und Schrift, in zahlreichen Konferenzen und Publikationen und mit sehr viel Kleinarbeit entwickelte das Institut eine bewundernswerte Aktivität. Doch es gab in Südafrika keine Stelle, die ihre schützende Hand über diese Institution hielt.

Schon 1972, als wir das Ehepaar Naudé zum ersten Mal trafen (Ilse Naudé ist Tochter eines deutschen Missionars), hatten wir den Eindruck, daß Naudé darauf wartete, bald »gebannt« zu werden. Allerdings, als wir mit ihm damals nach Europa zurückflogen, war er wieder voller Pläne, wie die Beziehungen zwischen der Kirche und den in der Industrie tätigen Menschen zu verbessern wären. Und er machte sich immer intensiver Gedanken darüber, wie man die Vorstellungswelt innerhalb der reformierten Kirchen entkrampfen könnte.

Während Naudé im Ausland dort, wo man eine nicht rassistische, integrierende Lösung der südafrikanischen Probleme wollte, zu immer höherem Ansehen gelangte, wurde er in Südafrika allmählich zum roten Tuch der nationalistischen Buren. In ihren Augen war er ja ein verräterischer Abtrünniger. Es war abzusehen, daß er und sein »Christliches Institut« auf die Liste der Opfer geraten würden, die man in einem entscheidenden Moment dem rechten Flügel der Partei opfern konnte, ohne allzuviel politisches Porzellan zu zerschlagen. So verhaßt Naudé bei den Rechtsextremen war, so gering war andererseits der organisierte Anhang, den er hatte.

Der Blitz fuhr hernieder vor den Wahlen von 1977: Am 19. Oktober wurde – neben anderen Opfern – das »Christliche Institut« als eine »ungesetzliche Organisation« aufgelöst und alle seine führenden Köpfe gebannt. Am 30. November fanden die Wahlen statt, die Vorster seinen letzten großen Erfolg brachten.

Im November 1981 fand wiederum eine gegen Regimekritiker gerichtete Aktion statt. Auch bei Naudé wurde erneut eine Hausdurchsuchung durchgeführt und in der Presse herausgestellt. Doch was sollte das? Keine Wahlen standen vor der Tür. War die Regierung Botha schon so schwach, daß sie diesen letzten Rettungsversuch benötigte? Überall in der internationalen Presse waren Betrachtungen darüber zu finden, daß Botha seinen Reformkurs nicht durchhalten könnte, ja, daß er ihn nie gewollt habe. Jedoch, im Februar 1982 griff Botha den rechten Flügel seiner Partei frontal an und siegte. Das war mehr als ein Wahlergebnis! Die Aktion vom November hatte sich einmal wieder als ein Zugeständnis erwiesen, die ein entscheidenderes Vorhaben, eine bessere Politik vorbereiten sollte. Die Politik in Südafrika erfordert harte Nerven.

Naudé ist noch immer gebannt. Als ich ihn vor kurzer Zeit traf, war er voller Pläne, was zu machen wäre, um endlich Südafrika aus seinen tödlichen Verkrampfungen zu lösen.

Literatur

Neuere deutsche Veröffentlichungen:

Harald R. Bilger, »400 Jahre Südafrika in Porträts«, Konstanz 1974

Harald R. Bilger, »Südafrika in Geschichte und Gegenwart«, Konstanz 1976

Harald R. Bilger, »Südafrikas Weg in die Krise«, Konstanz 1978

Leonhard Harding, »Die Politik der Republik Südafrika«, München/Mainz 1975

Leonhard Harding, »Afrikanische Politik im Südlichen Afrika«, München/Mainz 1975

Hans Walter Kaufmann, »Südafrikas Inderpolitik und das Empire«, Hamburg 1981

G. M. Erich Leistner, »Südafrika – Schwarz und Weiß im Wirtschaftsprozeß«, Hamburg 1977

Reinhard Rode (Hrsg.), »Der Konflikt im Südlichen Afrika«, München/Mainz 1977

Rolf Seelmann-Eggebert, »Das Kap der Stürme. Südafrikas Weg in die Krise«, Stuttgart 1978

Grundlegende englischsprachige Werke:

George M'Call Theal, »History of South Africa«, London 1909

Eric A. Walker, »A History of Southern Africa«, London 1959

Monica Wilson and Leonhard Thompson (Ed.), »The Oxford History of South Africa«, Oxford 1970, 1971

South African Institute of Race Relations (Ed.), »Survey of Race Relations in South Africa«, Johannesburg (jährliche Publikation seit 1946)

Register

gewordenen Namibia verlaufen würde, erschweren den Prozeß des Unabhängigwerdens dieses Landes außerordentlich.

Der Rückzug der südafrikanischen Streitkräfte aus Namibia muß zumindest den Natoländern so lange als unmöglich erscheinen, wie nicht sichergestellt ist, daß gleichzeitig auch der massive Truppen- und Personaleinsatz kommunistischer Länder in Angola beendet wird. Die Entwicklungen in Afrika zeigten allenthalben, daß der Sieg einer so doktrinär denkenden Gruppe, wie sie die SWAPO Nujomas ist, längstens mittelfristig zu einer Erodierung aller eventuell für Minderheitsgruppen abgegebenen Garantien führen müßte.

So geht es in den Debatten um die Namibiafrage de facto nicht so sehr um die Zuerkennung einer »Freiheit« an Namibia, die nach Lage der Dinge nur eine illusionäre Freiheit sein kann. Es geht vielmehr um die Art der Sicherung einer solchen »Freiheit« und darum, wie die Kräfte gestaltet sein werden, die in diesem Staat eines Tages die Macht ausüben sollen.

Eine kommunistisch doktrinär und diktatorisch vorgehende SWAPO dürfte nicht nur – wie in Angola und Moçambique bereits geschehen – die Wirtschaft des Landes völlig ruinieren, sie müßte in diesem Land, dessen Bevölkerung ethnisch so verschiedenartig wie in keinem anderen afrikanischen Land zusammengesetzt ist, zu blutigen Auseinandersetzungen führen. Chaotische Zustände mit allen militärischen Unsicherheitsfaktoren direkt an der südafrikanischen Grenze wären die Folge. Das wiederum wäre eine noch wesentlich größere Verführung für die weltpolitischen Machtblöcke, von hier aus ihre Einwirkungen auf das Geschehen in der Republik Südafrika weiter zu verstärken und jede Möglichkeit für einen Umdenk- und Konsolidierungsprozeß endgültig auszuschalten.

biente ist aber möglicherweise einer der fortschrittlichsten und gleichzeitig klügsten Herrscher des schwarzen Kontinents. Er hat keinerlei Bedenken, sich von zahlreichen internationalen Entwicklungshelfern beraten zu lassen und internationale Experten im Lande zu dulden. In seinen Ministerien sitzen in großer Zahl gebildete Zulu aus Südafrika. (Die Zulu sind ein den Swasi eng verwandter Stamm.) Er benutzt geschickt die schwarze Elite, die in Südafrika nicht arbeiten kann und sich dort in der Opposition verzehrt, zum Aufbau seines Landes.

Gegenwärtig wird die Welt durch einen Vertrag erregt, der, zwischen dem König und Pretoria abgeschlossen, dem kleinen Land einen Zugang zum Meer bringen soll. Es handelt sich um einen Gebietsstreifen, der in den neunziger Jahren des vorigen Jahrhunderts ein Zankapfel zwischen Großbritannien, der Südafrikanischen Republik und teilweise auch dem Deutschen Reich gewesen war. Da es sich bei den beiden heutigen Vertragskontrahenten – P.W. Botha und Sobhuza II. – um zwei schlaue Politiker handelt, die solche außen- wie auch innenpolitische Unruhe wohl kaum ohne triftigen Grund riskieren, bleibt abzuwarten, was das eigentliche Ergebnis dieses Überraschungscoups sein wird.

Das Volk scheint den Regierungsstil seines Königs zu akzeptieren. Widerstand ergibt sich offenbar nur aus dem kleinen Lager ideologisierter schwarzer Akademiker. Ob sich allerdings später einmal einer seiner Söhne noch eine ähnliche Art des Regierens leisten kann, bleibt abzuwarten. Ihm wird mit Sicherheit das Ansehen, das der alte Herr heute als Patriarch genießt, fehlen. Wahrscheinlich auch sein Charisma.

106. Botswana

Das interessanteste der drei »BLS-Länder«, die alle einmal britische Hochkommissariate waren, ist Botswana. Bedingt durch die Kalahariwüste, hat das Land bei einer Gesamtfläche von 569 581

Wer immer aus der Republik Südafrika in eines dieser »BLS-Länder« kommt, ist erstaunt, wie gut auch in einem Hotel internationalen Stils Schwarze, Weiße, Inder und Coloureds miteinander ohne Apartheid umgehen können – selbst dann, wenn sie Südafrikaner sein sollten! Dies gilt aber nicht nur für die Hotelatmosphäre. In der Nähe von Mbabane steht eine Eliteschule, 1963 gegründet, die von Schülern aller Rassen und unterschiedlicher Glaubensbekenntnisse besucht wird. Die nationale Zusammensetzung der Schülerschaft ist außerordentlich vielfältig: Swasiland, Südafrika, Lesotho, Moçambique, Botswana, Simbabwe, Malawi, Sambia, Kenia, sie sind alle hier vertreten, einschließlich der Kinder weißer Diplomaten und anderer Führungskräfte.

Swasiland ist das kleinste – und das unabhängigste der drei »BLS-Länder«. Auf einer Fläche von 17 363 Quadratkilometern wohnen hier etwa 650 000 Menschen. Die Wanderarbeit spielt nur noch eine sehr untergeordnete Rolle. 1980 waren 13 000 Wanderarbeiter aus Swasiland in der Republik Südafrika beschäftigt (Lesotho 152 000, Botswana 32 500). Alle anderen hatten im Lande selbst Arbeit gefunden.

Eine ganze Reihe von internationalen Organisationen bemüht sich, von der Regierung gefördert, mit relativ gutem Erfolg um die Entwicklung des Landes. Die Arbeit dieser Entwicklungsdienste hat viele Ziele: Heranbildung eines gewerblichen und kleinindustriellen Unternehmertums, Alphabetisierung, Zuckerrohranbau und Zuckerverarbeitung usw.

Der zweiundachtzigjährige König Sobhuza II. feierte 1981 mit großem afrikanischen Pomp sein 60. Regierungsjubiläum. Er hat zahlreiche Frauen und Hunderte von Kindern. Keiner weiß wie viele. Heute ist er der »Doyen unter den Monarchen der Welt«. Mit der Verfassung hatte er zeitlebens nicht viel im Sinn. Verfassungen wurden eingeführt und abgeschafft, neu wieder eingeführt. Neue Parlamente wurden ernannt, wie es dem König gerade richtig erschien.

Dieser alte Mann mit seinem traditionell-afrikanischen Am-

Dieses Verhältnis von Fläche zu Einwohnerzahl (1,2 Einwohner je Quadratkilometer) zeigt, daß allein schon die infrastrukturelle Erschließung dieses Landes sehr hohe Kosten je Einwohner verursachen muß. Das wird zusätzlich erschwert durch die Konzentration der wirtschaftsintensiveren Aktivitäten vor allem im nördlicheren Teil des Landes. Diese Unternehmen sind aber im wesentlichen auf Märkte angewiesen, die in der Republik, also jenseits der Südgrenze des Landes, liegen. Das ganze Land – auch im Wüstenbereich – mußte in eine relativ intensive infrastrukturelle Erschließung einbezogen werden, wenn man auch nur die nächstgelegenen Märkte erreichen will.

Die Hauptwirtschaftszweige Namibias sind nach wie vor Landwirtschaft (Viehzucht), Bergbau (Kupfer, Blei, Uran, Diamanten) und etwas Industrie. Das gesamte Bruttoinlandsprodukt betrug 1977 umgerechnet etwa 2,5 Milliarden DM (etwa 2500 DM pro Jahr und Kopf der Bevölkerung). Es ist in den letzten Jahren um jährlich etwa 3,3 Prozent gewachsen, die Bevölkerungszunahme betrug etwa 2,5 Prozent. Wenn dieses Bruttoinlandsprodukt im Verhältnis zu anderen afrikanischen Ländern auch hoch ist, so spiegelt es doch gleichzeitig die starke Kostenbelastung der namibischen Volkswirtschaft wider, denn im Verhältnis zur Aktivität der namibischen Wirtschaft ist dies ein schlechtes Ergebnis.

Tatsächliche Selbständigkeit wird das Land – selbst wenn es eines Tages die politische Unabhängigkeit von Südafrika erlangt haben sollte – bei der heutigen weltpolitischen Konstellation nie erreichen können. So würde kaum jemand in Namibia eine Unabhängigkeit von Südafrika anstreben, wenn die dortige Rassenpolitik nicht wäre. Die Tatsachen jedoch, daß diese einerseits den freiwilligen Anschluß Namibias an Südafrika verhindert und daß andererseits die Anwesenheit von Militär- und Sicherheitsberatern aus der Sowjetunion und der DDR in Angola sowie kubanische Soldaten deutlich machen, wie der Weg eines selbständig blicklich noch verbal ablehnen mögen, so sehr müssen sie andererseits sich eine solche »Constellation« herbeiwünschen und tun dies sicherlich auch intern. So mag sich – zunächst wohl unter der Decke – manches zugunsten Südafrikas ändern, wenn die »Republik« wirklich ernsthaft zeigen sollte, daß sie auf dem Weg ist, ihre Sozialpolitik entscheidend umzustellen. Doch wann dies der Fall sein wird, ist immer noch eine offene, wenn auch eine immer drängender werdende Frage.

Eine Fahrt mit dem Auto von Gaberone über Serowe nach Selibe-Pikwe vermittelt ein eindrucksvolles Bild von der Landschaft, der Geschichte und den heutigen Problemen dieses Wüstengrenzlandes. Man kann von hier aus über Francistown auch weiter nach Nordwesten und Westen fahren und nach etwa 1000 Kilometern durch die Kalahari, vorbei an der Makarikarisalzpfanne und dem Lake Gami mit seinen Salzwüsten und Marschen, nach Namibia gelangen. Dafür aber braucht man auf jeden Fall eine besondere Ausrüstung.

107. Zankapfel Namibia

Das im Augenblick problematischste »Nachbarland« der Republik Südafrika ist zweifellos Namibia. Die heutigen politischen Schwierigkeiten dieses ehemaligen Deutsch-Südwestafrika werden erheblich durch die Armut dieses Landes gesteigert.

Bei einer Gesamtfläche von 824 296 Quadratkilometern hat es nur eine Million Einwohner, die sich hauptsächlich auf den Norden des Landes konzentrieren; davon sind 103 000 Weiße – 28 000 deutscher, 10 000 englischer, 65 000 burischer Abstammung, zusammen etwa 10 Prozent der Bevölkerung. 9 Prozent sind Coloureds, 3 Prozent Buschmänner. Der größte Teil der Schwarzafrikaner, 46 Prozent der Gesamtbevölkerung, sind Ovambo. Der Rest von 32 Prozent verteilt sich auf verschiedene schwarze Volksgruppen.

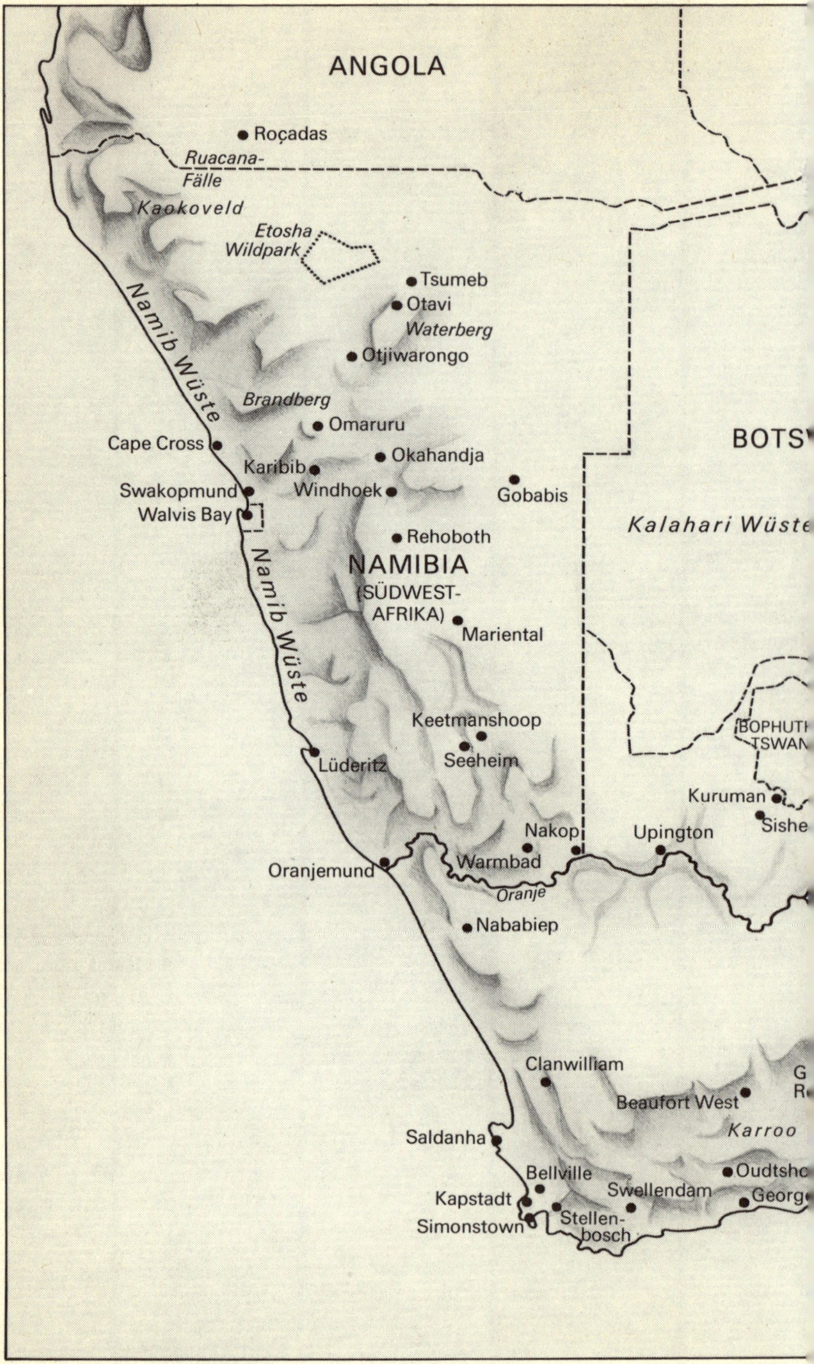
ANGOLA
Roçadas
Ruacana-
Fälle
Kaokoveld
Etosha
Wildpark
Tsumeb
Otavi
Waterberg
Otjiwarongo
Namib Wüste
Brandberg
Omaruru
Cape Cross
Karibib
Okahandja
Swakopmund
Windhoek
Gobabis
Walvis Bay
Rehoboth
NAMIBIA
(SÜDWEST-
AFRIKA)
Mariental
Namib Wüste
Keetmanshoop
Seeheim
Lüderitz
Nakop
Warmbad
Oranjemund
Oranje
Nababiep
Upington
Kuruman
Kalahari Wüste
Clanwilliam
Beaufort West
Karroo
Saldanha
Bellville
Kapstadt
Swellendam
Simonstown
Stellen-
bosch